舵手证券图书
www.duoshou108.com

知识领航财富人生

舵手汇 www.duoshou108.com

投资交易学习社交平台

市场择时新技术

市场节奏和价格动量耗竭点的革命性研究

〔美〕托马斯·德马克 著

魏强斌 译

山西出版传媒集团

山西人民出版社

图书在版编目（CIP）数据

市场择时新技术：市场节奏和价格动量耗竭点的革命性研究／（美）托马斯·德马克著；魏强斌译. -- 太原：山西人民出版社，2018.4
ISBN 978-7-203-10059-1

Ⅰ. ①市… Ⅱ. ①托… ②魏… Ⅲ. ①股票－风险管理 Ⅳ. ①F830.91

中国版本图书馆CIP数据核字（2017）第180844号

市场择时新技术：市场节奏和价格动量耗竭点的革命性研究

著　　者：	（美）托马斯·德马克
译　　者：	魏强斌
责任编辑：	赵晓丽
复　　审：	高　雷
终　　审：	秦继华
出 版 者：	山西出版传媒集团·山西人民出版社
地　　址：	太原市建设南路21号
邮　　编：	030012
发行营销：	0351-4922220　4955996　4956039　4922127（传真）
天猫官网：	http：//sxrmcbs.tmall.com　电话：0351-4922159
E－mail：	sxskcb@163.com　发行部
	sxskcb@126.com　总编室
网　　址：	www.sxskcb.com
经 销 者：	山西出版传媒集团·山西人民出版社
承 印 厂：	三河市京兰印务有限公司
开　　本：	710mm×1000mm　1/16
印　　张：	26
字　　数：	450千字
印　　数：	1—5100册
版　　次：	2018年5月第1版
印　　次：	2018年5月第1次印刷
书　　号：	ISBN 978-7-203-10059-1
定　　价：	108.00元

如有印装质量问题请与本社联系调换

"舵手证券图书" 开篇序

20世纪末，随着中国证券投资市场的兴起，我们怀揣梦想与激情，开创了"舵手证券图书"品牌，为中国投资者分享最有价值的投资思想与技术。

世界经济风云变幻，资本市场牛熊交替，我们始终秉承"一流作者创一流作品"的方针，与约翰威立、培生教育、麦格劳-希尔、哈里曼、哈珀珂林斯等世界著名出版机构合作，引进了一批畅销全球的金融投资著作，涵盖了股票、期货、外汇、基金等主要投资领域。

时光荏苒，初心不改，我们将一如既往地与您分享专业而丰富的投资类作品。我们以书会友，与天南海北的读者成为朋友，收获了信任、支持。许许多多投资者成为我们的老师、知己，给予我们真诚的赞许、批评、建议。更有一些资深人士由此成为我们的编辑、翻译、评审，这一切我们感念于心。

我们希望与每位投资者走得更近，希望在"知识领航财富人生"理念指引下，打造综合型投资交易学习社交平台——"舵手汇"（www.duoshou108.com），通过即时动态、视频直播、有声读书、电子图书、在线聊天、知识问答、活动报名、读书会、打赏提现等多项功能，服务会员的读书分享、实战交流以及知识变现。"舵手汇"不定期邀请作者、嘉宾与会员对话，为读者答疑解惑，分享最新交易技术与理念。在这里，您可以与华尔街投资大师亲密接触；在这里，您可以与全国最聪明的投资者交流切磋；在这里，您可以体验全球最新最全的投资技术课程。这里，必将因为有您而精彩！

献给我的妻子 Nancy，嫁给我这个交易员，她多年以来过着像单身一样的生活

献给我的孩子 T.J.、Carrie、Meghan、Rocke、Evan 和 Dominic，感谢他们给予的爱和尊敬，我为他们感到骄傲

献给我的父母，感谢他们对我的教导和支持，以及向我灌输的价值观

献给 Frank Mersch 和 Tony Popowich，感谢他们对新观念及市场运用怀有兴趣

献给 Tim Mather、Rick Knox、Ernie Popke 和 Matt Storz，感谢他们给予的帮助和时间，最重要的是真挚友情

献给 Leon Cooperman，感谢他对于我个人及工作的支持，以及多年来诚挚的友谊

献给 Duane Davis，感谢他无私地献出电脑程序、专业技术和时间

献给 ADP、Aspen Graphics、Bloomberg、Bridge、CQG、Dow Jones Markets、GFIC(过去的 Knight Ridder)、FutureSource、OmegaResearch、Telerate 和 Tele Trac 的管理人员和软件研究员，感谢他们对我的指标给予认可和信心，以及对整个投资行业的贡献

献给 Jason Perl、Anthony Orphanos、Bill Meltzer、Joe Bernardo、Ginger Szala、Ron Michaelsen、Mark Etzkorn、Bill Abrams、Jeff Henderson、Dick Pfister、Rex Wilmore、Chris Evans、John Praetorius、Gibbons Burke、Rick Redmont、John May、Stuart Okorofsky、Sam Tennis、Pat Raffalovich、Al Kingon、Countney Smith、Mark Ellington、Peter Fiedelholtz、Karen Thomas、George Farley、Milton Barnes、Rob 和 Scott Madden、Ron Williams、Pat Kowalski、Rick Bensignor、Wayne Babler、Cheryl Polan、Robert Stehlik、Lucille Kirkpatrick、Bill Griffith、Ron Insana、Sue Herrera、Richard Saxton 和 John Murphy，以及其他很多人，感谢他们对于我整个交易生涯的帮助

专利权声明

以下所有指标均为注册指标，受美国专利法的保护。任何人未经市场研究有限公司（Market Studies Inc.）或托马斯·德马克的书面许可擅自使用，都是侵权行为。

TD Absolute Retracement　德马克绝对回撤

TD Alternative Oscillator　德马克备选震荡指标

TD Arc　德马克回撤弧

TD Breakout Qualifiers　德马克突破确认指标

TD Carrie(TDC)　德马克 Carrie 指标

TD Channel I,II,III　德马克通道Ⅰ、Ⅱ、Ⅲ

TD CLOP　德马克收盘—开盘指标

TD CLOPWIN　德马克收盘—开盘涵盖指标

TD Combo　德马克组合

TD Combo Reinforcement　德马克组合强化指标

TD Countdown　德马克计数

TD Critical Price　德马克关键价格

TD Critical Qualifier　德马克关键确认指标

TD Daily Range Projection　德马克日区间投射

TD Dead Zone　德马克死亡区域

TD Demand Line　德马克需求线

TD DeMarker I,II　德马克 DeM 指标Ⅰ、Ⅱ

TD Diff　德马克差值

TD Dollar-Weighted Put/Call Ratio　德马克美元加权看跌/看涨期权比率

TD Double Price Range　德马克双倍价格波幅

TD Double Retracement　德马克双重回撤

TD Double TD Point　德马克双重德马克关键点

TD Duration Analysis　德马克持续期分析

TD D-Wave　德马克 D- 波浪

TD Exit 1　德马克出场 1

TD Fibonacci Intraday Indicator　德马克斐波那契日内指标

TD Final Filter　德马克最终过滤网

TD Gap　德马克缺口

TD LV　德马克 LV 指标

TD Lines　德马克线

TD Line Gap　德马克线缺口

TD Magnet Price　德马克磁性价格

TD Meghan(TDM)　德马克 Meghan 指标

TD Moving Average I,II　德马克移动平均Ⅰ、Ⅱ

TD One Tick One Time Rule　德马克一次触及法则

TD Open　德马克开盘

TD Pivot　德马克枢纽

TD Plurality　德马克多元指标

TD Point　德马克关键点

TD Point Reversal　德马克关键点反转

TD "Power of Nine"　德马克"9 的法则"

TD Pressure　德马克压力

TD Price Flip Trend　德马克价格翻转趋势

TD Price Oscillator Qualifier(TDPOQ)　德马克价格震荡确认指标

TD Propulsion　德马克推进指标

TD Range Expansion Index(TD REI)　德马克区间扩张指数

TD Range Expansion BreakOut(TD REBO)　德马克区间扩张突破

TD Range Projection　德马克区间投射

TD Relative Retracement　德马克相对回撤

TD Rocke(TDR)　德马克 Rocke 指标

TD ROC I,II(TD Rate of Change)　德马克变化率Ⅰ、Ⅱ

TD Sequential　德马克序列

TD Sequential Reinforcement　德马克序列强化指标

TD Setup Trend(TDST)　德马克结构趋势

TD Spring　德马克弹跳指标

TD Stop Reverse　德马克止损反转

TD Supply Line　德马克供给线

TD Termination Count　德马克终结计数

TD TJ(TDTJ)　德马克 TJ 指标

TD Trap　德马克陷阱

TD Trend(TDT)　德马克趋势

TD Trend Factor　德马克趋势因子

TD Triangulation　德马克三角指标

TD Two Day Stop　德马克 2 日止损

前 言

1986年，我在都铎投资公司（Tudor Investment Corporation）负责研究工作。我与保罗·都铎·琼斯（Paul Tudor Jones）一起正涉足一个现在被称为管理期货和对冲基金管理的投资新领域。保罗的工作是通过买卖全球性期货、外汇和固定收益债券来增值客户资本。我的工作是协助他制定更明智的交易决策。我认为"完全没有问题！"，因为作为一名26岁的小伙子，我认为我完全有能力迎接这个挑战。我在纽约联邦储备银行的工作经历为我接受这项任务打下了基础——我那时的工作就是收集、整理和解读全世界多个市场的数据。并且，我还拥有最新的科技——一台配有两个软件驱动器的IBM个人电脑，以及表格处理软件Lotus123。

不幸的是，期货市场快速发展，越来越多的国家开始涌现期货市场，庞大的数据完全超出了我那两个软件驱动器的处理能力。要发展一个类似于我在联邦储备银行工作时创建的那种回归模型，几乎是不可能的，即便发展出来也没有什么意义。以这台电脑这么慢的处理速度处理那样庞大的数据，这些模型可能要等到1990年才能解释1986年的数据——这对一个平均持仓时间为两周的基金经理来说，没有多大的作用。我必须找到更好的方法来解决这个问题。

保罗的大部分交易都是基于技术分析。在都铎，技术分析的定义非常广泛，它涉及可以从市场搜集到的所有能影响市场价格的相关因素，包括成交量、未平仓量、季节性因素、价差关系以及相关市场的相对表现等。保罗最喜欢的指标之一是"市场模拟"（market analog）——也就是之前观察到的价格形态重复出现后的市场行为——比如，"出头日"（outside day)。我们越来越清楚地意识到要在市场上获得优势,唯一的方法就是结合先进科技、严谨的技术分析和严格的纪律。在多个时区不断增长的期货市场,要求发展出一种不依靠人类主观判断的方法。

1986年,尽管我认为自己准备好了,但我还是不得不学习整个技术分析的新前沿。我对市场的热忱促使我阅读任何可以到手的资料。当时,"德马克"这个名字不断出现在我的研究资料中。托马斯(对作者德马克的昵称)发行了一份研究报告和一本走势图书。他的研究报告在赢利性方面排名第一。他的走势图书提供了最有效的指标和最清晰的数据。

那时候,我正在发展一个多层次的市场分析方法。这个方法是由多个层级的数据过滤网构成,从指标发展开始,到具体的买入—卖出法则结束。这个指标发展可以协助保罗进行风险报酬率更佳的交易。另外,我们希望这个买入—卖出法则能发展成为一个独立的交易系统。为了达成这个愿望,我想找一个技术分析大师咨询。于是,我决定给托马斯打个电话。

我得知托马斯·德马克刚回到他在威斯康星州的故乡拉辛市(Racine)。从纽约飞到拉辛后,我感觉在拉辛只能做两件事情,就是工作和睡觉。对于一个如我这般对市场怀有极大热情的人来说,这里的环境简直堪称完美,这里有足够的时间让人做喜欢的事。托马斯那令人不可思议的创造力和不断喷涌的各种想法给我留下了深刻的印象。在那几天的时间里,我们一起探讨市场、新的交易指标和系统观点。《德马克走势图谱》(*The DeMark Chart Books*)要求托马斯搜集和整理全世界各个市场的数据。我懂电脑操作和计量研究,而托马斯拥有指标的运行程序。我们的创造力简直胜过了那些专业程序员。我当时有一种飞上天堂的感觉。我满载各种新的想法飞回到纽约,兴奋得准备出去大餐一顿并狂欢一夜。这真是一次完美的合作,同时也是我们美好友谊的开始。

当然,保罗的新想法比任何人都多,但是在他的这些交易想法实施之前,必须先经过测试。我们会严格地测试他的想法,并采用适当的资金管理和投资组合法则。最后,我们发现可以执行一个系统性的交易方法。在此努力的基础上,都铎系统公司(Tudor Systems Corporation)诞生,而托马斯·德马克的加入极大地促进了它的成功。托马斯在1988年以执行副总裁的身份加入了都铎系统公司后，几乎每天24小时都跟我一起工作，这种状况一直持续到1990年。

随着科技的发展，我们的研究也在逐步进步。我真希望可以用一根数据线下载托马斯脑袋里的全部市场信息。不过，我们还是要面对现实，我们仍然需要经过很多激烈的对话和严格的测试。我们测试每一个可能想到的观点，而有些则超出了我们的想象力。我们从序列开始，到本书描述的4个系统结束。我可以肯定地说，如果没有托马斯为我奠定系统交易的基础，我目前交易的这个系统绝对不可能发展到今天这种程度。

认识托马斯到现在已经11年了，他的电话号码一直保存在我的脑海里。当我对市场走势存有疑问，或者将他的指标用于实盘交易过程中发现什么问题时，我都会打电话给他。我们经常交流对市场走势的看法，讨论不同的交易策略和改进办法。这么多年来，托马斯的工作还是那么新颖独创，令人兴奋。跟托马斯谈话并能学到他最新的市场策略，真的令人感到非常愉快。

托马斯提出的最妙的见解，往往是最令人懊恼的见解。没有合理的解释，只存在可能性。因此，交易者可以将托马斯的成果当作可以随意使用的指标，将其作为交易系统的基础，或者构建一个多维的交易模型。如何选择取决于交易者自己。我认为最重要的不是只停留在阅读层面，而是深入研究托马斯的观点和他的走势图。虽然每个方法似乎都是独立的，但实际上它们构成了一支和谐的技术交易工具交响乐团。它们值得你拿出铅笔亲自做一番研究。不要轻易放弃书中一些难懂的内容。交易关乎的是严格的纪律和良好资金管理——没有捷径可言。

交易者很容易对市场妄下定论——"我认为能源市场价格会上涨，因为现在外面很冷。"这种思维模式一定会让你付出代价。请记住，交易的目的是赚钱——不是争对错。分析师永远不会因为价格下跌而止损出场，但是交易者就会。因此，一定要制定一个交易计划并严格遵循。交易者就像足球队的教练，必须不断提醒队员们一些关乎胜利的琐碎细节。做好最坏的打算，不要犯一些情绪方面的错误，比如调低止损（止损扩大）或持有过重仓位。

技术分析可以为交易者提供交易计划。它可以提供入场价，还可以提供赢利目标和止损水平。随意性的交易者将技术分析当作艺术，而系统性的交易者将技术分析视为科学。两者都可以成功，只取决于实践者选择的方法。

托马斯·德马克的技术分析为系统性交易者和随意性交易者均提供了一个很好的框架。托马斯不会装腔作势，也不会飞短流长。托马斯提出的这些见解，绝对在其他任何技术分析文献中都找不到。但是，不管托马斯对市场的见解多么精辟和深刻，他都没有提出具体的交易决策。每个交易者必须发展自己的交易策略和系统。这个交易系统必须涉及风险、时间框架和市场选择等维度。托马斯的书将在每个领域都能提供帮助。

可以肯定一点，如果深入研究托马斯的著作，每个交易者都能从中受益。没有人会提出更高的要求了。即便如此，这也仅仅只是一个开始而已。交易所涉及的层面远远不只入场和出场水平。但是，没有它们，交易者对于如何从市场中赚钱将永远是一个模糊的概念。

能交上一个像这样对市场这么痴迷的朋友，我实在是太幸运了。确实很难找到有什么人能在这么多年后仍然保持着创新力。托马斯是一个良师益友。这本书是每个交易者的必备指南。请善加利用。

彼得·波里什（Peter F. Borish）
Computer Trading Corporation 总裁
Futures Industry Institute 主席
纽约州纽约市
1997 年 5 月

致　谢

进行像本书这么复杂计划的作者，不是常常能得到很多人的特别帮助、指导和关心，同时还能享受他们的陪伴和友谊的。

虽然本书的内容全是由我亲自执笔，但是如果没有 Tim Mather、Rick Knox、Ernie Popke 以及他们团队的支持，这些指标的发展及它们的配套走势图、说明和表格不可能这样美好地呈现在读者眼前。

John Wiley & Sons 出版社的编辑 Pamela van Giessen 在整个写作过程中给予了极大的鼓励和指导。她是一个高效的"啦啦队队长"和指挥。North Market Street Graphics 的 Christine Furry 女士在整个编辑过程中也提供了必不可少的帮助。

《期货》（*Futures*）杂志和期货学习中心（Futures Learning Center）的可爱员工们多年来在宣传我的观点和交易模型方面提供了巨大的帮助，他们是 Joe Bernardo、Ginger Szala、Mark Etzkorn、Ron Michaelsen 和 Wendy Grassley Speckerman。

我还想感谢我第一本书《技术分析新科学》（*The New Science of Technical Analysis*）的读者们，他们给了我很多反馈意见，这些是我在写本书前急需的宝贵信息。

我还要感谢 CQG（800-525-7082 或 970-945-8686）、Duane Davis、DeMark Indicators c/o Futures Learning Center（800-601-8907 转 2590 或 319-277-7892，传真 319-277-7982）和 Bloomberg（800-448-5678 或 212-318-2000），感谢他们对制作本书所有图表的协助。他们的努力和贡献，简洁并优化了本书的讨论和所有德马克指标的呈现。

导　言

在撰写第一本书《技术分析新科学》(The New Science of Technical Analysis)之前，我的全部写作经验仅限于我学生时代的学期论文，而且常常是在最后关头才会开始提笔胡乱探讨一些我不甚了解也不感兴趣的话题。一旦开启了撰写一本书的任务后，严格的时间安排和出版商提出的大量要求，给我造成了巨大压力。每天我都在咒骂这项计划侵扰了我的时间、生活和工作。在完工之前，我对书中的内容及其表达方式都不满意。我发誓以后再也不干这种事了。虽然业内一些最严苛的评论家给予我的高度评价让我感到欣慰，但我仍然决定不再写书了——直到现在。

是什么改变了我的主意呢？首先，有大量读者询问或质疑我第一本书中一些没有解答的问题，这让我感到困扰。虽然我对自己的研究是满意的，我提出了新鲜、独创，在某种程度上说甚至是革命性的观点，但是由于书中指标的讨论不完整或模棱两可，个别读者对于一些指标的正确解读和适当运用方式产生了误解。另外，我担心由于没有详细讨论各个指标的变形和组合的细节，限制了这本书的适用范围。然而，最重要的是在这本书出版之后，很多权威的电子报价服务商和研究软件供应商都将书中很多指标纳入了他们的数据库。由于跟他们一起工作，我有机会在实盘交易中以一个整体的视角重新审视和评估这些研究成果，并进行调整和推导。现在，我可以为这些指标引入很多确认指标和强化技术。另外，我也会提供更详尽的解释，借以消除之前因指标解释不到位或内容与范例走势图不一致（绝非故意）而引起的困惑，从而提高指标的效力。此外，我还打算首次公开很多令人激动的交易指标和研究成果，这些内容会挑战你的分析创意，并希望能激发你去试验并发展属于你自己的方法和指标。我要声明一点，我一下子提供这么多新的研究成果，并不是为了炫耀自己或打击你，而是想通过提供大量关键指标，讨论它们的构成，提出各种备选参数设置、运用和解读的建议，使你的阅读成为一次真正的学习体验。这个过程可以帮助你引入自己的改善方法，从而提高你的市场择时分析能力并最终获得成功。

我意识到我设定了一个野心勃勃的目标——我试图撰写一本续集并期望能达到与此前相同程度的影响。我的第一本书在指标的解读和操作方面处理得不够完善，我会弥补这个缺陷，并专注于指标结构和运用的更多细节。本书并不打算涵盖我这些年来的所有研究。不管是时间还是篇幅，都不允许我开展如此庞大的计划。但是我自信我这一次为写一本书所做的准备远超过了上一次。很多数据供应商和研究机构为我提供技术支持，使我可以通过更多样和更完整的方式来阐述我的交易观点和理念。我不仅可以用整本书的篇幅来对前一本书中讨论的技术进行改进，我还有大量的时间来讨论我这些年来发展的其他交易策略。

在读过我的第一本书之后，很多读者对德马克序列（TD Sequential）这个市场择时方法表现出强烈兴趣。这个指标多年以来都是我交易策略的基石。因为德马克序列可以不断预测市场情绪和方向的转变，它已经成为我的市场择时指南。不可思议的是，德马克序列可以实现大部分交易者的目标。它可以客观机械地识别出低风险和高风险的价格区域。在这本书中，我会为这个指标引入大量强化技术，还会提供一个德马克序列的相关指标，叫作德马克组合（TD Combo）。我将这个新指标视为我发展的"所有价格预测方法之母"。在超过 16 年的时间里，我成功将这个指标运用于各种市场，它已被证明是德马克序列确认过程中不可或缺的搭档。事实上，在识别潜在价格反转水平方面，德马克组合很多时候比德马克序列还要明确。但是，更重要的是结合运用这两个独一无二的技术，将使低风险和高风险价格区域的识别能力显著提高。另外，我要明确一点，我对这两个指标的偏爱绝不会影响我对本书中其他交易技术的讨论。我相信，只要认真学习并适当运用，书中这些指标一定会对你的市场择时研究和最终的成功产生深远影响。

另外，我还会提供我这些年来研发的很多拥有专利权的交易技术，这些技术正被很多知名交易者采用。与你分享这些方法，我希望能帮助你将市场择时水平提高到这些交易者达到的程度。以目前电脑的性能和软件的精密程度，我相信你可以很好地测试这些交易技术，并根据你自己的交易风格进行改进和提升。不幸的是，在25年前刚开始我的研究生涯时，无法享有这么奢侈的条件和机会。尽管过去几年来，电脑技术显著提升，但是我对交易界目前仍然凋零的市场择时研究感到失望。我希望这本书有助于填补这个空隙，并作为一个催化剂，激发你开展进一步的研究。

为了获得成功，大部分交易者都依靠趋势跟踪技术。这种方法很容易获得情感上的满足，并且简单实用，因为它符合交易者买强卖弱的交易直觉。所以交易者普遍采用趋势跟踪技术，并且经常听到交易者说"趋势是交易者的朋友"。但是，我认为这句话后面还必须加上另一句话——"除非趋势即将结束"。在趋势即将结束的时候，趋势将是交易者最大的敌人。就其结构来说，趋势跟踪技术要确保只在价格顶部或底部完成之后入场。为了克服这个缺点，两个主题会贯穿我发展的大部分交易指标——也就是市场节奏和价格动量耗竭。就设计上说，我的大部分交易理念都与趋势跟踪方法的传统交易观点和风格不同，因为我的两种方法都是评估随着价格上涨或下跌展开的价格形态和关系，以识别趋势终结以及价格反转开始的时点。具体而言，我的大量市场研究表明价格底部形成不是因为聪明的多头一致买进，而是因为最后一个空头卖出（形象地说），供给耗竭，价格自然上涨。另外，我的研究表明价格顶部的形成也不是因为精明的逃顶者或消息灵通的交易机构突然大规模卖出，而是因为在那个时点买进突然萎缩，价格自然跌落。后面这个例子应该可以更清楚地说明这种现象。在20世纪80年代初，我曾担任一位贵金属大玩家的顾问。我向他介绍了德马克序列指标的基本规则，我解释说我设计这个指标意在预测高风险的价格区域，交易者应该准备好在市场强劲时卖出头寸，因为此时需求旺盛。在整个一月份，我都要他为贵金属市场的极端高点做好准备。我每天都会通知他我这个指标的状态，直到计数第13日完成，预期中的高风险价格区域出现。随着市场价格上涨，发布的基本面消息都明显利好，大部分分析师也都态度坚决地肯定上涨趋势将会持续。就在计数第13日形成之前，我与这位交易者进行了深入的交谈，而谈话的结果对我的分析生涯造成了深远影响。我援引了大量历史案例，为的就是向他证明一旦德马克序列计数第13日形成，市场一定会变得脆弱不堪，转而下跌。他理解我的意思，但当我催促他平仓时，他却选择延迟卖出，直到他确认价格真的触顶。我不断提醒他卖出。当后来价格开始加速下跌时，对于我的卖出劝告，他直接回复："卖出？卖给谁？"直到今天，这句话仍然在我耳边回响。他对市场环境的描述真是无意中一语道出真谛，而这个真谛也对他的投资组合造成了可怕的打击。市场已经上涨了很长一段时间，所有看多市场的人都已经投入了全部资金，之后仅凭他们口头上的支持和殷切的希望根本无力继续支撑价格，更不用说将价格进一步推高。趋势跟踪交易者都已经入场建立头寸。我不断迫切地发出平仓的警告，但我的客户充耳不闻。此时，他面临一个困境——趋势跟踪的空头已经占据主导，他要吸引足够的买单来消化他庞大的头寸已经太晚了。我的价格动量耗竭理论已经运用到实盘交易中，而我的预期也得到了验证。

之后，我不断发展可以预测并确认价格动量耗竭形成的价格顶部和底部的其他市场择时模型和技术，借以完善我的趋势反转识别程序。我发展逆势交易指标，目的是避开传统趋势跟踪技术的缺陷和业已激烈的竞争态势。我很早就意识到，像其他很多分析师一样研究并设计趋势跟踪技术，只不过是自找一些不必要的交易风险，比如成交滑移价差、价格真空（vacuums）、价格缺口和订单无法执行。我注意到很少有股票专营经纪人或期货与期权的市场做市商会破产。他们的交易风格与普通的交易者有什么区别呢？我的结论是他们的操作与主要趋势相反——换句话说，他们在价格上涨时是供给者，在价格下跌时是需求者。为了更清楚地说明这个问题，我说一个我在每天上下班路上观察到的现象。我每天早上都要从郊区开车到城里上班，每天这个时段的进城方向道路都会陷入全面的交通堵塞。每次堵在路上，我都特别羡慕对面那些从城里开车去郊区上班的家伙，他们可以在畅通无阻的道路上飞驰。我发现这种情况与市场上的逆势交易非常类似。这样操作，交易的优势是非常明显的。这种优势包括市场订单的有利滑移价差（不管订单大小，订单执行的价格常常优于限定的入场价），最小的市场影响，并且可以提高交易绩效。因此，我研究的重点就是避开那些所谓的买强卖弱的趋势跟踪技术。

尽管本书中提供的很多指标都是多年以前研发的，但我相信这些技术仍然适用于当前的市场。不幸的是，在我开展这些研究时，不像现在的分析师那样可以获得先进的科技支持和详尽的数据信息。我的工作完全依靠手工计算和检查，以及试错的办法。近些年来，随着电脑和软件技术的发展，很容易将这些研究方法运用于日内走势图、周线图、日线图和月线图等时间框架中。因此，关于价格与时间的最佳相互关系的研究可以更容易地进行，而得出结论的速度也远远超过了以往任何时刻。

过去交易者将自己的走势图隐藏在抽屉的最底层，避免其他人误以为自己在开展巫术分析或利用神秘力量进行市场预测的日子已经一去不复返了。市场择时分析已经被普遍接受，甚至成为一种潮流。它是广受关注的金融机构制定交易决策的主要手段。我还记得我多年前的一个经历，当时我的基本面研究主管要求我写一份关于通用汽车的评估报告。他给我四周的时间来分析这家公司的基本面前景。当我完成这份研究报告时，我的主管走到我的桌前，定定地看着我，要求我谈谈这家公司股票的技术面前景。很显然，他并不知道要完成一只股票的技术面评估，需要时间和信息。然而，基本面预测往往只给出"买入""卖出"或"持有"的模糊建议，一般不会提供具体的入场和出场价格。不懂行的人都以为市场择时交易者或技术交易者不需要准备，只需要扫一眼走势图就可以做出预测。其实，技术分析预测远不只快速浏览走势图这么简单，个中的复杂程度取决于市场技术分析的水平和层次，以及电脑软件和资料的获取及运用程度。这个过程不是随意的，它需要专注的态度、适当的工具和专业的市场择时技术来有效执行。任何领域想要获得成功，都需要经过多年的训练和经验积累，尤其是交易这样具有挑战性的行业，它吸引的是全世界最聪明的人和头脑，关于这一点，我已经强调得不能再强调了。

我在发展和运用市场择时技术过程中获得的成功与认同，逐渐为我建立了很高的信心和愉悦感。本书讨论的所有指标都是包含在市场择时分析的框架内，它们是一个整体，不是一系列完整而独立的交易系统。我是刻意为之的，因为我希望你能根据自己的交易风格将这些方法整合成一个研究系统。在我的第一本书中，我将可以用来预测价格行为的三种不同层次的市场择时分析描述为：

1. 随意的走势图观察。通过定义可以知道，这种方法只是对价格形态进行主观解读（换句话说，就是凭"直觉"），所以往往是模糊和笼统的，前后缺乏一致性，在某种程度上可以说是"美仅存在于欣赏者的眼中"。也就是说某个人判断为利多或利空的走势，在另一个人看来可能结论完全相反，甚至同一个人，在不同时间观察也会得出不同的结论。因此，我常常将这类市场择时交易者称为"走势图艺术家"。

2. 指标的构建和解读。这种方式显然要比前面那种高明，因为这种方法有明确的定义和规范。但是，它还是缺乏产生买入和卖出信号所需的结构。然而，更重要的是这种层次的交易与真正的系统性交易之间仅有微弱的联系。

3. 系统的创建和执行。这种层次的分析完全是客观而机械的，它的好处在于可以发展实盘交易信号的自动生成器。这类市场择时交易者可以被称为"走势图科学家"。

我故意将本书的内容限定在一系列市场择时指标的讨论中。虽然我研究这些技术已经很多年，但是利用电脑软件寻找并测试它们理想结构的工作仍然在继续。我希望你的求知欲能够促进你改进这些方法，让你有机会将它们构建成一个可以提高你成功概率的有效市场择时模型。

我常常把我的角色描述为交易学习者在分析学习旅程中的燃料和地图。同时，我还要强调我不想当这趟旅程的司机。我坚定地认为独立思考是交易成功的关键。我敢肯定读者在花了大量时间和精力去掌握我提供的这些基本指标概念后，一定会深有同感。不管怎样，在接下来每个指标讨论的最后，我都会提供我目前用于我自己的交易和咨询业务的默认参数设置。请注意，我还提供了指标参数设置的各种变形，目的是把你引向更多可能的参数设置和指标构成及性质。如果我没有提供这些设置选项，就会觉得我作为指导者的工作没有做好。如果只提供固定系列的参数设置，就会显得整个系统死板僵硬，但它实际上是动态灵活的，因为存在大量的参数组合和排列可以产生更好的交易绩效。不幸的是，我对于指标的最佳构成以及各种指标相互关系的理想模型的追寻，到现在还没有结束。

我很早就知道任何值得追寻的目标，都需要努力和毅力，再加一点运气才能达到。我要先提醒一句，我在这里分享的有些指标的运用有点复杂和另类，而它的介绍初听起来似乎也会觉得晦涩难懂。不必为此感到害怕或气馁。就像学习任何新方法一样，要真正理解并成功运用，都需要时间。我是花了25年才发展出这些指标的。只要你认真研读书中的内容和范例，要不了多少时间就能掌握甚至精通这些技术。我会分享我在整个市场择时研究过程中总结出的经验和结论。

如果能激发你极大的兴趣去研究、发展和"驯化"这些指标，并将这些指标运用于你自己的交易中，将是我莫大的安慰。虽然我知道这些指标是有效的，但是光有指标还不行。也就是说，交易要获得成功，除了一系列可靠的指标外，还需要坚韧的毅力、坚定的信念、严格的纪律和良好的资金管理，它们都是交易成功的重要构成，但常常被交易者忽略。如果没有考虑到这些因素，交易将变成无意义的赌博游戏。

本书提供的大部分指标和观点都有一个共同特点，就是读者能够机械地运用并客观地解读它们。技术分析已经从最初简单粗陋的方法发展到今天复杂的市场择时模型，这个模型融合了计算机网络、最佳化技术、混沌理论、人工智能，以及绕了一圈后回到我25年前研究之初采用的最基本的方法。虽然这两个阶段的方法表面看来很相似，但是这个经过升华的技术分析方法与最初的版本之间存在巨大的差异——最初的方法在解读和运用方面主观而模糊，现在的方法机械、系统，具有客观的规则和方法，如果正确运用将可以剔除猜测成分。不幸的是，即便科技、软件技术、公式和理论大大发展，有些市场择时专家将一些复杂精密的、靠电脑驱动的技术用于解读市场价格行为，但在我看来，这也并没有对技术分析起到有价值或有意义的推动作用。现在的发展方向在做明显的调整，力图回归最基本的技术分析方法。总之，我认为要获得成功，交易者必须研究市场价格行为，然后发展简单并且机械的模型来预测价格波动，而最佳的起点就是运用本书中提供的各种客观技术和市场择时方法。

成功的交易融合了3种不相关联的因素，其中最不重要的就是良好的市场择时指标或系统，更为关键的两个因素是资金管理和纪律。不过，本书除了最后一章专门用来讨论资金管理外，对这两个话题的探讨并不深入，本书的焦点还是市场择时技术。我写作本书的目的是（介绍一系列新的市场择时方法，让交易者可以从一个新鲜独创的视角去观察并交易市场。）在这个过程中，我希望可以消除很多被广泛采用的市场择时方法的错误观点和错误解读。最后，我强烈建议在你运用本书提供的任何指标之前，先总结自己的资金管理方法，并全面评估自己的交易心理和情绪。要是缺乏这两样准备，就好像工匠造房子有工具但没施工图一样。当然，一个熟练的工匠只需要工具就可以造出不错的房子，但是，如果有施工图参照，整个工程会简单很多，成功的概率也会大大提高。我再强调一次，交易要获得成功，需要行为和技术的结合——严格遵循交易哲学和方法，坚持良好的资金管理原则，认知自己的交易情绪并了解自己的交易极限。

请注意，为了便于讨论和阐述，除非特别声明，整本书都是采用日线图及相关数据，但实际上这个时间框架可以随意更换为其他任何时间框架。我之所以选择日线图及相关数据，理由有3点：

1. 这是最容易获得的数据，也是最常采用的时间框架。

2. 这不仅可以将交易者从每天不间断盯盘的辛苦中解放出来，还可以降低由各个交易所导致的价格修正风险。

3. 当日线图上发出交易信号时，交易者可以更加坚定地执行交易。

目 录

第 1 章　震荡指标 …………………………………………………………… 1
　　德马克变化率 I 和德马克变化率 II ………………………………………… 8
　　德马克区间扩张指数（TD REI）——标准型和备选型 ………… 24
　　德马克 DeM 指标 I 和 II™ …………………………………………………… 30
　　德马克多元指标（TD Plurality™）…………………………………… 35

第 2 章　德马克序列 ……………………………………………………… 43
　　结构 …………………………………………………………………………… 47
　　结构取消 ……………………………………………………………………… 52
　　结构确认指标 ………………………………………………………………… 59
　　再循环（recycling）………………………………………………………… 75
　　交集 …………………………………………………………………………… 87
　　计数 …………………………………………………………………………… 88
　　设置 …………………………………………………………………………… 102
　　执行 …………………………………………………………………………… 114

第 3 章　德马克组合 ……………………………………………………… 135
　　设置 …………………………………………………………………………… 140
　　执行 …………………………………………………………………………… 147

第4章 德马克线 …… 183
德马克突破确认指标 …… 190
设置 …… 197

第5章 德马克回撤 …… 205
德马克相对回撤 …… 205
德马克绝对回撤 …… 230
德马克回撤弧 …… 239

第6章 价格突破 …… 245
德马克区间扩张突破 …… 245
德马克弹跳指标 …… 254
德马克LV指标 …… 256
德马克关键点反转 …… 261
德马克双重德马克关键点 …… 264
德马克陷阱 …… 266
德马克开盘 …… 273
德马克收盘—开盘和德马克收盘—开盘涵盖指标 …… 276

第7章 德马克移动平均 …… 281
德马克移动平均Ⅰ …… 281
德马克移动平均Ⅱ …… 285

第8章 市场择时系统与系统发展 …… 289
德马克TJ指标 …… 290
德马克Carrie指标 …… 292
德马克Meghan指标 …… 293
德马克Rocke指标 …… 294

第 9 章 德马克三角指标和德马克推进指标 ········· 297
- 德马克三角指标 ········· 298
- 德马克推进指标 ········· 306

第 10 章 系统发展的其他指标和观点 ········· 311
- 德马克趋势（TDT™）········· 311
- 德马克枢纽 ········· 314
- 德马克差值 ········· 318
- 德马克压力 ········· 322

第 11 章 目标价格的计算方法 ········· 329
- 德马克趋势因子 ········· 329
- 德马克通道 I ········· 338
- 德马克通道 II ········· 340
- 德马克通道 III ········· 342

第 12 章 市场的盲点与误区 ········· 345
- 点数图 ········· 345
- 震荡指标的困惑 ········· 345
- 短线、中线和长线的定义 ········· 347
- 新高和新低 ········· 347
- 价格反转 ········· 348
- 价格缺口和价格半缺口 ········· 349
- 德马克一次触及法则 ········· 350
- 强劲的市场与疲软的市场 ········· 351
- 经纪人或市场评论员预测的收购案 ········· 352
- 艾略特波浪分析可以准确识别市场顶部和底部 ········· 353
- 不可能投射每日的价格目标 ········· 355

价格形态不会重复出现 …… 357
期权交易中只有卖方可以赚钱 …… 358
价格收盘才能入场交易可疑的价格突破 …… 358
不可能预测趋势的变化 …… 359
交易价格突破是参与市场趋势的简单方式 …… 360
一旦一个入场技术经过测试和完善，成功就是早晚的事 …… 360

第13章 资金管理 …… 363

第14章 结语 …… 367

附录 德马克指标设置 …… 371

第1章 震荡指标

观察结论：在1982年夏末，股票市场出现了有史以来最为急剧的上涨走势。那时候，很多市场评论员和分析师都迅速根据大部分传统震荡指标的信号，发出极端超买水平的警告。他们认为严重的超买和极端的指标读数往往意味着市场即将暴跌或者至少出现一波急剧的回调，这种观点其实是错误的。在1987年10月，市场又出现了相似的情形，只不过这一次的方向相反。那时，股市爆发了史上最大的一次崩盘事件。当时，几乎没有市场择时交易者意识到这种情况——长时间里极端并连续的震荡指标波动通常意味着价格趋势的继续，而不是价格趋势的终点。大量的研究表明，"严重的"超买/超卖水平和"温和的"超买/超卖水平之间，存在着明显的区别。打个比方，极端的市场震荡指标读数就像是遭遇重大疾病或事故的病人。虽然有时候也会出现奇迹，能够一下子恢复，但大多数时候都是一个缓慢而逐步恢复的过程，并且还会遭遇多次的病情反复。只有在度过了危险期或重症监护期，病情稳定下来之后，病人才会真正开始恢复的过程。与此类似，只有当一个震荡指标的读数是温和的（相对于严重的指标读数而言），超买或超卖才可能作为价格反转的信号。但是，要从各种市场情况中识别出正确的那一个，也不是容易的事情。它需要成功地发展并运用一个有效的市场择时指标。另外，在判断了整体市场环境以后，还必须有一种触发机制，能够非常灵敏地识别出即将发生的趋势反转。换句话说，在震荡指标出现超买/超卖的读数后，要评估并展开一次交易行动，还须遵循以下步骤：（1）市场整体环境必须被确认为超买或超卖；（2）必须测度超买/超卖的程度或水平（从时间角度），以区分震荡指标是温和的还是严重的超买/超卖水平；（3）必须满足之前设定的一系列条件和规则，以判断现行的价格趋势是否即将反转，或者当前的市场波动是否可能继续甚至加强。

2 市场择时新技术

对于很多传统的市场震荡指标，你都应该持有怀疑的态度。出于很多原因，这些震荡指标中有些指标的市场接受程度和使用程度都高得惊人，特别是两个最常用的震荡指标［即相对强弱指数（RSI）和随机震荡指标（Stochastics）］，但现实是大部分交易者对它们的来历、构造以及合理运用方式等都不太在意，也理解不深，这种情况实在令人不安。这两个指标是在20世纪70年代末被引入交易的，它们在当时的交易周刊，以及最初的实时电子走势图和报价服务中扮演了重要角色。由于它们被大范围地宣传，这两个指标立即受到了交易者们的欢迎，并且直到今天，还在被广泛使用着。这看来似乎是它们红火的"开局"产生了足够巨大的推力，把市场对它们的兴趣和运用推到了一个远远超过了所有人乐观预期的程度。那时候，我也是这两个指标服务的注册用户。当问及这两个服务的公式、指标以及合理的解读方式时，大部分服务提供商和使用者都不能正确地解释它们的构成和背后的逻辑，也不能提供一个正确运用和合理解读的客观且前后一致的方法。但是令人生气的是，交易者们对于它们的缺陷持一个无所谓的态度，甚至也不质疑一些基本的东西，比如指标的名字，因为两个指标都取错了名字——RSI不是真正的相对强弱指标，而随机震荡指标任凭如何想象，都不是一个随机的过程。

另外，随机震荡指标都是在它的创始人拉尔夫·迪斯坦（Ralph Dystant）去世多年后才获得了"Stochastics"这个名字。出于参照的目的，他把这个震荡指标称为%D和%K。据Computrac公司的创始人之一里克·雷德蒙特（Rick Redmont）讲，随机震荡指标是迪斯坦先生为其用户提供的指标，指标的名字是源于迪斯坦先生在对这个指标的描述中提到了这个词。Computrac公司在1978年首次把这个指标纳入其数据库时，之所以选择这个名字，主要因为它简单，而不是因为它适合。为了证实我认为大部分交易者都轻信的看法，我偶尔在发表演讲时，会问现场听众关于RSI和Stochastics两个指标的公式。只有一次有一个听众正确讲出了其中一个指标的公式，但是还从来没有遇到哪个听众可以完整地说出两个。交易大众对这两个指标及其他广泛使用的市场震荡指标的信赖程度，以及交易者根据他们对这些指标的随意解读而建立的头寸规模，真是令人感到震惊。在目前市面上大部分关于技术分析的书籍中，都可以找到 RSI 和 Stochastics 两个指标的公式，读者可以进行参考。

除了交易者对很多广受欢迎的市场择时指标的结构和组成普遍缺乏了解，以及为指标乱贴标签外，另一个批判指向了大部分传统的、受到广泛关注的超买/超卖震荡指标，批判的地方主要在于获得这些指标的方式。大部分指标的数值都是用一系列指数公式计算出来的。因此，一些意外事件，比如总统遇刺、电力系统或电脑崩溃、对外宣战、交易暂停造成的异常价格数据，会扭曲一个震荡指标的数值。虽然这些非市场性因素的影响会随着时间推移逐渐消退，但是这些不幸事件仍然会对一个指数指标产生影响，直到标的证券的交易活动暂停或终止。这是所有指数式计算方式的公式都有的致命弱点，不可能消除它们可能对指标产生的扭曲性影响。而运用一个简单的算术公式来计算指标的数值，就可以在一段时间内系统地消除这些市场外部因素引发的问题。另外，比起那些指数式震荡指标，这些算术式震荡指标对短期价格震荡更为敏感，因为指数式震荡指标通常会降低波动率。所以，你将会发现，本书中所有的超买/超卖震荡指标都是采用算术式的计算方式。

对于某个指标的解读方式，可以和使用它的交易者一样多。但是，大部分使用震荡指标来做出交易决策的交易者，都会运用一种背离分析。比如，（1）在一个市场低点，观察同一时间点的证券价格和指标值，然后把两个数值与随后一个更低的价格和相应指标水平做比较；（2）在一个市场高点，观察同一时间点的证券价格与指标值，然后把两个数值与随后一个更高的价格和相应指标水平做比较。具体而言，第一种情况是，如果价格下跌到一个更低的水平但指标没有确认这一疲软，而是创出一个较高的低点，他们就认为这种价格—指标的背离意味着价格即将向上反转。第二种情况是，如果价格上涨至一个更高的水平，但指标没有确认这一强劲，而是走出一个较低的高点，他们就坚信这种价格—指标的背离意味着价格即将向下反转。我的研究表明，这种背离现象仅仅是即将到来的市场峰顶或谷底的表面征兆，而持续时间，或者说是指标超过一个特定的震荡指标区域的时间长度，才是造成反转的原因，因此更为重要。所以，在接下来的讨论中，传统背离分析技术的效用将受到挑战。我相信，交易者采用德马克持续期分析方法（TD Duration Analysis）会获得更好的收益。

然而在市场谷底和峰顶，大部分交易者的注意力都集中在连续的价格水平和同一时间指标值的相互关系上。德马克持续期分析就不会进行这样的比较，而是只关注指标停留在超卖或者超买区域的时间长度。换句话说，德马克持续期分析会统计指标连续低于或高于指标中性区域的交易天数，然后根据这个天数的多少，划分出"严重的"和"温和的"超买/超卖读数。这种分析的优点在于它可以防止交易者仅仅因为价格和指标读数连续出现价格—指标背离，就死死坚守一个亏损的头寸不出。而这种解读方式已被证明是传统指标分析的致命缺点，特别是在震荡指标读数连续处于中性区域之外且低点越来越高或高点越来越低，但价格行为没有同时确认背离的情况。当震荡指标读数连续处于指标中性区域上方或下方超过 5 个交易日，形成"严重的"超买/超卖读数时，即使市场处于明显的背离，交易者也要加入现行的市场趋势。德马克持续期分析让交易者要么加入市场趋势要么离场观望。相反，当指标读数连续保持在超买或超卖区域的时间少于 6 个交易日，形成"温和的"超买/超卖读数，德马克持续期分析就会预警价格反转即将出现（假如合格的话）〔见本章后面关于德马克价格震荡确认指标（TD Price Oscillator Qualifier）的讨论〕。

这些例子可以更加清楚地证明市场价格行为通常是以与德马克持续期分析一致的方式展开，而不会与普遍采用的背离分析方法的预期相似。请看图 1.1，尽管德马克区间扩张指数〔TD Range Expansion Index（TD REI）〕在 1995 年 6 月的最低值，高于之前 5 月份的指标最低值，但 IBM 的价格仍然继续走低。幸运的是，TD REI 足够灵敏，可以走出一个与 7 月初的价格峰顶相吻合的超买读数，在这次价格峰顶之后，价格随即下跌。再看图 1.2，图中出现了价格—指标背离，背离分析实践者可能认为之后价格将会下跌，但事实是价格上涨到更高的水平。无论如何，德马克持续期分析认为 TD REI 指标停留在指标中性区域之外的时间是极端的，因此，趋势将会继续，直到这个极端的指标读数走弱，退回到中性区域，之后再走出一个温和的——少于 6 天——超买读数。此外，如果你偏好运用背离分析，你可以引入一个可以提高这个技术的准确率和绩效的过滤网（也称为确认指标）。具体而言，在你根据一个察觉到的价格—指标背离采取行动之前，价格的波动应该被德马克价格震荡确认指标［TD Price Oscillator Qualifier(TDPOQ)］所确认，这将在本章的后面部分进行论述。

图1.1 在本例中，相对于5月底，6月底的指标最低值更高，但这并没有转化成一次有意义的上涨，反而价格更低于5月末的价格水平。德马克区间扩张指数（TD REI）在6月停留在超卖区域的时间超过了5天的德马克持续期要求，意味着颓势已现。注意从5月底到6月底震荡指标的超卖读数，指标在这段时间没有超越零线。对于那些运用背离分析的交易者来说，这个震荡指标并没有在两个超卖读数中间出现超买读数，所以也可以进行这种背离分析，虽然这种用法并不推荐。注意TD REI指标在6月24日的读数。它随后的价格收高，这表明接下来价格将可能反弹。

6 市场择时新技术

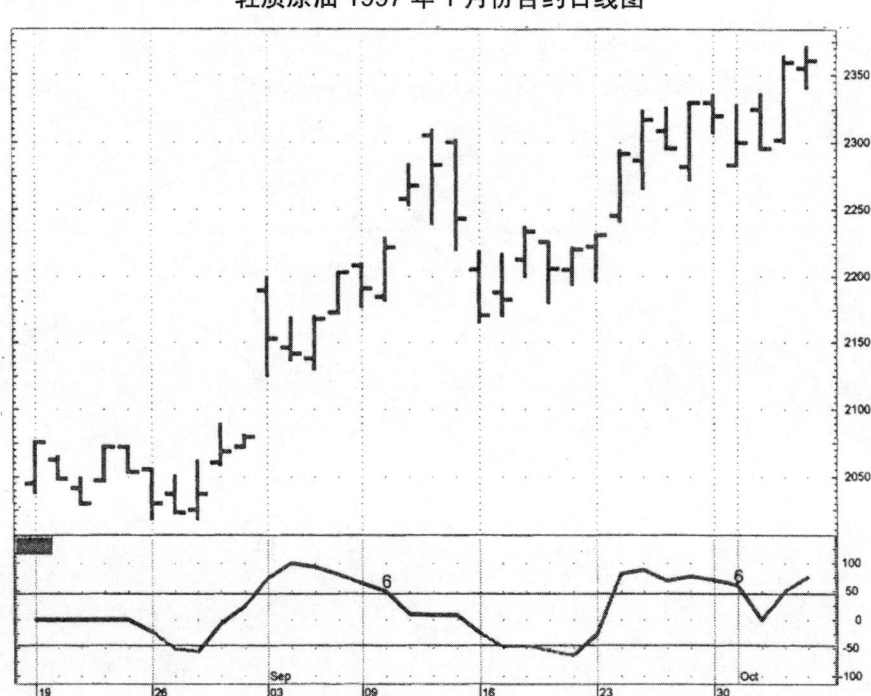

图1.2 在9月初，指标的高点越来越低，价格的高点越来越高，并且持续时间达到了6天或以上的德马克持续期要求。这表明尽管指标背离，但是价格上涨的动力强劲，很可能继续上涨。如果你喜欢运用背离分析，那么在这里要注意在两个超买读数之间，指标曾经进入超卖区域，这使得两个超买读数失去了关联，所以在这里不推荐使用背离分析

图1.1和图1.2存在一个主要区别，那些依靠背离分析做出市场预测的交易者需要特别注意。请再看看两张图中显示的指标水平。图1.1出现了两次持续期均为6天的极端超卖状态，而图1.2出现了两次持续期均为6天的极端超买状态，根据我的震荡指标解读原则（德马克持续期分析运用于德马克区间扩张指数），两个持续期都超过了预期一个潜在的趋势反转的最大允许时间。但是，两个案例之间存在着一个显著的区别。在图1.1和图1.2两幅图中，两个极端读数出现的时间都相隔差不多一个月，而这个显著区别就存在于两个极端读数的间隔期内。在图1.1中，两个极端超

卖读数之间的指标水平都没有向上穿越零线。在这种情况下，可以运用背离分析，虽然我们并不建议这样做。在图 1.2 中，震荡指标的波动就完全不同了，在两个极端的超买读数之间，指标波动到了超卖区域。因为这期间发生了极端的震荡指标波动，其间这个超卖读数切断了两个超买指标水平之间的联系，所以不存在运用背离分析的合理基础。换句话说，如果你喜欢运用背离分析，根据一系列指标与同一时间的价格水平的关系来预测未来的市场价格行为，那么前提是连续两个超卖读数之间没有夹着超买读数，连续两个超买读数之间也没有夹着超卖读数。再说一次，虽然背离分析的做法并不推荐，但是如果交易者想要使用的话，就一定要符合刚刚讲述的条件，这样才能使背离分析更有效也更具赢利性。

在其他很多我发展了多年的算术式震荡指标中，有 5 个关键指标在识别价格顶部和底部，以及确定市场整体趋势方面特别有效。它们分别是德马克变化率（TD Rate of Change，包括德马克变化率 I 和德马克变化率 II）、德马克区间扩张指数（TD REI，包括备选型和标准型）、德马克 DeM 震荡指标（TD DeMarker）I 和 II，以及德马克多元指标（TD Plurality）。除了这几个原创交易指标外，本书还会介绍其他一些专利技术，这些技术不仅可以确认价格的反转，还可以在这些震荡指标中的某一个发出低风险入场指示后，确定价格趋势的起点。这里提到的这些指标以及配套的确认技术，都是客观机械的过程，有利于它们的运用和解读。就这点来讲，这些方法并没有那些备受关注的传统指标所具有的缺点，比如以下几点：

1. 非市场性因素对指数式指标的扭曲。
2. 盲目信赖收盘价，不考虑其他有意义的价格数据。
3. 对震荡指标波动的主观性解读。
4. 包含一些不相关的价格行为和价格关系。
5. 只关注日复一日的价格行为，不考虑其他时间间隔的价格关系。
6. 运用背离分析，而不是德马克持续期分析。

此外，如果列出一张程序表来依照执行，就可以把指标的运用、执行和解读过程变成一次次简单、合理、实用和有价值的交易经历。这对分析师和交易者来说，都是有益的。

德马克变化率 I 和德马克变化率 II

德马克变化率 I（TD ROC I）

观察结论：交易者常常通过计算价格波动的变化率，来预测市场未来的价格行为。有两个基于动量的震荡指标计算方法，可以用来达成这一目的。一个方法是计算市场当前价格与 x 天、x 周或 x 月之前的同一个价格的比率；另一个方法是计算市场当前收盘价与 x 天前收盘价的差值。前一种方法要好些，我那个构造和解读方式都非常独特的震荡指标就采用这个方法，叫作德马克变化率［TD Rate of Change（TD ROC）］。大部分市场择时指标采用的两个价格之间的时间跨度往往较长，通常是一个月或者一年。但是，在计算变化率时的具体操作过程和选择的时间跨度，会因分析者或交易者的不同而不同。多年以前，我在进行动量研究时，打算计算不同市场月线收盘价相对于各自市场一年前的月线收盘价的变化率并绘制成图形，但无意中却是对相隔 12 天的日线收盘价进行了比较，而不是我之前计划的相隔 12 月的月线收盘价。我找到这个变化率指标，纯属偶然。这个指标在识别未来价格反转水平方面，拥有极高的预测价值。当把这个方法运用于那些高价市场，比如国债期货、政府债券、标准普尔期货和股票指数时，这个变化率（TD ROC I）的波动范围通常限定在一个较宽的区间内——由 12 个交易日前的收盘价的 102.5% 和 97.5% 定义。进一步的研究表明，德马克变化率 I 指标停留在这个区间上面或下面（也就是超买或超卖区域）的时间少于或等于 15 个价格周期（价格线），就确认了一个潜在的价格峰顶或谷底。然而在把我的德马克持续期分析概念运用于市场择时指标时，大多数时候是以 5 根价格线作为"温和的"和"严重的"指标读数的区分界线，而德马克变化率指标 I 和 II，是采用 15 根价格线作为界线，至于德马克 DeM 震荡指标（见后面内容），则是以 8 根价格线作为界线。比如，如果德马克变化率 I 停留在中性区域以外的时间多于或等于 16 根价格线，价格就倾向于继续原来的趋势，直到这种严重的超买/超卖状态缓解，德马克变化率 I 退回到中性区域，并再次尝试走出一个"温和的"超买/超卖读数（少于16根价格线）。除了一种情况外［见以下关于德马克备选震荡指标（TD Alternative Oscillator）方法的讨论］，这一结论与震荡指标行为的德马克持续期分析的理论相符合。图1.3是标准普尔500指数12月份合约的价格走势图与相应的德马克变化率I指标，它们在趋势反转时的波动一致。其间，震荡指标只有一次停留在超买区域的时间超过15个交易日（见图中从1月底到2月中这段时间）。除了1996年9月底那次外，其他所有少于15个交易日的超买/超卖读数，都与价格的反转相吻合。另外，虽然5月初的价格低点没有被德马克变化率I识别出来，但如果运用德马克变化率II（TD ROC II），就完全可以将其识别出来——这就是你要使用两个指标的原因。后面的图1.6将对两个德马克变化率指标进行比较。

S&P500指数1996年12月份合约日线图

图1.3 德马克变化率I指标读数处于超买或超卖区域的时间超过15天（图中用大X标示），构成一个严重的或极端的买入/卖出力量，之后指标必须波动回中性区域，然后再次回到超买或超卖区域，并且停留较短一段时间，形成一个温和的震荡指标读数，这就会与市场的峰顶和谷底更为契合

德马克变化率指标区域设置：大量研究表明，只要对德马克变化率 I 的区域进行调整，就可以适应各种不同市场的交易特点和时段，具体方法是对德马克变化率的基本设置稍做改变，比如扩大或缩小交易区域的参数。仅仅进行这一项调整，就可以使它们很好地适用于低价证券和波动率较低的市场，以及日内分析和交易。例如，为了产生更有效的结果，短期利率期货（包括欧洲美元、短期国债、短期英镑、欧洲日元和欧洲马克等）和日内交易（操作时间框架有 1 分钟、5 分钟和 10 分钟等），都需要构建并运用一个较窄的震荡指标区域。用增加和减去 2.5 个百分点（即 102.5% 和 97.5%）的标准参数设置乘以 10%，就可以把这个区域的宽度降为 100.25% 到 99.75%。当运用于类似的市场环境和状况时，这个调整后的震荡指标区域将更加灵敏和精确。通过电脑，就可以简单地测试、操作并运用这种调整以及其他很多变化。图 1.4 就把这一变化引入了德国马克 1996 年 12 月期货合约的日线图中。由于德国马克的报价中含有小数，并且是一个波动率相对较高的市场，所以存在着两面性。即使采用的是日线图而不是日内短期走势图，运用标准的 102.5% 和 97.5% 的德马克变化率 I 指标阈值，和经过调整的 100.25% 和 99.75% 指标阈值都是可行的。这个较窄区域的指标也是用 15 天的持续期作为极端的（或严重的）和温和的超买/超卖读数的区分界线。另外，运用接下来将要介绍的德马克价格震荡确认指标（TD Price Oscillator Qualifier），就可以精确并进一步确认入场价格水平。

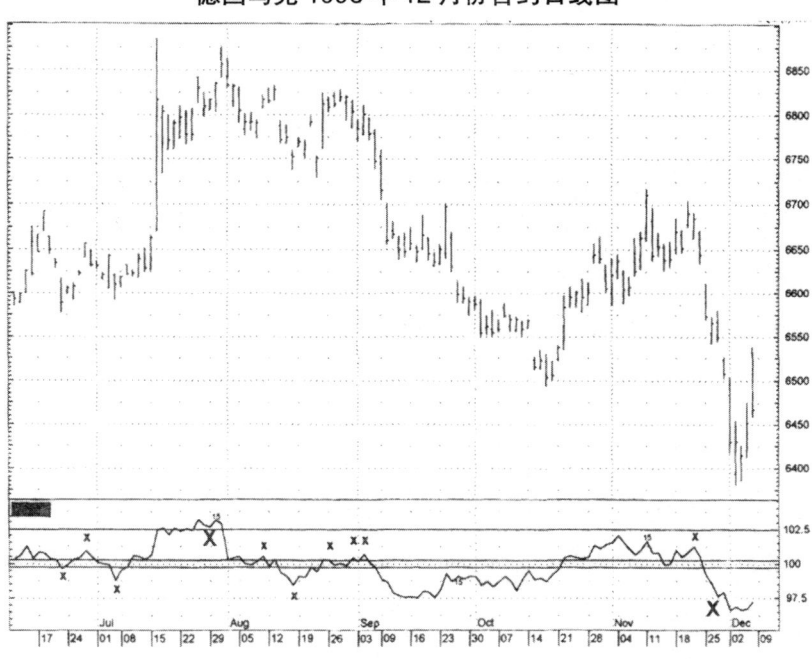

图1.4 德马克变化率I处于超买或超卖区域的时间超过15天，形成了一个严重的或者说极端的读数，之后，这个指标必须要波动回中性区域，然后再次回到超买或超卖区域，并且持续较短一段时间，形成一个温和的读数。日内交易、不活跃的交易和报价含有小数位的交易市场，都可以采用这个版本的德马克变化率——把参数设置为标准参数的10%。换句话说，可以用100.25%和99.75%来替代标准的102.5%和97.5%。在本例中，德国马克期货可以采用两种参数设置，但是你可以发现，图中较窄区域产生了更多的超买和超卖信号，而较宽的震荡指标区域只在7月底和12月被向上和向下超越（图中用大写的"X"标示）

德马克价格震荡确认指标和德马克备选震荡指标方法

虽然关于德马克价格震荡确认指标（TDPOQ）和德马克备选震荡指标（TD Alternative Oscillator）的论述都只涉及德马克变化率，但它们同样都适用于本书中介绍的其他指标。另外，如果这两个技术也适用于你目前正使用的各种指标，请不要感到惊讶。

经过大量研究，我找到了常常在超买/超卖状态之后出现或与之同时出现的一种价格形态，这种形态可以作为确认一次潜在的趋势反转点的简单方法。一旦市场震荡指标在一个潜在的市场底部或顶部发出低风险入场机会的指示，就可以用一个被称为德马克价格震荡确认指标的有效技术，来评估标的证券的价格行为。只有市场震荡指标走出一个超买或超卖读数，这个指标的波动才与标的证券的价格行为有关。要用TDPOQ来确认一个预期的上涨波动，你就要确定震荡指标当前的位置（或最近一直）是处于震荡指标中性区域下方，而不是上方。反之，要用TDPOQ来确认一个预期的下跌波动，你就要确定震荡指标当前的位置（或最近一直）是处于震荡指标中性区域上方，而不是下方。在一个价格底部，要符合德马克持续期分析的要求，指标停留在中性区域下方的时间不能超过规定的天数；在一个价格顶部，要符合德马克持续期分析的要求，指标停留在中性区域上方的时间也不能超过规定的天数。但是，这个时间要求也可以根据选择的指标和区域界线进行调整。此外，一旦震荡指标上涨到一个指定的水平之上，或者下跌到一个指定的水平之下，这个交易机会就自动失效。例如，对于德马克区间扩张指数，向上的波动的失效水平是10，向下的波动是10；对于德马克DeM震荡指标I，向上的波动是50，向下的波动是50；对于德马克变化率I和II，向上的波动是101.0，向下的波动是99.0；对于那些德马克变化率区域较窄的情况，比如，向上的失效水平就可变为100.10，向下的失效水平就可变为99.90。

以下列出的是一个低风险买入进场的前提条件：

1. 市场处于温和的超卖状态；
2. 收盘价高于前一个交易日的收盘价；
3. 上升收盘价日第二天的开盘价低于或等于前一个交易日的最高价（即上升收盘价日的最高价）；
4. 这个交易日的最高价必须高于前一个交易日的真正最高价（真正最高价是指这个交易日的最高价或前一日的收盘价，具体哪个取决于哪个价格更高）。

反之，一个低风险卖出进场的前提条件是：

1. 市场处于温和的超买状态；
2. 收盘价低于前一个交易日的收盘价；
3. 下降收盘价日第二天的开盘价高于或等于前一个交易日的最低价（即下降收盘价日的最低价）；
4. 这个交易日的最低价必须低于前一个交易日的真正最低价（真正最低价是指这个交易日的最低价与前一日的收盘价中较低的那个）。

整个评估过程一直持续不断，直到指标从超卖区域回来并且超过一个靠近超买的震荡指标失效水平（向上的波动），或者指标从超买区域回来并且超过一个靠近超卖的震荡指标失效水平（向下的波动）。如果这个形态没有出现在一个预期的谷底或峰顶，就缺少了一个对于突破的确认过程至关重要的信号。上升收盘价日或下降收盘价日第二天的开盘价必须包含在前一日的价格区间内，这一要求非常关键，因为它会指示市场对突破的怀疑程度。这个方法确实存在一些风险因素，因为指标停留在超买或超卖区域的时间可能超过德马克持续期分析所规定的最大时间限度——把指标读数归类为温和的超买/超卖读数的最大值。当出现这种情况时，谨慎的交易原则就会要求了结头寸，或者至少设置一个较窄的止损。唯一的例外情况是，德马克备选震荡指标方法运用于特定的指标行为（见下文）。

高级德马克价格震荡确认指标：也可以对初级德马克价格震荡确认指标（TDPOQ）做出一些改进。不过，每一个附加的条件都是用于减少趋势反转的确认频率。图1.5显示了标准的TDPOQ和德马克备选震荡指标方法。对TDPOQ进行一些改进，就可以获得更高的成功率。具体而言，如果是超卖指标读数（潜在买入机会），那么第一个上升收盘价日前一天的最低价，必须低于再前一天的最低价，并且在前一天或这一天必须出现超卖指标读数；反之，如果是超买指标读数（潜在卖出机会），那么第一个下降收盘价日前一天的最高价，必须高于再前一天的最高价，并且在前一天或这一天必须出现超买指标读数。另外，在运用TDPOQ时，你应该注意会发生接下来的情况：如果上升收盘价日第二天的开盘价高于前一天的最高价，常常意味着一个短期的价格峰顶，尽管指标最近才走出超卖读数，或者如果下降收盘价日第二天的开盘价低于前一天的最低价，就常常意味着这是一个短期的低点，尽管指标最近才走出超买读数（见图1.6）。审慎的交易者应该对下面两种市场状况警觉，一种是在指标走出超卖读数后，上升收盘价日第二天的开盘价向上跳空并高于前一日的最高价；另一种是在指标走出超买读数后，下降收盘价第二天的开盘价向下跳空并且低于前一日的最低价。之所以要注意这两种市场状况，是因为如此突然和陡峭的开盘走势，表明市场过早进入短期超买/超卖状态，因此，价格的行为往往与标准的TDPOQ预期相矛盾，至少短期内会这样。所以，TDPOQ对于开盘价的要求是低于或等于前一天的最高价（在上涨中），或者高于或等于前一天的最低价（在下跌中），并且在开盘之后，价格要超过这两个水平，这些都是关键的变量。交易者不仅要确定开盘价包含在前一天的最高价或最低价内——具体哪个取决于价格是上涨还是下跌，此外，还要知道TDPOQ开盘价跳空的失效规则还存在例外情况或替代选择。具体而言，如果在超卖指标读数之后，上升收盘价日第二天的收盘价高于这天开盘价，或者在超买指标读数之后，下降收盘价第二天的收盘价低于这天的开盘价，那么尽管出现脱离前一天的价格区间的开盘跳空，入场机会仍然有效。换句话说，如果上升收盘价日第二天的开盘价高于其前一天的最高价，但是上升收盘价日第二天的收盘价高于这天的开盘价，那么对于开盘跳空过热的担心就可以消除了，因为收盘价高于开盘价，表明价格可能继续上涨。反之，如果下降收盘价日第二天的开盘价低于前一天的最低价，但是这天的收盘价低于这个开盘价，那么对于开盘跳空极度疲软的担心也消除了，因为收盘价低于开盘价，表明价格可能继续下跌。对于这种特殊价格形态，要确保低风险入场，唯一需要考虑的一个额外因素是，在市场开盘时由激进的买入或卖出造成的价格缺口，常常会在当天交易结束前的某个时点被回补。概括起来，开盘高于上升收盘价日最高价的向上跳空缺口，会产生一个短期的价格顶部，而不会是开盘突破的继续。但是这种短期过热的担心也可以消除，就是收盘价高于当天的开盘价，或者开盘的价格缺口没有被回补。同样的，开盘低于下降收盘价日最低价的向下跳空缺口，会产生一个短期的价格底部，而不会是开盘突破的继续，但是如果当天的收盘价低于开盘价，或者开盘的价格缺口没有被回补，也没必要过多担心。

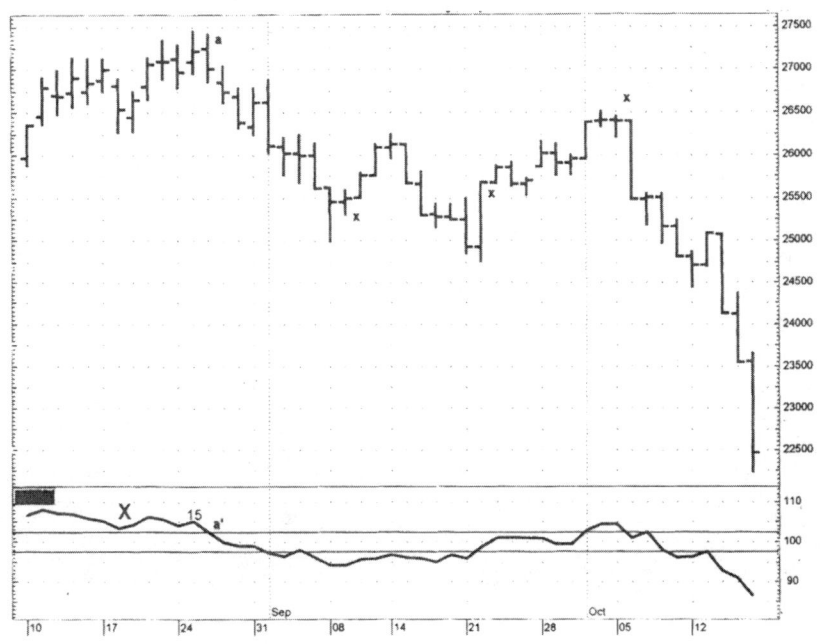

图1.5 如果把德马克备选震荡指标运用于1987年8月的道琼斯工业平均指数，尽管德马克变化率I处于极端超买——它停留在102.5以上超过了15天（图中用大X标注），但是一旦德马克变化率I下降到102.5以下，并且当天的收盘价高于两天前的收盘价（图中用a和a'标注），那么市场顶部的指示就得到了确认。注意由德马克价格震荡确认指标确认的其他温和的超买和超卖趋势反转指示，在图中是用小x标注

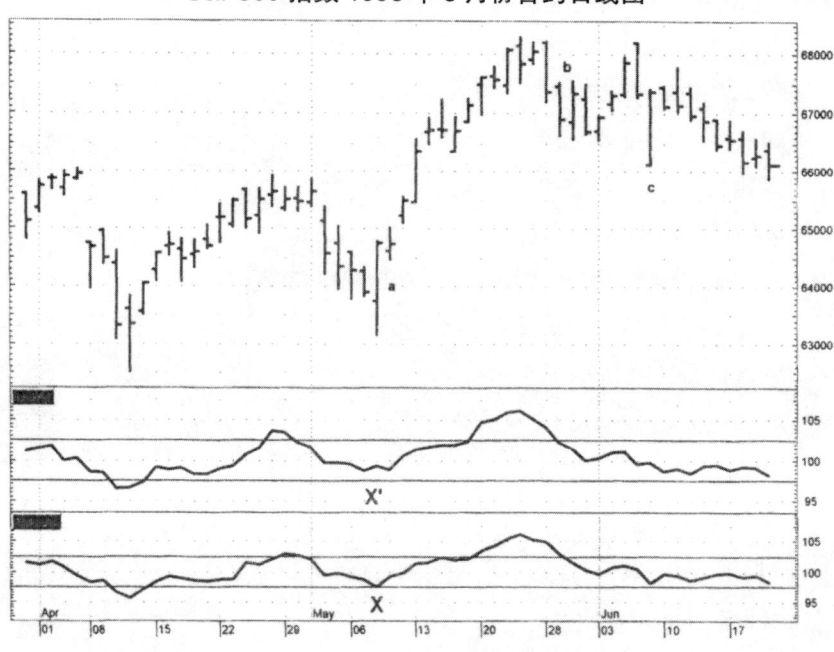

图 1.6 注意在 1996 年 5 月标准普尔的最低点处，德马克变化率 II 发出了底部信号（X），但同一时刻的德马克变化率 I 却没有确认这个底部（X'）。在这个价格底部的第二天（a），德马克价格震荡确认指标就发出了低风险入场指示。在 5 月最高价之后（b），德马克价格震荡确认指标也识别了两个指标的顶部，发出了入场指示。但是，在交易日 c，它的开盘价低于前一日的最低价，德马克价格震荡确认指标没有发出指示

德马克价格震荡确认指标以及本书中介绍的其他各种指标的确认指标，其价值在于这些技术将很可能适用于很多你当前正在使用的方法和指标。如果将我的一些交易过滤网或确认指标运用于你当前使用的指标和系统，一定会提高你交易获胜的概率。

德马克备选震荡指标方法

虽然它很少出现，但是在特别强劲或疲软的市场中，极端的或严重的震荡指标读数处，可能正好对应于一个市场的顶部或底部。在这种情况下，

你可以把一种称为德马克备选震荡指标（TD Alternative Oscillator）方法的解读方式运用到震荡指标和标的证券的价格上。也就是说，如果指标走出极端的或严重的读数（超过15个交易日），就可以据此解读价格与指标之间的关系。它主要与德马克变化率I、德马克变化率II，以及德马克DeM震荡指标I和II有关。例如，一旦德马克变化率I指标走出一个极端的或严重的指标读数，并且在德马克变化率I处于超卖区域达16天或以上之后，该指标又上涨进入中性区域。在进入中性区域的第一天，如果标的证券的收盘价低于两个交易日前的收盘价，或者这天的最低价低于两个交易日前的最低价，那么就出现了一个低风险的买入机会——前提是随后德马克价格震荡确认指标也对这个信号进行了确认。反过来，一旦德马克变化率I指标走出了一个极端的或严重的指标读数，并且德马克变化率I处于超买区域达16天或以上之后，该指标又下跌进入中性区域。在进入中性区域的第一天，如果标的证券的收盘价高于两个交易日前的收盘价，或者这天的最高价高于两个交易日前的最高价，那么就出现了一个低风险的卖出机会——前提是随后德马克价格震荡确认指标也对这个信号进行了确认。图1.5就展示了这种情况。你很容易发现，在1987年几乎整个8月期间，德马克变化率I都停留在102.5%的水平之上（指标图中用大X标注）。在指标向下穿越102.5%的水平时，收盘价高于两天前的收盘价，并且日内最高价也高于两天前的日内最高价（价格图中是用a标注，指标图中是用a'标注）。随后，德马克价格震荡确认指标也得到满足。图中德马克价格震荡确认指标在温和超卖区发出的两个买入信号和在温和的超买区确认的一个卖出信号，在图中也用小x进行了标注。注意在10月初，震荡指标处于温和的超买状态，在最高点两日后，德马克价格震荡确认指标被触发，表明市场即将下跌，一个低风险卖出机会出现了。不管怎样，只要严重的震荡指标读数对应着一个潜在的市场峰顶或谷底，你就应该采用这个德马克备选震荡指标方法来解读，或者离场观望。

总之，德马克变化率I的规则很简单。要获得指标值，只需要用市场的收盘价除以12个交易日前的收盘价，然后把这个值绘制在同一时间的价格下面的指标图上。在定义超买和超卖区域水平方面，对于大部分高价期货市场，通常建议以102.5作为中性区域的上界线（超买），以97.5作为中性区域的下界线（超卖）。而对于交易清淡、价格较低的市场，以及操作时间框架非常短（比如30分钟或更短）的市场，你也可以选择由100.25和99.75组成的较窄中性区域。此外，当在时间框架非常小（比如一分钟价格线）的市场上操作时，你会发现结合使用德马克序列（TD Sequential）和德马克变化率I会收到良好的交易结果。但是，有些市场必须经过分析和研究，才能判断出它们理想的参数设置。比如，对于那些成交活跃的股票，你可以采用89和111组成的震荡指标区域。另外，如果市场处于上升趋势中，你可以稍微提高中性区域的下界线，如果市场处于下降趋势中，你也可以稍微降低中性区域的上界线，这样就可以顺应市场趋势和买入或卖出的力量水平。德马克价格震荡确认指标可以用来对低风险入场区域进行确认，而那种开盘格外强劲或疲软的市场——开盘跳空高于前一天的最高价（在上涨中），或者开盘跳空低于前一天的最低价（在下跌中）——就要避免进入，除非开盘跳空当天的收盘价高于开盘价（在上涨中）或者低于开盘价（在下跌中），并且，在大多数情况下，由激进的市场开盘引起的价格缺口会在收盘之前被回补。如果震荡指标停留在超卖或超买区域很长一段时间——超过16个交易日，这时就建议要么采用德马克备选震荡指标方法，随后再用德马克价格震荡确认指标进行确认，要么无论这时发生什么情况都不进行任何交易。另外，你偶尔也可以把其他指标用到这个震荡指标上，以获得交易上的一个优势。举个例子，你可以在震荡指标上绘制一条德马克线（TD Line），以判断震荡指标什么时候突破其趋势，你也可以计算震荡指标的变化率。这两个指标的走势都先于价格走势，并且会提前发出趋势反转信号。总的来说，要想获得最好的交易表现，任何指标都应该结合其他指标或其他一系列指标来使用。例如，你可以把德马克序列和德马克组合（TD Combo，见后面章节）运用到标准普尔期货的一分钟图上，同时绘制以99.75和100.25作为指标区域界线的德马克变化率指标，因为把两个指标结合运用以后，结构（Setup）和计数（Countdown）都更容易识别。此外，如果再加上震荡指标区间较窄的德马克区间扩张指数，就会大大提高识别低风险和高风险区域的成功概率。

德马克变化率 I 的各种组成和参数选项设置，以及推荐的默认设置如下。

基础德马克变化率 I

1. 用于计算德马克变化率 I（TD ROC I）的价格（price）：指的是计算 TD ROC I 所选择和比较的参考价格。其他的价格选项包括开盘价、最高价、最低价、中位价、平均价、最高价加最低价加收盘价除以 3、真正最高价和真正最低价，以及这些价格的各种组合。默认的价格是收盘价。

2. 用于计算 TD ROC I 的期间（period）：是当前价格线与参考价格线之间间隔的期间。默认值是 12。

3. 用于持续期分析的价格线数量（duration）：是 TD ROC I 必须连续停留在震荡指标中性区域上方或下方的最小价格线数量。这个选项可以在指标走势图上显示持续期计数，有助于德马克持续期分析。如果当前价格波动很极端，震荡指标就需要回到中性区域，然后再回到超买／超卖区域，以形成一个相对于严重超买／超卖读数的温和超买／超卖读数，才能做出趋势反转的指示。默认值是 16。

4. 震荡指标中性区域上界线（level）：指的是可以被定义为超买读数的最小 TD ROC I 指标水平。这个定义在判断市场状况和风险，以及运用德马克持续期分析时，都非常关键。对这个设置进行调整或修改，就可以控制超买指标读数的频率、程度和界线。默认值是 102.5（100.25）。

5. 震荡指标中性区域下界线（level）：指的是可以被定义为超卖读数的最大 TD ROC I 指标水平。这个定义在判断市场状况和风险，以及运用德马克持续期分析时，都非常关键。对这个设置进行调整或修改，就可以控制超卖指标读数的频率、程度和界线。默认值是 97.5（99.75）。

高级德马克变化率 I

6. 显示（Display）：指的是震荡指标呈现的方式。这个选项让使用者可以选择是用曲线图或柱状图来展示变化率。默认的是曲线图。

7. 可供选择的移动平均类型（type）：交易者可以用来平滑 TD ROC I 的各种移动平均方式。选项包括简单移动平均、指数移动平均、中心化移动平均（centered）。默认选项是无。

8. 用于计算移动平均的期数（period）：指用于计算 TD ROC I 均值的一系列变化率数值的数量。默认值是 0。

9. 用于对移动平均线进行平滑处理的价格线数量（period）：涉及已经进行移动平均处理后，还想将移动平均线平滑化的情况。默认值是 0。

不管你选择的超买／超卖界线水平如何，你都要用德马克价格震荡确认指标来确认价格和震荡指标的行为。德马克备选震荡指标方法可以用于德马克变化率 I 长时间处于超买或超卖区域的情况。不过，要等到德马克价格震荡确认指标进行了确认，这个低风险的入场指示才真的有效。

德马克变化率 II

虽然德马克变化率 I（TD ROC I）主要是计算收盘价的比率，但也可以用其他的价格进行替换，比如最高价、最低价、开盘价、价格波幅的中间价，以及开盘价、最高价、最低价和收盘价的组合价或平均价。但是，选用其中任何一个价格，都存在着严重的不足。所有这些变化率指标的构建方法，都与那个标准的基于收盘价的 TD ROC I 的方法相似，它们都受单一的价格驱动。它们拿收盘价与 x 期前的收盘价进行比较，然后重复进行相同的操作，以获得这一系列的计算值。也就是说，整个过程很冗长，而且是静态的。而德马克变化率 II（TD ROC II）在选用方法和参考价格方面，都会根据 TD ROC I 指标的相对位置进行改变，所以从这个意义上讲，TD ROC II 是一个价格动量的综合指标。也就是说，由 TD ROC I 的具体水平决定选用哪个价格来计算 TD ROC II。

由于其动态的构造，TD ROC II 对即将出现的价格反转通常比 TD ROC I 更敏感。TD ROC I 的公式是计算当前的收盘价和 12 根价格线（12 期）前的收盘价的比率，而 TD ROC II 是只要同一时间的 TD ROC I 数值高于 100，就用当前最高价除以 12 根价格线前的最高价，只要同一时间的 TD ROC I 数值低于 100，就用当前最低价除以 12 根价格线前的最低价。换言之，TD ROC II 的数值取决于同一时间 TD ROC I 的数值大小。TD ROC II 将根据 TD ROC I 的数值大小来决定是选择最高价还是最低价进行计算，而不像 TD ROC I 一样是选择固定的价格进行计算。图 1.6 的标准普尔 6 月合约走势图，就显示了 TD ROC I 和 TD ROC II 指标的区别，这是变化率计算公式改变后的结果。看看 TD ROC II 指标在 1996 年 5 月的最低点处是多么灵敏和准确。这个方法可以进行多种变化，你可以根据自己的研究和分析来做出调整。

1. 可以把最高价和最低价换为其他价格组合。

2. 可以把 12 根价格线换为其他时间跨度。

3. 用于决定选用哪个价格作为比较对象的 100 的界线，可以换为其他数值。

4. 这个界线水平也可以设定为一个区间，比如低于或等于 99.5，高于或等于 100.5。当 TD ROC I 介于这两个界线水平之间时，就可以直接采用通过收盘价计算出来的 TD ROC I 数值。

5. 超买/超卖指标区域可以扩大或缩小，以适应不同市场和时间跨度的性质和特点。

引入可变的指标参数，对市场择时分析做出了独特的贡献，因为它为指标分析提供了一个动态的方法。另外，这个方法也处于新一代市场分析方法的领先位置，因为它是根据基础震荡指标的行为来灵活调整指标公式中的参数和计算过程。运用这个方法获得的成功，堪比我在 20 世纪 70 年代在突破指标和模型的研究上获得的成果。它们在很长一段时间受到了交易者和大部分商品交易顾问（CTA）的普遍青睐。现在，我把这个方法运用到我的其他很多市场择时指标上，也在用同样的交易思想创造一个总体指标（master indicator），这个指标综合了我的一系列市场择时指标，其中每一个都拥有很高的灵敏度和独有的性质。这个指标的构造与随后将要介绍的德马克多元指标（TD Plurality）有些类似，只是范围更大而已。换言之，关键指标在超买/超卖指标范围内的相对位置，会决定你应该依靠其他哪个无关指标来做出交易决策，具体取决于关键指标的条件和位置。虽然乍一看来，这有点类似于扩散指数（diffusion index），但是实际上是不同的，因为在特定时刻决定选择哪个指标（或几个指标）的关键指标不一定是指标公式中的必要组成，而且选择的具体指标（或几个指标）还取决于这个关键指标的具体读数水平。

TD ROC II 的公式要比 TD ROC I 的公式稍微复杂一点。首先要计算 TD ROC I 的数值，就是将市场当前的收盘价除以 12 天前的收盘价。如果这个数值大于100.00，就用当前的最高价除以12天前的最高价；如果这个数值小于100.00，就用当前的最低价除以12天前的最低价。然后，将这一数值绘制在走势图下方同一时刻的指标走势图中。随着走势图的波动，指标走势图中会形成一条相应的指标曲线。最后，设定指标的超买和超卖水平。就像TD ROC I 一样，对于大部分高价市场，我会建议将中性区域上界线（超买水平）设定为102.5，中性区域的下界线（超卖水平）设定为97.5。但是，有些市场还必须进行分析和研究，才能确定理想的参数设置水平。例如，对于那些交易很活跃的股票，我会采用89和111的指标中性区域界线。而那些短期时间框架，比如30分钟及以内的走势图，以及那些低价并且交易冷清的市场，震荡指标中性区域界线就应该调整为99.75和100.25。另外，如果市场处于上升趋势，你或许还可以提高中性区域的下界线（超卖水平），如果市场处于下跌趋势，你或许还可以降低中性区域的上界限（超买水平），以适应市场的趋势和买入/卖出力量水平。

总之，在评估一个市场时，我强烈建议同时采用TD ROC I 和TD ROC II 两个指标。有时候其中一个指标会发出指示，另一个保持沉默。因此，作为一名交易者，你必须严格遵守两个指标。另外，经验表明这个指标要结合其他指标一起使用，比如德马克序列、德马克组合或德马克区间扩张指数，才能指出最低风险的交易机会。

TD ROC II 的各种组成和参数选项设置，以及推荐的默认设置如下。

基础德马克变化率 II

1. 用于计算TD ROC II 的价格（price）：指的是计算TD ROC I 所选择的参考价格，而TD ROC I 的指标数值又会决定计算TD ROC II 时所采用的价格。其他选项还有开盘价、最高价、最低价、中位价、平均价、最高价加最低价加收盘价除以3、真正最高价、真正最低价以及这些价格的各种组合。默认设置是收盘价。

2. 用于计算TD ROC II 的期间（period）：是当前价格线与参考价格线之间间隔的期间。默认值是12。

3. 用于持续期分析的价格线数量（duration）：是TD ROC II 必须连续停留在震荡指标中性区域上方或下方的最小价格线数量。这个选项可以在指标走势图上显示持续期计数，有助于德马克持续期分析。如果当前价格波动很极端，显示严重的指标读数，震荡指标就需要回到中性区域，然后再回到超买／超卖区域，以形成一个相对于严重超买／超卖读数的温和超买／超卖读数，这样才能做出趋势反转的指示。默认值是16。

4. 震荡指标中性区域上界线（level）：指的是可以被定义为超买读数的最小TD ROC II指标水平。这个定义在判断市场状况和风险，以及运用德马克持续期分析时，都非常关键。对这个设置进行调整或修改，就可以控制超买指标读数的频率、程度和界线。默认值是102.5（100.25）。

5. 震荡指标中性区域下界线（level）：指的是可以被定义为超卖读数的最大TD ROC II指标水平。这个定义在判断市场状况和风险，以及运用德马克持续期分析时，都非常关键。对这个设置进行调整或修改，就可以控制超卖指标读数的频率、程度和界线。默认值是97.5（99.75）。

高级德马克变化率 II

6. 显示（Display）：指的是震荡指标呈现的方式。这个选项让使用者可以选择是用曲线图还是柱状图来展示变化率。默认设置是曲线图。

7. 可供选择的移动平均类型（type）：指的是交易者可以将TD ROC II指标平滑化的各种移动平均类型。选项包括简单移动平均、指数移动平均、中心化移动平均（centered）。默认选项是无。

8. 用于计算移动平均的期间（period）：指用于计算TD ROC II均值的一系列变化率数值的数量。默认值是0。

9. 用于对移动平均线进行平滑处理的价格线数量（period）：涉及已经进行移动平均以后，还想对移动平均线进行平滑处理的情况。默认值是0。

10. 当TD ROC I数值需要被替换为TD ROC II数值的TD ROC I读数（price）——上界线：指的是当TD ROC I读数大于这个上界线时，将导致计算公式从TD ROC I变为TD ROC II。默认值为100。

11. 当TD ROC I数值需要被替换为TD ROC II数值的TD ROC I读数（price）——下界线：指的是当TD ROC I读数小于这个下界线时，将导致计算公式从TD ROC I变为TD ROC II。默认值为100。

12. 当上界线被超过后，替换的计算价格（price）：指的是当TD ROC I读数超过中性区域最大值时，TD ROC II采用的计算价格。默认值是最高价。

13. 当下界线被超过后，替换的计算价格（price）：指的是当TD ROC I

读数低于中性区域的最小值时，TD ROC II 采用的计算价格。默认值是最低价。

不管你的超买／超卖区域选择什么样的界线水平，你都应该运用德马克价格震荡确认指标（TDPOQ）来对价格和震荡指标的波动进行确认。如果 TD ROC II 指标长期处于严重的超买／超卖水平，就可以采用德马克备选震荡指标（TD Alternative Oscillator）的方法。可是，只有当 TDPOQ 发出了确认信号，这个低风险的入场指示才有效。

德马克区间扩张指数（TD REI）——标准型和备选型

在整个专业投资生涯中，我一直对一个现象感到困惑——对于那些在网络和交易书籍中出现的各种市场择时震荡指标的结构和适用性，交易者完全不愿意或没有兴趣去研究和挑战。只要指标服务公司推出一个指标，似乎大部分交易者都会接受并运用到市场中，不会提出任何质疑。而且，有些交易者根本不在乎这些指标的构成和建议的解读方式是怎样的。我说的这个话一点也不过分。但是，需要注意的是大部分指标的结构都大体相同。虽然大部分指标都采用的是连续的收盘价，但是我的个人研究结果表明最高价、最低价或其他任何系列的价格，也可以产生和收盘价类似甚至更好的交易表现。此外，正如本章开头部分提到的，指数式计算方法存在显著的缺点，而这种缺点就不存在于算术式计算方法中。德马克区间扩张指数（TD Range Expansion Index，简称 TD REI）就试图克服上述两个缺点。另外，在指标读数显示温和的（低风险）买入或卖出区域时，我会通过根本的价格行为来进行确认，我的这种识别潜在震荡指标突破的方法完善了潜在趋势反转的确认过程。这个方法是一个机械的过程，因此，交易者可以有效解读随机的震荡指标和价格行为。最后，通过德马克价格震荡确认指标（TDPOQ）评估接下来的价格行为，判断出一个谨慎的低风险入场价。这个震荡指标解读方法也可以用于其他很多指标。这种分析方式的好处远远大于那些仅运用 TD REI 的分析方式。事实上，这个方法适用于这本书中的其他大部分指标。

商业与政治新闻事件、基本面与经济预测、投资组合管理决定、对冲活动以及其他很多因素，都会影响每天证券的价格走势。但是，这些因素的影响通常会快速反映在价格上。为了避免这些短期价格波动的影响，TD

REI 就被设计成比较一个交易日与两天前的价格波动。这个默认的两天前的价格也可以改为之前其他某天的价格，比如 1 天、3 天、4 天或 5 天前的价格。这样做可以显著降低短期事件或者消息发布导致的异常日内波动对指标的影响。通过要求当前或最近的价格行为区间与 x 天前的价格区间相交（也就是两根价格线重叠或部分重叠），也可以降低大部分震荡指标过早显示超买或超卖读数的概率。在震荡指标最能体现价值的时期——市场震荡时期——震荡指标可以有效达到预测潜在反转点的目的，而这种价格区间相交往往出现在这种市场环境中。

处理价格区间相交的问题有两种方式：一种是不管 TD REI 计算的是多少天的价格，都采用固定的价格相交条件；另一种是如果 TD REI 的期间与默认的 5 天或 8 天的期间不同，就要调整比较的时间间隔。多年以前，在 TD REI 刚被设计出来的时候是采用的 8 天的期间，而价格区间相交规则就是基于这个期间发展出来的。现在，我发现 5 天的期间对 TD REI 来说更有效，所以不再建议 8 天的计算期间。交易者可以根据自己的偏好调整这个价格期间，并且根据调整的价格期间来调整价格区间相交要求。例如，TD REI 最初采用的 8 天期就要求，当天的价格行为区间与 5 天或 6 天前的价格区间相交，或者两天前的价格区间与 7 天或 8 天前的价格区间相交。如果将价格期间缩短，比如将 8 天缩短为 4 天，那么比较价格的时间间隔也要相应地减少。无论如何，对于 4 天或少于 4 天的 TD REI 计算，价格相交的规则保持不变。

"不调整" 5 天期 TD REI 的计算过程如下：

第 1 步。计算当天的最高价与两天前的最高价的差值，以及当天最低价与两天前的最低价的差值。通过计算当天与两天前的价格区间差值，而不是当天收盘价与前一天收盘价的差值，短期事件导致的异常价格波动对指标数值的影响就消除了，并且也提高了识别价格趋势的概率。接着，将当天最高价与两天前最高价的差值，与当天最低价与两天前最低价的差值加总起来。显然，这个总和可能是正值也可能是负值，具体取决于当天的最高价是大于还是小于两天前的最高价，以及当天的最低价是大于还是小于两天前的最低价。注意，这里进行计算的两根价格线也可以换成其他间隔时间的价格线，比如相隔 3 天、4 天或 5 天的价格线。

第 2 步。要么（a）当天的最高价必须大于或等于 5 天或 6 天前的最低价，并且当天的最低价必须小于或等于 5 天或 6 天前的最高价；要么（b）两天前的最高价必须大于或等于 7 天或 8 天前的收盘价，并且两天前的最低价必须小于或等于 7 天或 8 天前的收盘价。如果 a 和 b 条件都没有满足，那么可以采用后面两种方案中任意一个：（1）"标准"方法是给当天分配数值 0，（2）"备选"方法是给进行比较的两个交易日都分配数值 0。在任何一种情况下，都不计算两个交易日的最高价差值和最低价差值，因为两个交易日的价格区间没有发生交集，意味着市场很有可能会突破或者已经突破。因此，延迟或停止这个交易日的指标计算，让这个指标保持沉默，就可以降低指标过早显示超买或超卖读数的风险。

第 3 步。如果上述 a 和 b 条件满足了任意一个，就可以计算当天最高价与两天前最高价的差值，以及当天最低价与两天前最低价的差值，并且将两个差值加起来。对于没有满足条件 a 或 b 的交易日，要么将当天的数值设定为 0，要么将当天以及之前交易日的震荡指标数值都设定为 0，具体取决于是采用"标准"方法还是"备选"方法。

第 4 步。接下来，"标准"方法是加总最近 5 天或 8 天（或者任何时期）每天的数值，包括 0 在内。然后用得到的结果除以同一时期的每天数值绝对值的总和——这个绝对值是不管其中任何一天的数值是正值还是负值，都将其当作正值来计算。因此，这个步骤的计算公式中分子可以是正值，也可以是负值，或者为 0，因为这个分子是这一时期内每天的数值加总起来的结果，但是分母只能是正值。因此这一时期的价格波幅变化都会加总起来，不管这个变化是正值还是负值。接着，将计算得到的比率乘以 100%。"备选"方法的过程相同，只有一个地方不同，就是如果价格区间没有发生交集的话，那么之前交易日的指标数值也要算作 0，而"标准"方法是只将当天的指标数值设定为 0。

第 5 步。确定指标的区域界线，以判定潜在的指标超买／超卖水平。一般情况下，对于 5 天或 8 天的 TD REI，可以运用 –45 和 +45 的区域界线。但是，如果你喜欢更激进一点，你可以将这个界线水平调整为 –35 和 +35，或者 –40 和 +40。此外，对于短时间框架的走势图（比如 1 分钟、5 分钟或 10 分钟走势图）或交易清淡的市场，这个中性区域还可以进一步收窄。

第6步。运用德马克价格震荡确认指标（TDPOQ），以确认根本的价格行为是否支持震荡指标的行为（见图1.7中的两个REI震荡指标）。注意图中大写X标注的是德马克持续期分析正确阻止了过早的入场卖出并且警示价格可能继续上涨的情况，因为指标停留在超买区域的时间超过了5天。同时，再看看TDPOQ是多么准确地确认了各种价格趋势的反转点（见图中的小写x和y）。图中x标注的是5天期的TD REI，y标注的是8天期的TD REI（"标准"方法）。关于TDPOQ的信息和解释，请参照前面的讨论。

意大利债券1996年12月份合约日线图

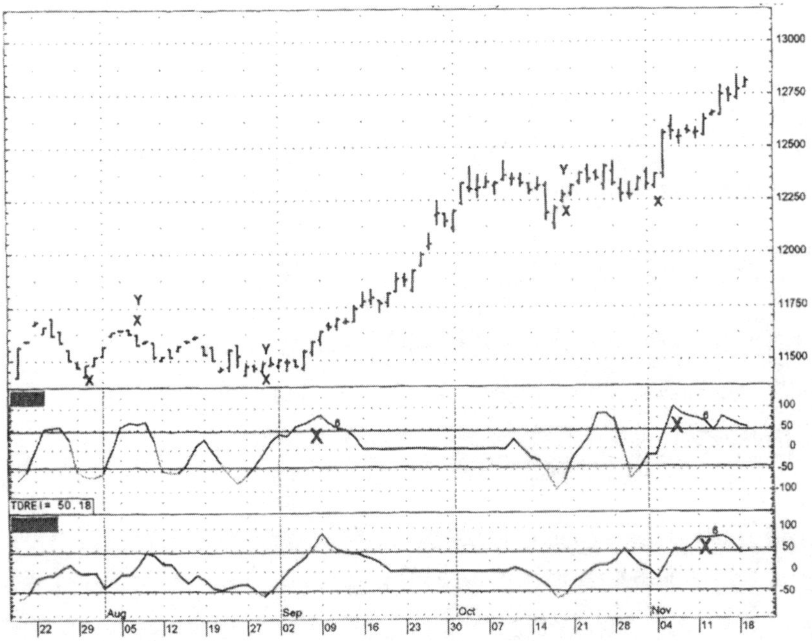

图1.7 这幅图同时展示了5天期的TD REI（上面那个）和8天期的TD REI（下面那个）。两个都是采用的"标准"方法，以及"不调整"的相交规则。上面那个指标走势图上有两个极端超买读数——1996年9月和11月（大写X），表示1996年12月份意大利债券两次处于严重的超买。此外，指标还多次走出温和的超买/超卖读数。一旦TDPOQ确认，价格就会做出相应反应（小写x）。下面那个8天期的TD REI也用大写X标注出了严重的超买读数，而TDPOQ发出的指示被标注为y

TD REI（标准型和备选型）的各种组成和参数设置，以及建议的默认设置如下。

基础 TD REI

1. 用于计算 TD REI 的时期（period）：指的是用于计算差值并且加总以计算 TD REI 指标数值的交易日数量。默认设置是 5 天（也可以是 8 天）。

2. 用于持续期分析的价格线数量（duration）：指的是 TD REI 连续停留在超买／超卖区域的最少价格线数量，这样才能在指标走势图上显示出持续期的计数。这个选项是为了进行德马克持续期分析。如果当前价格波动很极端，显示严重的读数，震荡指标就需要回到中性区域，然后再回到超买／超卖区域，以形成一个相对于严重超买／超卖读数的温和超买／超卖读数，这样才能做出趋势反转的指示。默认值是 6。

3. 震荡指标中性区域上界线（level）：指的是可以被定义为超买读数的最小 TD REI 指标水平。这个定义对市场状况和风险的判断，以及德马克持续期分析的运用非常关键。对这个设置进行调整或修改，就可以控制超买指标读数的频率、程度和界线。默认值是 45。

4. 震荡指标中性区域下界线（level）：指的是可以被定义为超卖读数的最大 TD REI 指标水平。这个定义对市场状况和风险的判断，以及德马克持续期分析的运用非常关键。对这个设置进行调整或修改，就可以控制超卖指标读数的频率、程度和界线。默认值是 –45。

5. 比较最高价时选择的价格（price）：指的是用于比较并加总以计算 TD REI 数值的价格。其他价格选项有开盘价、最高价、最低价、中位价、均价、最高价加最低价加收盘价除以 3、真正最高价、真正最低价或这些价格的各种组合。默认设置是最高价。

6. 比较最低价时选择的价格（price）：指的是用于比较并加总以计算 TD REI 数值的价格。其他价格选项有开盘价、最高价、最低价、中位价、均价、最高价加最低价加收盘价除以 3、真正最高价、真正最低价或这些价格的各种组合。默认设置是最低价。

7. 显示（display）：这是震荡指标呈现的方式。用户可以选择指标是以曲线图还是柱状图的方式来呈现。默认设置是曲线图。

8. 比较最高价时，往前回溯的价格线数量（ago）：指的是用于比较并且加总以计算 TD REI 数值的两个最高价之间间隔的期间。默认设置是 2。

9. 比较最低价时，往前回溯的价格线数量（ago）：指的是用于比较并且加总以计算 TD REI 数值的两个最低价之间间隔的期间。默认设置是 2。

10. 版本（version）：指的是在特定交易日采用的是标准型还是备选型的方法。换句话说，如果两根价格线之间没有发生交集，那么标准方法是将当天的数值设定为 0，备选方法是当天的数值以及之前交易日的数值同时设定为 0。

高级 TD REI

11. 当比较当前价格线是否与之前价格线相交时，是否采用相等（equal）的条件：这是指比较当前的最高价（或最低价）与之前最高价（或最低价或收盘价），以确认是否发生交集时，是否采用相等的条件。默认设置是是的。在比较时采用相等的条件。

12. 采用的移动平均类型（type）：指的是可以将 TD REI 指标平滑化的移动平均类型。选项包括简单移动平均、指数移动平均和中心化移动平均。

13. 计算移动平均值的期数（period）：指的是计算 TD REI 移动平均数值的一系列数值的数量。默认设置是 0。

14. 将移动平均线平滑化所选的价格线数量（period）：涉及当已经进行了移动平均之后，还想对移动平均线进行平滑化的情况。默认设置是 0。

15. 如果计算的期间少于 8 期，是否进行调整（adjustment）：指的是当 TD REI 的期限少于 8 期，TD REI 的基础计算公式是否应该随之调整。换句话说，基础计算公式要求比较当前价格线的最高价和最低价与 5 天或 6 天前的价格线的最高价和最低价，或者两天前的最高价和最低价与 7 天或 8 天前的价格线的收盘价，看价格线之间是否有交集。如果 TD REI 期限少于 8 期，并且选择了这个选项，要进行调整，那么期限每减少 1 期，比较的间隔时间也要相应减少 1 根价格线。比如，如果计算的期限是 6 天，并且选择调整，那么当前价格线的最高价和最低价就要与 3 天或 4 天前的价格线的最高价和最低价进行比较，或者两天前价格线的最高价和最低价与 5 天或 6 天前价格线的收盘价进行比较。这个调整设置只限于 4 期到 8 期之间。也就是说，要使用调整功能，TD REI 的期限不能低于 4 期高于 8 期。默认设置是否，也就是不进行调整。

最后，不管你选择的超买/超卖指标界线水平如何，你都应该用德马克价格震荡确认指标（TDPOQ）来确认价格和震荡指标的走势（见图 1.7）。虽然很少发生，但是德马克备选震荡方法也可以用于 TD REI 指标长时间处于超买/超卖区域（严重的）时期。但是，也只有在震荡指标显示严重的超买/超卖读数时，才能运用德马克备选震荡指标，而且也只适用于震荡指标离开超买/超卖区域，回到中性区域的第一个交易日。在任何一种情况下发出的低风险入场指示都是不够的，最好还要等待 TDPOQ 的确认。一旦这个指标发出指示，往往会出现预期中的价格波动。

德马克 DeM 指标 I 和 II™

德马克 DeM 指标 I 和 II（TD DeMarker I 和 II）也是震荡指标，用于预测价格趋势的反转并定义和确认市场的根本方向或趋势。就像我们讨论的其他指标一样，这个指标也是采用算术式算法，而不是指数式算法。另外，它们采用的是日内的价格，而不是收盘价。比起广泛采用的传统市场择时指标，这个指标的解读过程更为客观和机械。它们是运用价格关系和形态来识别可能的趋势突破。

德马克 DeM 指标 I 的计算公式比较简单。它比较的是当天和前一天的最高价。如果当天的最高价大于前一天的最高价，就将这个差值记下来。但是如果当天的最高价小于或等于前一天的最高价，就将当天的差值记为 0。连续 x 个交易日重复这个过程，并将这 x 个交易日的计算结果加总起来，得到的结果就会成为德马克 DeM 指标 I 算式中的分子。然后，计算这 x 个交易日每天的最低价与前一天的最低价的差值。如果前一天的最低价小于或等于当天的最低价，就将当天的差值记为 0。之后将 x 天的差值加总起来再加上之前计算出的分子的数值，就构成了指标算式的分母。接下来，8 天期的德马克 DeM 指标 I 的震荡指标超买／超卖界线通常设定为 79／21。假如德马克 DeM 指标 I 是 13 天期或更多，那么指标走势的解读类似于采用 TDPOQ 和 5 天德马克持续期分析的 TD REI 的解读方式。对于少于 13 天期的德马克 DeM 指标 I，比如这个 8 天期的德马克 DeM 指标 I，就最好像 TD ROC I 和 TD ROC II 一样采用 16 天的持续期。另外，只要震荡指标读数超过 16 天或更多，就可以采用德马克备选震荡指标，并且还要等待德马克价格震荡确认指标的确认。一旦这个指标进行了确认，通常就会出现预期的价格波动。

德马克 DeM 指标 II 的计算公式与德马克 DeM 指标 I 完全不同。德马克 DeM 指标 II 算式的分子是加总两个数值得到的，它们代表了买入力量：（1）当天的最高价减去前一天的收盘价的差值，并将连续 x 天的这个差值加总起来；（2）当天的收盘价与当天的最低价的差值，并将连续 x 天的这个差值加总起来。如果当天最高价与前一天收盘价的差值是负值，那么当天的数值要记录为 0。德马克 DeM 指标 II 算式的分母除了分子计算出的数值外，还要加上两个数值，这两个数值代表了卖出力量：（1）前一天的收盘价与当天的最低价的差值，并且将连续 x 天的这个差值加总起来；（2）当天的最高价与当天收盘价的差值，并且将连续 x 天的这个差值加总起来。如果前一天的收盘价与当天最低价的差值是负值，那么当天的数值要记录为 0。换句话说，德马克 DeM 指标 II 是用买入力量除以同一时期买入力量加上卖出力量的和。这个指标也要设定超买／超卖界线水平，同时也适用于德马克持续期分析、TDPOQ 和德马克备选震荡指标。

图 1.8 展示了如何运用德马克 DeM 指标 I。注意，最好利用 TDPOQ 来获得低风险的入场指示。但是，这里还有其他一些解读方式，后面将会讨论。在这个案例中，采用的是 8 天期的德马克 DeM 指标 I。指标的超买／超卖水平设定为 79 和 21，同时运用 TDPOQ 来确认低风险的入场机会。要运用 TDPOQ，在上涨行情中，上升收盘价日第二天的开盘价与上升收盘价日的收盘价的缺口，要被上升收盘价日的最高价填补。也就是说，上升收盘价日第二天的开盘价必须小于或等于上升收盘价日的最高价。反过来，在下跌行情中，下降收盘价日第二天的开盘价必须大于

或等于下降收盘价日的最低价。此外，一旦震荡指标大于 50，TDPOQ 确认的低风险买入机会就会失效，一旦震荡指标小于 50，TDPOQ 确认的低风险卖出机会也会失效。注意在这幅图中，一系列小写 x 标注的是德马克 DeM 指标 I 的低风险入场机会，而大写 X 标注的是开盘价位于前一天价格区间之外的情况，或者震荡指标高于 50（买入）或低于 50（卖出）的情况。

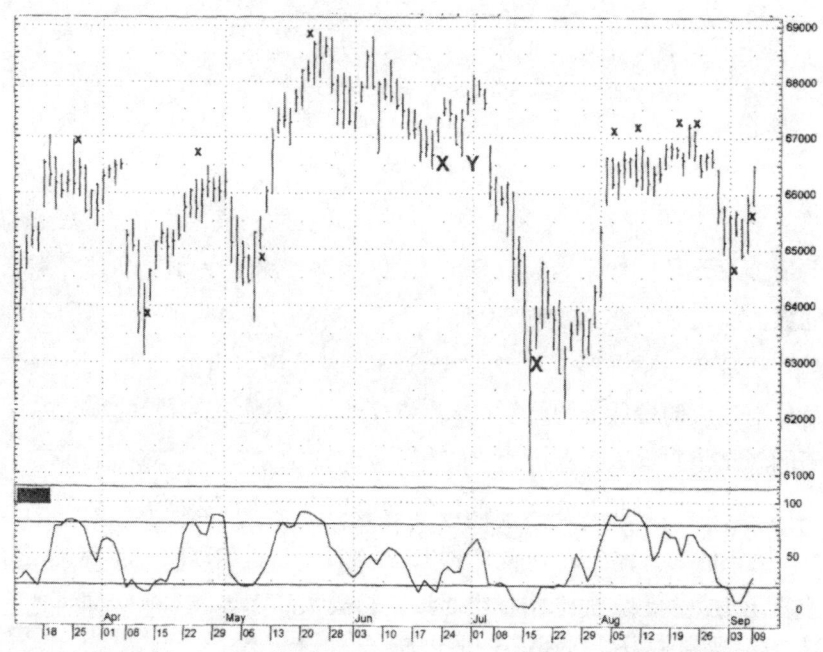

图 1.8　图中的一系列小写的 x 标注的是被 TDPOQ 确认的低风险买入机会。大写的 X 标注的是开盘价没有包含在前一天价格区间内的情况，因而没有满足 TDPOQ 的要求，并且开盘价与前一天的收盘价的缺口没有在当天收盘前被填补。此外，其中一种情况中（Y），震荡指标已经高于 50.00，因此，TDPOQ 确认的低风险入场机会失效

德马克 DeM 指标 I 停留在超买或超卖区域的时间长短，可以做出关于市场根本趋势方向的指示。例如，如果 8 天期的德马克 DeM 指标 I 停留在超买区域的时间超过 5 天，那么市场趋势很可能是向上的；如果指标停留在超卖区域的时间超过 5 天，那么整体市场方向很可能是向下的。计算并比较德马克 DeM 指标 I 停留在超买或超卖区域的时间（价格线数量），会提供市场根本趋势方面的线索。

此外，将德马克 DeM 指标 I 和 II 结合其他指标一起运用，比如 TD REI、TD ROC I 和 II、德马克多元指标（TD Plurality）、德马克陷阱（TD Trap）和德马克开盘（TD Open），就可以进一步提高识别潜在趋势反转的成功概率。另外，要获得更好的交易绩效，除了这里讨论的指标期间，你还应该尝试其他的指标期间，并且同时采用不同指标期间的指标走势图，来协助你对市场行为进行判断。

德马克 DeM 指标 I 的各种组成和参数设置，以及建议的默认设置如下。

基础德马克 DeM 指标 I

1. 计算德马克 DeM 指标 I 的期间（period）：指的是用来计算并加总以获得德马克 DeM 指标 I 数值的价格线数量。默认设置是 8。

2. 用于持续期分析的价格线数量（duration）：指的是 TD REI 必须连续停留在震荡指标超买/超卖区域的最少价格线数量。这会在指标走势图上显示持续期计数。这个选项是为了进行德马克持续期分析。如果当前价格波动很极端，显示严重的读数，震荡指标就需要回到中性区域，然后再回到超买/超卖区域，以形成一个相对于严重超买/超卖读数的温和超买/超卖读数，这样才能做出趋势反转的指示。默认值是 16。

3. 震荡指标中性区域上界线（level）：指的是指标可以被定义为超买读数的最小德马克 DeM 指标 I 水平。这个定义对于市场状况和风险的判断，以及德马克持续期分析的运用非常关键。对这个设置进行调整或修改，就可以控制超买指标读数的频率、程度和界线。默认值是 60。

4. 震荡指标中性区域下界线（level）：指的是可以被定义为超卖读数的最大德马克 DeM 指标 I 水平。这个定义在判断市场状况和风险，以及运用德马克持续期分析时，都非常关键。对这个设置进行调整或修改，就可以控制超卖指标读数的频率、程度和界线。默认值是 40。

5. 在比较最高价时采用的价格（price）：指的是在进行比较并加总以计算德马克 DeM 指标 I 数值（最高价）时选用的价格。选择有开盘价、最高价、最低价、中位价、平均价、最高价加最低价加收盘价除以 3、真正最高价、真正最低价和这些价格的各种组合。默认选择是最高价。

6. 在比较最低价时采用的价格（price）：指的是在进行比较并加总以计算德马克 DeM 指标 I 数值（最低价）时选用的价格。选择有开盘价、最高价、最低价、中位价、平均价、最高价加最低价加收盘价除以 3、真正最高价、真正最低价和这些价格的各种组合。默认选择是最低价。

7. 在比较最高价时，往前回溯的价格线数量（ago）：指的是用于比较并加总以计算德马克 DeM 指标 I 数值的两个最高价之间间隔的期间。默认设置是 1。

8. 在比较最低价时，往前回溯的价格线数量（ago）：指的是用于比较并加总以计算德马克 DeM 指标 I 数值的两个最低价之间间隔的期间。默认设置是 1。

9. 显示（display）：指的是震荡指标呈现的类型。这个选项允许用户选择变化率是以曲线图还是柱状图的方式呈现。默认设置是曲线图。

高级德马克 DeM 指标 I

10. 采用的移动平均类型（type）：指的是可以引入数值以构建德马克 DeM 指标 I 的各种移动平均类型。选项包括简单移动平均、指数移动平均和中心化移动平均。默认设置是无。

11. 计算移动平均的期间（period）：指的是用于计算德马克 DeM 指标 I 移动均值的数值的数量。默认设置是 0。

12. 用于平滑移动均线的价格线数量（period）：指的是在进行了移动平均之后还想将移动平均线平滑化的情况。默认设置是 0。

德马克 DeM 指标 II 的参数设置与德马克 DeM 指标 I 的参数设置相同，只是有一点不同，就在于价格线的比较上。德马克 DeM 指标 I 比较的是两个交易日的最高价和最低价。德马克 DeM 指标 II 在计算买入力量时（分子），比较的是当天的最高价与前一天的收盘价，以及当天的收盘价与当天的最低价；计算卖出力量时（分母的组成之一），比较的是前一天的收盘价与当天的最低价，以及当天的最高价与当天的收盘价。现在，我仍然在试图找到这个指标更适当的设置。

最后，不管你选择了什么样的超买/超卖界线水平，都应该运用 TDPOQ 来对价格和震荡指标走势进行确认。当德马克 DeM 指标 I 或德马克 DeM 指标 II 长期处于超买/超卖区域时，也可以运用德马克备选震荡指标的方法。但是，只有在 TDPOQ 也确认了潜在的价格波动，这个低风险入场指示才能成立。

德马克多元指标（TD Plurality™）

德马克多元指标（TD Plurality）是一个合成指标，代表了一系列不同的价格或形态关系的组合。只要德马克多元指标显示极端的读数，就可以被描述为超买或超卖，这时，交易者就要留意潜在的入场机会。相对于大部分传统市场择时指标，甚至包括本书其他章节讨论的一些指标，德马克多元指标的好处或者说价值在于它可以结合一系列完全不同且独立的价格或形态，然后产生一个单一的震荡指标读数，就像扩散指数（diffusion index），代表的是这一系列完全不同且独立的价格关系的总和。

最好是通过简单的价格和形态比较，来创造一个可以定义高风险和低风险入场区域的总体指标。虽然德马克多元指标的构造可以适应并结合多种价格变量和价格关系，但是这里只提供两个案例来进行说明（见图 1.9a 和图 1.9b）。请注意，由于德马克多元指标是一个适合各种价格和价格关系比较的动态指标，就像第 6 章讨论的德马克区间扩张突破（TD Range Expansion BreakOut™）一样，所以任何案例都不一定代表了最理想的选择。你应该创造并实验其他价格变量，并套用在这个结构中。下面这两个案例展示的是用于我自己的研究和市场分析中的两种价格关系。

图 1.9a 是一个基本的指标案例，只评估两个价格关系来识别潜在的趋势反转点。具体而言，这个案例比较的是当天的收盘价与当天的开盘价，以及当天的收盘价与前一天的收盘价。如果当天的收盘价小于开盘价，就记录为 –1；反之，如果当天的收盘价大于开盘价，就记为 +1。另外，如果当天的收盘价小于前一天的收盘价，就记为 –1；反之，如果当天的收盘价大于前一天的收盘价，就记为 +1。连续计算 5 个交易日的数值，将当天收盘价大于当天开盘价的交易日的数值总和，加上当天收盘价小于当天开盘价的交易日的数值总和。然后将得到的数值加上这 5 个交易日内当天收盘价大于前一天收盘价的交易日的总和，再加上当天收盘价小于前一天收盘价的交易日的总和。如果最后得到的总和小于 –3.5 或大于 3.5，通常就会出现短期的市场低点或高点。虽然这个计算没有什么特别的，并且还可以选择更理想的计算方式，但是你仍然可以通过图 1.9a 看到这个指标的潜力。根据本例中的设置，指标数值的波动不可能以半个点（0.5）为单位，也就是说指标的波动一定是以完整的 1 个点为单位。但是，将指标的界线定义为 –3.5 和 3.5，就很容易识别极端的震荡指标读数。在大多数情况下，价格的最低点和最高点都会与指标的行为吻合。如果将其他成分和价格决策规则引入德马克多元指标，会获得更好的绩效。再说一次，请记住没有什么是完美的。如果交易是很简单的事情，成功就不再是一项挑战。但是，在日常生活和交易中不是这样的。为了进一步完善这个基础的方法，图 1.9b 对这个价格关系做了两个改进。具体而言，不仅震荡指标的界线改为 –2.5 和 2.5，并且对于潜在的买入机会，收盘价必须大于 3 天前的收盘价，对于潜在的卖出机会，收盘价必须小于 3 天前的收盘价。另外，你必须运用下面的过滤指标来对潜在的买入/卖出机会进行确认：如果德马克多元指标高于 0，就取消对当天收盘价与 3 天前收盘价的比较（潜在的买入机会）；

如果德马克多元指标低于0,就取消对当天收盘价与3天前收盘价的比较(潜在的卖出机会)。图1.9b中的字母Y标示的是不合格的卖出机会,因为这个指标数值低于0。

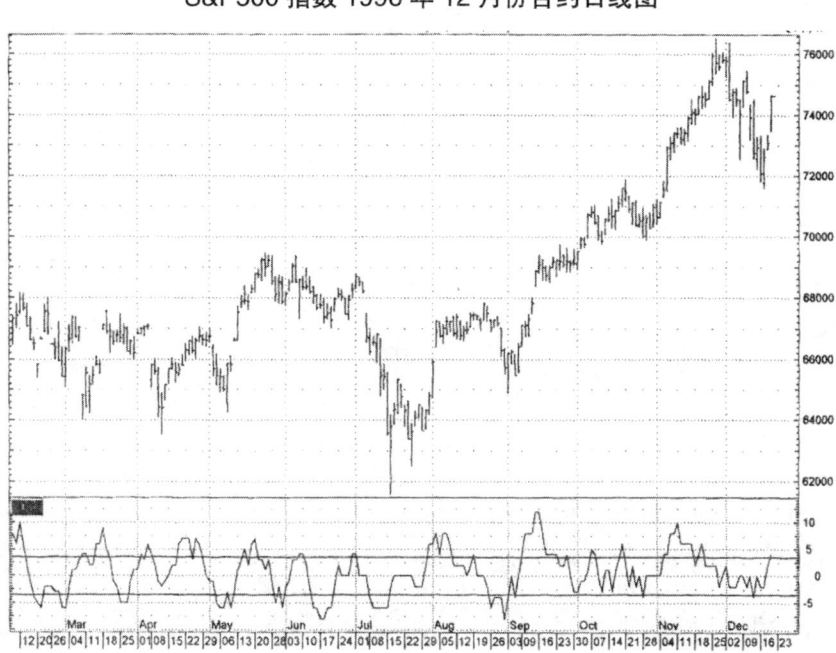

图1.9a 这幅图展示的是德马克多元指标的一个版本,它比较的是同一个交易日的收盘价和开盘价,以及一个交易日的收盘价与前一天的收盘价。指标的超买／超卖界线定为3.5和-3.5

咖啡 1997 年 3 月份合约日线图

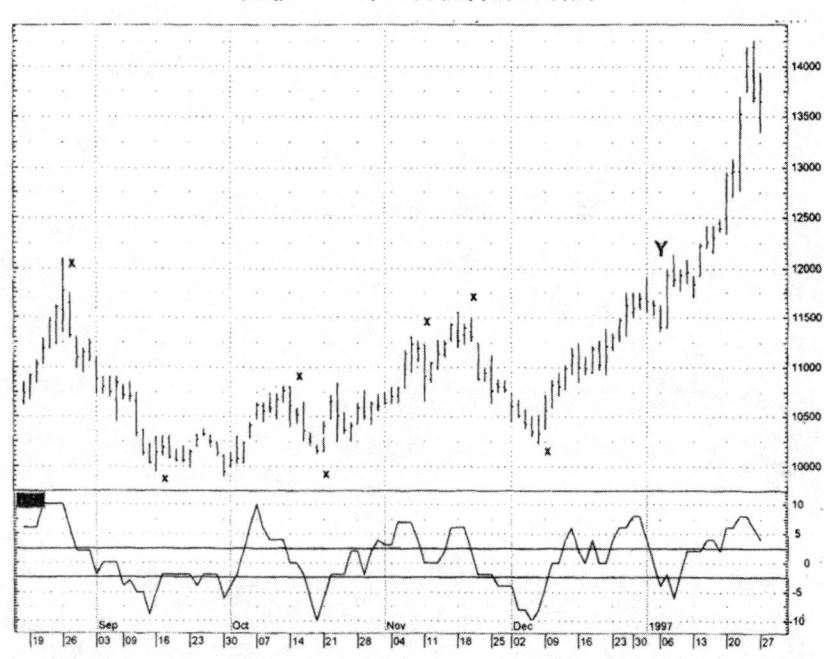

图 1.9b　这个例子采用的德马克多元指标解读方法要比图 1.9a 中的稍微复杂一点。具体而言，一旦指标向上超过 2.5 或向下超过 −2.5，收盘价必须高于 3 天前的收盘价（低风险买入指示）或者低于 3 天前的收盘价（低风险卖出指示）。另外，对于潜在的买入机会，德马克多元指标必须低于 0，对于潜在的卖出机会，德马克多元指标必须高于 0。图中 x 标注的是这些先决条件都满足的情况。注意图中那个 Y 是无效的交易机会，因为德马克多元指标低于 0

前两幅图（图 1.9a 和图 1.9b）展示了德马克多元指标，但是这个指标只限于两个价格和形态比较。如果交易者想要结合更多价格关系，生成一个综合指标，这也很容易办到，因为德马克多元指标允许交易者定义每一行或每一列的价格关系。另外，它允许用户指定多达 8 个的独立条件。通常采用的价格关系包括以下几种：当天的收盘价小于前一天的收盘价，当天的收盘价小于当天的开盘价，当天的收盘价小于 3 天前的收盘价，当天的最低价小于 2 天前的最低价，当天的最高价小于 2 天前的收盘价，当天的最低价小于前一天的最高价，当天的最高价大于前一天的最低价，当天的价格区间小于前一天的价格区间，以及这些关系的反转关系。总之，这些关系的唯一限制就是你的想象力。迄今为止，还没有一个指标可以提供一种结构，让交易者可以引入各种变量来获得一个基于所有这些同时运作的因素的综合指标。德马克多元指标就具备这种能力。

图 1.10 展示的这个德马克多元指标，就混合了多种价格关系。虽然这个案例中的具体构成，只是从各种价格关系中选择的一种，但是它还是说明了可以结合起来创造一个指数的变量类型。在这个案例中，当出现以下四种情况时，分配数值 –1：当天的收盘价小于前一天的收盘价，当天的收盘价小于当天的开盘价，当天的收盘价小于 3 天前的收盘价，当天的最低价小于 2 天前的最低价。出现相反的情况时，分配数值 +1：当天的收盘价大于前一天的收盘价，当天的收盘价大于当天的开盘价，当天的收盘价大于 3 天前的收盘价，当天的最高价大于 2 天前的最高价。如果交易者想要给任何一个价格关系分配更高的权重，也可以在德马克多元指标的模型内随意这样做。

S&P500 指数 1996 年 12 月份合约日线图

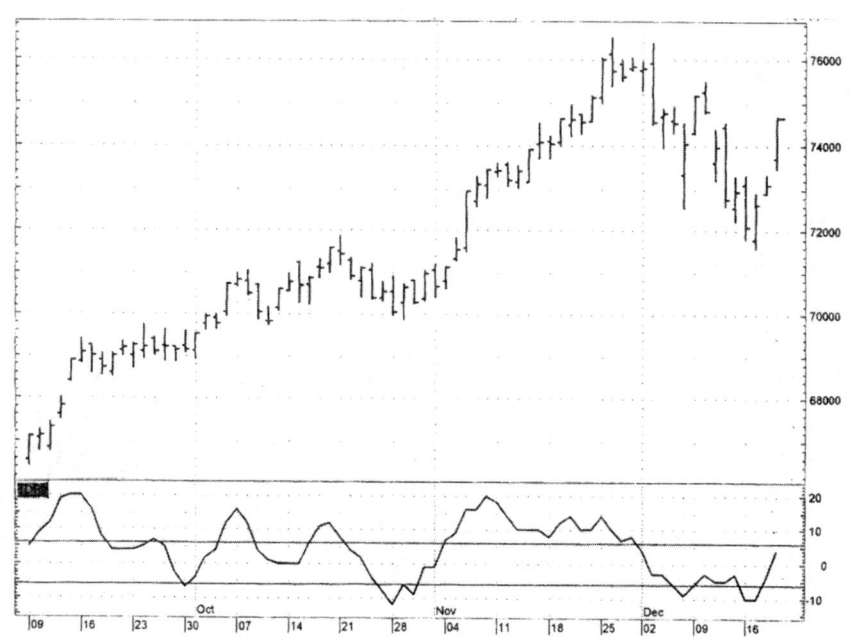

图 1.10 这个版本的德马克多元指标包括 8 个变量（见正文）。注意图中的超买和超卖区域如何识别出了潜在的低风险和高风险交易机会。运用震荡指标识别潜在的价格反转点的一个方法，就是寻找震荡指标从超卖区域回到中性区域或者从超买区域回到中性区域的第一根价格线，这根价格线就代表了潜在的入场点

还可以运用德马克持续期分析，以及各种技术来筛选入场机会，比如之前讨论的那个就要求通过收盘价高于前一天的收盘价来确认向上的突破，或者收盘价低于前一天的收盘价来确认向下的突破，或者还可以利用 TDPOQ 来确认很多交易机会。识别潜在趋势反转的另一个有效方法，就是识别德马克多元指标从超买/超卖区域回到中性区域的第一根价格线。为了使德马克多元指标成为一个更有效的工具，你应该同时结合使用本书介绍的其他指标，比如将德马克线（TD Line）运用到根本的价格和德马克多元指标上。

德马克多元指标的各种组成和参数设置，以及推荐的默认设置如下：

1. 第 1 价格栏（price 1）：指的是与第 2 价格栏（price 2）的价格进行比较以计算德马克多元指标各个成分的价格。这个价格可以由一列或几列价格构成。默认设置是第 1 列到第 6 列的价格是收盘价，第 7 列是最低价，第 8 列是最高价。

2. 第 1 价格栏的价格往前回溯的价格线数量（ago 1）：指的是第 1 价格栏的价格往前回溯的期数。默认设置是 8 列价格都是当天的价格（0），也就是不需要往前回溯。

3. 比较关系（relationship）：指的是第 1 价格栏的价格与第 2 价格栏的价格之间的关系类型。默认设置是第 1、3、5 和 7 列是小于，第 2、4、6 和 8 列是大于。

4. 第 2 价格栏（price 2）：指的是与第 1 价格栏的价格进行比较以计算德马克多元指标各个成分的价格。这个价格可以由一列或几列价格构成。默认设置是第 1 列到第 6 列是收盘价，第 7 列是最低价，第 8 列是最高价。

5. 第 2 价格栏的价格往前回溯的价格线数量（ago 2）：指的是第 2 价格栏的价格往前回溯的期数。默认设置是第 1 和第 2 列是前一天的价格（1），第 3 和第 4 列是当天的价格（0），第 5 和第 6 列是 3 天前的价格（3），第 7 和第 8 列是 2 天前的价格（2）。

6. 正确栏（true）：指的是第 1 价格栏的价格与第 2 价格栏的价格的关系正确（符合规定）时分配的数值。默认设置是第 1、3、5 和 7 列分配数值 −1，第 2、4、6 和 8 列分配数值 1。

7. 错误栏（false）：指的是第 1 价格栏的价格与第 2 价格栏的价格的关系错误（不符合规定）时分配的数值。默认设置是全部都是 0。

8. 期间栏（period）：指的是进行计算并加总的连续交易日数量。默认设置是 5。

9. 震荡指标中性区域的上界线（level）：指的是可以被定义为超买读数的最小德马克多元指标水平。默认设置是 6。

10. 震荡指标中性区域的下界线（level）：指的是可以被定义为超卖读数的最大德马克多元指标水平。默认设置是 –6。

第2章 德马克序列

观察结论：多年以前，我对市场进行了大量的研究后发现价格走势存在某种可预测的内在节奏。倘若我们能够正确识别和解读这种内在节奏，那么就能够凭借这种内在节奏来预判潜在的价格趋势转折点。道理虽说如此，但是实际上要完成这个目标却是相当困难。我试验了许多传统的周期分析方法，然而效果却很差，让我倍感挫折。传统的市场周期分析方法往往任意选择一个周期参数，以此预判其后价格走势的顶部和底部。然而，如果价格走势并未像预期的那样波动，反而与预期的刚好相反，他们就会将这种意外情况视为周期"反转"，而继续推崇这种分析的价值。这些方法的采用者对自己的方法非常信任，这点或许让人钦佩，然而这对于改善其方法的绩效却毫无助益，毕竟这样的顽固坚持将使得使用者无法解释这些意外且随意的价格波动。总而言之，传统的周期分析方法和工具存在较为显著的误区和缺陷。因此，我希望能够找到某种机械的周期预测工具，而不是像那些传统方法一样采用较为主观的方法。德马克序列（TD Sequential）就是我在这方面努力的结晶。尽管这个工具是我20多年前发展出来的，但是这些年来仅对这个指标的构成做出了少许的调整。从20多年前这个指标被发布以来，这一指标的衍生指标和运用已经逐渐发展出了自己的风格。我已经对这一市场择时工具进行了显著提升。本章我将详细地讲解这一非常有效的周期分析方法，并且进一步教授各种改进绩效的技巧。德马克序列往往可以给出较为准确的预判，这让它受到普遍的关注和赞扬。就在最近，一位名气很大的市场评论人士通过电话询问我是否认识一位在全国性电视频道上定期做评论的名嘴。这位名嘴也是一个著名专栏作家，还曾经担任过财政部和商务部的部长助理，此外还担任过驻欧盟大使。我表示并不认识这样一位名嘴，不过对方告诉我这个人就是根据德马克序列来进行利率预测并交易的。

在任何一个公开交易的市场，多空双方每日都会展开厮杀。这就好比两国交战一样，最终的胜负并不取决于单独的一次战斗，而是一系列战斗的结果。经济学的基本原理告诉我们，当多头力量超过空头力量的时候，价格就会上涨；而当空头力量超过多头力量的时候，价格就会下跌。这种理论当然是有效的，但是交易经验和逻辑分析表明，我们最好是在趋势的开始阶段介入，而不应该等到趋势成熟或者反转时。假如交易者能够识别出供给或需求即将耗竭的转折点，那么就能够抓住此后展开的趋势走势。

20世纪70年代中期，我发现有一种显著的自然价格节奏普遍存在于所有市场的所有时间框架中。通过自己的研究和分析，我发现市场走势其实是一种可以预判的行为。因此，我希望发展出一种指标，这一指标能够预示出对应于交易者了结亏损头寸时点的价格趋势动量耗竭点。对于我试图与其他大部分交易者都采用和推崇的传统顺势交易技术（在价格顶部或底部形成后入场）都不同的行为，以及执着地想识别精确的市场顶部和底部的努力，心理学家可能会认为不过是妄图标新立异以及好表现而已。其实，利用某种客观的定量指标来预判市场的顶部或者底部是我毕生的追求。德马克序列就是用来实现这一目标。这个指标旨在根据价格形态、价格关系以及价格波动来评估任一时刻的市场状况。想要完整彻底地呈现德马克序列，需要相当大的篇幅，才能将择时的概念和方法阐释清楚。虽然这可能需要整整一本书的篇幅，但是这里关于德马克序列核心成分以及衍生工具的讨论，也仍然可以使你完整了解德马克序列的过程以及它的各个组成，进而掌握这一指标的设计思路、总体结构、基本运用与延伸运用。

理想状态下，德马克序列可以显示从低风险区域到高风险区域（以及反过来的情况）的这一连串价格中特定时点的市场相对吸引力。下面我将向你展示基本的德马克序列指标以及用于实现这一目标的方法。这一方法就是将价格走势分为三个阶段：结构（setup）阶段、交集（intersection）阶段和计数（countdown）阶段。德马克序列的结构阶段是由一系列的连续价格关系构成，这一阶段结束之后，我们可以根据下面两个条件之一来定义基本的市况：

1. 德马克计数阶段结束后，德马克序列计数阶段之前的一系列连续的价格关系，往往可以帮助我们识别价格趋势的潜在耗竭区域。

2. 市场调整阶段结束后，价格趋势可能恢复。

交集阶段属于德马克序列的中间过渡阶段，通过这一阶段对价格关系的评估可以识别和确认价格趋势趋缓或减速，从而开始计数阶段。计数阶段是德马克序列的第三个阶段，它是由一系列价格关系组成，但是这些价格关系并不要求连续出现，并且计数阶段结束的时刻往往就是趋势的反转点。倘若计数阶段并未成功地识别出趋势转折点，也就是说，价格并未出现计数预期那样的趋势反转走势，同时止损订单也被触发，那么这种情形往往意味着趋势将继续，因此，交易者可以反手操作。在买入计数结束之前的任何时刻，如果收盘价高于买入结构中最高的真正最高价（真正最高价是当天的最高价和前一天的收盘价中的较高者），则废弃当前的买入结构。同样的道理，在卖出计数结束之前的任何时刻，如果收盘价低于做空结构中最低的真正最低价（真正最低价就是当天的最低价与前一天的收盘价中的较低者），就废弃当前的卖出结构。此外，假如在当前的结构完成之前，之前的结构在另一个方向上被超过（基于收盘价），就发出了趋势反转的信号，并且当前新开始的价格趋势很可能继续直到计数阶段结束。假如某日的收盘价突破先前做多结构中所有的真正最高价，这往往意味着趋势反转向上，现在的上涨趋势很可能延续到做空计数完成为止，但是价格突破之后必须立刻出现跟进的上涨走势。同样，假如在目前的做多结构完成之前，某日的收盘价突破先前做空结构中所有的真正最低价，则往往意味着趋势反转向下，现在的下跌趋势很可能延续到做多计数完成为止，不过价格突破之后必须立刻出现跟进的下跌走势。德马克结构趋势指标（TD Setup Trend，TDST）就是一种较为有效的顺势指标，可以识别这种趋势反转的情况，这将在本章的后面部分进行介绍和讨论。另一方面，假如买入结构和计数阶段结束之后，当前卖出结构的所有收盘价都没有超过最近买入结构的真正最高价，或者卖出结构和计数阶段结束之后，买入结构的所有收盘价都没有超过最近卖出结构的真正最低价，那么这往往意味着市场调整阶段结束，之前的价格趋势很可能恢复。换句话说，当前的市场走势就是下跌趋势中的短期反弹或者上涨趋势中的短期回调。

在我最初发展德马克序列技术的时候，是通过简单的目测方法来检视股票走势的，这会花费大量的时间和精力。因为当时无法访问电脑网络，所以软件开发者只能开发出一些粗糙的、不完善的软件。所以，我只能通过放大镜观察 Trendline 和 Daily Graph 等财经资讯公司提供的股价走势图，寻找行情的顶部和底部中存在的共同点。当我发现某些共同点之后，就将这些技巧运用于 Victoria Feed、CRB 和 Commoditiy Perspective 等财经资讯公司提供的期货价格走势图中。刚开始的时候，我采纳的是 8 日结构与 13 日计数，这两个参数都属于斐波那契数字。不过，最后我发现 9 日结构和 13 日计数比较有效。我采纳连续 9 日的收盘价，并与各自 4 天前的收盘价做比较，依此定义所谓的结构。不过，4 和 9 两个数字都不属于斐波那契数字，这点不免让我有些失望。值得庆幸的是，后来某位斐波那契专家指出数字 4 与 9 求和得到的 13 属于斐波那契数字。总而言之，回顾这一技术的研发过程，纵然最初的研究是一个耗时耗力的尝试并发现错误的过程，但是最近几年我试图利用先进的电脑和软件来提升这些参数设置，除了德马克序列再循环确认指标（TD Sequential Recycle Qualifier）、德马克结构趋势指标（TDST）和德马克组合（TD Combo）获得了一些较好的调整外（见下一章），其他几乎没有什么显著的提升。

结构

买入结构（buy Setup）定义为连续9日或者9日以上的收盘价分别低于各自4个交易日前收盘价的形态。卖出结构（sell Setup）定义为连续9日或者9日以上的收盘价分别高于各自4个交易日前收盘价的形态。"结构"的期间可以超过9日的最低要求，而这其实也是经常发生的情况。虽然结构的期间超过9日并不影响德马克序列的计数过程，但是对于德马克结构趋势指标（TDST，是德马克序列的衍生指标）的解读和运用非常重要，因为这常常可以决定价格趋势的持续性，也会影响结构此后是否会出现再循环（Recycle）。无论如何，买入结构和卖出结构至少必须由9个连续收盘价构成，并且每个收盘价都必须低于或者高于4个交易日前的收盘价。只要满足这一条件，那么所谓的"结构"就算完成了。在结构完成之前，假如某个收盘价等于4个交易日前的收盘价，那么结构的构建就要重新开始。此外，要开始进入买入结构阶段，买入结构第1日的前一日，其收盘价必须高于或者等于4个交易日前的收盘价；要开始进入卖出结构阶段，卖出结构第1日的前一日，其收盘价必须低于或者等于4个交易日前的收盘价。这个要求确保能够正确识别结构阶段的开始，进而保证结构的计算准确无误。为了正确地识别出结构的交易日并计数，必须给结构的每个交易日的价格线进行编号，买入结构编号的数字位于每个交易日的价格线下方，卖出结构编号的数字位于每个交易日的价格线上方。这些数字最好采用一致的颜色，并且给结构编号的数字颜色应该区别于计数阶段编号的数字颜色。同样的道理，买入计数的编号数字应该标示在价格线的下方，而卖出计数的编号数字应该标示在价格线的上方。

虽然最好是采用收盘价比较来识别合格的结构，但是我们在实践中还是可以采纳其他价格，比如开盘价、最高价、最低价或者是中位价、各种价格的平均价、最低价/最高价（买入结构是最低价，卖出结构是最高价）或最高价/最低价（买入结构是最高价，卖出结构是最低价）。所有经过官方授权的德马克序列指标软件包都提供上述这些选择，以及其他自定义参数设置功能。因此，交易者可以根据自身的需要来调整指标的参数设置。虽然4日的参数比较好，但是也可以调整为2日、3日或者5日等等。你已经看到，在设置买入或卖出结构的参数时，有大量价格和比较期间可供选择。当然，对于计数阶段、再循环、确认指标以及计数和结构阶段的取消条件等，交易者也可以设定不同的参数。因此，不同交易者采用相同参数设置的可能性大大地降低了。正如本书讨论的所有指标一样，我只是提供一套样板和框架，读者们可以利用各种参数组合来发展适合自己的一套指标或系统。这里提供的参数选项未必是最佳的选择，或许你自己设定的参数和构建的指标组合会更加有效。

德马克"9的法则"

尽管结构阶段要求至少连续9个收盘价高于或者低于各自4个交易日前的收盘价，但实际上这种价格关系可能超过这一时间长度（见图2.1的英镑走势图和图2.2的IBM股价走势图）。当结构达到这个连续9个收盘价的最低要求之后，市场往往会在9个交易日的结构完成的前一天、当天或者第二天出现趋势反转或者调整。市场的这种行为倾向被称为德马克"9的法则"（TD"Power of Nine"™）。当然，这种倾向经常会较为隐蔽，因为随后的日内价格波动会让交易者们误认为第9日之后价格趋势会继续，但实际情况仅仅是日内的价格波动（不是随后的收盘价）超过了第9日的收盘价。图2.3展示了这种倾向，当连续合格收盘价达到了德马克序列结构的最低数量要求之后，短期趋势动量通常会暂时衰竭。不过有一种例外情况，就是在非常强劲的单边趋势中，价格行为不会因为连续9个合格的收盘价结构完成而表现出犹豫的情绪。但是，假如市场没有在这一可能的支撑或者阻力位停下来，则在结构完成第9根价格线之前就会显现出来，因为在这之前可能至少有一个交易日的收盘价在另一个方向上穿越了最近价格结构的最高价或最低价——具体细节见后面将讨论的德马克结构趋势指标（TDST）。不管结构期间的价格走势怎么样，交易者都必须持续监视并评估一些关键的因素，这些关键因素包括结构取消、价格交集、再循环、德马克序列确认指标以及TDST。

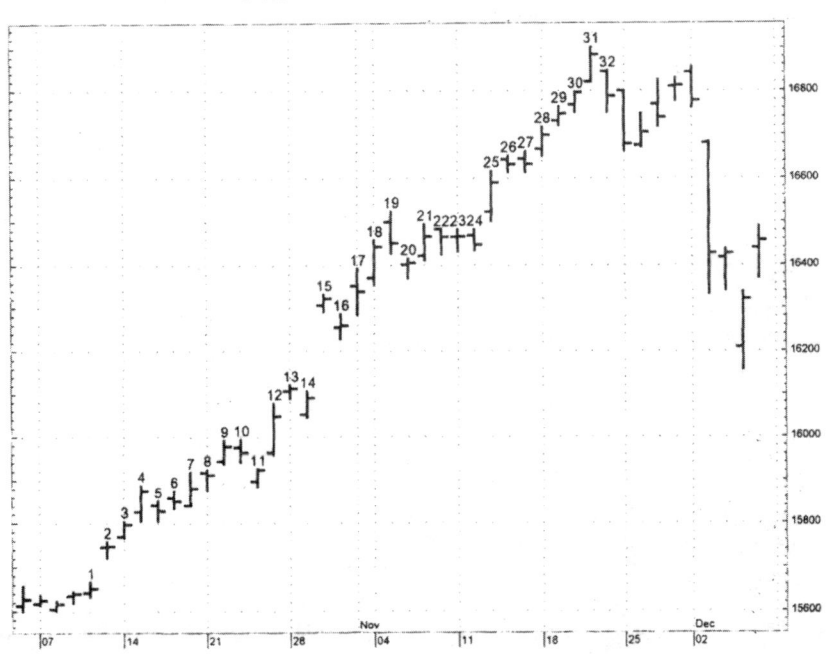

英镑1996年12月合约日线图

图2.1 这幅走势图展示了一系列结构交易日。这个卖出结构在出现连续9个高于各自4个交易日前的收盘价的收盘价之后，结构没有结束，而是继续发展。在这个例子中，这一系列高于各自4个交易日前收盘价的收盘价持续了32个交易日。虽然持续时间如此长的结构比较异常，但是也绝不少见。

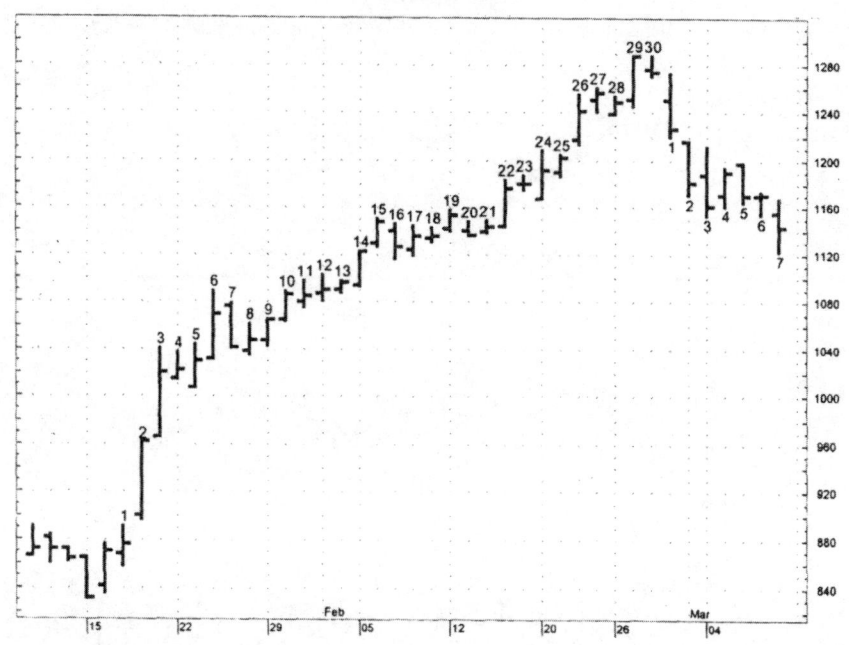

图 2.2 就像图 2.1 中展示的情况一样，这幅图也展示了连续 30 个高于各自 4 个交易日前收盘价的收盘价

连续 9 个收盘价低于或者高于各自 4 个交易日前的收盘价，这是买入结构或者卖出结构形成所需要的最少天数。因为价格经常在这个点位出现犹豫、调整或者趋势转折，所以如果你打算基于德马克"9 的法则"进行交易，就像我讨论的方法一样，那么在潜在的短期底部就要求第 9 日的盘中最低价低于第 6 日的盘中最低价，在潜在的短期顶部就要求第 9 日的盘中最高价高于第 6 日的盘中最高价。假如你没有在第 9 日盘中观察到上述情况，那么往往就会在随后的两日盘中或者第三日开盘时段出现跌破第 6 日盘中最低价的情形，或者是在随后的两日盘中或者第三日开盘时段出现突破第 6 日盘中最高价的情形。

Ascend 通讯公司股票日线图

图 2.3　这幅走势图显示 Ascend Computer 股价有一种倾向——只要达到卖出结构或买入结构的最低要求（连续 9 个收盘价低于或高于各自 4 个交易日前的收盘价），短期的价格趋势就会中断。注意 9 月曾经有一次例外情况，其中某天的收盘价高于 8 月买入结构最高价日的真正最高价。除此之外，结构第 9 日的收盘价都对应短期的最高价或最低价。图中用 x 标示出了这些结构第 9 日

另外，为了确保这些极端的最高价或最低价能够被连续 9 个合格收盘价的结构识别出来（出现的时间相吻合），交易者还应该分析较短时间框架的德马克序列，查看较短时间框架的德马克序列计数是否也已经完成。换句话来讲，较长时间框架的结构系列确定了整体市场环境，而较短时间框架的计数确定了具体的操作时间。举一个例子，假如日线图上走出了 9 日结构，而 1 分钟或者是 5 分钟走势图上同时产生了 13 日计数，那么这就是非常理想的进场点位了。从某种程度上讲，这就好比是利用较长时间框架的德马克线来确定长期价格目标，而利用较短时间框架的德马克线来确定具体的进场点位，并且确保较短时间框架德马克线的价格目标在较长

时间框架德马克线的价格目标范围内。

最后，假如交易者不想等待德马克序列计数阶段完成，则可以在买入结构或卖出结构完成的市场上运用德马克线这一工具，在回调或者反弹时进场建立头寸。假如德马克线确认指标（TD Line Qualifiers）进行了确认并且至少有一个震荡指标（比如 TD REI、德马克 DeM 震荡指标 I 和 II、德马克多元指标、德马克变化率 I 和 II）显示了超买或超卖震荡指标读数，那么德马克序列结构完成之后的德马克线突破就是一个潜在的低风险入场机会。总而言之，通过利用指标组合，我们可以确认潜在的低风险交易机会，这样就发展出一套较为稳健的交易策略了。

结构取消

逆势价格波动 (contratrend move)

其中一种结构取消的条件是在计数阶段完成之前发生了逆势波动。具体而言，有 5 种情况或者说条件可以取消一个极好的买入结构或卖出结构。在形成了连续 9 个收盘价低于各自 4 天前的收盘价的买入结构之后，并且在计数阶段完成之前，如果出现下列条件中任何一个，那么这个买入结构就被取消。

1. 盘中最高价高于整个买入结构期间的最高收盘价。
2. 盘中最高价高于整个买入结构期间的最高价。
3. 收盘价高于整个买入结构期间的最高收盘价。
4. 收盘价高于整个买入结构期间的最高价。
5. 收盘价高于整个买入结构期间的真正最高价（真正最高价是指某个交易日的最高价和前一日的收盘价中的较高者）。

很显然，第 1 个条件是最容易满足的，因为只需要盘中最高价高于买入结构的最高收盘价。对比之下，第 5 个条件是最难实现的，因为它要求收盘价高于整个买入结构期间的真正最高价。就买入结构而言，最好是采用第5个条件作为结构的取消条件。因此，当买入结构形成之后，即使盘中最高价高于整个买入结构期间的真正最高价，或是收盘价高于整个买入结构期间的最高收盘价，除非这个收盘价也高于整个买入结构期间的真正最高价，否则就不应该取消计数。但是，一旦某个交易日的收盘价高于整个买入结构期间的真正最高价，那么就应该取消计数。

同样的道理，也有5个条件可以取消一个极好的卖出结构。在形成了连续9个收盘价高于4天前的收盘价的卖出结构之后，并且在计数阶段完成之前，如果满足下列5个条件中任何一个，那么这个卖出结构就被取消了。

1. 盘中最低价低于整个卖出结构期间的最低收盘价。

2. 盘中最低价低于整个卖出结构期间的最低价。

3. 收盘价低于整个卖出结构期间的最低收盘价。

4. 收盘价低于整个卖出结构期间的最低价。

5. 收盘价低于整个卖出结构期间的真正最低价（真正最低价是指某个交易日的盘中最低价和前一日收盘价中的较低者）。

与此前一样，条件1最容易得到满足，因为这一条件只需要盘中最低价低于整个卖出结构期间的最低收盘价。而条件5则最为严格，因为这一条件要求收盘价必须低于整个卖出结构期间的真正最低价。我建议大家最好是采用第5个条件作为卖出结构的取消条件。因此，当卖出结构形成之后，即使盘中最低价低于整个卖出结构期间的真正最低价，或是收盘价低于整个卖出结构期间的最低收盘价，除非这个收盘价同样也低于整个卖出结构期间的真正最低价，否则就不应该取消计数。然而，一旦某个交易日的收盘价低于整个卖出结构期间的真正最低价，就应该取消计数。

大多数经过授权的德马克指标软件包都在结构取消工具栏中提供如下几种取消条件选择：

1. HaHc/LbLc 表示买入结构的取消条件是"最高价高于整个买入结构

期间的最高收盘价",而卖出结构的取消条件则是"最低价低于整个卖出结构期间的最低收盘价"。

2.HaHH/LbLL 表示买入结构的取消条件是"最高价高于整个买入结构期间的最高价",而卖出结构的取消条件则是"最低价低于整个卖出结构期间的最低价"。

3.CaHC/CbLc 表示买入结构的取消条件是"收盘价高于整个买入结构期间的最高收盘价",而卖出结构的取消条件则是"收盘价低于整个卖出结构期间的最低收盘价"。

4.CaHH/CbLL 表示买入结构的取消条件是"收盘价高于整个买入结构期间的最高价",而卖出结构的取消条件则是"收盘价低于整个卖出结构期间的最低价"。

5.CaHTH/CbLTL 表示买入结构的取消条件是"收盘价高于整个买入结构期间的真正最高价",而卖出结构的取消条件则是"收盘价低于整个卖出结构期间的真正最低价"。

交易者可以从上述条件中自行选择。第一个条件最为保守,最后一个条件最为严苛。我比较倾向于选择最后一个条件作为结构取消的条件。需要注意的是,你永远要留意后一个交易日的开盘价水平,并且如果你想从较为严格的技术视角来看待从条件1到条件5的结构取消条件,那么就不仅要查看收盘价及其与特定结构点位之间的关系,还要监视后一个交易日的价格行为,这样才能进一步确认结构取消的信号。换句话说,研究结果表明,如果结构取消信号发出后第2日的开盘价低于买入结构的取消点位(高于卖出结构的取消点位),或者是结构取消信号发出后第2日的开盘价低于买入结构取消日的收盘价,并且这个交易日的最高价并没有超过前一日的最高价(开盘价高于卖出结构取消日的收盘价,并且这个交易日的最低价并没有超过前一日的最低价),那么就应该忽略发出的取消信号。后面白银1997年3月份合约的走势图(见图2.4a和图2.4b)就展示了一个结构取消的例子和一个采用德马克关键确认指标(TD Critical QualifierTM)的例外例子。对于当前交易日的开盘价与前一个交易日的收盘价之间的关系，请参考德马克关键确认指标的讨论（见第 6 章中关于回撤的讨论）。我在结构取消规则中引入了次日的开盘价以及前一日的收盘价，来作为结构的取消条件，但是德马克关键确认指标是确认所有类型的突破以及结构取消的重要工具。事实上，我准备将这个额外的规则纳入指标软件包的结构取消条件选项中，同时也纳入再循环规则和相关选项中。

白银 1997 年 3 月份合约日线图

图 2.4a 这幅走势图是白银期货 1997 年 3 月份合约的走势图。在 1996 年 11 月的第一周就形成了一个买入结构。在结构第 9 日的 10 个交易日之后，收盘价超过了整个结构期间的真正最高价，从而取消了这个买入结构。图 2.4b 是同一幅走势图，但是在图 2.4b 中引入了德马克关键确认指标，因此这个买入结构就没有被取消，并且计数的第 13 日对应的是一个市场底部，代表了低风险的交易机会。本章的后面部分将对德马克序列的计数阶段进行讨论

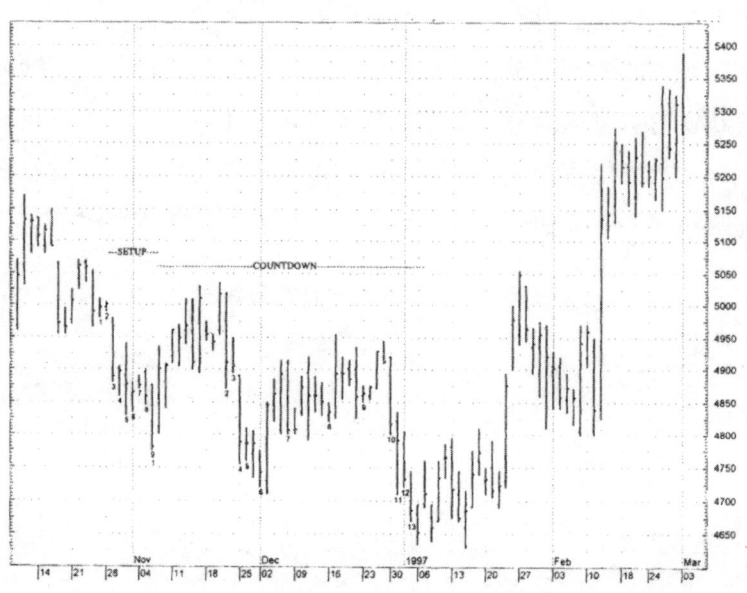

白银 1997 年 3 月份合约日线图

图 2.4b 这幅走势图展示了德马克关键确认指标的运用。德马克关键确认指标可以使德马克序列从买入结构阶段进入计数阶段并发出低风险的入场指示。而图 2.4a 没有引入这个德马克关键确认指标，所以买入结构的取消条件生效了。图上标出了这个德马克序列的结构和计数的时间。关于德马克序列计数阶段的讨论将在本章后面部分呈现

逆向结构（Reverse Setup）

另外一种取消结构的情况是出现了逆向结构。也就是说结构之后出现了连续 9 个或更多个高于或低于各自 4 天前收盘价的新结构，但是与之前结构的方向相反。举个例子，在买入结构完成之后，并且在买入计数完成之前，出现了一个卖出结构，那么先前的买入结构就要被取消，而新近出现的卖出结构生效。换句话说，现在生效的结构是卖出结构，要开始卖出计数阶段了。反之，当卖出结构完成之后，并且在卖出计数完成之前，出现了一个买入结构，那么先前的卖出结构就要被取消，而新出现的买入结

构生效，要开始进入买入计数阶段。另外，在软件工具包的"取消栏"（Cancel column）中，还可以选择是否启动（"on"和"off"）逆向结构这一取消条件。假如引入稍后将介绍的德马克结构趋势指标（TDST），这个逆向结构取消程序就可以进一步完善，可以更加有效地识别价格的趋势反转。坦白地说，我对于逆向结构的研究并不完整，因为在某些情况下似乎应该忽略所谓的逆向结构（见图2.4c和图2.4d）。尽管这些情况并不常见，但是这两个例子中，你可以看到忽略逆向结构发出的取消信号，会呈现理想的低风险入场区域。

图 2.4c 这幅1997年3月份的标准普尔500合约1小时图在2月25日出现了一个逆向结构。忽略这个逆向结构，不将其当作结构的取消条件，就会发现在3月3日出现了一个理想的低风险入场机会。在图2.4d的日线图上也出现了类似的情况

白银 1995 年 5 月份合约日线图

图 2.4d　就像图 2.4c 中的情况一样，如果忽略了逆向结构这个结构取消条件，那么之后就会出现一个低风险的德马克序列买入区域。是否启动逆向结构取消程序，取决于逆向结构系列持续的时间以及价格穿越最初结构的程度

同向区间内结构（Setup contained within previous setup）

有些时候，当一个结构完成，随后又出现了一个同一方向的结构，只是第二个结构的最高价和最低价都没有超过第一个结构的最高价和最低价，也就是说第二个结构处于第一个结构的价格区间之内。这种情况有点类似于结构再循环（Setup Recycle），但是第二个结构没有超过第一个结构的最高价或最低价。因此，生效的结构仍旧是第一个结构，而第二个结构不能视为一个有效的再循环。这一结论也导致引入了各种再循环设置选项，这些可以参考下面的介绍。在软件的取消栏中，也提供了"启动"和"关闭"选项，你可以选择是否启动这种"同向区间内结构"的取消程序。

结构再循环（Setup Recycle）

结构取消的第三种情况是德马克序列的计数阶段完成之前又出现了一个同向的结构。这种情况经常出现，这意味着市场再次激发了对当前趋势的兴趣。这种情况被定义为"结构再循环"，或简称为"再循环"。我已经发展出了多种再循环设置选项来处理这种情况。在很多年之前刚发展德马克序列的时候，再循环这种情况很少出现，基本上都是例外情况。但是，最近几年，这种情况出现的频率显著提高，特别是在股票市场，原因在于现在的交易者进出越来越频繁。现在加上这些结构再循环设置选项，交易者就可以评估每一个选项，然后选择自己最喜欢的设置（见后面"设置"一节中条件13中的参数选项），从而完善这个再循环的选择过程。换而言之，通过设置参数选项，交易者可以忽略特定的结构再循环构造，因为它们并不局限于之前介绍的这个唯一的再循环取消条件（也就是"同向区间内结构"）。然而，如果交易者倾向于谨慎而保守，那么当同向结构发生的时候，还是可以将其视为再循环的。不过，这样做的话可能会错过某些介入市场的机会。

结构确认指标

结构确认指标（Setup Qualifier）虽然有助于完善结构阶段，但它并不是常用的指标。然而，倘若交易者决定只将精力集中在结构、TDST（见下文）或者德马克序列的其他方面，而完全不考虑计数以及德马克序列是否完成，那么结构确认指标的选择就显得非常重要了。举个例子，就像此前讨论的德马克序列结构和德马克"9的法则"一样，如果交易者只想熟练运用并解读价格的结构，那么请注意，我的研究和经验表明买入结构第 9 天的最低价常常会低于第 6 天的最低价。如果不是这样，那么此后三天之内会有一天的最低价低于第 6 天的最低价。相反的情况下，卖出结构第 9 天的最高价常常会高于第 6 天的最高价。如果不是这样，那么此后三天之内会有一天的最高价高于第 6 天的最高价。无论哪种情况，如果交易者准备采用德马克序列和计数，就不应该因为缺少这种形态而取消或者延后一个结构，虽然在只专注于结构的研究和分析时，结构确认指标就可以达成目的。结构确认指标仅仅是在交易者只根据结构寻找入场点时用来提高入场点精确性的一种技术。此外，在某些情形下，倘若一个结构的收盘价看起来不能超越此前反向结构的真正最高价或真正最低价，就像下面将讨论的 TDST，那么结构确认指标就可以将结构延后，从而获得可能并不存在的理想进场点位。换句话说，就是引入结构确认指标之后，可以延后结构直到相关条件得到满足为止，而不会由于结构要求的连续交易日关系中断而失去交易机会。图 2.5a、图 2.5b 和图 2.5c 是 IBM 从 1995 年 8 月到 1996 年年底的日线走势图。正如你看到的，在这三幅走势图中，要么是买入结构第 9 天的最低价高于同一个买入结构第 6 天的最低价，要么是卖出结构第 9 天的最高价低于同一个卖出结构第 6 天的最高价，其中买入结构随后 3 个交易日的最低价低于第 6 天的最低价，而卖出结构随后 3 个交易日的最高价高于第 6 天的最高价。在某些情况下，有可能出现一个股票指数符合通常的价格结构排列，但同一时期的另一个股票指数却不符合的情况。举例而言，倘若买入结构第 9 天的最低价高于第 6 天的最低价，或者是卖出结构第 9 天的最高价低于第 6 天的最高价，那么在随后几个交易日内的价格走势往往会超过结构第 6 天的极值。图 2.6a 与图 2.6b 分别显示了纽约证券交易所综合指数 1996 年 3 月合约和标准普尔的同期合约在 1996 年 1 月 6 日卖出结构第 9 日之后的价格行为，这两个类似的指数表现出了明显不同的价格形态。不是所有市场的价格行为都会满足我描述的这些精确的要求。纽约证券交易所综合指数合约在结构第 9 日之后 3 个交易日内的最高价高于或等于第 6 日的最高价，而标准普尔指数合约却并没有出现相似的形态。因此，交易者不仅要密切追踪和监视相关市场的走势，就期货市场而言，交易者还必须留意同一品种不同月份合约的价格走势，以预防类似的情况出现。

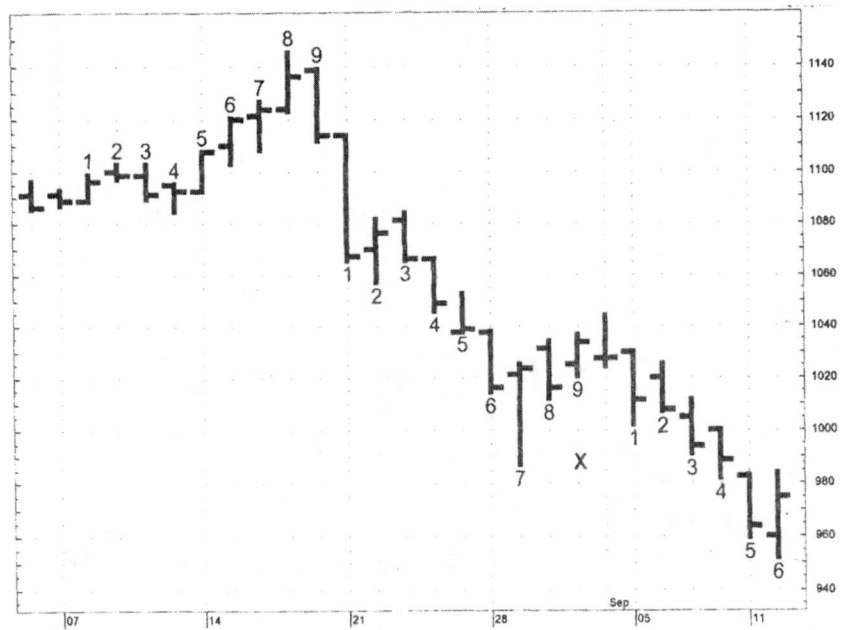

图 2.5a　注意图中买入结构第 9 天的最低价（图中标示为 X）高于这个买入结构第 6 天的最低价。通常情况下，在随后的 3 个交易日内，结构第 6 天的最低价会被向下穿越——至少是在盘中穿越。图 2.5b 和图 2.5c 也显示了同样的现象

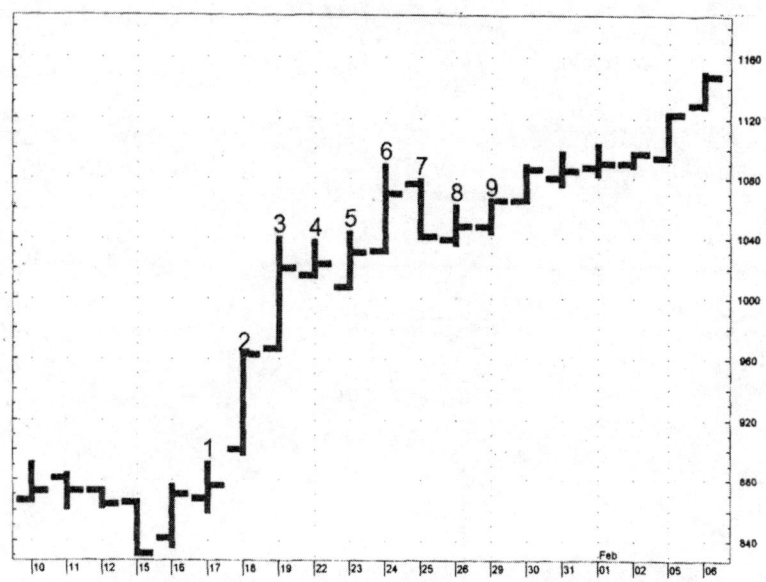

图 2.5b 这幅走势图与图 2.5a 相反。这幅图上是一个卖出结构,并且结构第 9 天的最高价低于结构第 6 天的最高价。然而,市场的反应是相同的,因为在结构第 9 天之后的 3 天内,结构第 6 天的最高价被向上穿越了

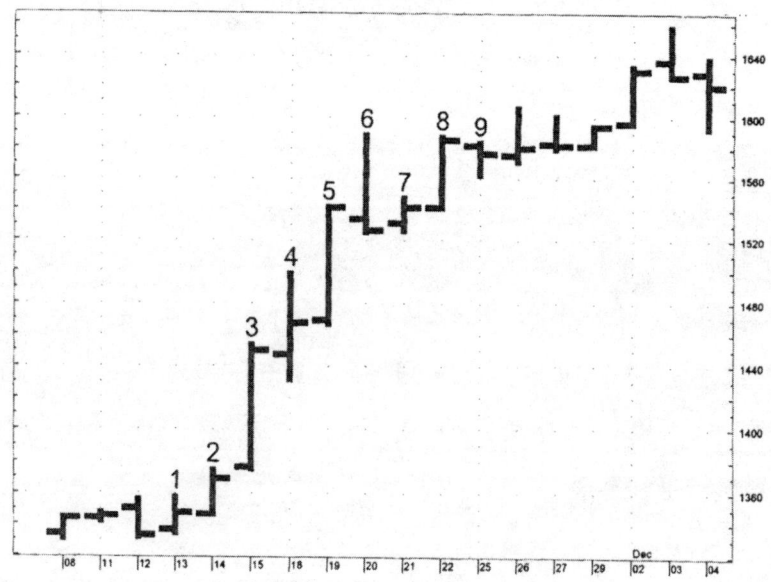

图 2.5c 这幅走势图中卖出结构第 9 天的最高价还是没有高过结构第 6 天的最高价,这意味着随后 3 天内的价格会超过第 6 天的最高价

第 2 章 德马克序列

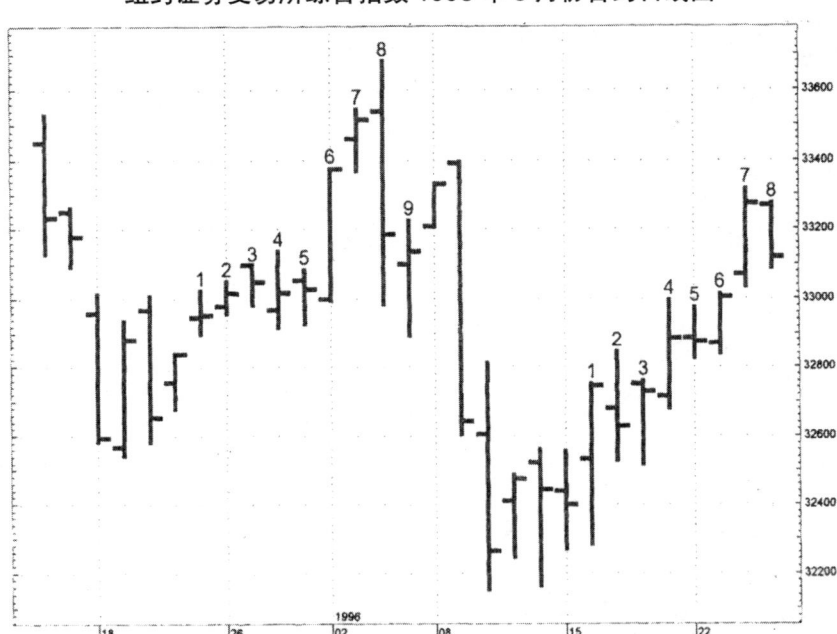

纽约证券交易所综合指数 1996 年 3 月份合约日线图

图 2.6a 注意在 1996 年 1 月 5 日形成了连续 9 个高于各自 4 个交易日前的收盘价，一个卖出结构形成。结构第 9 天的最高价低于结构第 6 天的最高价，不过随后两个交易日的价格上涨超过了结构第 6 天的最高价。但是，标准普尔 1996 年 3 月份合约的走势就没有出现这种现象。因此，建议交易者要追踪多个市场的走势或者同一个品种不同月份合约的走势来确认信号（见图 2.6b）

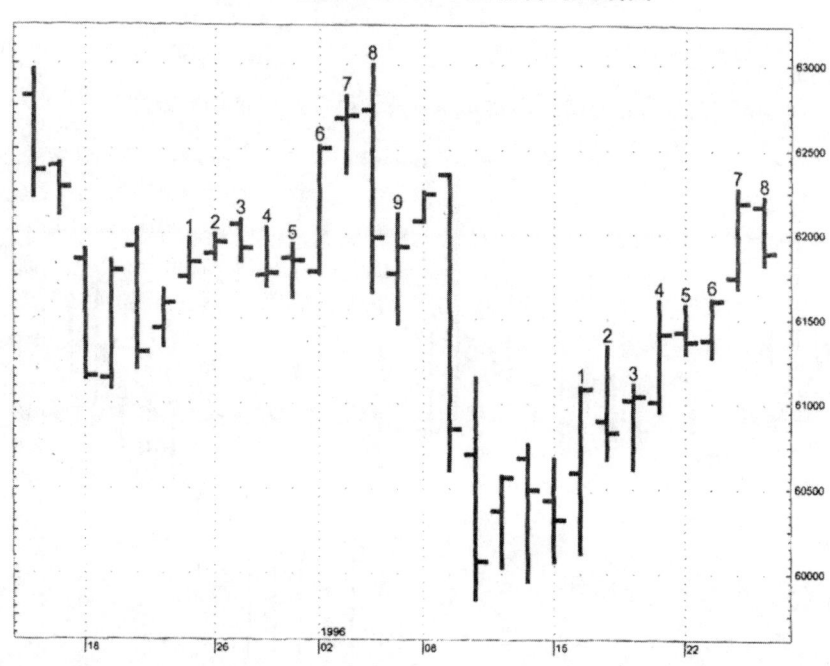

S&P500 指数 1996 年 3 月份合约日线图

图 2.6b 虽然结构第 9 天的最高价没有超过结构第 6 天的最高价，并且结构第 9 天之后 3 个交易日内价格也没有超过结构第 6 天的最高价，但是纽约证券交易所综合指数期货合约做到了（见图 2.6a）

德马克结构趋势指标（TDST）

德马克结构趋势指标是识别并定义重大趋势反转价格水平的有效工具。它是来源于德马克序列结构取消程序的一个关键指标。德马克结构趋势指标有点像结构取消条件中的 CaHTH/CbLTL 程序，也就是说如果收盘价高于整个买入结构期间最高的真正最高价，那么买入结构就会被取消；如果收盘价低于整个卖出结构期间最低的真正最低价，则卖出结构就会被取消。比起很多传统的、广泛使用的趋势跟踪技术，德马克结构趋势指标是一个有效得多的趋势指标。比如，当价格高于之前 40 个交易日的最高价时就做多，当价格低于之前 20 个交易日的最低价时就了结多头头寸；

当价格低于之前40个交易日的最低价时就做空，当价格高于之前20个交易日的最高价时就了结空头头寸。德马克结构趋势指标是一个动态指标，不像其他趋势指标那样机械和死板。德马克结构趋势指标会持续根据市场的供求变化自动做出调整。先前价格结构的最高价和最低价都是重要的参照点位，一旦这些点位被突破，那么就可以预期价格趋势可能反转。具体来讲，每当市场的供求状况发生重大变化，也就是收盘价高于买入结构的最高真正最高价或收盘价低于卖出结构的最低真正最低价，足以取消计数阶段，那么德马克结构趋势指标就开始发挥作用。这类突破要求交易者随时注意并快速做出反应，因为这个新的价格趋势可能继续直到德马克序列计数阶段完成。通常情况下，查看当前收盘价是否向上突破先前结构的最高真正最高价或是向下突破最低真正最低价，德马克结构趋势指标能够识别当前的价格趋势是否能够持续到计数完成，或是将在目前结构完成之后恢复先前的趋势。此外，虽然德马克结构趋势指标突破往往都出现在结构完成之前，但是在较为强劲的走势中，查看德马克结构趋势指标，有助于你警惕可能在结构形成过程中任何时刻或者偶尔也在结构完成之后出现的意外趋势反转。

有两种情况可以导致德马克结构趋势指标突破失效：（1）德马克结构趋势指标突破日的最高价（或最低价）没有在随后3个交易日内被向上突破（或向下突破），这种情况通常意味着德马克结构趋势指标突破的方向没有被延续下去；（2）德马克结构趋势指标向上突破日第二天的开盘价向下跳空，或是德马克结构趋势指标向下突破日第二天的开盘价向上跳空，并且这个跳空缺口没有在该日内被回补。第5章介绍的德马克关键确认指标（TD Critical Qualifier）与其他类似的分析一样，也要求突破确认，比如德马克线突破、价格回撤水平、区间扩张突破（REBO）以及本书中提供的其他指标。在这些情况中，交易者应该重点分析和评估指标突破第二个交易日内最重要的价格水平——也就是突破第二天的开盘价，以此来评估价格的行为。虽然收盘价也是研判突破有效性的重要数据，但是更为重要的研判数据却是第二天开盘价与突破点位之间的关系。所以，即使市场可能因为短期的买入／卖出力量而发生突破，但是如果第二天的开盘价跳空回到突破点位之内，这将取消前一日的突破讯号。经验表明，短期意外事件有时会导致收盘价发生突破。这些意外事件包括意外政治或者经济信息、空头平仓、期权到期、程序化交易，或者是月末或季度末基金经理美化账面的交易等。如果这些事件或行为刚好发生在市场收盘时段并且对市场只有短期的影响，那么往往会在第二天的开盘时段恢复价格均衡。因此，开盘价是一天内最关键的价格水平，通常被称为"价格之王"或者是"关键点位"。德马克关键确认指标部分将会对这类价格折返进行更加详细的介绍。换句话说，导致前一日发生价格突破的任何扭曲性价格因素通常会在第二天的开盘时段得到修正。当我们采用德马克结构趋势指标、德马克回撤、德马克序列、德马克组合、德马克线突破、德马克差值（TD Diff^{TM}）等指标时，开盘价的重要性尤为明显。

　　德马克结构趋势指标是一个非常有用的趋势交易工具，可以帮助我们判断是否继续持有一个根据其他市场择时指标建立起的头寸，也可以帮助我们判断价格趋势是否会从结构一直发展到德马克序列或德马克组合计数阶段结束。不管本章提供的走势图源于什么市场以及采用什么时间框架，但都有一系列的德马克结构趋势指标信号。接下来几幅走势图提供了很多案例，可以帮助你理解和掌握这一重要的趋势追踪概念。在这些走势图中，我都移除了德马克序列的计数阶段，只标出了德马克序列的结构阶段。图2.7是德国国债1996年12月合约的日线走势图。请注意图中那条源于买入结构期间最高的真正最高价的水平趋势线。这个买入结构开始于8月21日，结束于9月4日，因为9月5日的收盘价高于4个交易日前的收盘价。这条水平趋势线穿过了随后卖出结构第6天（也就是9月12日）的价格线。由于这天的收盘价向上突破了之前买入结构的最高真正最高价，德马克结构趋势指标启用。并且这一趋势反转讯号在第二天得到确认，因为这天的最高价高于突破日的最高价。即便交易者倾向于保守，但当日的收盘价也高于德马克结构趋势指标突破点位。图2.8是轻质原油1997年3月份合约的日线走势图，图中出现了多个德马克结构趋势指标突破。正如你看到的，不仅"德马克结构趋势指标发出了什么信号"非常重要，而且"这一指标没有发出什么信号"也非常重要。在8月初与12月初，价格分别突破了买入结构的盘中真正最高价，而在7月底和11月初，价格都没有跌破卖出结构的盘中真正最低价，所以原油合约在这段时间之内都在明确表达趋势向上的意图。

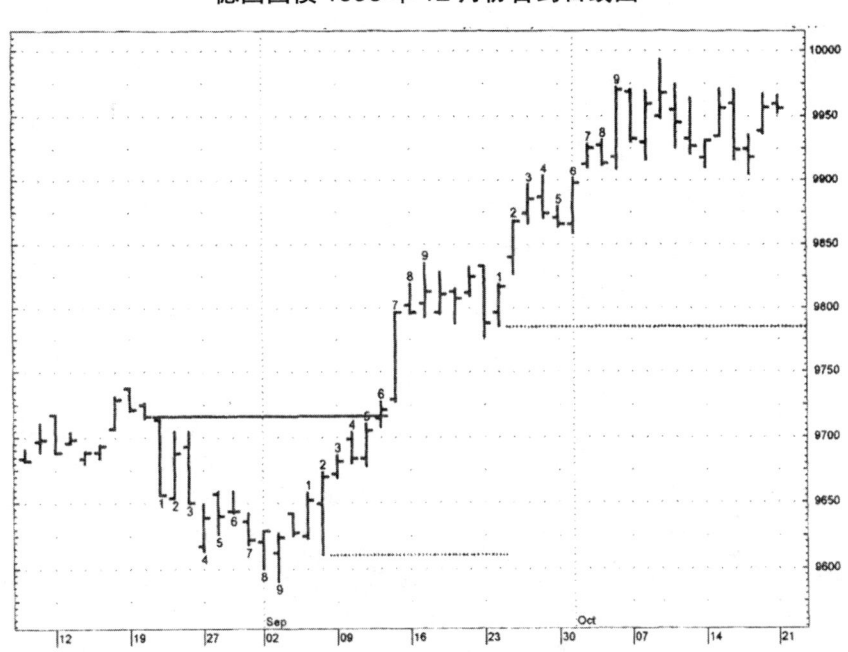

图2.7 在这幅走势图上，那根位于8月买入结构真正最高价的水平趋势线在随后卖出结构的第6天被向上突破，并且价格收盘于这根趋势线之上，这表明趋势很可能向上反转。并且如果突破第二天的最高价超过突破日的最高价，就表示这个上升趋势会持续到卖出结构和计数阶段完成，或直到随后的收盘价低于卖出结构的最低真正最低价，从而导致趋势向下反转

轻质原油 1997 年 3 月份合约日线图

图 2.8 注意图中那条标示 7 月份卖出结构最低真正最低价的水平趋势线（水平虚线），没有被 7 月末的收盘价向下突破。事实上，当 8 月 4 日的收盘价高于 4 个交易日前的收盘价时，就表明下跌的动量很可能已经耗竭，并且当卖出结构第 1 天的价格向上穿越 7 月底形成的买入结构的最高真正最高价（水平实线）时，这个下跌动量耗竭的信号就得到了确认。在 12 月也发生了类似的情形——价格收盘于之前买入结构的最高真正最高价（图中实线）之上。此外，在 11 月，价格也没有收盘于 8 月底卖出结构的真正最低价（水平虚线）之下，从而确认了上涨的信号。

图 2.9 给出了 1996 年 12 月份美国国债合约从 7 月到 10 月的价格走势，其中 7 月中旬曾经出现了卖出结构。此后，价格下跌并且在 9 月初形成了一个买入结构，期间有连续 15 个交易日的收盘价低于 4 个交易日前的收盘价，这一价格行为在 9 月 10 日结束。需要注意整个卖出结构期间最低的真正最低价是 7 月 11 日的 106 。虽然随后的买入结构曾经在 9 月初跌破了这一点位，但是整个做多结构的最低收盘价恰好是 106（9 月 6 日）。因为收盘价没能低于 4 个交易日前的收盘价，并且没有出现德马克结构趋势指标向下突破的信号，所以价格持续下挫的可能性不大。此后，当出现第一个高于或等于 4 个交易日前的收盘价的收盘价时，下跌的动量就耗竭了。因为德马克结构趋势指标

向下突破信号要求收盘价跌破最近卖出结构的最低真正最低价,并且获得随后价格行为的确认,因此当前下跌趋势持续到买入计数结束的可能性不大。当然,这并不意味这一情形肯定不会发生,只不过是这个可能性显著降低了而已。在这个例子中,价格确实在买入结构完成之后的 3 个交易日内向上反转。此后,10 月 4 日的收盘价向上突破了 8 月 20 日的最高价 110,从而发出了德马克结构趋势指标信号,表明趋势将向上反转。事实上,在几周之后,趋势反转确实出现了。但是这个突破信号在当时没有得到随后涨势的确认。在某些情形下,这种没有获得随后走势确认的突破信号可能连续出现,比如图 2.10 中所示的例子。8 月和 10 月期间的收盘价都曾经突破此前买入结构的最高真正最高价,但是德马克结构趋势指标突破信号都没有获得进一步涨势的确认。此外,虽然 11 月期间盘中最高价曾经触及了之前买入结构的最高真正最高价,但是这次上涨却没能召集足够的力量将价格收于这个价位上方。

美国国债 1996 年 12 月份合约日线图

图 2.9 德马克结构趋势指标的精确性往往令人感到惊讶。7 月 11 日的真正最低价,也就是卖出结构的最低真正最低价是 106,而随后 8 月 5 日买入结构的最低收盘价也刚好是 106。当出现第一个高于或等于 4 个交易日前的收盘价的收盘价时,就可以认为趋势向上反转了

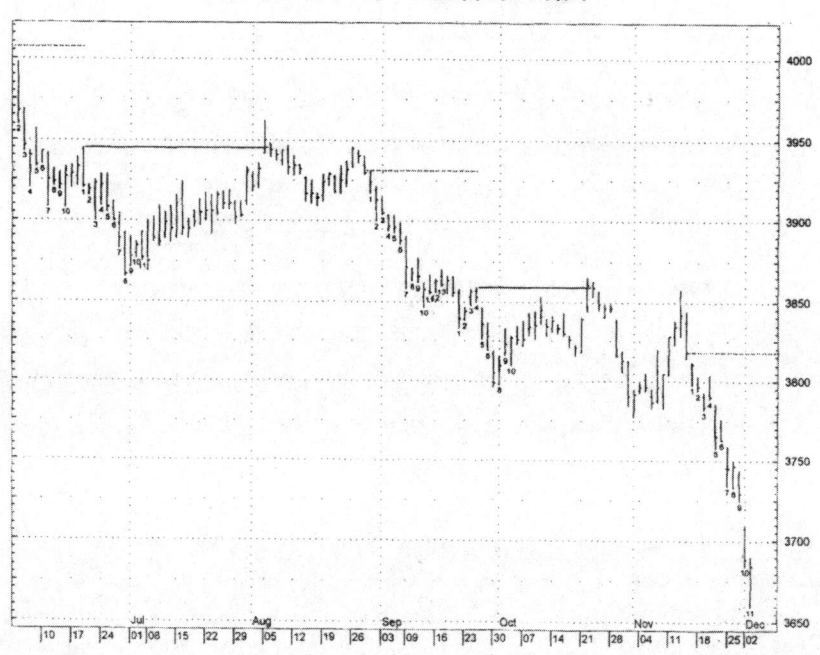

黄金 1996 年 12 月合约日线图

图 2.10 虽然价格两次收盘于买入结构的最高真正最高价上方，但是都没有得到进一步涨势的确认，因为价格之后转而下跌。图中的最高真正最高价是用水平实线标示的。注意 8 月收盘价之后的开盘价发生了向下跳空，而 10 月的收盘价突破之后 3 个交易日内都没有出现较高的最高价或收盘价。11 月的最高价刚好触及德马克结构趋势实线（最高真正最高价），但是没有收盘于这个价位之上

上述两个案例都是偶尔发生的情况，因此，除非德马克结构趋势指标突破得到进一步的确认，否则交易者就要保持怀疑的态度。我们再来复习一下德马克结构趋势指标突破的确认条件：向上突破第二天的开盘不能向下跳空，也就是说开盘价不能低于向上突破日的收盘价，并且向上突破日的最高价随后必须被穿越；向下突破第二天的开盘不能向上跳空，也就是说开盘价不能高于前一日的收盘价，而且向下突破日的最低价随后必须被穿越。这个规则也可以调整为允许价格在一段较长的时间

内突破TDST突破日的最高价或最低价，比如，突破之后的3个交易日内。运用上述条件以及其他一些工具，就可以确认这些突破并不是意外事件导致，而是有效的突破。有可能前一个交易日的供求关系失衡，导致市场在收盘时没有表现真实的市场状况，而当前交易日的开盘价很可能尝试修正前一日的失衡状态。如果发生了意外情况，TDST没有得到随后跟进走势的确认，但是此后的收盘价突破了TDST向上突破日的最高价或者向下突破日的最低价，则仍然可以视为得到了确认。大部分TDST突破都出现在结构完成之前，倘若这期间没有出现有效的TDST突破，则应该假定价格将恢复此前的趋势。但是，也存在一些例外，倘若在结构完成之前没有出现有效的TDST突破，而是在之后出现突破，那么就可以将这个突破视为比较强劲的突破，预示着强劲的趋势即将到来。比如，请看图2.9中美国国债在10月的走势。就像之前说的，图2.10展示了两种例外情况。8月初这波涨势中的收盘价向上突破了买入结构的最高真正最高价，不过第二天的价格低开，并且收盘价低于TDST的突破点位。另外，在此后14个交易日内，价格都没有突破TDST的突破点位。8月26日的收盘价恰好触及TDST的突破点位，但是第二天的价格还是低开，价格继续下跌，突破信号仍旧没有得到确认。10月22日的收盘价突破此前买入结构的最高真正最高价（9月25日），但是第二天开盘向下跳空，此后几日的走势仍旧未能突破TDST的突破点位，但是11月13日的价格一度精确触及了这个点位。11月27日形成了另外一个买入结构，这时已经连续出现了9个"合格"的收盘价。这个结构期间出现了一个较低的最高真正最高价，这是11月14日的收盘价，也是买入结构前一日的收盘价，因为结构第一天的最高价低于这一天的收盘价。

图2.11和图2.12显示了另外两个德马克结构趋势指标（TDST）的例子。图2.11中分别有一个TDST向上突破和一个TDST向下突破。1995年6月20日，IBM股票收盘价向上突破了前一个买入结构的最高真正最

高价，这一最高真正最高价是 5 月 26 日的盘中最高价，图中标示为水平实线。8 月 21 日的收盘价低于 8 月 11 日的盘中最低价，这一盘中最低价出现在卖出结构的第 4 日，它也是卖出结构的最低真正最低价。图 2.12 显示了整个德马克序列完成之后，随后发生 TDST 向上突破，收盘价突破了整个买入结构期间的最高真正最高价。图中水平实线标示的是发生 TDST 突破的点位。注意当收盘价突破上方的水平实线，并且随后得到确认时，这就意味着价格趋势不仅向上反转，而且还可能持续发展到德马克卖出计数完成。

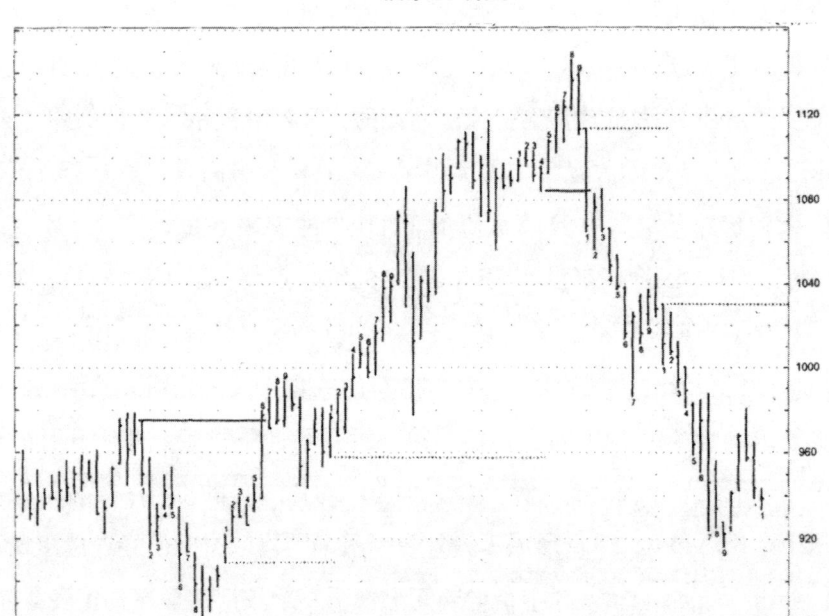

图 2.11　在 1995 年年中，IBM 股票分别在 6 月和 8 月发生 TDST 向上突破和 TDST 向下突破

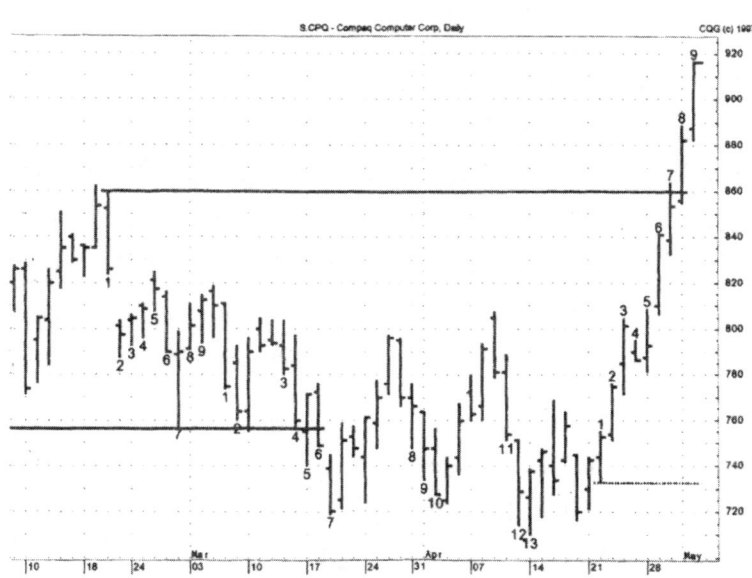

图 2.12　这幅走势图上不仅展示了德马克序列的结构阶段,还展示了德马克序列的计数阶段。注意在 2 月完成的买入结构的最高价确定了 TDST 突破的参考水平(图中用一条几乎贯穿整个走势图的水平实线标示出了这个价格水平)。当这个价格水平在 4 月末被突破时,交易者就要警惕卖出计数阶段可能已经完成。类似的,一个 TDST 支撑水平在 3 月中旬被跌穿,这表示德马克序列很可能会持续到计数阶段完成

以前运用一个从 TDST 衍生出来的市场择时工具,就可以对市场进行较为精确的预测,这与我的识别并利用价格动量衰竭区域的做法是一致的,简单而言就是在市场强劲时做空,在市场疲软时做多。这种非正统的方法非常简单,就是先识别出 TDST 突破点位,然后当价格靠近这些突破点位时,假设当前的收盘价不能突破这个 TDST 水平。如果突破发生,则假设这一突破不能得到后续走势的进一步确认。虽然这初看起来有点复杂,但实际上是很容易理解和操作的。具体而言,在结构的第 1 日到第 4 日期间,最容易产生买入结构的最高真正最高价或者卖出结构的最低真正最低价,交易者就可以提前确定突破点位,并且在价格接近这个突破区域时做好心理准备。之后,当价格接近这些参考点位的时候,交易者就可以设定进场

点位并计算头寸的风险水平。这个方法的一个好处就是可以预估价格到达这些点位的各种情况，然后进行逆市操作。通常而言，交易者可以识别这些 TDST 参考点位。当结构出现时，并且价格最终接近或超过这个 TDST 参考点位（这里是在日线图上，不过也适用于分钟图、小时图或者其他任何时间框架的走势图），交易者就可以建立逆市头寸，并且预期收盘价不能突破这个重要的 TDST 水平。但是交易者必须设定止损，以防价格收盘于 TDST 参考点位之上，并且下一根价格线的开盘价也超过这个价位，从而进行了确认（请参考后面德马克关键确认指标的相关内容）。换而言之，这一方法的基本假设为：基于收盘价的 TDST 参考点位会在下方提供支撑或者在上方提供阻力，而盘中突破这些价格水平就提供了在下跌时买入和在上涨时卖出的机会。这里需要再度强调的是这一方法与前面提到的 TDST 趋势追踪交易方法不同，而是与德马克序列低风险入场技术的逻辑非常类似。举例而言，随着价格接近止损价位，就出现了一个低风险入场机会，这时在更为有利的入场价位再次建立头寸，这样就可以降低多头头寸的整体入场价或者提高空头头寸的整体入场价，并且因为我的大部分止损都要求只在收盘价的基础上被触及，所以盘中的 TDST 突破就可以作为逆势交易的机会。总而言之，TDST 是旨在识别出之前德马克序列结构价格区间中的关键点位，并且如果该关键点位被突破，则意味着趋势可能发生了改变。假如收盘价突破了这个关键点位，并且随后的价格走势对这次突破进行了确认，就向交易者发出了趋势改变的信号。TDST 也可以用这种方式来描述：如果园丁想要除掉花园里面的杂草，他会将整株杂草连根拔起；如果外科医生想要切除患者的肿瘤，他会切除整个肿瘤及周围一部分组织，以确保不再复发，之后还要进行一系列检查来验证手术是否成功。同样的，要确认趋势是否已经反转，首先收盘价必须突破 TDST 关键点位，之后还要得到第二根价格线开盘价的确认（这就是将在后面提到的德马克关键确认指标）。

再循环（recycling）

从历史数据中可以看出，市场偶尔也会从德马克序列的结构阶段一直持续到计数完成而不发生"价格翻转"（price flip）——对于买入序列而言，"价格翻转"意味着一系列连续收盘价低于各自4个交易日前收盘价的走势被中断一次或多次，也就是说期间至少出现一个收盘价等于或者高于4个交易日前的收盘价；对于卖出序列而言，"价格翻转"意味着一系列连续收盘价高于各自4个交易日前收盘价的走势被中断一次或多次，也就是说期间至少出现一个收盘价等于或者低于4个交易日前的收盘价。买入结构中连续低于各自4个交易日前收盘价的收盘价数量可能超过9个的结构最低要求，卖出结构中连续高于各自4个交易日前收盘价的收盘价数量也可能超过9个的结构最低要求。上述的连续价格关系可能持续到计数完成而没有发生任何"价格翻转"。图2.13是英镑1996年12月份合约的走势图，图中标出了连续32个卖出结构交易日，每个交易日的收盘价都高于各自4个交易日前的收盘价。在这幅走势图中，计数的第13日被标注为X。当计数结束之后，可以用很多方式来建立起头寸。比如，寻找计数第13日之后第一根收盘价低于当天开盘价，同时当天最低价又低于前一天收盘价的价格线。在这个例子中，这根价格线刚好出现在价格顶峰的第二天，我们在图中标注为Y。因为在整个卖出序列中，没有出现一个收盘价等于或低于4个交易日前的收盘价，因此不可能出现卖出结构再循环。我在20多年前研发这个德马克序列时，这种德马克序列结构再循环的情况很少出现。事实上，即便发生了"价格翻转"，中断了这一系列高于或低于4个交易日前收盘价的收盘价序列关系，但这也不一定表明会出现结构再循环。请看图2.14，IBM股票在1996年2月底的上涨走势中也出现了类似的情况，在这一系列高于各自4个交易日前收盘价的收盘价中间，没有出现一个低于或等于4个交易日前收盘价的收盘价。实际上，这个卖出结构的"合格"收盘价持续了30日，从卖出结构开始到卖出计数结束期间，完全没有出现再循环的可能。不过,从 1995 年底到 1996 年初的整个下跌走势中,IBM 股价就出现了多次"价格翻转",也就是出现了等于或高于 4 个交易日前收盘价的收盘价,这导致有出现结构再循环的可能。倘若可以选择是面对价格翻转以及相关风险(比如出现结构再循环),还是不考虑价格翻转(没有结构再循环的可能)而直接进行德马克序列计数,那我当然愿意选择非再循环的设置。在最近几年,价格间断或者价格翻转的出现频率显著增加了。这种情况表明即便被零星的价格翻转干扰或打断,但市场往往还是会因为买入/卖出力量强大而恢复或维持之前的价格趋势。

为了能够识别出价格的顶部和底部,买入力量和卖出力量最好能够保持稳定,但是新闻报道、投资组合配置、市场观点、天气状况、统计数据、利率和货币供给等都是动态因素,都会持续地改变供给和需求的均衡。所有这些影响因素都反映在唯一的价格波动中。换句话说,交易者们的预期以及希望、恐惧和贪婪等情绪都不能直接驱动价格。唯一可以驱动价格波动的是进出市场的资金,而资金的进出又取决于两种力量——供给和需求。只要供给或需求的力量重新占据主导,就会出现我所说的"再循环",也就是再度产生一个结构。由于出现这种价格失衡并再度均衡,市场也能恢复之前的价格趋势并产生新的结构。这种供求力量的变化通过偶尔的逆势价格波动释放短期的超买或超卖压力,使得市场长期趋势可以保持不变。

"再循环"指的是市场趋势和强度重新恢复,导致在之前结构的方向上重新产生了一个新的结构。在我刚开始发展德马克序列的时候,我的研究结果表明再循环的确可能出现。不过,在当时这种情况并不常出现,只能算是特例而不是在计数完成之前都会出现的惯例。但是近些年来,结构再循环出现的频率越来越高,甚至出现了连续的再循环。实际上,从 1994 年底到 1996 年中,股票市场至少出现了 14 个随后发生再循环的卖出结构,并且没有一个完成卖出计数阶段(见图 2.15 的标准普尔现货走势图)。这种情况是前所未见的,它反映了市场上涨的动力强劲。在这个历史记录产生之前,1985 年的外汇市场也曾经出现了一个发生了 5 或 6 次再循环的结构,那时候美元正处于一个长期的顶部,而这个货币也正处于一个长期的底部。对于如何处理结构再循环,有许多不同的选择,这将在后面的德马克序列计数和德马克序列再循环的参数设置中加以讨论。很明显，如果不存在再循环的风险，那么德马克序列低风险和高风险价格区域的识别就将变得极其简单。但是，如果结构被"价格翻转"中断，就可能出现再循环，需要交易者引起注意。当然，如果假设结构再循环不出现，那么一切情况处理起来将变得非常容易，但这种假设是不现实的。依据定义，如果结构没有被中断，那么再循环结构离计数第 13 日越近，TDST 指标发出趋势反转信号所依据的 TDST 参考点位就越近。换句话说，如果忽略新的同向结构，那么收盘价突破最近结构的最低真正最低价或最高真正最高价的概率就会显著提高，因为再循环结构可以被计数忽略，但是不能被 TDST 指标忽略（见图 2.16 的 IBM 走势图）。也就是说，TDST 会忽略最初结构之后计数的存在，它只评估之前结构与随后反向结构之间的关系，以此判断价格趋势是否反转，或者这个价格走势是否仅仅是之前趋势恢复之前的调整。

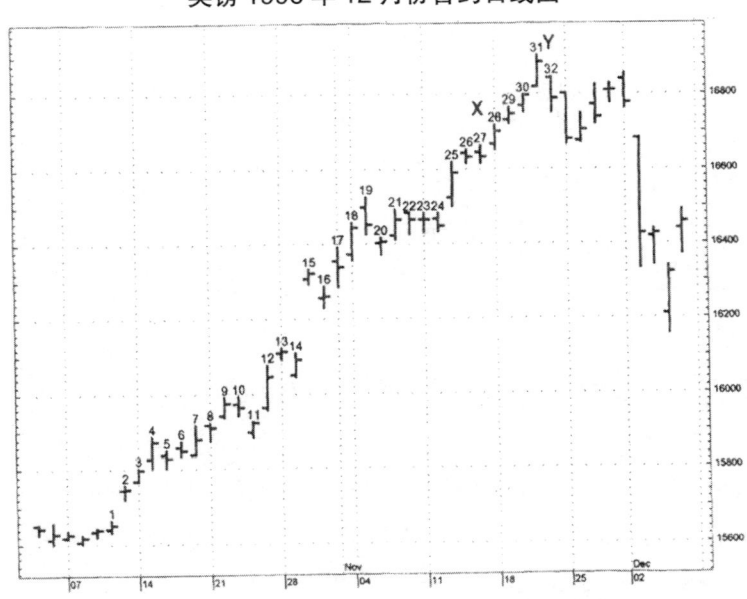

图 2.13　这个连续收盘价高于各自 4 个交易日前收盘价的卖出结构一直持续了 32 个交易日，期间没有任何中断。图中德马克序列计数的第 13 个交易日用大写 X 标注，此后第一根收盘价低于当天开盘价，并且当天的最低价低于前一天收盘价的价格线出现在结构的第 32 天，图中用大写 Y 标注

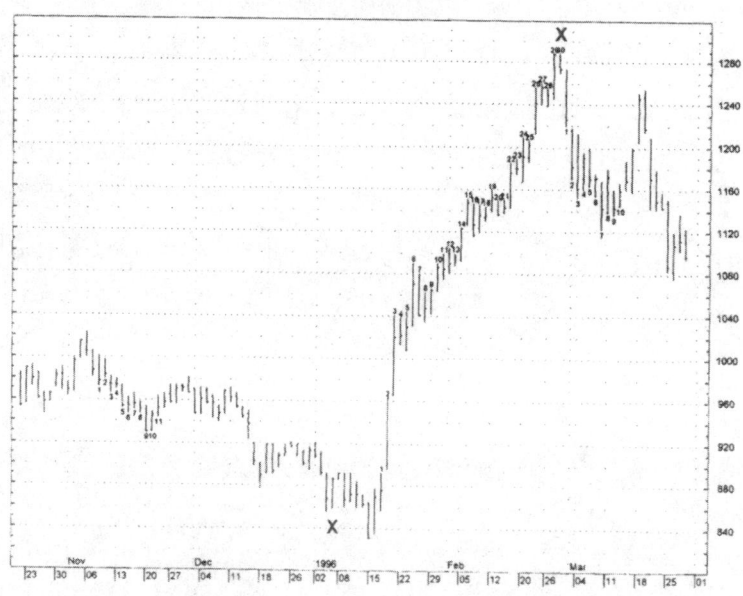

IBM 股票日线图

图 2.14 从卖出结构的角度来说，这波一直持续到 1996 年 2 月末价格峰顶的上涨走势一直都没有被中断。这个卖出结构一直持续了 30 个交易日。值得注意的是在整个上涨走势期间，没有一个收盘价低于或等于 4 个交易日前的收盘价。这种连续不断的走势阻止了再循环发生，因此使得计数的过程更为简单明了。在第一根收盘价低于同一天的开盘价，并且最低价低于前一天收盘价（或最低价）的价格线出现时，一个低风险的入场机会就出现了。观察 1 月初的最低点，德马克序列也在这里发出了低风险的入场指示，但是这个最低点之前的这波下跌走势曾经多次被中断，因为期间有多个收盘价都高于 4 个交易日前的收盘价，因此提高了结构再循环的风险。图中德马克序列买入和卖出计数的第 13 日都标注为 X

图 2.15 从 1994 年 12 月的最低点到 1996 年 5 月，S&P 现货指数连续出现了 14 个卖出结构，但没有一个完成了卖出计数阶段。每一个卖出结构在计数阶段完成之前都发生了再循环。在这之前，连续的结构和再循环最多是 5 个，出现在 1985 年，那时候美元正处于长期的峰顶，而对应的日元正处于长期的谷底。图中这一系列卖出结构和再循环都用数字标了出来

在最初的结构形成之后，并且在计数完成并得到"价格翻转"的确认之前，只要发生"价格翻转"，就随时可能发生结构再循环，具体要取决于选择何种再循环参数设置。要求计数重新开始的结构再循环的各项设置如下：

1. 新结构出现在计数完成"之前、同时或者之后"及随后第一个价格翻转之前。

2. 新结构出现在计数完成"之前或者同时"及随后第一个价格翻转之前。

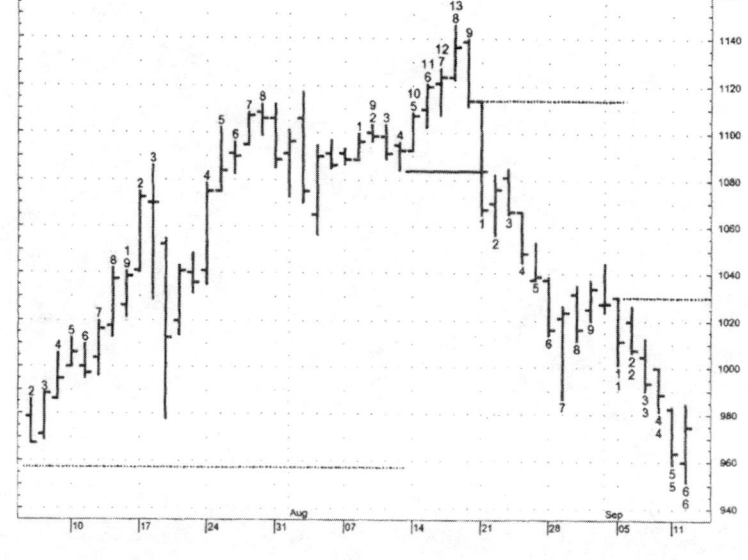

图2.16 如果忽略在8月份价格峰顶第二天完成的再循环卖出结构,那么德马克序列卖出计数的第13日刚好就是最高价日。另外,在最高价的2个交易日后,买入结构第1日的价格收盘于之前卖出结构的最低真正最低价(图中标示为水平实线)之下时,德马克结构趋势指标就发出了趋势反转信号

3. 新结构出现在计数完成"同时或者之后"及随后第一个价格翻转之前。

4. 新结构只出现在计数完成"之后"及随后第一个价格翻转之前。

5. 新结构只出现在计数完成"之前"。

如果选择下列任何一个选项,结构再循环就不发生:

6. 忽略价格翻转之前发生的最近的再循环。

7. 忽略所有的再循环。

8. 如果价格翻转之前最近再循环结构的价格波幅(最低价到最高价)小于最初结构的价格波幅,就忽略这个最近的再循环。

9. 如果价格翻转之前最近再循环结构的真正价格波幅(最低真正最低

价到最高真正最高价）小于最初结构的真正价格波幅，就忽略这个最近的再循环。

10. 如果价格翻转之前最近再循环的收盘价格波幅（最低收盘价到最高收盘价）小于最初结构的收盘价格波幅，就忽略这个最近的再循环。

最后，这个额外的选项可以结合用于第 8 项到第 11 项的设置。

11. 如果价格翻转之前任何再循环的真正价格波幅（最低真正最低价到最高真正最高价）大于最初结构整个价格波幅的 X 倍，就忽略这一再循环。

我个人倾向于选择第 1 项，这是再循环最初也最基本的设置，同时也是最保守的设置。假如能够与第 9 项和第 11 项结合，将能更敏锐地识别出潜在的趋势反转。此外，不管时间框架如何，德马克组合指标、德马克结构趋势指标、德马克变化率指标及其他一些指标都很适合用来确认德马克序列的交易信号。

再循环的这诸多选项都是出于完整性的考虑，这样读者就可以根据自己的需要尝试不同的选择，最终挑选最适合自己的再循环参数选项。尝试各种可能性，将有助于我们提升对交易策略的信心。另外，如果采纳经过授权的提供这些参数设置的交易软件，你还可以将这些技术或类似技术运用到你自己的市场择时技术研究和分析中。图 2.17 是 1995 年 3 月美国国债合约的走势，图中展示了买入结构和计数。在这个例子中我们采用的是最基础和最保守的再循环参数设定——也就是第一项的"之前、同时或者之后"。换言之，在买入计数完成以及第一个价格翻转之前的任何时刻，如果形成另外一个买入结构，那么之前的买入结构将被新的买入结构替代，并且开始重新买入计数。这种参数设置可以防止在面临另一波做空力量的袭击时过早做多。在本例中，你可以看到在 10 月初的买入结构结束之后，一直到买入计数第 13 日第二天的收盘价高于 4 个交易日前的收盘价（也就是发生了向上的价格翻转），这期间都没有出现其他的买入结构。这里需要再次强调一点，这是最基础和最标准的德马克序列形式，因为我们在这里采用了最简单的再循环参数设置。这里要再指出一点，上述的其他再循环选项也会确认计数的第 13 日，因为如果"之前，同时或者之后"这个最保守的选项都能满足，那么其他的再循环选项也能满足。

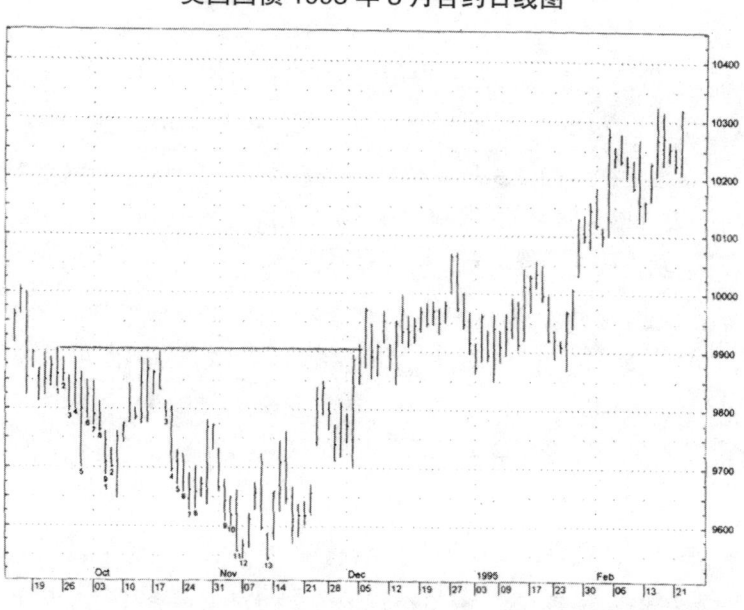

美国国债 1995 年 3 月合约日线图

图 2.17 在这幅图中，德马克序列计数在买入计数的第 13 日，也就是在 1994 年 11 月 11 日收盘时产生了一个低风险入场信号，具体点位是在 95 。10 月初，在达到了连续 9 个收盘价低于各自 4 个交易日前收盘价的最低要求之后，这个买入结构就完成了。在同一天，买入计数开始，因为已经发生了交集。随后，计数阶段被一系列"价格翻转"打断，也就是出现了一系列高于或等于 4 个交易日前收盘价的收盘价。每一个价格翻转之后都很可能出现买入结构再循环。在本例中，没有发生再循环，只要买入计数完成之后某个交易日的收盘价高于 4 个交易日前的收盘价，就可以排除再循环的可能。选择"之前、同时或者之后"这个最保守的再循环选项，市场的底部和顶部经常会出现再循环，因此失掉机会。与此同时，虽然这个"之前、同时或者之后"再循环产生的入场信号频率较低，但是就不存在其他再循环选项具有的不确定性。图中水平线标注的是 TDST 突破水平

我不准备对每一种再循环参数设置都进行举例说明，在这里我会只提供我自己经常采纳的两种设置的例子进行演示，其中包括了第 11 项有关倍数的设置。请看图 2.18，这幅图采纳了"忽略较小的真正价格波幅"的参数设置，这要求计算当前结构的真正最高价减去真正最低价的价格波幅，然后与前一个结构真正最高价减去真正最低价的价格波幅进行比较，这个比较结果将决定当前生效的结构和计数。倘若采纳"之前、同时或者之后"的标准参数设置，那么在计数完成并且出现价格翻转之前，只要出现新的同向结构，新的结构将取代之前的结构。但是在图 2.18 的美国国债周线图中，计数第 13 日对应着 1993 年的周线高位和 1994 年的周线低位。但是，在这两个极值出现之前都出现了新的结构。倘若这些新结构的真正价格波幅大于此前结构的真正价格波幅，那么就要求重新计数。不过，这些新结构的真正价格波幅小于此前结构的真正价格波幅，因此不需要重新计数，使得计数可以一直持续到 1993 年的高位和 1994 年底的低位。这个真正价格波幅涉及的真正最低价和真正最高价是从结构第 1 日开始一直到结构完成期间的最低真正最低价和最高真正最高价。请注意，即便到了结构的第 9 日，如果结构没有完成，结构的真正价格波幅也不能被确定，因为结构的第 9 日仅仅是结构形成的最低期限要求。结构会一直持续到出现价格翻转。图 2.16 是 IBM 的股价走势图，这幅图采用的是"忽略较小真正价格波幅"的参数设置，结构一直持续到了计数阶段并且结束于最高价的第二天。在美国国债周线图中，如果忽略这两个结构再循环，就可以精确界定价格的顶部和底部。图 2.16 中的 IBM 股价走势也是如此。在实际运用中，你可能不会遇到这样精确的情况，但是通过这样的设置可以更准确地解读市场的异常情况，同时帮助我们发现那些存在但可能被"之前、同时或者之后"这个传统的再循环参数设置所掩盖的机会。

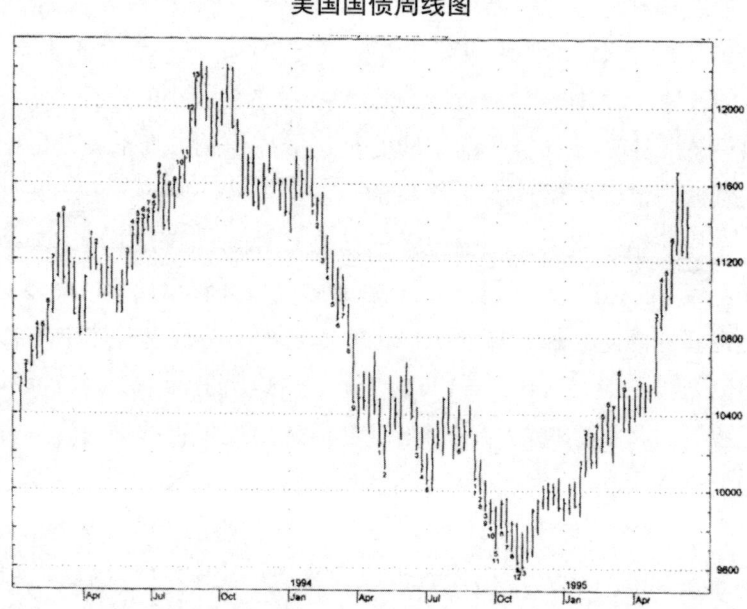

美国国债周线图

图 2.18　这幅走势图采用的是"忽略较小真正价格波幅"的再循环选项，也就是计算当前买入结构的最高真正最高价与最低真正最低价的差值，以及之前买入结构的最高真正最高价与最低真正最低价的差值，并进行比较（卖出结构也是同样的过程）。如果选择的是"之前、同时或者之后"的再循环选项，而不是"忽略较小真正价格波幅"这个选项，那么 1993 年的最高点和 1994 年末的最低点就会因为再循环而不能产生低风险的计数第 13 日。很显然，在这两个案例中，都应该"忽略"潜在的再循环

这个"忽略"（"忽略较小的真正价格波幅"）类型的参数设置还可以结合乘数使用，也就是结合第 11 项参数设置。具体来讲，选择任何一个需要计算和比较当前结构价格波幅和之前结构的价格波幅的再循环参数设置，就有可能因为当前结构的价格波幅大于之前结构的价格波幅而不恰当地排除一个潜在的德马克序列计数。最初，这似乎是一种相当棘手的情况。要解决这个问题，需要花费大量的时间、精力和研究。根据我的价格动量耗竭理论，如果当前结构的真正价格波幅大于前一结构的真正价格波幅，就不应该忽略再循环。但是，如果当前结构的真正价格波幅显著大于前一个结构的真正价

格波幅，通常就应该取消再循环的设置。为了将上述想法转为定量条件，我试图分析两个价格波幅的各种乘数关系，希望能够借此界定不恰当的再循环。这个乘数选项，使我们可以抓住那些被再循环剔除的交易机会。这个乘数的设置介于1.618到3之间，也就是当前结构的真正价格波幅是之前结构真正价格波幅的1.618倍到3倍。例如，图2.19a（标普中型股400指数的走势图）就展示了"忽略较小真正价格波幅"这个再循环选项如何与乘数选项结合使用。在这个例子中，它要求当前结构的真正价格波幅至少是之前结构的真正价格波幅的2倍，才能忽略再循环结构而继续当前的计数。事实上，在这个例子中，当前结构的真正价格波幅大于之前结构真正价格波幅的3倍。因此，尽管当前结构的真正价格波幅大于之前结构的真正价格波幅而应该视为再循环，但是如果加上了乘数选项，比如当前结构的真正价格波幅大于之前结构真正价格波幅的2倍，那么就应该忽略再循环。

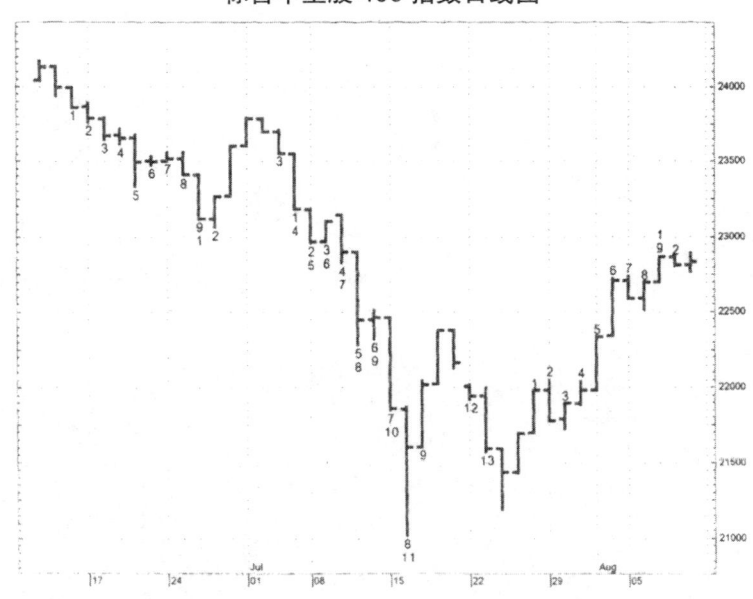

图2.19a　这幅走势图同时采用了德马克序列"忽略较小真正价格波幅"再循环选项和2倍或更多倍的乘数选项。如果发生了任何一种情况，就忽略再循环。换句话说，尽管最近买入结构的真正价格波幅大于之前买入结构的真正价格波幅，但只要前者大过后者2倍，就应该忽略再循环

在多年以前，我是采用另一个有效的方法来处理这种再循环问题的。我通常选择采用"忽略"选项并结合乘数设置。交易者通常要求新的结构至少形成连续9个收盘价低于各自4个交易日前的收盘价（买入结构再循环）或者连续9个收盘价高于各自4个交易日前的收盘价（卖出结构再循环），才能确定一个再循环。换句话说，要形成一个结构，必须满足连续"合格"收盘价的最低数量要求（9个），而要构成一个再循环，这个连续"合格"收盘价的最低数量要超过之前结构的最低数量要求。例如，结构只要求连续"合格"收盘价的数量达到9个，而再循环要求的连续"合格"收盘价数量可以超过这个数量，比如10个、11个或12个，或者也可以适当低于这个数量。虽然这种方式初看起来是合理的，也提供了不错的结果，但是由于近年来再循环出现的频率增加，我更倾向于采用之前走势图中采用的再循环设置。

关于再循环问题的处理，还有最后一个考虑因素，就是再循环最后一日第二天的开盘价与5个交易日前收盘价的关系。也就是说，虽然结构再循环已经发生，但是除非得到第二天开盘价的确认，否则这个再循环就要被忽略。同样的，德马克关键确认指标也适用于此。图2.19b说明了这种情况。

Ascend 通讯公司股票日线图

图2.19b 注意图中在4月23日发生的明显的再循环。但是，由于第二天的开盘价没有确认这个再循环，所以这个再循环要被忽略。换句话说，不仅结构第9日的收盘价必须低于4个交易日前的收盘价，而且结构第9日第二天的开盘价也必须低于结构第5日的收盘价，否则这个再循环就不存在

交集

计数是从结构的第 9 天或随后某一天开始的比较过程，前提是发生了交集（Intersection）。这个交集的要求是为了防止交易者在遭遇飙升或急跌时过早进入市场。在 20 世纪 70 年代初，我曾经密切追踪了 Equity Funding 和 W.T.Grant 这两只股票的走势，看德马克序列是否能够成功地识别潜在的低风险买入区域。这两只股票都发生了意外的下跌。我自认为识别出了低风险买入区域，但是随后却是遭遇交易暂停，两只股票都退市，最终因为这两家公司申请破产而变得一钱不值。之后，我们仔细分析了这类情况的特点并找到了一些共同特征，可以防止在这种情况下买入股票。当价格加速下跌并且每日的价格区间没有发生交集时，就表现了卖方紧急清仓的心理。反之，急切的买入也会导致市场近乎垂直地上涨。这种加速上涨的走势通常是来自显著的基本面发展——即将发布的利好消息、扎空头或者被并购。很显然，虽然上市公司有可能因为申请破产而股价下跌为零，也有可能被其他公司并购而股价大涨，但这些都是很现实的交易考量，但期货合约、市场指数或商品价格下跌到零或者被并购的情况是几乎不存在的。然而，为了保持一致性和简单性，可以将交集的概念运用于所有的市场。价格的下跌或上涨异常得陡峭，意味着投资者急切地想要出场或进场。研究表明要开始计数阶段，这种加速的价格波动必须减弱或降低，因此诞生了"交集"这一要求。交集要求价格的上涨或下跌必须减速，以允许价格调整一段时间或者至少发生一些交集。因此，在买入结构中，交集要求结构第 8 日或者随后某一日的最高价高于或等于 3 天或更多天前（直到结构的第 1 日）的最低价。在卖出结构中，交集要求结构第 8 日或者随后某一日的最低价低于或等于 3 天或更多天前（直到结构的第 1 日）的最高价。如果这个价格交集发生在结构的第 8 日或第 9 日，那么计数就从结构的第 9 日开始。如果在结构完成后都没有发生交集，就推迟计数直到发生交集。总而言之，在个股上一定要引用交集的条件，但是在其他不会受到被并购或破产影响的市场，比如金融期货、指数或商品市场，就不一定要做这方面的考虑。

计数

计数是德马克序列的一个阶段，是由一系列不一定连续的价格关系构成的，计数完成通常对应着价格趋势的终点或反转点。一旦结构完成并且发生了交集，计数阶段就开始了。虽然也可以选择其他价格进行比较，但是我的研究表明最佳的选择还是当天的收盘价与2天前的最低价（买入结构），或者当天的收盘价与2天前的最高价（卖出结构）。就像结构的价格和比较的间隔时间是可变的，计数的价格、间隔时间和关系也可以换为其他选项，比如收盘价换为开盘价、最高价、最低价、中位价或平均价，2天前的时间间隔换为1天、3天、4天或5天前。关于买入计数中要求低于或等于2天前最低价的收盘价数量，以及卖出计数中要求高于或等于2天前最高价的收盘价数量，我个人偏好是13，当然交易者也可以选择其他时期和价格关系。如果是交易极为冷清的市场，并且时间框架非常短（比如1分钟走势图），就要求收盘价低于或高于2根价格线前的最高价或最低价，而不允许是"等于"的价格关系。此外，为了保持计数的弹性，我偶尔也会引入一个称为德马克终结计数（TD Termination Count^{TM}）的指标。它只运用于计数的最后一日（大多数情况下是第13日），要求买入计数最后一日的收盘价、开盘价或最低价低于2天前的最低价，卖出计数最后一日的收盘价、开盘价或最高价高于2天前的最高价。这个德马克终结计数中的变量也可以替换，但是无论选择什么变量，都应该与默认变量相对应。

整本书中的参数设置仅仅是我的建议，都可以替换为其他价格和时期，即使未必能获得更理想的结果，也可以作为一个参考。例如，如果你打算在买入结构中比较当天的最低价与2天前的最低价，在卖出结构中比较当天的最高价与2天前的最高价，而不是比较我建议的收盘价与2天前的最低价和最高价，那么计数第13日所代表的低风险入场区域和对应的高风险入场区域就不一定相同。但是这并不意味着这个版本的参数设置就优于或劣于传统的计数参数设置。它只是表示很多参数都是可行的。我鼓励你对德马克序列和本书中的其他指标进行这类研究。

你的市场观点不应该受到盘中走势的影响，因为传统计数的关键成分是收盘价，并且德马克序列也是在这个基础上进行评估。因此，在研究低风险的德马克序列入场点时，一定要忽略急剧的意外的日内价格波动，因为传统计数的参考价格是收盘价。

计数确认指标（Countdown Qualifier）：在德马克序列中，大部分"结构9-计数13"的买入和卖出信号都是正规的信号。低风险买入区域（高风险卖出区域）出现在极端低价并构成超卖，而高风险买入区域（低风险卖出区域）出现在极端高价并构成超买。在最近几年，我遇到了我称之为"高价位买入13"（high-level buy 13s）和"低价位卖出13"（low-level sell 13s）的形态。从结构上来说，这些形态是有缺陷的，因为它们发出了不理想的入场指示。为了防止这种负面发展并避免这些不利价格形态和价格关系影响德马克序列计数发出理想的入场信号，至少应该引入一个德马克序列计数确认指标，来完善低风险的买入计数和低风险卖出计数。标准的计数确认指标要求，买入计数第13日的收盘价低于或等于计数第8日的收盘价，卖出计数第13日的收盘价高于或等于计数第8日的收盘价。如果你觉得这个标准要求太高，你至少应该要求（1）买入计数第13日的最低价低于或等于买入计数第8日的收盘价，（2）卖出计数第13日的最高价高于或等于计数第8日的收盘价。其他可能采用的确认指标关系还包括以下几个：

买入计数第8日的收盘价必须低于买入计数第5日的收盘价（卖出计数相反）。

买入计数第8日的收盘价必须低于买入计数第3天的收盘价（卖出计数相反）。

但是，很明显，引入的计数确认指标越多，计数第 13 日出现的概率就越低，再循环出现的概率就越高，并且更重要的是，如此还会导致过度优化市场行为并造成不切实际的市场条件和预期。当然，也可以结合其他一些指标来完善这个计数过程，并且降低在"高价位 13"买入或在"低价位 13"卖出的风险。除此之外，还存在其他很多价格关系，都有助于完善计数过程，你应该自己去测试。我的建议是让这种人为设置的"门槛"尽量保持简单，不要让过于繁复的"门槛"影响了计数的过程，从而影响了整个德马克序列。这种行为有点类似于只想通过药物来减肥，而不节食或做运动。这种人为的干扰或许有用，但是过度依赖非自然的方法，长期下来也可能是有害的，甚至致命。同样的，如果过度干预一个指标——通常称为最佳建模技术（optimization modeling techniques）——会导致不切实际的预期，最终打爆你的账户。

英镑 1997 年 1 月份合约日线图

图 2.20 计数第 13 日正好是 1996 年 1 月份的最高价日。如果不采用这个确认指标——要求卖出计数第 13 日的收盘价高于或等于计数第 8 日的收盘价——那么计数第 13 日就会出现在计数第 12 日的第 2 个交易日。注意图中的星号标示的是计数第 12 日之后"不合格"的计数第 13 日。你可以看到，通过延迟计数，可以更精确地识别高风险区域。再看看 4 月的一个低点，这是买入计数的第 13 日，由于这天的收盘价低于或等于计数第 8 日的收盘价，所以没有被确认指标筛除

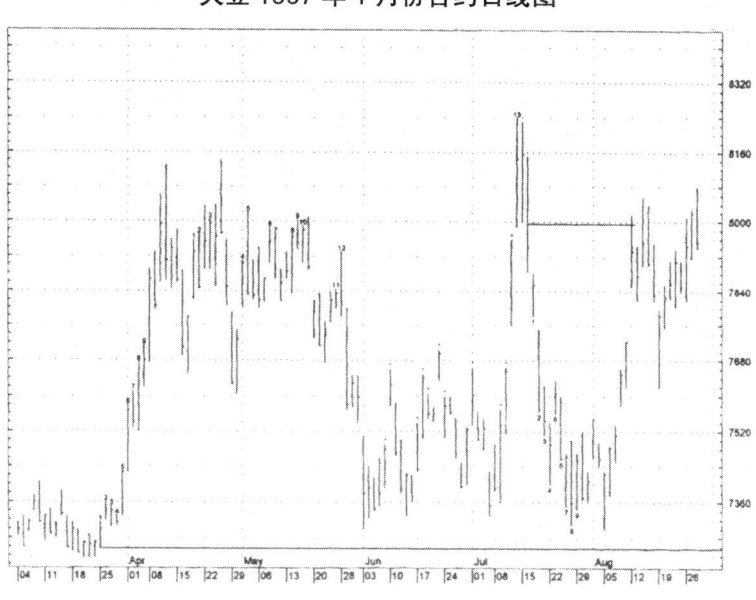

大豆1997年1月份合约日线图

图2.21 德马克序列计数的第13日被延迟，直到收盘价高于计数第8日的收盘价为止。这个确认指标被运用超过10年了，它是用于确保计数完成于高价位卖出点和低价位买入点的一个简单的过滤指标。加入这个指标并不是为了优化，而是确保市场动量充分释放的一个方式。因此，计数的第13日才能出现在整个走势图的最高价处。注意价格的最低点没有跌破TDST水平，随后市场开始上涨

图2.20和2.21就展示了在计数过程中套用计数确认指标的价值。这个确认指标就是要求买入计数第13日的收盘价低于或等于计数第8日的收盘价，卖出计数第13日的收盘价高于或等于计数第8日的收盘价。你可以看到，这个确认指标推迟了低风险的买入信号，阻止了在"高价位13"买入，也延迟了高风险的卖出信号，避免了在"低价位13"卖出。这个确认指标已经成功运用超过10年的时间，已经成为德马克序列指标中必不可少的一个组成。多年以来，它成功阻止了很多在高价位买入和低价位卖出的交易信号。图2.22就显示了类似的情况。不过很显然，也是存在

例外情况的，图2.23就是一个例子，它有助于评估如何确认一个德马克序列9-13信号。但是，被确认指标筛除的交易信号远少于因为没有达到这一要求而被延迟的交易信号。因此，建议在大多数情况下都采用这个确认指标。你应该仔细研究接下来几个来自不同市场的走势图案例（见图2.24到图2.37），这几个案例说明了德马克序列的各个方面，包括结构、交集和计数，以及TDST信号。

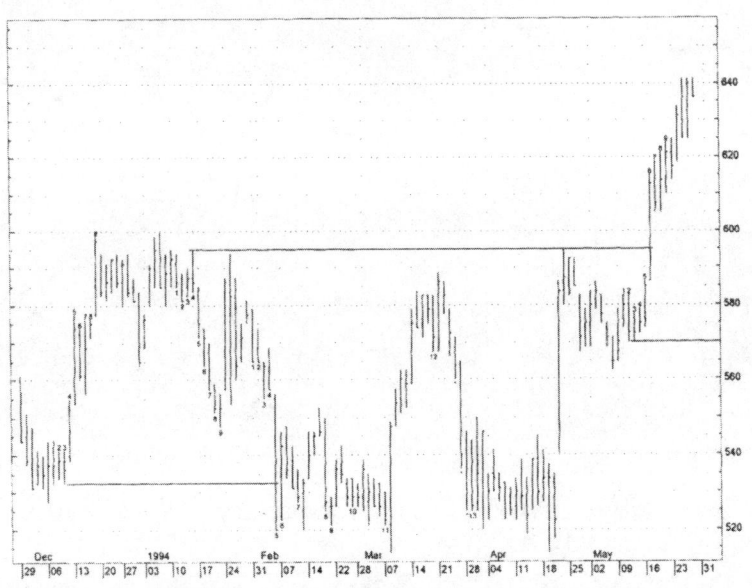

IBM 股票日线图

图2.22 在1994年春，IBM的下跌走势趋于缓和。德马克序列识别出了低风险的买入区域，并且在引入买入计数确认指标之后，精确度得到了提升。这个确认指标延迟了买入计数的第13日，后来证明这个做法是非常正确的。注意2月份TDST向下突破，成功地预测了德马克序列可以完成计数。再看看4月份，TDST精确地阻止了价格的上涨，而在5月份，价格突破TDST关键价位之后，更为迅猛地上涨

德国马克 1995 年 3 月份合约日线图

图 2.23　这个例子展示了没有采用计数确认指标（计数第 13 日的收盘价低于或等于计数第 8 日的收盘价）的德马克序列计数情况。由于要到计数的第 13 日，才会开始启用计数确认指标，所以要注意到市场有上涨的潜力但是不一定将其视为低风险买入点，除非计数第 13 日的收盘价低于或等于计数第 8 日的收盘价。还要注意图中水平实线标注的是一个最佳的 TDST 关键水平，如果德马克序列已经完成了买入计数的第 12 日，你就应该确信这个潜在的突破

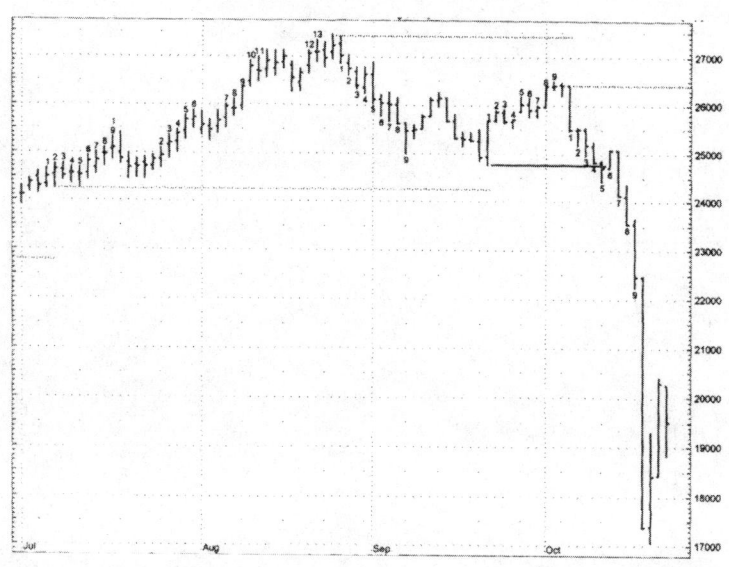

图 2.24 一个"9-13"德马克序列完成于 1987 年 8 月的最高价日。另外,TDST 在 1987 年 10 月发出了向下突破信号(具体突破价位已经在图中用水平实线标示出来),这刚好是在市场崩盘之前

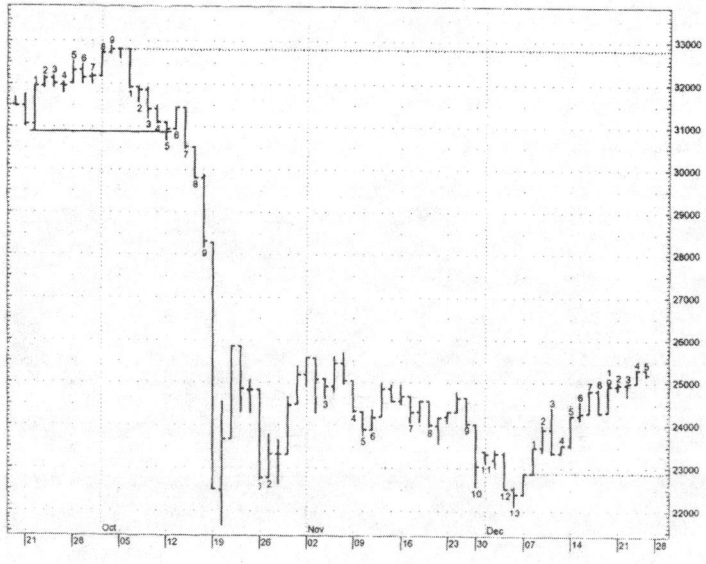

图 2.25 在 1987 年 12 月 4 日,德马克序列买入计数精确识别出了 S&P 现货指数的最低价。TDST 发出的向下突破信号刚好是在 10 月价格大跌之前。图中水平实线标示的是价格一旦向下突破就认为趋势向下反转的价位

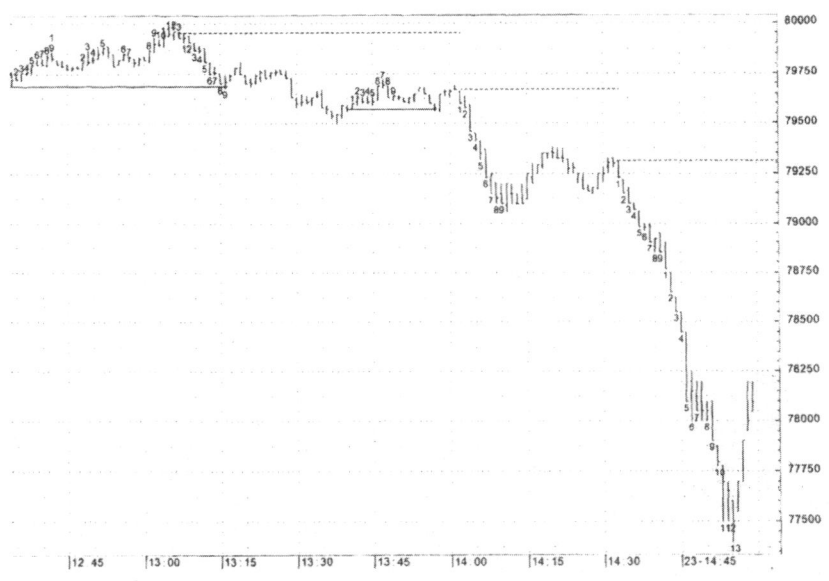

图 2.26　在 1997 年 1 月 23 日，一分钟走势图上的德马克序列正确识别出了 13:06（美国中央标准时间）的最高价和 14:55（美国中央标准时间）的最低价。注意，大约在 13:30 和 14:05，两个 TDST 关键价位都被向下突破，表明市场将进一步下跌，并且德马克序列买入结构很可能完成买入计数。除了 1 分钟图，这个规则也同样适用于其他时间框架走势图

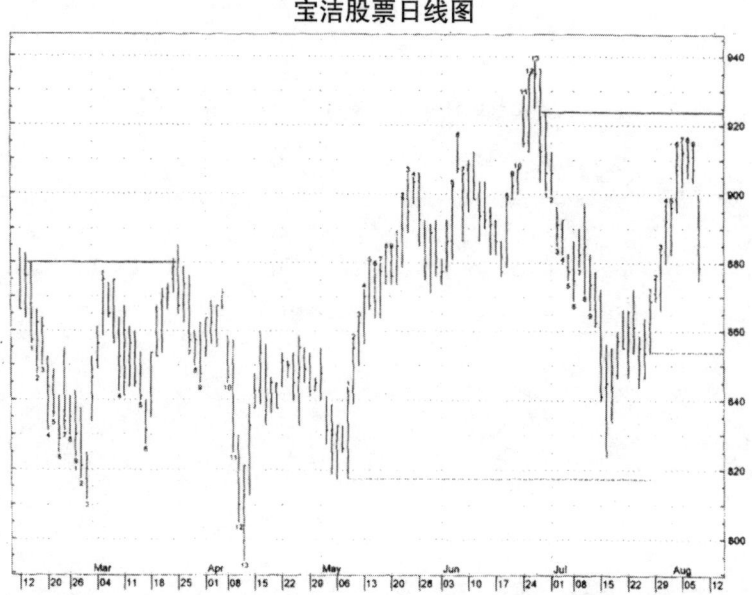

图 2.27 在 1996 年 4 月到 6 月末,德马克序列计数的第 13 日精确识别出了最低价和最高价。注意,3 月份的收盘价没有向上突破 TDST 关键价位,但是这个价位在 5 月份被成功向上突破。在 7 月份,价格没有向下突破另一个 TDST 关键价位——图中用水平线标出了这些突破价位

图 2.28 德马克序列成功地识别出了英镑动量耗竭的价格底部和顶部。英镑的价格底部正好是计数第 13 日

日本国债1995年9月合约日线图

图2.29 日本国债合约走势的最高点被德马克序列正确识别出来。市场随后下跌，不过在穿越由结构第1日的最低点确定的TDST关键点位时有些犹豫。图中水平线标示的是这个TDST关键点位

铜1996年9月合约日线图

图2.30 1996年，铜大幅下跌。在市场触底时，德马克序列识别出了一个低风险的入场点。在5月，价格向下突破了TDST关键点位，这个关键点位在图中用一条水平线标示了出来。事实上，在价格向下突破TDST关键点位时，发生了向下跳空，这种跳空在TDST突破中并不少见

加拿大元 1997 年 3 月份合约日线图

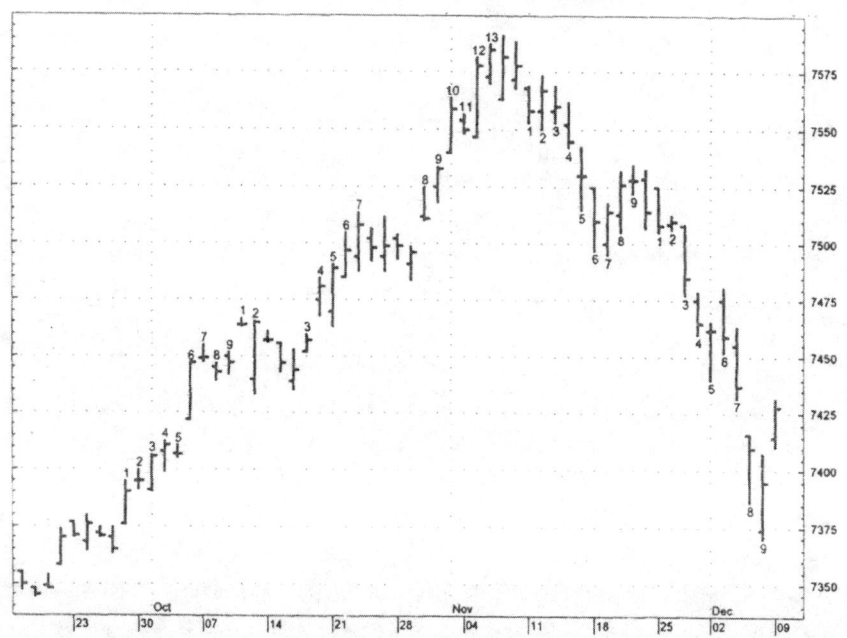

图 2.31　图中加拿大元的价格顶峰正好是德马克序列计数的第 13 日

轻质原油 1995 年 9 月合约日线图

图 2.32　1995 年 5 月的价格最高点被德马克序列识别为一个高风险的买入区域（低风险的卖出区域）

11号原糖1997年3月合约日线图

图2.33 原糖合约在1996年的最高点以及随后的最低点都被德马克序列识别出来。注意TDST关键点位被向下突破，预示着德马克序列买入计数很可能完成

菲利普莫里斯股票日线图

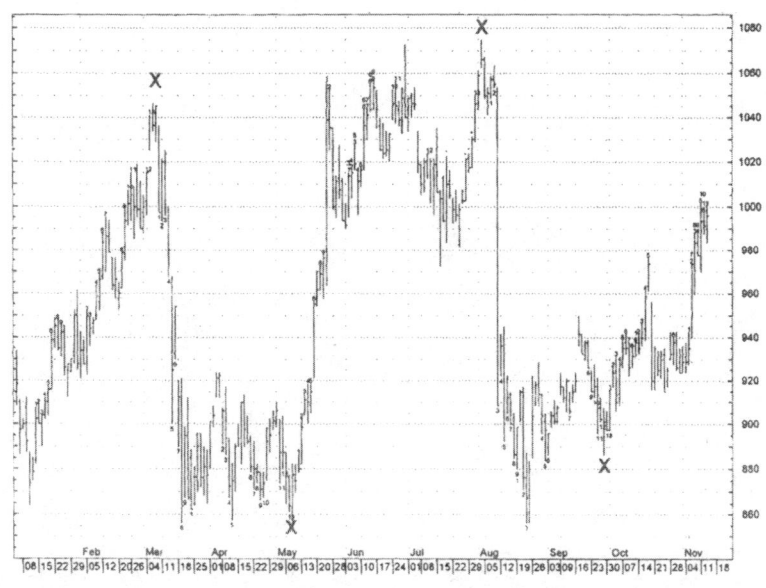

图2.34 菲利普莫里斯股票走势的多次趋势反转都被德马克序列精确识别出来（见图中标示的X）。唯一一次没有被德马克序列识别出来的趋势反转是在8月份，但是如果选择"忽略较小真正价格波幅"的再循环设置，仍然可以将这个低风险买入机会识别出来

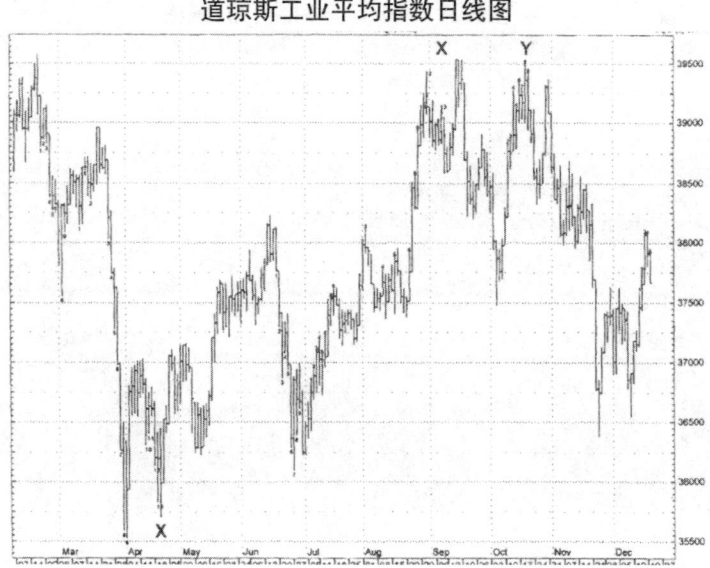

图 2.35 德马克序列正确识别出了 1994 年 4 月的低点和 1994 年 9 月的高点。这两个入场信号都在走势图上用 X 标示出来。事实上，当市场在 10 月份形成第 2 个卖出结构时，德马克序列又发出了低风险卖出信号。这种信号一旦出现，通常都是极为有效的交易指示

图 2.36 德马克序列正确识别出了小麦在 1996 年 4 月的价格峰顶，并且在随后近 7 个月的时间里保持沉默，之后，德马克序列又识别出一个低风险的买入区域——见图中标示的 X

木材 1995 年 9 月合约日线图

图 2.37 通过这些德马克序列的例子，希望你能体会到德马克序列具有普遍适用性，并且不需要进行优化或根据市场特性进行调整

当然，你应该尝试计数和结构的其他确认指标，以及结构和计数的联合确认指标，然后将你自己的确认指标引入德马克序列中。通常情况下，你可能会设置 6 组确认指标，每组确认指标中还分为 "a" 和 "b" 两个小指标，这样就可以在每组指标之内或之间引入 "和" 与 "或" 的条件。所有经过授权的指标软件套装都提供了这方面的功能。另外，如果经过授权的指标软件可以提供德马克 DeM 指标，以及可以基于某些理由而排除特定结构日或计数日的参数设置，并因此产生了与标准设置的结果不同的结构日或计数日，那么我建议将那些被排除的结构日或计数日的价格线用星号或其他符号标示出来。将这些被排除结构日或计数日标示出来，交易者就可以清楚地了解在不存在确认指标的情况下，结构或计数的过程是怎样的。这里提供的确认指标只是我的一个建议，是我多年设计并运用德马克

序列获得的经验。事实上，在 14 年前，我发展出了我自己的一系列确认指标，并将这些指标运用于所有市场，获得了巨大成功。这些指标可以准确地识别出市场的动量耗竭点。这些努力最终演变成德马克组合指标（TD Combo，见第 3 章内容）。我的目标是创造一个具有预测功能的指标，并且没有德马克序列在市场底部区域产生"高价位 13"和在顶部区域产生"低价位 13"的缺点。为了克服德马克序列偶尔显现的这种缺点，并更准确地识别市场底部和顶部，我设定了以下要求：买入计数的价格越来越低并且收盘价连续下跌；卖出计数的价格越来越高并且收盘价连续上升。德马克序列的其他问题还包括德马克序列交集的要求以及出现频率越来越高的再循环。德马克组合不考虑交集的问题，并且在结构期间开始计数，同时要求买入计数的收盘价连续降低，卖出计数的收盘价连续上升，出现再循环的可能就降低了。正如你已经看到的，通过德马克序列的这种相关指标，德马克序列的 3 种缺点就被消除或者减少了。德马克组合将在后面第 3 章中进行介绍，到时将详细讨论德马克序列中这些问题的解决方案。

设置

我并不想为读者提供任何指标的固定参数设置。我希望读者能测试并根据自己的交易风格、预期和需求来选择并调整以下的设置选项。它们都是被证实最有效的参数设置，也是我在这段时间运用最得心应手的工具，所以我才如此诚心地向读者推荐，但是这并不意味着它们就是最佳的设置。这里提供的各种设置选项都是大部分经授权的指标软件套装采用的标准设置。

1. 要形成结构（Setup），我建议比较当前价格线的收盘价与 4 根价格线前的收盘价。[这个"收盘价"（close）的设置是在"价格（Price）"栏，这一栏将决定选择哪个价格与之前的价格进行比较，"4"的设置是在"期间"（Period）栏，这一栏将决定比较的两个价格相隔多少期间，并且两者都位于"结构"（Setup）中。]结构完成的默认条件设置是连续 9 个收盘价低于或高于各自 4 根价格线前的收盘价，具体是低于还是高于取决于结构是买入结构还是卖出结构。[这个选项的设置是在"信号"（Signal）一栏，并且也是在整个"结构"（Setup）中］。

2. 要形成计数（Countdown），就比较当前价格线的收盘价与 2 根价格线前的最低价或最高价，具体哪个取决于结构是买入结构还是卖出结构。["收盘价"（Close）的设置通常出现在"价格"（Price）栏，"2"通常是在"期间"（Period）栏，并且两者都位于"计数"（Countdown）中。]买入计数的要求是连续 13 个收盘价低于或等于 2 根价格线前的最低价，卖出计数的要求是连续 13 个收盘价高于或等于 2 根价格线前的最高价。[这个选项出现在"信号"（Signal）栏，并且也是在整个"计数"（Countdown）中。]虽然我在大多数情况下倾向于采用低于或等于以及高于或等于的价格关系计数要求，但是如果在成交清淡的市场并且将德马克序列运用于短期时间框架走势图上（比如 1 分钟到 10 分钟的走势图），那么最好是移除"等于"（equal）这一条件，也就是买入计数只要求"低于"，卖出计数只要求"高于"。

3. 交集条件是否启用，取决于是否在"期间"（Period）和"交集"（Intersect）的方框中打钩。尽管交集条件主要适用于股票，不一定适合期货、商品和指数，但你还是应该选择启用这个条件。

4. 要设置从哪根价格线开始检测交集条件，首先要确定交集的方框中打了钩。然后输入交集检测的开始日期。建议从结构的第 8 根价格线开始检测交集[这个选项出现在"交集"（Intersection）的"信号"（Signal）中]，因为计数通常是从接下来的那根价格线开始。一定要注意，如果选择了其他结构系列或期间，交集的选项也要做出相应改变，因为计数会自动从接下来的那根价格线开始。

5. 要取消现行的买入或卖出结构，可以在"高级"（Advanced）第一列的"取消"（Cancel）的 5 种选项中选择一种。你可以选择 CaHTH/CbLTL（买入结构的取消条件是 Close above Highest True High，卖出结构的取消条件是 Close below Lowest True Low），因为这个选项是要求在出现高于整个买入结构期间的最高真正最高价的收盘价时，取消买入结构，在出现低于整个卖出结构期间的最低真正最低价的收盘价时，取消卖出结构。

这个设置是在 CaHTH/CbLTL 的方框中打钩。在结构开始之后，到计数完成之前的任何时刻都可能发生这种结构取消。但是，请记住，计数还需要经过确认，并且只有在价格翻转之后，才能避免再循环发生。如果不存在再循环的可能或者如果选择了基于某种理由而排除再循环的设置，那么计数就不需要经过价格翻转的确认。

6. 在计数完成之前，是否因为出现反向结构而取消买入结构或卖出结构——换句话说，如果在买入计数完成之前形成了一个卖出结构，这个买入结构是否取消，在卖出计数完成之前形成了一个买入结构，这个卖出结构是否取消。要启动这个取消程序，就在"取消"（Cancel）的"反向"（Reverse）方框中打钩。这是我个人比较偏爱的一项设置。

7. 结构之后出现另一个同向结构，但后一个结构的价格区间处于前一个结构的价格区间之内（后一个结构的最高价和最低价处于前一个结构的价格区间之内），在这种情况下要排除再循环，取消后一个结构，而继续沿用前一个结构，可以在"取消"（Cancel）底部的"之内"（within）方框中打钩。如果不打钩，就会将这种同向结构视为再循环。我目前正在测试这个选项，它的价值还不太明显。但是，如果没有选择"忽略"（Ignores）当前较小价格波幅或较小收盘价波幅这种再循环选项，并且选择了"之前、同时或之后"这个标准的再循环选项，我当前的测试结果表明还是应该采用这项设置，从而避免将这种没有超过之前结构价格区间的同向结构视为再循环。

8. 要决定是否在走势图上显示结构、计数或者结构和计数两者（both）均显示，可以在"结构"（Setup）的"显示"（Display）中进行设置。你可能偏向于同时显示结构和计数。

9. 要想用符号将满足交集条件的价格线标示出来，就要在"交集"（Intersection）栏的"显示"（Display）的方框中打钩。这个选项仅仅是为了方便识别和定位并帮助把握整体形态。你可能倾向于不选择这一项。

10. 买入结构或卖出结构的连续结构日的收盘价是低于或高于各自 4 个交易日前的收盘价，也可以加上"等于"（equal）的价格关系，用户可以在"结构"（Setup）的"参数"（Parameter）方框中进行选择。建议选择"不等于"(not equal)的设置,虽然我偶尔也会选择"等于"(equal)。

11. 买入计数或卖出计数的连续计数日的收盘价是"低于"(less than)或"高于"(greater than)2个交易日前的最低价或最高价,也可以加上"等于"(equal)的价格关系,用户可以在"计数"(Countdown)的"参数"(Parameter)方框中进行选择。我建议在日线图上选择"等于"(equal),至于1分钟、5分钟和10分钟图以及其他日内时间框架走势图,如果市场交易活跃、波动率高,就选择"等于"(equal),如果市场交易冷清并且时间框架特别短,就选择"不等于"(not equal)。

12. 要想设置仅允许交集发生在结构期间内,就应该选择"只在结构期间"(only in Setup)这个选项,如果允许交集发生在结构之前、期间或之后的任何时间,可以在"交集"(Intersect)的"参数"(Parameter)方框中进行选择。我的偏好选择是"结构期间或之后"(in or after Setup)。

13. 要设置再循环的方法或时间,可以在"再循环"(Recycle)的"参数"(Parameter)中进行选择。各种设置选项如下:

a. 选项a是标准、简单和保守的"之前、同时或之后",这表示如果随后的结构(连续9个或更多个收盘价低于或高于4个交易日前的收盘价)发生在计数第13日之前、同时或之后,以及首个价格翻转日之前,都将视为再循环。

b. 选项b是"忽略较小真正价格波幅"(Ignore smaller true high-true low),这与选项c差不多,只不过选项c不是最低真正最低价到最高真正最高价的真正价格波幅,而是最低价到最高价的价格波幅。

c. 选项c是"忽略较小价格波幅"(Ignore smaller high-low),如果当前结构从结构期间最低价到结构期间最高价的价格波幅小于之前结构从结构期间最低价到结构期间最高价的价格波幅,就忽略这个新的结构,不将其视为再循环。记住至少要有9个连续收盘价低于(或高于)各自4个交易日前的收盘价,才能称其为结构。一旦发生价格翻转,结构就结束。结构的期间常常会超过连续9根"合格"价格线的最低要求。因此,整个结构期间的最高价和最低价并不只是9根"合格"价格线期间的最高价和最低价。

d. 选项 d 是"忽略较小收盘价波幅"（Ignore smaller close-close），这个选项也与选项 c 差不多，只不过选项 d 是最低收盘价到最高收盘价的收盘价波幅。

e. 选项 e 是"忽略当前"（Ignore current），指的是忽略最近的结构（与之前结构方向相同，但根据选项 g 到选项 j 的任一选择而构成再循环）。

f. 选项 f 是"忽略所有"（Ignore all），指的是忽略所有随后出现的、多余的结构，但根据选项 g 到选项 j 的任一选择而构成再循环。

g. 选项 g 是在计数第 13 日"之前或同时"（Before or On），如果结构发生在计数第 13 日或之前，就视为再循环。

h. 选项 h 是在计数第 13 日"同时或之后"（On or After），如果结构发生在计数第 13 日或之后并且在价格翻转之前，就视为再循环。

i. 选项 i 是只在计数第 13 日"之前"（Only before），如果结构发生在计数第 13 日之前，就视为再循环。

j. 选项 j 是只在计数第 13 日"之后"（Only after），并且在价格翻转之前，如果结构出现时间满足这一条件，也视为再循环。

我个人偏好的默认设置是"之前、同时或之后"以及"忽略较小真正价格波幅"。另外，在采用后一个选项设置时，我还设置了乘数（Multiplier）选项（见第 15 项）。

14. 再循环买入结构和卖出结构中连续"合格"收盘价的数量必须达到最低数量，才可以视为再循环结构。这个最低数量可以在 5 到 15 之间，标准设置是 9。你可以在"再循环计算"（Recycle count）的"参数"（Parameter）一栏中进行选择。我的偏好设置是"9"，这与结构的要求相同。不过有时候，我也会选择 10 或 11。

15. 如果在采用"忽略"选项的情况下，即便当前结构的价格波幅超过之前结构的价格波幅，也不想将其视为再循环，那么当前结构的价格波幅必须超过之前结构价格波幅乘以 x 倍。在"再循环乘数"（Recycle Multiplier）一栏中可以选择这个乘数的大小。我倾向于选择从 1.618 到 3.0 的乘数。

16. 为了放宽对计数最后一根价格线的要求，我设计了一个"德马克终结计数"（TD Termination Count）的选项，允许计数最后一根价格线拥有除了其他计数日价格关系外的其他价格关系。默认设置是计数第 13 日跟其他计数日一样均采用收盘价。但是，我偶尔也会加上"开盘价"，也就是说同时采用收盘价和开盘价，从而增加达到计数要求的概率。我也会在买入结构中采用"最低价"，在卖出结构中采用"最高价"。

17. 要确定在结构中采用哪个确认指标，可以在整个"参数"（Parameter）一栏下方的"参数"（Parameter）方框中列出的确认指标中进行选择。有很多种选择。首先，必须在"启动"（On）方框中打钩，才能启用特定确认指标。"Qual"和"With"栏可以指定在结构完成之前、之时或之后的比较天数。"Qval"和"Wval"栏可以指定比较的价格。"比较"（Compare）栏指定选择什么样的关系——请记住，如果买入结构选择了某种关系，那么卖出结构就要选择相反的关系。例如，买入结构是低于或小于（<），卖出结构就是高于或大于（>），整个组合将是"买 < 卖 >"（b<s>）。当你寻找德马克序列结构的信号时，即使你想要看到买入结构第 9 日的最低价低于结构第 6 日的最低价，卖出结构第 9 日的最高价高于结构第 6 日的最高价，你也不应该启动这些结构参数设置。当你只是为了确认指标而运用交易结构，或者运用到 TDST 指标来确认趋势反转水平，你可能更愿意启用这些参数设置，但是这个行为最好是在 TDST 研究中提供的确认指标内进行。

18. 要想结构和计数在达成最小期间的要求后，能够继续显示在走势图上，可以选择"信号之后"（After signal）。如果只允许显示最小的期间，就应该选择"信号为止"（Up to signal）。选择"信号为止"比较好，除非你打算通过结构的期间来判断趋势的反转点（见 TSDT），或者在选择"忽略"再循环选项的情况下评估当前结构波幅超过之前同向结构波幅的潜力，或者评估当前走势继续波动并穿越最近一个反向结构的可能性，以判断当前价格波动是否是趋势的反转（TDST）并且持续到计数完成。

19. 要为结构和计数以及它们的交集指定确认指标，以完善德马克序列信号，可以在"高级"（Advanced）栏中选择确认指标。这个比较可以在结构日之间、计数日之间以及结构日和计数日之间进行。首先必须在确认指标的"启动"（On）方框中打钩，才能启动这个确认指标。"Qtype"和"Wtype"栏可以决定这个比较是在结构内、计数内还是结构和计数之间进行。"Qval"和"Wval"栏可以指定选择结构或计数内什么价格进行比较。"Qual"和"With"栏可以指定结构或计数完成之前、之时或之后的比较天数。"比较"（Compare）可以指定比较的关系类型。注意，如果买入结构或计数选择的是低于或等于（<=）的价格关系，那么卖出结构或计数就应该选择相反的高于或等于（>=）的价格关系，它们的组合就是"买<=卖>="（b<=s>=）。你可能倾向于买入计数第13日的收盘价低于或等于计数第8天的收盘价，卖出计数第13日的收盘价高于或等于计数第8天的收盘价。如果你觉得这个条件苛刻，至少你应该指定买入计数第13日的最低价低于或等于计数第8日的收盘价，卖出计数第13日的最高价高于或等于计数第8日的收盘价。在那些由于引入确认指标而延后了计数第13天的情况下，应该将这些被确认指标排除的计数第13天的价格线用星号标示出来。

20. 要指定确认指标组，可以在提供的由a到d选项构成的6种设置中选择。用户可以在每组指标之内和之间（包括结构、计数以及结构和计数的组合的指标组之间）选择"和"（and）与"或"（or）的条件或陈述。

你已经看到了我的各种偏好设置。我没有花更多时间来进一步描述结构再循环的各种选项，这可能是一个严重的疏忽，因为它们是德马克序列过程中如此重要的组成。市场就像是一个活着的有机体，它要吸气（承受卖出的压力）和吐气（遭遇买入的压力）。资金流入和流出市场，主导着价格的波动。由于市场没有实现任何交易者预期的义务，所以交易者任何时候都必须竭尽所能地测量市场的价格节奏和脉搏。德马克序列就试图达成这一目标，它可以识别未来市场价格顶部和底部的动量耗竭区域。但是，情况随时可能改变，导致买入或卖出的力量重新占据主导。这种重新注入的力量就会产生结构再循环。处理这种重新出现的买入或卖出力量，一个有效的办法就是忽略那些结构价格波幅小于之前同向结构价格波幅的结构。结构从第一个低于（买入结构）或高于（卖出结构）4个交易日前收盘价的收盘价开始。结构的最低期间要求是连续"合格"收盘价达到9个。但是，结构的期间可以超过9根价格线，直到某根价格线的收盘价高于或等于4个交易日前的收盘价（买入结构完成），或者某根价格线的收盘价低于或等于4个交易日前的收盘价（卖出结构完成）。然后，进行价格比较。如果当前结构的真正价格波幅（从最低真正最低价到最高真正最高价）小于之前同向结构的真正价格波幅，并且选择的是"忽略较小真正价格波幅"的再循环选项，就要忽略当前这个同向结构。如果当前结构的真正价格波幅大于之前同向结构的真正价格波幅，就将当前同向结构视为再循环结构。不过有一个例外情况，也就是当当前结构的真正价格波幅大于之前结构的真正价格波幅的1.618到3倍时，当前结构仍然不能视为再循环。这个乘数设置是一个预警装置，提醒交易者留意潜在的价格动量耗竭区域。图2.19（标普中型股400指数在1996年7月的德马克序列最低点）就提供了这样一个例子。图2.38到图2.43展示了采用"忽略较小真正价格波幅"或再循环乘数来处理再循环的其他案例。

日元1995年6月合约日线图

图2.38 由于采用"忽略较小真正价格波幅"和乘数的再循环设置，那个出现在日元最高点之前的卖出结构就不予考虑，最初卖出结构进入卖出计数并且完成于日元最高点，因此，德马克序列成功识别出了日元的最高点。只有当当前结构的价格波幅大于之前结构的价格波幅，并且小于之前结构价格波幅的2倍（乘数值），当前结构才可以被视为再循环

图 2.39 注意，这里采用"忽略较小真正价格波幅"和 2 倍乘数的再循环设置，德马克序列精确识别出了瑞士法郎从 1994 年末到 1995 年中的 3 个转折点。图中这几个转折点都用 X 标注了出来。还要注意，当市场交投不活跃时，就像图中 1994 年 10 月到 12 月这段时期的走势一样，德马克序列常常更敏感和精确

图 2.40a 在 1995 年 8 月的最高价日完成了一个卖出结构，但是由于这个结构的真正价格波幅小于之前卖出结构的真正价格波幅，所以这个结构将被"忽略"。正如你看到的，这是一个正确的决定，因为德马克序列因此识别出了价格的最高点

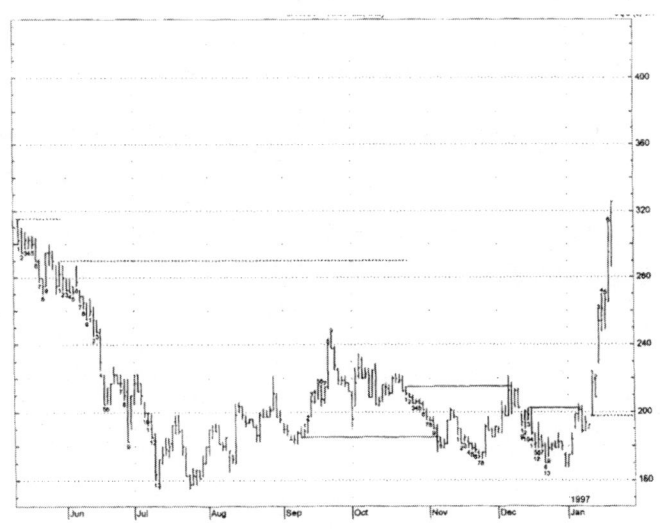

图 2.40b 这里采用了"忽略较小真正价格波幅"的再循环设置，德马克序列在 12 月的最低点识别出了一个低风险的入场点。传统的"之前、同时或之后"设置，成功识别出了 7 月的最低点。TDST 正确识别出了趋势反转点

摩托罗拉股票日线图

图 2.41　德马克序列计数完成于 1996 年 11 月的最低点附近。随着价格上涨，出现了两个卖出结构，而最近的卖出结构完成于 12 月末，它的真正价格波幅大于之前卖出结构的真正价格波幅，但小于之前卖出结构真正价格波幅的 2 倍。因此，这个卖出结构被视为再循环，成为当前有效的结构。TDST 关键点位在 11 月被向上突破，预示着价格将进一步上涨

天然气1996年11月合约日线图

图2.42 采用"忽略较小真正价格波幅"的再循环设置,天然气在1996年9月的最低点被德马克序列识别出来

法国法郎指数日线图

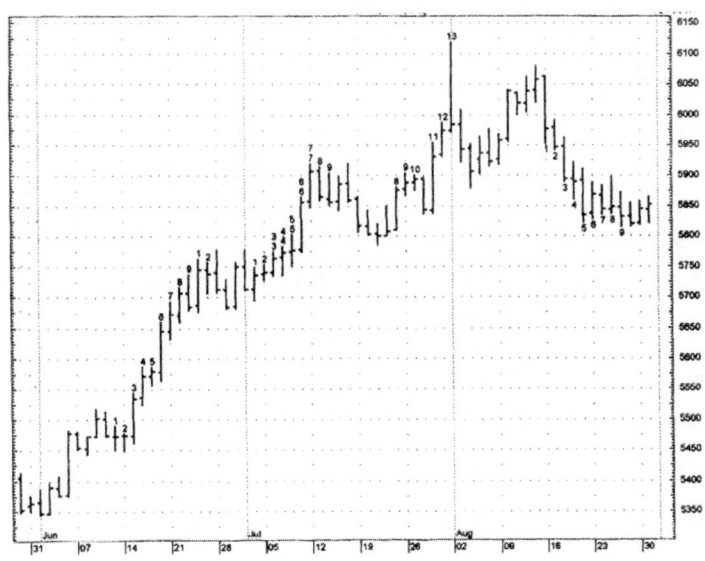

图2.43 采用"忽略较小真正价格波幅"的再循环设置,1996年8月的最高点就会被德马克序列识别出来。如果没有采用这项设置,计数就将因为发生再循环而被推后

执行

我故意将德马克序列当作一个指标而不是一个系统来进行讨论。德马克序列的所有变形和考虑因素可能会让你感到复杂并心生畏惧，但是掌握了这个工具会让你的交易更成功。由于德马克序列指标的构成复杂，并且变形很多，所以即便用整本书的篇幅来讨论也不为过。熟悉了它的特点以及各种重要构成，将有助于你从动态的选项组合中选择并测试适合你自己的设置。为了更好地帮助你交易，我设计了一个强大的指标，能够处理市场中经常出现的各种价格形态和关系。这部分讨论将包括德马克序列的各个方面和重要成分，以及多功能性和普遍适用性。由于指标的涵盖面很广，所以不同的交易者可能会在德马克序列指标中引入不同的变量。这里已经提供了指标的各种成分以及我常采用的各种默认设置。虽然每个成分都是构建德马克序列指标的重要考虑因素，但是其中很多改进措施对成功运用并执行德马克序列指标来说并不关键。另外，你没有必要调整或优化各个变量，来适应不同的市场。虽然可能存在一种最理想的设置，可以测量大部分市场的自然价格节奏和耗竭倾向，但是这里推荐的设置具有普遍适用性，可以作为你运用这个指标的一个基础。不过，在你评估并使用德马克序列的各种关键变量之前，还应该仔细考虑一些关键问题，比如入场、出场和止损。出于完整性的考虑，你应该熟悉下面的一些选项。

入场： 每当基本德马克序列发出"9-13"（结构和计数完成）信号时，交易者面临的主要问题就是在价格翻转之前出现结构再循环的可能，从而终止或取消计数，最终放弃潜在的交易机会。下面列出了我提出的几种入场技巧：

1. 最冒险的方式就是直接在计数的第13天入场。

2. 另一个用于降低再循环可能性并提高交易成功概率的方法是，在计数第13日之后，出现首个大于当天开盘价的收盘价就是对价格底部的很好确认，出现首个小于当天开盘价的收盘价就是对价格顶部的很好确认。

3. 这个方法是在方法 2 的基础上附加了其他条件，它要求在计数第 13 日之后，（a）不仅收盘价要大于当天的开盘价，而且当天的最高价要大于前一天的收盘价（潜在的价格底部），或者（b）不仅收盘价要小于当天的开盘价，而且当天的最低价小于前一天的收盘价（潜在的价格顶部）。对于那些更愿意接受较差入场价的保守交易者来说，我建议可以不采用"当天的最高价大于前一天的收盘价"的条件，而是改为当天的最高价大于前一天的真正最高价，同样的，"当天的最低价小于前一天的收盘价"条件也可以改为当天的最低价小于前一天的真正最低价。无论是在哪种情况下，这个寻找过程都是从计数第 13 日的第二天开始的。

4. 一个更为保守的避免再循环风险的方法是，要求在入场前出现价格翻转（在价格底部出现收盘价高于 4 个交易日前的收盘价，在价格顶部出现收盘价低于 4 个交易日前的收盘价），并且之前没有出现新的结构。就定义而言，这个方法排除了再循环的可能，但是不幸的是，这个方法也常常放弃较为有利的入场价。

5. 另一个建新仓或加仓的方法是如果处于价格底部，就在止损位上方一点递出做多订单，如果处于价格顶部，就在止损位下方一点递出做空订单（见接下来关于止损的讨论）。

6. 另一个类似于方法 5 的方法是当出现"9-13-9"时，也就是当德马克序列强化指标（TD Sequential Reinforcement）发出信号时，就建多仓或空仓（见下文）。

7. 另外，为了防止计数第 12 日之后，发生价格反转而不再出现计数第 13 日，你有时也可以不采用收盘价，而是采用开盘价、最低价（买入计数）或最高价（卖出计数）——或者采用开盘价、最低价、最高价和收盘价的组合价——来获得计数第 13 日的信号以确保入场的安全性［见之前计数部分的终结计数（Termination Count）］。在指标软件中，这最后一个选项被称为德马克终结计数（TD Termination Count），因为交易者可以选择计数第 13 日的价格比较对象——这个选项只能用于计数的最后一日。

8. 如果能同时结合较短时间框架（比如 1 分钟、5 分钟或 30 分钟）上的德马克序列低风险入场信号，就可以进一步完善入场点位和入场时机。

9. 另一个有效的技术是在价格底部绘制德马克供给线（TD Supply Line™），在价格顶部绘制德马克需求线（TD Demand Line™），从而进一步精确低风险入场区域。

10. 其他至少还有6个入场技术可以用来精确低风险入场区域，这6种技术包括德马克组合（TD Combo）、德马克差值（TD Diff）、德马克区间扩张突破（TD REBO）、德马克开盘（TD Open）、德马克陷阱（TD Trap）和德马克价格震荡确认指标（TDPOQ）。除此之外，本书中提供的其他各种指标也可以相互结合使用。

赢利目标：一般来说，一旦出现一个反向结构并且当前反向结构期间的最高收盘价没有向上超过之前结构的最高价，或者当前反向结构期间的最低收盘价没有向下超过之前结构最低价，你可能就会兑现利润出场。这种方法与TDST指标的规则一致。但是，如果价格底部随后的收盘价超过了之前买入结构的最高真正最高价，或者价格顶部随后的收盘价超过了之前卖出结构的最低真正最低价，并且这个信号得到确认（见之前讨论的TDST指标），那么价格走势通常会持续到计数完成。一旦计数完成，你就可以了结头寸兑现利润，并且偶尔也可以同时建反向头寸来参与新趋势。很显然，也可以采用其他出场技术：特定金额的赢利目标（一旦达到事先确定的利润目标就出场）、移动止损、一系列连续的上升收盘价（或者下降收盘价）、一系列连续大于开盘价的收盘价（或小于开盘价）、第一个赢利的开盘价、第一个价格波幅至少达到入场交易日或者前一个交易日价格波幅2倍的交易日、第一个最低价大于入场交易日最高价的交易日（或者最高价小于入场日最低价），也可以引入本书中介绍的其他指标，比如德马克移动平均Ⅰ（TDMAⅠ）、德马克区间扩张突破、德马克开盘、德马克陷阱和德马克线。

止损：这个止损技术是在20多年以前研发出来的，它曾用于很多指标。但是即便到了今天，它仍然可以有效地避免交易者过早出场，并且对市场状况的变化足够敏感。事实上，也有一些采用德马克序列指标的交易者会在止损被触及的那一刻出场，同时建立反向头寸并获得成功，因为当基于德马克序列信号的交易不再有效时，就像保罗·都铎·琼斯（Paul Tudor Jones）观察和描述的那样，"它真的不再有效了"。由于这个止损技术的表现如此出色，随后我又研发了一个称为德马克止损反转（TD Stop Reverse™）的指标，它采用类似的方法建立头寸，但是又与其他任何入场技术都不相同。当德马克序列"9-13"发出的低风险或高风险信号失败时，价格会在突破的方向上加速波动。在信号失败的那一刻，供给和需求的力量已经迅速发生了急剧变化，要快速调整以适应新的价格结构。止损位计算方法如下：在价格底部，先寻找出整个结构和计数期间的最低价日。然后计算这一天的真正最高价（这一天的最高价与前一个交易日的收盘价中的较高者）与这一天最低价的差值。之后，用这一天的最低价减去这个真正价格波幅。如果价格收盘于这个计算出的数值之下，就触发止损。反之，在价格顶部的止损位计算如下：先找出整个结构和计数期间的最高价日，然后计算这一天最高价与同一天的真正最低价（这一天的最低价与前一天的收盘价中的较低者）的差值。最后将这个差值加到这一天的最高价上。如果价格收盘于这个计算出的价格之上，就会触发止损。较为大胆的方法是要求两个收盘价低于或高于计算出的这个止损位才出场。较为保守的方法（并不推荐）是只要求盘中价格低于或高于这个止损价位。另一种计算多头头寸止损位的方法是找到整个结构和计数期间的最低价日，然后计算这一天的最低价与收盘价的差值，最后用这天的最低价减去这个差值。如果连续两个收盘价都低于这个计算出的数值，多头头寸的止损就被触及。反之，空头头寸止损位的计算方法是，计算整个结构和计数期间的最高价与同一天收盘价的差值，然后用这天的最高价加上这个差值。如果连续两个收盘价都高于这个计算出的数值，空头头寸的止损就被触及。还有一种计算止损位的方法是在入场位基础上加上固定金额，也就是固定止损幅度的止损位。不管是盘中价格还是收盘价，只要这个固定止损幅度的止损位被超过，就止损出场。

作为对这个止损方法的补充，还建议在价格接近这个止损位时增加头寸，因为新建头寸的风险相对降低了。换句话说，在接近止损位的价位建新的头寸，可以降低整个多头头寸的平均入场价，或者提高整个空头头寸的平均入场价。很显然，这种做法是非常大胆的，但是如果止损有效，并且你也能承受这个风险，这也是一种值得考虑的方式。

曾经有个比较机警的交易者问我，如果在计数完成之后入场，但这个入场价落在止损区域之外，该怎么办。这是一个很好的问题，下面我举个例子来说明，如果交易者准备在计数第 13 天之后某个交易日的收盘价大于当天开盘价时，入场建多头头寸，但是在计数第 13 日之后并且在入场之前，某个交易日的收盘价已经跌破了事先确定的止损位，那么这个交易者应该怎样处理呢？经验表明在这种情况下，价格通常都会再循环（见图 2.44 标普 1996 年 12 月合约在 11 月 9 日的情况）。但是只有在交易者试图精确入场价时才会发生这种情况，而这也是我建议交易者采用的方法。

S&P500 指数 1996 年 12 月合约日线图

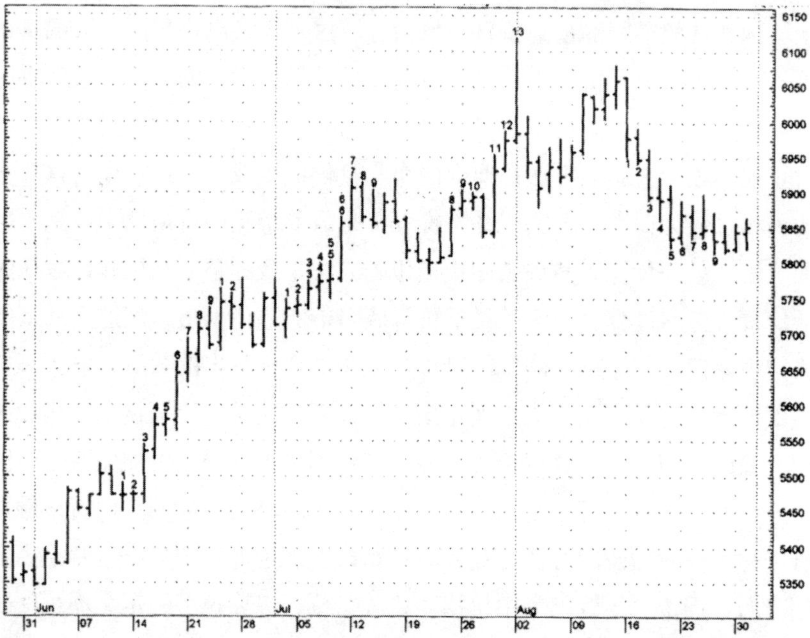

图 2.44　德马克序列计数第 13 日发生在 11 月 4 日。如果你采用某个入场技术，比如某个交易日的收盘价低于开盘价并且同一天的最低价低于前一天的收盘价时，就不能入场建空头头寸。事实上，根据整个结构和计数期间的最高价日的真正价格波幅计算出的止损位，已经被走势图上的最高价向上突破，所以，不能入场建立空头头寸，因为在入场信号发出之前，这次交易的止损已经被触及了。

下面一系列走势图都采用"之前、同时或之后"的保守再循环确认指标，都识别出了各个市场的德马克序列低风险"9-13"入场区域。另外，有一些走势图采用的是较为宽松的再循环确认指标——"忽略较小真正价格波幅"，比较的是当前结构的真正价格波幅与之前结构的真正价格波幅的大小。如果当前结构的真正价格波幅较小，就忽略当前结构而继续进行之前结构的计数。除了后面这个"忽略较小真正价格波幅"条件，我还引入了再循环乘数设置，也就是如果当前结构的真正价格波幅超过之前结构的真正价格波幅的2倍（或者3倍），就不将当前结构视为再循环。此外，你会发现很多德马克序列非常有效的情况。首先，交易清淡的市场通常会对德马克序列信号更为敏感，因此，如果交易期货市场，你应该常常查看较远期合约的走势，以确认近期（更活跃的）合约上德马克序列计数的信号（见图2.45和图2.46）。

美国国债1996年9月合约日线图

图2.45 在1995年8月和1996年1月，这份合约的交投都不活跃。然而，德马克序列计数第13日都精确地在走势的最低点和最高点发出了入场信号。随着合约在1996年5月变得活跃，计数第13日也出现在一个价格底部，这一情况与此时最活跃的国债期货合约相同

铜 1993 年 3 月合约日线图

图 2.46　虽然在 1992 年 8 月和 11 月，铜 3 月合约的交投都不活跃，但是德马克序列发出的低风险和高风险指示都非常精确——见图中的 X。虽然与图 2.45 的结果一样准确，但是图 2.45 是采用"之前、同时或之后"的标准再循环设置，而这幅图采用的是"忽略较小真正价格波幅"和乘数 2 的再循环设置

你也可以将德马克序列运用于市场间或市场内套利，低价股票甚至期权，以及统计市场数据，比如上涨和下跌的成交量、上涨和下跌的股票，甚至是经济数据统计，都可以获得惊人的结果。例如，图 2.47a 到图 2.47e 就展示了这类运用。

纽交所下跌个股数日统计图

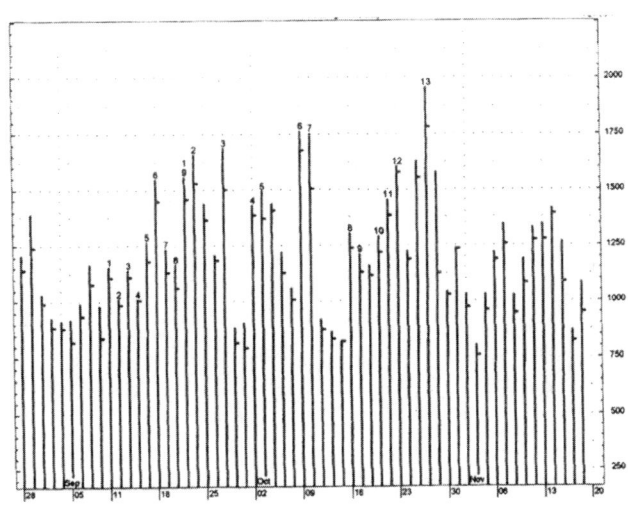

图 2.47a　这幅走势图显示了纽约证券交易所每日下跌个股数统计图上的德马克序列结构和计数。德马克序列采用相同的比较关系和期间，得到了非常让人吃惊的结果。图中计数第 13 日发生在 1996 年 10 月 25 日。下面图 2.47b 是纽约证券交易所综合指数的日线图，看看在 10 月 25 日的价格走势以及德马克序列计数发生的交易日

纽交所综合指数日线图

图 2.47b　为了方便比较，上面纽约证券交易所每日下跌个股数统计图上计数第 13 天所在的 10 月 25 日，在这幅图上用 X 标示了出来。比较这两幅图，很容易发现德马克序列在纽交所下跌个股数统计图上指示的最低价日，正好也是纽交所综合指数的一个最低价日。因此，交易者应该结合两种数据分析来评估投资机会

瑞士法郎—意大利里拉价差合约日线图

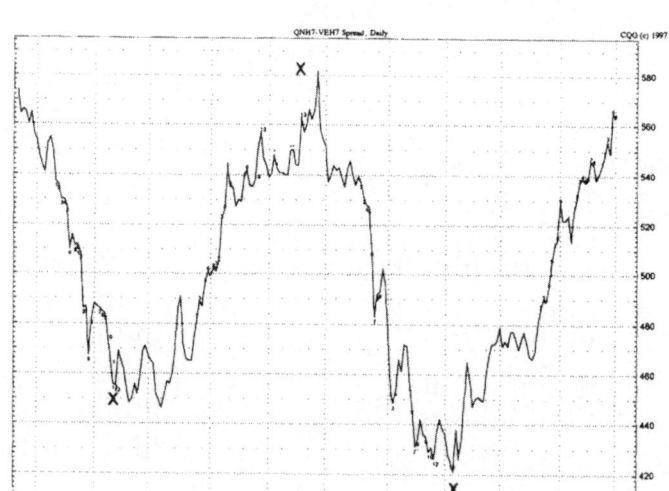

图 2.47c 非常偶然的一次机会,我将德马克序列运用到了价差合约上,让人惊讶的是这竟然非常有效。交易者应该等待趋势反转并发出低风险入场指示。这幅图展示了瑞士法郎—意大利里拉价差合约的走势,图中 X 标示的是德马克序列计数第 13 日之后的低风险入场区域

小麦 1997 年 3 月合约—7 月合约价差合约日线图

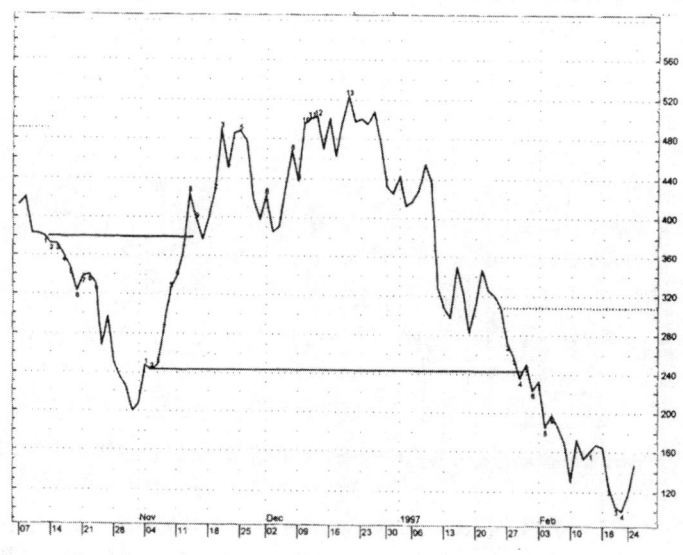

图 2.47d 这幅图再一次证明了德马克序列的普遍适用性。只不过上图是进行市场间套利,而这幅图是进行市场内套利(就像图 2.47e 一样)。还要注意图中的 TDST 信号

图 2.47e 这份市场内的黄豆价差合约的价格顶部被德马克序列计数第 13 日精确识别出来

虽然有必要为德马克序列建立一系列准则和参数设置并且遵循它们，以免你陷入过度优化模型的误区，但是我发现很多市场存在异常的价格行为。这个问题比较突出，应该得到解决。例如，虽然我总是采用连续 9 个收盘价与各自 4 个交易日前收盘价的结构关系，但是在外汇现货市场上连续 8 个收盘价的结构关系似乎也非常有效，你应该进行类似的调整和评估并运用于你交易的现货市场。但是，你应该保持方法的一致性。另外，在现货市场上，计数第 13 天采用开盘价和收盘价的组合价（见之前关于德马克序列终结计数的讨论），可能会获得更好的结果。并且只要在每个价格时期同时采用开盘价和收盘价并保持一定程度的一致性，德马克序列可以继续有效。

德马克序列强化指标

这些年来，我发现了一个被证明非常可靠的德马克序列衍生形态，可以产生非常好的交易绩效。这个形态被称为德马克序列强化指标（TD

Sequential Reinforcement™），之所以取这个名字，不仅是因为它也会发出典型的"9-13"低风险买入或卖出信号，而且在发生价格翻转之后，它还会走出另一个结构，可以强化或确认之前的"9-13"信号。这个出现在德马克序列低风险买入或卖出结构之后的强化结构，可以发生在之前买入计数的最低价上方，或之前卖出计数的最高价下方，也可以发生在买入计数最低价日的最低价下方，或卖出计数最高价日的最高价上方（见图2.48到图2.50）。

美高梅大酒店股票日线图

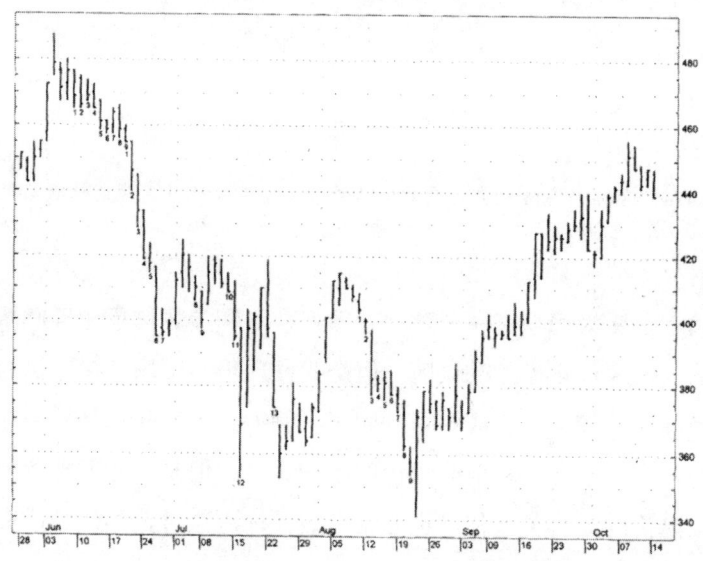

图2.48　如果在德马克序列计数第13日之后形成的结构最低收盘价没有穿越之前结构的最低价或最高价——取决于之前的结构是买入结构还是卖出结构，德马克序列强化指标将最有效

咖啡1997年5月合约日线图

图2.49 在价格翻转之后,出现了第二个结构或者说"强化"结构,也就是德马克序列强化指标形态。如果选择了"忽略较小真正价格波幅"的再循环选项,那么在"13"低风险入场信号发出后,这个潜在的再循环结构可能还会继续。交易者必须等待并确定当前结构的真正价格波幅不会超过之前结构的真正价格波幅,如果超过了,那么必须大于之前结构真正价格波幅的乘数倍。由于这个结构在计数第13日还在进行中,所以并不算真正的德马克序列强化形态或者"9-13-9"形态。在最近一个结构之前,必须发生价格翻转。注意在12月,TDST识别出了这个大规模的突破

黄金 1997 年 2 月合约日线图

图 2.50　在 1997 年 1 月，德马克序列识别出了黄金的低风险买入区域。之后，交易者很可能被止损出场了。但是，在最低收盘价的前一天，"9-13-9"的德马克序列强化指标发出了低风险买入信号。加上德马克趋势因子（TD Trend Factor）也在这个价位发出底部信号，交易者获得了一个低风险买入机会

德马克价格翻转趋势

像德马克价格翻转趋势（TD Price Flip Trend）及各种变形这样简单的技术，都是构建趋势反转预测方法的一个很好的基础。根据定义，市场趋势向上反转的第一步就是收盘价大于前一个交易日的收盘价。与此同时，这种价格行为的前提条件是前一个交易日的收盘价必须小于 2 个交易日前的收盘价。将这个概念做进一步推导，只要收盘价大于前一个交易日的收盘价，就可以定义为潜在的新上升趋势。将这个规则延伸到其他价格关系上，比如只要收盘价大于 4 个交易日前的收盘价，并且前一个交易日的收盘价小于 5 个交易日前的收盘价，其他潜在向上反转的确认信号也可以定

义并且很容易描述。换句话说，前一个交易日的收盘价必须小于 2 个交易日前或 5 个交易日前的收盘价（随便交易者喜欢选哪个），一波潜在的上升趋势才算开始。很显然，这些规则都只适用于向上的突破。如果是潜在的下跌趋势，整个过程就是相反的：前一个交易日的收盘价必须大于 2 个交易日前或 5 个交易日前的收盘价（随便交易者喜欢哪个）。无论如何，能够在趋势的起始位置入场是很理想的，因为交易者不仅相对传统趋势追踪者具有入场价方面的优势，而且还可以根据其他趋势预测方法来对入场进行确认。但是，如果是在非趋势市场或区间市场采用这种市场择时方法，就会面临价格反复（price whipsaw）的风险。因此，一定要设置止损来预防这种错误。不管怎样，我并不赞成把德马克价格翻转趋势当作一个交易系统。如果进行一些微小的调整并引入确认指标，这个技术可以很好地协助交易者在趋势反转时确认价格趋势和入场信号。总之，也可以采用其他的价格比较关系。例如，如果前一个交易日的收盘价小于同一天的开盘价，并且当天的收盘价大于当天的开盘价，也产生了类似的信号。要将这一方法运用到向下的趋势反转中，那么前一个交易日的收盘价必须大于前一个交易日的开盘价，并且当天的收盘价必须小于当天的开盘价。

也可以用其他价格和价格关系来替换德马克价格翻转的收盘价。例如，采用最高价、最低价、开盘价、中位价和平均价与 x 天前对应的价格，或者也可以比较不同的价格，比如收盘价与开盘价，或者最高价与最低价。有无数的价格关系和期间可以选择，但你应该选择最适合你交易风格的价格关系和期间。请记住，任何市场趋势的起始点虽然有时比较难以捉摸，但是总是会以价格翻转开始——不管比较的是间隔 1 天、2 天、3 天、4 天或其他期间的价格，所以这个趋势起始点很容易识别。交易者的唯一困难就是难以区分真正的趋势反转和虚假的趋势反转。所以，我才会推荐采用额外的过滤指标，比如引进并运用一系列价格比较，结合价格关系和确认指标来确认趋势反转开始并继续的可能，并且将其他确认指标（比如德马克区间扩张突破）引入你的分析中，以确认价格的跟进走势。另外，研究表明一旦发生价格翻转，就像买入结构的第一天一样（收盘价大于 4 个交易日前的收盘价并且前一天的收盘价小于 5 个交易日前的收盘价），这种收盘价关系往往还会持续 3 到 5 个交易日。反之，在向下的趋势反转中，这个价格关系就要反过来。图 2.51 展示了这种方法在趋势市场中的效用。但是，要避免震荡市场的假突破，应该引入确认指标和其他指标来确认这些波动。你可以采用德马克区间扩张突破、德马克陷阱、德马克开盘、短期德马克序列和德马克组合等指标。下面图 2.52 到图 2.55 提供了额外的信息。

意大利国债 1996 年 12 月合约日线图

图 2.51　要识别德马克价格翻转，将德马克序列结构定义为一个收盘价大于或小于 5 个交易日前的收盘价，而不是连续 9 个收盘价大于或小于各自 4 个交易日前的收盘价。可以尝试其他德马克价格翻转关系。图中价格线下方的字母 X 标注的是向下的德马克价格翻转，有可能是下跌趋势的起始点。相反的，价格线上方的字母 X 标注的有可能是上升趋势的起始点。

纳斯达克100指数1997年3月合约日线图

图2.52a 在这幅纳斯达克100指数期货合约走势图上,德马克序列发出的低风险卖出信号是在1997年1月22日,要远远早于S&P500指数合约的卖出信号(见图2.53)。TDST关键点位刚好位于816价位下方

美国太阳计算机系统公司股票日线图

图 2.52b 对于交投不活跃的市场或者横盘整理市场——这主要适用于股票市场——德马克序列的计数过程最好排除收盘价"等于"2 个交易日前最高价或最低价的价格关系。换句话说,买入计数的收盘价必须小于 2 个交易日前的最低价,卖出计数的收盘价必须大于 2 个交易日前的最高价。在这幅走势图上,德马克序列买入计数第 13 日是在 12 月 26 日,这种低风险入场技术要求收盘价大于同一天的开盘价,并且这一天的最高价高于前一天的收盘价,最后 1 月 2 日的价格线满足了这一要求(标记为 X)。注意 2 月份的那波上升趋势止步于 TDST 关键价位(标记为 X)。将这幅图与图 2.52c 做个比较

美国太阳计算机系统公司股票日线图

图 2.52c 这幅图与图 2.52b 一样，德马克序列计数的要求是收盘价小于（大于）而不是"小于或等于"（"大于或等于"）2个交易日前的最低价（最高价）。在2月份，TDST关键价位再一次阻止了价格下跌

S&P500 指数 1997 年 3 月合约日线图

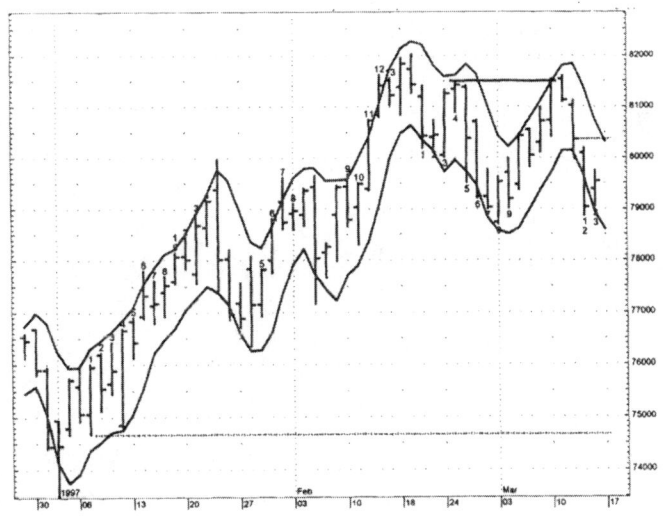

图 2.53 比起图 2.52a，S&P500指数期货的低风险卖出信号晚了1个月。计数第13日之后第一个收盘价低于当天开盘价，并且最低价低于前一天收盘价的交易日是图中的最高价日。图中的TDST关键点位是815.00，而3月份上涨趋势的最高收盘价也刚好是815.00。注意图中的德马克通道Ⅱ（TD ChannelⅡ，见第11章）如何有效地限定了各个交易日的最高价和最低价

图 2.54　德马克序列在 1997 年 2 月发出的 "9-13" 低风险卖出信号，是在 1994 年末发出 "9-13" 低风险买入信号之后，发出的首个 "9-13" 信号。期间所有的 "9" 都是再循环结构

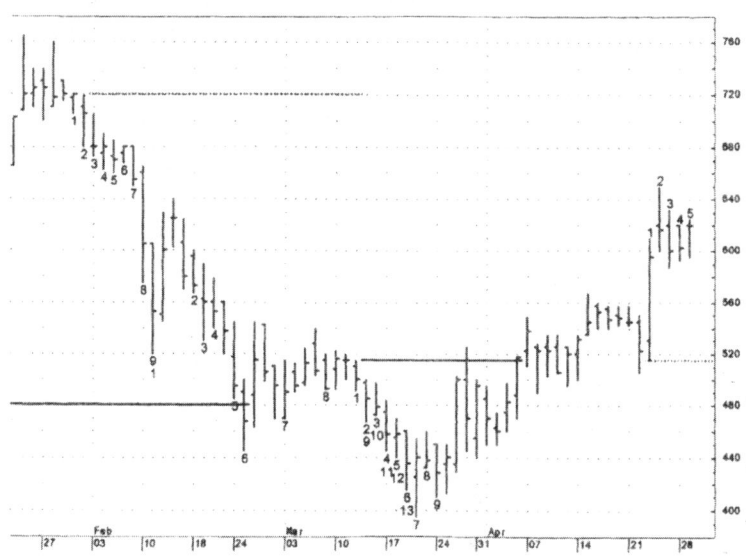

图 2.55 注意图中完成于 3 月 24 日的买入结构，其真正价格波幅小于之前完成于 2 月的买入结构的真正价格波幅。选择"忽略较小真正价格波幅"的再循环设置，德马克序列就会在之后这波显著上涨起始日的前一天识别出低风险买入区域。图中的 TDST 关键点位被向上突破，预示着价格会进一步上涨直到德马克序列卖出计数完成

第3章 德马克组合

在20世纪70年代末到80年代初期间,很多市场都表现出横盘整理倾向。不仅我的区间扩张突破(range expansion breakout)和波动率(volatility)指标开始经历困难时期,我的很多顺势确认指标也陷入了同样的困境。另外,德马克序列(TD序列)也不能像往常一样在价格底部和顶部识别出低风险和高风险的入场区域。当然,重要的价格反转区域还是可以指出来,但是就是无法精确地识别价格的极值和耗竭水平。因此,我引入了一系列限定条件,就是将计数过程引入价格极值,确保计数第13根价格线可以捕捉到极端的价格顶部和底部。例如,我的标准默认设置要求计数第13日的收盘价必须低于或等于计数第8日的收盘价(对于潜在的价格底部),或者计数第13日的收盘价高于或等于计数第8日的收盘价(对于潜在的价格顶部)。虽然这个限定条件不一定会确保价格极值,但是引进其他的限定条件又常常会排除一些有效信号。另外,还有过度优化指标的风险。同时,随着越来越多的交易者熟悉德马克序列,德马克序列的效用会逐步降低,而我想继续保持交易上的优势。所以,德马克组合(TD Combo,或称TD组合)就诞生了。

正如本书中讨论的其他指标一样,德马克组合的整个研究过程没有得到电脑的协助。所有的研究成果都源于长期并且单调乏味的走势图观察和错误尝试。虽然多年来德马克组合已经运用于各种市场和各种时间框架的数千幅走势图,但是即使到了今天,我还在继续探究并发展这个方法的新版本、运用方法和解释。由于这个研究在持续不断地进行,所以当你研究并运用德马克组合后,应该继续发展和试验这个方法的其他衍生版本。要在市场上高效地交易,需要进行广泛的研究和分析,而我建议的指标设置不一定就是最佳的设置,说不定还不如你在测试这些指标的过程中发现的其他设置。如果你不懂电脑编程，那么在本书最后提供了一份经过授权的服务商名单，你可以从他们那里订购这个德马克组合指标以及本书中讨论的其他很多指标，你可以在这些指标中加入你自己的限定条件和规则来进行试验，让这些指标和技术更符合你的交易方式和风格。我的目的并不是为这些服务商打广告，我只是想提醒你如果你像我一样不懂编程，或者没有时间或兴趣去研究并发展指标的组成和设置，那么还有现成的指标软件可以购买。

结构和计数是德马克序列的两个关键要素，同时，也是德马克组合的两个关键要素。虽然交集（intersection）是德马克序列的第3个重要组成——特别是当这个指标用于个别股票以防范上市公司面临破产或被收购的威胁时，但是德马克组合不需要满足交集的条件，不管是股票、期货、指数，还是其他什么市场。另外，虽然在结构方面，德马克序列和德马克组合的要求都是相同的，但是在计数上，就有三个重大区别。具体而言，如果交集发生在结构的第8日或第9日，那么德马克序列的计数就开始于结构的第9日，而如果交集发生在结构的第9日之后，计数就要推迟直到交集发生。而德马克组合就完全不管是否发生交集，都是从结构的第1天开始计数的。这看起来似乎有点自相矛盾：如果这时结构还没有达到结构的最低要求——连续9个收盘价低于各自4天前的收盘价（买入结构）或连续9个收盘价高于各自4天前的收盘价（卖出结构），那么交易者又怎么能从结构的第1天开始计数呢？答案很简单，德马克组合是在结构达到了最低要求之后，才回过头开始计数的。换句话说，在结构达到了最低要求的价格关系之后，德马克组合才回到结构的第1天开始计数。德马克组合的计数不像德马克序列一样限定在完美结构后面的时间内，德马克组合因此得名。下面将详细讨论德马克组合的计数过程，并解释它与德马克序列传统计数过程的区别。

总体而言，当德马克序列进入买入计数并记录连续合格的收盘价时，理想的情况是计数完成于最终的最低收盘价。反过来，随着价格上涨，卖出计数完成时，理想的情况是计数完成于最终的最高收盘价。这是有道理的，因为当前计数的收盘价迟早会是一系列逐步降低的收盘价的最后一个收盘价，或者当前计数的收盘价会是一系列逐步升高的收盘价的最后一个收盘价。通过从重大历史价格低点和价格高点向前回溯，我试验了很多价格组合和关系，希望找到一个方法可以识别价格趋势的终点，同时避免计数完成于非当前价格底部或顶部的价位。下面的两种情况为我的研究提供了主要动力：（1）德马克序列低风险买入计数完成于最低点之上较高的价位，或低风险卖出计数完成于最高点之下较低的价位的倾向在增加，（2）结构再循环的频率在增加。德马克组合就旨在解决买入计数第 13 根价格线位于价格底部之上较高价位，以及卖出计数第 13 根价格线位于价格顶部之下较低价位的问题。在发展初期，德马克组合似乎可以有效解决德马克序列再循环的问题。后来发现这个再循环也是德马克组合面临的一个困扰，但是不像德马克序列那样严重，因为如果是急剧下跌或上涨的市场，德马克组合的计数会快速完成，如果是下跌或上涨倾向不明显的横盘整理市场，德马克组合的计数就会很缓慢。不管是哪种情况，德马克组合再循环的概率都低于德马克序列。在快速波动的市场中，因为德马克组合的计数是从结构的第 1 天开始的，所以德马克组合的计数会较早完成。而在整理市场中，如果结构发生再循环，通常也是在计数完成之前。回过头来，如果德马克序列在横盘走势中完成计数，之后一旦发生价格突破就很可能出现再循环。就像处理德马克序列一样，我在运用德马克组合时，也曾引入和德马克序列相同的再循环设置选项系列，试图降低再循环出现的频率和影响。同样的，这些再循环选项解决了多余的结构（再循环），在特定环境下忽略了它们的存在。这些过滤指标通过忽略或排除再循环的发生，使得交易者可以完善德马克组合计数过程。这些再循环设置将在本章后面部分进行讨论。虽然交集条件并不是德马克组合的一个考量因素，但是这并不妨碍你尝试并创建你自己的交集条件。

  德马克组合的买入和卖出结构的构建过程与德马克序列的结构构建过程完全相同。要构建一个买入结构，首先结构第 1 日的前一个交易日的收盘价必须大于或等于其 4 个交易日前的收盘价；要构建一个卖出结构，首先结构第 1 日的前一个交易日的收盘价必须小于或等于其 4 个交易日前的收盘价。然后比较连续各个交易日的收盘价与各自 4 个交易日前收盘价的关系。一旦连续9个交易日的收盘价均小于各自4个交易日前的收盘价，就达到了买入结构的最低要求；一旦连续9个交易日的收盘价均大于各自4个交易日前的收盘价，就达到了卖出结构的最低要求。请注意，在连续9个合格收盘价形成后，要运用再循环确认指标和TDST指标，不需要在德马克组合的结构完成之后。只要这个连续价格关系持续下去，结构就可以一直延续下去。只有当这个连续价格系列被一个大于或等于4个交易日前收盘价的收盘价中断，买入结构才会结束，或者被一个小于或等于4个交易日前收盘价的收盘价中断，卖出结构才会结束。

  在买入结构或卖出结构达到了连续9个合格收盘价系列的最低要求后，德马克组合的计数阶段就开始了。要识别潜在的德马克组合买入计数日，我会比较结构第1日的收盘价与2个交易日前最低价的关系。如果这个收盘价小于或等于2个交易日前的最低价，同一天的最低价小于前一天最低价，并且收盘价小于前一天的收盘价，我就会将其记录为德马克组合计数的第1日。随后，我会比较结构第2日的收盘价与其2个交易日前的最低价。如果这个收盘价小于或等于2个交易日前的最低价，当天的最低价小于前一天的最低价，并且当天的收盘价小于计数第1日的收盘价，同时也小于前一天的收盘价，那么德马克组合计数的第2日就形成了。不过，交易者不能比较计数第1日的收盘价与前一个计数日的收盘价的关系，因为计数第1日之前不存在其他计数日，只能从计数第2日开始这种比较，而计数第1日可以提供这种比较的参考价。之后，我要在接下来每一个交易日进行相同的比较和评估。如果任何一个收盘价小于或等于2个交易日前的最低价，同一天的最低价小于前一个交易日的最低价，同一天的收盘价小于前一个计数日的收盘价，同时也小于前一个交易日的收盘价，那么另一个买入计数日就形成了。这是德马克组合版本Ⅰ的过程，这个过程一直持续下去，直到累积了13个这样的计数日。德马克组合Ⅰ的买入计数有以下3个关键成分：

  1. 收盘价小于或等于2个交易日前的最低价；

  2. 计数日的最低价小于前一个交易日的最低价；

  3. 每个计数日的收盘价小于前一个计数日的收盘价——很显然，这个要求不适用于德马克组合计数第 1 日，因为在这个计数日之前不存在其他计数日——同时，还要小于前一个交易日的收盘价。

德马克组合 I 的卖出计数也有以下 3 个关键成分：

1. 收盘价大于或等于 2 个交易日前的最高价；

2. 计数日的最高价等于前一个交易日的最高价；

3. 每个计数日的收盘价大于前一个计数日的收盘价——再说一次，这个要求明显不适用于计数第 1 日，因为计数第 1 日之前没有其他计数日，因此不能进行这样的比较——同时，还要大于前一个交易日的收盘价。

通过这个定义，我们可以很清楚地知道一旦德马克组合买入计数第 13 日完成，那么计数第 13 日的收盘价也一定是整个德马克组合买入计数期间的最低收盘价。德马克组合卖出计数的情况刚好相反，计数第 13 日的收盘价一定是整个德马克卖出计数期间的最高收盘价。根据计数的定义，情况必定如此，并且最近价格趋势的绝对最低或最高收盘价也极有可能是在这个交易日。一旦计数第 13 日形成，只有 3 个交易方面的考虑：（1）设置止损，如果随后一个收盘价或系列收盘价低于德马克组合计数第 13 日的底部一定幅度，或高于德马克组合计数第 13 日的顶部一定幅度，就会触发止损；（2）设置再循环条件，新的结构可以引发潜在的再循环状况；（3）在德马克组合计数第 13 日之后，采用特定的入场技术。这就是德马克组合 I。

德马克组合 II 与德马克组合 I 只有一个地方有区别——计数第 10 日之后计数日的比较过程。德马克组合 I 是不管计数第几日，计数的要求都相同。德马克组合 II 对计数第 11、12 和 13 日的要求没有那么严格，因为对于买入计数来说，计数第 11、12 和 13 日既不需要收盘价低于或等于 2 个交易日前的最低价，也不需要最低价低于前一个交易日的最低价，只需要连续 3 个逐步降低的收盘价。也就是说，计数第 11 日的收盘价必须小于计数第 10 日的收盘价，计数第 12 日的收盘价必须小于计数第 11 日的收盘价，而计数第 13 日的收盘价必须小于计数第 12 日的收盘价。而对于德马克组合 II 卖出计数来说，计数第 1 日到计数第 10 日的识别过程与德马克组合 I 相同，但是计数第 11 日到第 13 日就只要求收盘价相对于前一个计数日的收盘价升高。这就不像计数第 1 日到计数第 10 日的要求这么严格，因为既不要求收盘价大于或等于 2 个交易日前的最高价，也不要求最高价大于前一个交易日的最高价。正如你看到的，德马克组合 I 要比德马克组合 II 保守一些。我个人更倾向于采用德马克组合 II，因为我希望有更多的买入或卖出候选信号，然后再用本书中介绍的其他指标来筛选这些买入或卖出候选信号。

就像德马克序列一样，德马克组合也有一个称为德马克终止计数（TD Termination Count）的设置，可以将计数最后一日（第 13 日）标准的收盘价设置替换为其他价格或价格组合。一般情况下，我偏向于选择开盘价，从而提高德马克组合计数第 13 日形成的概率。

设置

除了交集条件和计数过程的启动和完成不同之外，德马克组合和德马克序列在其他很多方面都是相同的，包括它们的设置在内。因此，接下来的各种参数设置以及入场和止损的选择，都与前一章德马克序列的描述相同。

这里再强调一次，我并不想为你提供任何指标的固定参数设置。我希望你能试验并根据你自己的交易风格、预期和需求来调整这些选项。虽然我推荐了以下这些选择——毕竟它们都是被证明最有效的选择，同时也是我在这段时间用起来最顺手的选择——但是它们不一定就是最佳的选择。这里的各项设置都是大部分经过授权的指标软件采用的标准设置。

1.要构成结构,比较当前价格线的收盘价与4个交易日前的收盘价。[这个"收盘价"（Close）的设置是在"价格"（Price），这将确定选择哪个价格与之前价格做比较，"4"是在"期间"（Period），这一栏将决定比较的两个价格相隔多少期间，并且两者都位于"结构"（Setup）一栏中。] 结构完成的默认条件设置是连续 9 个收盘价小于或大于各自 4 根价格线前的收盘价，具体是小于还是大于取决于结构是买入结构还是卖出结构。[这个选项的设置是在"信号"（Signal）中，并且也是在整个"结构"（Setup）

栏中]。

2. 要形成计数（Countdown），就比较当前价格线的收盘价与2根价格线前的最低价或最高价，具体哪个取决于结构是买入结构还是卖出结构。["收盘价"（Close）的设置通常出现在"价格"（Price），"2"通常是在"期间"（Period），并且两者都位于"计数"（Countdown）一栏。]买入计数的要求是连续13个收盘价小于或等于2根价格线前的最低价，卖出计数的要求是连续13个收盘价大于或等于2根价格线前的最高价。[这个选项出现在"信号"（Signal）中，并且也是在整个"计数"（Countdown）栏中。]虽然我在大多数情况下倾向于采用小于或等于以及大于或等于的价格关系计数要求，但是如果在成交清淡的市场并且将德马克组合运用于短期时间框架走势图上（比如1分钟到10分钟的走势图），那么最好是移除"等于"（equal）这一条件，也就是买入计数只要求"低于"，卖出计数只要求"高于"。另外，最低价必须小于（最高价必须大于）前一个交易日的最低价（最高价），收盘价必须小于（大于）前一个计数日的收盘价。德马克组合 I 的这种比较会持续到计数完成，德马克组合 II 只将这种方法运用于计数第1日到第10日，而在计数第11日到计数第13日，只要求收盘价逐步降低（升高）。

3. 由于德马克组合不考虑交集（Intersection）条件，所以不要勾选交集这一选项。提供这个选择主要是以防万一有交易者想要尝试这个设置。

4. 由于交集不是德马克组合的必要条件，所以这项设置就不要勾选。如果交易者想要研究附加交集条件的指标，也可以在交集（Intersection）的方框中打钩。一旦交易者选择了交集的发生交易日，德马克组合就会从下一个交易日开始搜寻计数，这与德马克序列的过程是一样的。如果你想要选择这个交集条件，那么你首先必须在交集的方框打钩，然后输入交集搜寻的起始结构日。

5. 要取消现行的买入或卖出结构，可以在"高级"（Advanced）第一列的"取消"（Cancel）栏的5种选项中选择一种。你可以选择CaHTH/CbLTL（买入结构的取消条件是Close above Highest True High，卖出结构的取消条件是Close below Lowest True Low），因为这个选项是要求在出现高于整个买入结构期间的最高真正最高价的收盘价时，取消买入结构，在出现低于整个卖出结构期间的最低真正最低价的收盘价时，取消卖出结构。这个设置是在 CaHTH/CbLTL 的方框中打钩。在结构开始之后，到计数完成之前的任何时刻都可能发生这种结构取消。但是，请记住，计数还需要经过确认，并且只有在价格翻转之后，才能避免再循环发生。如果不存在再循环的可能或者如果选择了基于某种理由而排除再循环的设置，那么计数就不需要经过价格翻转的确认。

6. 在计数完成之前，是否因为出现反向结构而取消买入结构或卖出结构——换句话说，如果在买入计数完成之前形成了一个卖出结构，这个买入结构是否取消，在卖出计数完成之前形成了一个买入结构，这个卖出结构是否取消。要启动这个取消程序，就在"取消"（Cancel）的"反向"（Reverse）方框中打钩。这是我个人比较偏爱的一项设置。

7. 结构之后出现另一个同向结构，但后一个结构的价格区间处于前一个结构的价格区间之内（后一个结构的最高价和最低价处于前一个结构的价格区间之内），在这种情况下要排除再循环，取消后一个结构，而继续沿用前一个结构，可以在"取消"（Cancel）栏底部的"之内"（within）方框中打钩。如果不打钩，就会将这种同向结构视为再循环。我目前正在测试这个选项，它的价值还不太明确。但是，如果没有选择"忽略"（Ignores）当前较小价格波幅或较小收盘价波幅这种再循环选项，并且选择了"之前、同时或之后"这个标准的再循环选项，我当前的测试结果表明还是应该采用这项设置，从而避免将这种没有超过之前结构价格区间的同向结构视为再循环。

8. 要决定是否在走势图上显示结构、计数或者结构和计数两者（both）均显示，可以在"结构"（Setup）的"显示"（Display）中进行设置。我偏向于同时显示结构和计数。

9. 德马克组合不需要交集条件。但是如果你想启用这个条件，通过这个选项就可以用符号将满足交集条件的价格线标示出来。具体方法是在"交集"（Intersection）的"显示"（Display）方框中打钩。这个选项仅仅是为了方便识别和定位并帮助把握整体形态。你可能倾向于不选择这一项。

10. 买入结构或卖出结构的连续结构日的收盘价是低于或高于各自 4 个交易日前的收盘价，也可以加上"等于"（equal）的价格关系。用户可以在"结构"（Setup）的"参数"（Parameter）方框中进行选择。建议选择"不等于"（not equal）的设置。

11. 买入计数或卖出计数的连续计数日的收盘价是"低于"（less than）或"高于"（greater than）2 个交易日前的最低价或最高价，也可以加上"等于"（equal）的价格关系，用户可以在"计数"（Countdown）的"参数"（Parameter）方框中进行选择。我建议在日线图上选择"等于"（equal），至于 1 分钟、5 分钟和 10 分钟图以及其他日内时间框架走势图，如果市场交易活跃，波动率高，就选择"等于"（equal），如果市场交易冷清并且时间框架特别短，就选择"不等于"（not equal）。

12. 德马克组合不采用交集条件。但是如果你想要启用这个条件，通过这个选项可以仅允许交集发生在结构期间内——具体方法是选择"只在结构期间"（only in Setup）这个选项。如果允许交集发生在结构之前、期间或之后的任何时间，可以在"交集"（Intersect）的"参数"（Parameter）方框中进行选择。这个选项应该留空不勾选，因为德马克组合不采用交集条件。

13. 要设置再循环的方法或时间，可以在"再循环"（Recycle）的"参数"（Parameter）中进行选择。各种设置选项如下：

a. 选项 a 是标准、简单和保守的"之前、同时或之后"，这表示如果随后的结构（连续 9 个或更多个收盘价低于或高于 4 个交易日前的收盘价）发生在计数第 13 日之前、同时或之后，以及首个价格翻转日之前，都将视为再循环。

b. 选项 b 是"忽略较小真正价格波幅"（Ignore smaller true high-true low），这与选项 c 差不多，只不过选项 c 不是最低真正最低价到最高真正最高价的真正价格波幅，而是最低价到最高价的价格波幅。

c. 选项 c 是"忽略较小价格波幅"（Ignore smaller high-low），如果当前结构从结构期间最低价到结构期间最高价的价格波幅小于之前结构从结构期间最低价到结构期间最高价的价格波幅，就忽略这个新的结构，不将其视为再循环。记住至少要有9个连续收盘价低于（高于）各自4个交易日前的收盘价，才能称其为结构。一旦发生价格翻转，结构就结束。结构的期间常常会超过连续9根"合格"价格线的最低期间要求。因此，整个结构期间的最高价和最低价并不只是9根"合格"价格线期间的最高价和最低价。

　　d. 选项d是"忽略较小收盘价波幅"（Ignore smaller close-close），这个选项也与选项c差不多，只不过选项d是最低收盘价到最高收盘价的收盘价波幅。

　　e. 选项e是"忽略当前"（Ignore current），指的是忽略最近的结构（与之前结构方向相同，但根据选项g到选项j的任一选择而构成再循环）。

　　f. 选项f是"忽略所有"（Ignore all），指的是忽略所有随后出现的、多余的结构，但根据选项g到选项j的任一选择而构成再循环。

　　g. 选项g是在计数第13日"之前或同时"（Before or On），如果结构发生在计数第13日或之前，就视为再循环。

　　h. 选项h是在计数第13日"同时或之后"（On or After），如果结构发生在计数第13日或之后并且在价格翻转之前，就视为再循环。

　　i. 选项i是只在计数第13日"之前"（Only before），如果结构发生在计数第13日之前，就视为再循环。

　　j. 选项j是只在计数第13日"之后"（Only after），并且在价格翻转之前，如果结构出现时间满足这一条件，也视为再循环。

　　我个人偏好的默认设置是"之前、同时或之后"以及"忽略较小真正价格波幅"。另外，在采用后一个选项设置时，我还设置了乘数（Multiplier）选项（见第15项）。

14. 再循环买入结构和卖出结构中连续"合格"收盘价的数量必须达到最低数量，才可以视为有效的结构。这个最低数量可以在5到15之间，标准设置是9。你可以在"再循环计算列"（Recycle count）的"参数"（Parameter）一栏中进行选择。我的偏好设置是"9"，这与标准的结构要求相同。不过有时候，我也会选择10或11。

15. 如果在采用"忽略"选项的情况下，即便当前结构的价格波幅超过之前结构的价格波幅，也不想将其视为再循环，那么当前结构的价格波幅必须超过之前结构价格波幅乘以 x 倍。在"再循环乘数"（Recycle Multiplier）一栏中可以选择这个乘数的大小。我倾向于选择 2 或 3 的乘数。

16. 为了放宽对计数最后一根价格线的要求，我设计了一个"德马克终结计数"（TD Termination Count）的选项，允许计数最后一根价格线拥有除了其他计数日价格关系外的其他价格关系。默认设置是计数第 13 日跟其他计数日一样均采用收盘价。但是，你偶尔也可以采用"开盘价"，也就是说同时采用收盘价和开盘价，从而增加达到计数要求的概率。

17. 要确定在结构中采用哪个确认指标，可以在整个"参数"（Parameter）一栏下方的"参数"（Parameter）方框中列出的确认指标中进行选择。用户有很多种选择。首先，必须在"启动"（On）方框中打钩，才能启用特定确认指标。"Qual"和"With"栏可以指定在结构完成之前、之时或之后的比较天数。"Qval"和"Wval"栏可以指定比较的价格。"比较"（Compare）栏指定选择什么样的关系——请记住，如果买入结构选择了某种关系，那么卖出结构就要选择相反的关系。例如，买入结构是低于或小于（<），卖出结构就是高于或大于（>），整个组合将是"买 < 卖 >"（b<s>）。当你寻找德马克组合结构的信号时，即使你想要看到买入结构第 9 日的最低价小于结构第 6 日的最低价，卖出结构第 9 日的最高价大于结构第 6 日的最高价，我目前的偏好是不启动这些结构参数设置。当我只是运用确认指标到结构过程来交易结构，或者运用到 TDST 指标来确认趋势反转水平，我会更愿意启用这些参数设置，但是这个行为最好是在 TDST 研究中提供的确认指标内进行。

18. 要想结构和计数在达成最小期间的要求后，能够继续显示在走势图上，可以选择"信号之后"（After signal）。如果只允许显示最小的期间，就应该选择"信号为止"（Up to signal）。我个人倾向于选择"信号为止"，除非我打算通过结构的期间来判断趋势的反转点（见 TSDT），或者在选择"忽略"再循环选项的情况下评估当前结构波幅超过之前同向结构波幅的潜力，或者评估当前走势继续波动并穿越最近一个反向结构的可能性，以判断当前价格波动是否是趋势的反转（TDST）并且持续到计数完成。

19. 要为结构和计数以及它们的交集指定确认指标，以完善德马克组合信号，可以在"高级"（Advanced）栏中选择确认指标。这个比较可以在结构日之间、计数日之间以及结构日和计数日之间进行。首先必须在确认指标的"启动"（On）方框中打钩，才能启动这个确认指标。"Qtype"和"Wtype"栏可以决定这个比较是在结构内、计数内还是结构和计数之间进行。"Qval"和"Wval"栏可以指定选择结构或计数内什么价格进行比较。"Qual"和"With"栏可以指定结构或计数完成之前、之时或之后的比较天数。"比较"（Compare）栏可以指定比较的关系类型。注意，如果买入结构或计数选择的是低于或等于（<=）的价格关系，那么卖出结构或计数就应该选择相反的高于或等于（>=）的价格关系，它们的组合就是"买<=卖>="（b<=s>=）。在那些由于引入确认指标而将原本合格的计数第13日延后的情况下，应该将这些被确认指标排除的计数第13日的价格线用星号标示出来。

20. 要指定确认指标组，可以在提供的由a到d选项构成的6种设置中选择。用户可以在每组指标之内和之间（包括结构、计数以及结构和计数的组合的指标组之间）选择"和"（and）或"或"（or）的条件或陈述。

接下来的讨论与第2章的德马克序列部分是相同的，因为它同时适用于这两个技术。你已经看到了我的各项偏好设置。我没有花更多的时间来讨论结构再循环的设置，可能是一个严重的疏忽，因为它在德马克组合程序中是一个如此重要的因素。市场就像是一个活着的有机体，它要吸气（承受卖出的压力）和吐气（遭遇买入的压力）。资金流入和流出市场，主导着价格的波动。由于市场没有实现任何交易者预期的义务，所以交易者任何时候都必须竭尽所能地测量市场的价格节奏和脉搏。德马克序列就试图达成这一目标，它可以识别未来市场价格顶部和底部的动量耗竭区域。但是，情况随时可能改变，导致买入或卖出的力量重新占据主导。这种重新注入的力量就会产生结构再循环。处理这种重新出现的买入或卖出力量，一个有效的办法就是忽略那些结构价格波幅小于之前同向结构价格波幅的结构。结构从第一个低于（买入结构）或高于（卖出结构）4个交易日前收盘价的收盘价开始。结构的最低期间要求是连续"合格"收盘价达到9个。

但是，结构的期间可以超过 9 根价格线，直到某根价格线的收盘价高于或等于 4 个交易日前的收盘价（买入结构完成），或者某根价格线的收盘价低于或等于 4 个交易日前的收盘价（卖出结构完成）。然后，进行价格比较。如果当前结构的真正价格波幅（从最低真正最低价到最高真正最高价）小于之前同向结构的真正价格波幅，并且选择的是"忽略较小真正价格波幅"的再循环选项，就要忽略当前这个同向结构。如果当前结构的真正价格波幅大于之前同向结构的真正价格波幅，就将当前同向结构视为再循环结构。不过有一个例外情况，也就是当当前结构的真正价格波幅至少大于之前结构的真正价格波幅的 2 倍时，当前结构仍然不能视为再循环。这个乘数设置是一个预警装置，提醒交易者留意潜在的价格动量耗竭区域。

执行

我故意将德马克组合当作一个指标而不是一个系统来进行讨论。德马克组合的所有变形和考虑因素可能会让你感到复杂从而心生畏惧，但是掌握了这个工具会让你的交易更成功。由于德马克组合指标的构成复杂，并且变形很多，所以我可以用整本书的篇幅来讨论。熟悉了它的特点以及各种重要构成，将有助于你从动态的选项组合中选择并测试适合你自己的设置。为了更好地帮助你交易，我设计了一个强大的指标，能够处理市场中经常出现的各种价格形态和关系。这部分讨论将包括德马克组合的各个方面和重要成分，以及多功能性和普遍适用性。由于指标的涵盖面很广，所以不同的交易者可能会在德马克组合指标中引入不同的变量。这里已经提供了指标的各种成分以及我常采用的各种默认设置。虽然每个成分都是构建德马克组合指标的重要考虑因素，但是其中很多改进措施对成功运用并执行德马克组合指标来说并不关键。另外，你没有必要调整或优化各个变量，来适应不同的市场。虽然可能存在一种最理想的设置，可以测量大部分市场的自然价格节奏和耗竭倾向，但是这里推荐的设置具有普遍适用性，可以作为你运用这个指标的一个基础。不过，在你评估并使用德马克组合的各种关键变量之前，还应该仔细考虑一些关键问题，比如入场、出场和止损。出于完整性的考虑，你应该熟悉下面的一些选项。

入场： 每当基本德马克组合发出"9-13"（结构和计数完成）信号时，交易者面临的主要问题就是在价格翻转之前出现结构再循环的可能，从而终止或取消计数，最终放弃潜在的交易机会。下面列出了我提出的几种入场技巧：

1. 最冒险的方式就是直接在计数的第13天入场。

2. 另一个用于降低再循环可能性并提高交易成功概率的方法是，在计数第13日之后，出现首个大于当天开盘价的收盘价就是对价格底部的很好确认，出现首个小于当天开盘价的收盘价就是对价格顶部的很好确认。

3. 这个方法是在方法2的基础上附加了其他条件，它要求在计数第13日之后，（a）不仅收盘价要大于当天的开盘价，而且当天的最高价要大于前一天的收盘价（潜在的价格底部），或者（b）不仅收盘价要小于当天的开盘价，而且当天的最低价小于前一天的收盘价（潜在的价格顶部）。对于那些更愿意接受较差入场价的保守交易者来说，我建议可以不采用"当天的最高价大于前一天的收盘价"的条件，而是改为当天的最高价大于前一天的真正最高价，同样的，"当天的最低价小于前一天的收盘价"条件也可以改为当天的最低价小于前一天的真正最低价。无论是在哪种情况下，这个寻找过程都是从计数第13日的第二个交易日开始的。

4. 一个更为保守的避免再循环风险的方法是，要求在入场前出现价格翻转（在价格底部出现收盘价高于4个交易日前的收盘价，在价格顶部出现收盘价低于4个交易日前的收盘价），并且之前没有出现新的结构。就定义而言，这个方法排除了再循环的可能，但是不幸的是，这个方法也常常放弃较为有利的入场价。

5. 另一个建新仓或加仓的方法是如果处于价格底部，就在止损位上方一点递出做多订单，如果处于价格顶部，就在止损位下方一点递出做空订单（见接下来关于止损的讨论）。

6. 另一个类似于方法5的方法是当出现"9-13-9"时，也就是当德马克组合强化指标（TD Combo Reinforcement™）发出信号时，就建多仓或空仓（见下文）。

7. 另外，为了防止计数第 12 日之后，发生价格反转而不再出现计数第 13 日，你有时也可以不采用收盘价，而是采用开盘价、最低价（买入计数）或最高价（卖出计数）——或者采用开盘价、最低价、最高价和收盘价的组合价——来获得计数第 13 日的信号以确保入场的安全性［见之前计数部分的德马克终结计数（TD Termination Count）］。在指标软件中，这最后一个选项被称为德马克终结计数（TD Termination Count），因为交易者可以选择计数第 13 日的价格比较对象——这个选项只能用于计数的最后一日。

8. 如果能同时结合较短时间框架（比如 1 分钟、20 分钟或 60 分钟）上的德马克组合低风险入场信号，就可以进一步完善入场点位和入场时机。

9. 另一个有效的技术是在价格底部绘制德马克供给线（TD Supply Line™），在价格顶部绘制德马克需求线（TD Demand Line™），从而进一步精确低风险入场区域。

10. 其他至少还有 6 个入场技术可以用来精确低风险入场区域，这 6 种技术包括德马克组合（TD Combo）、德马克差值（TD Diff）、德马克区间扩张突破（TD REBO）、德马克开盘（TD Open）、德马克陷阱（TD Trap）和德马克价格震荡确认指标（TDPOQ）。除此之外，本书中提供的其他各种指标也可以相互结合使用。

赢利目标：一般来说，一旦出现一个反向结构并且当前反向结构期间的最高收盘价没有向上超过之前结构的最高价，或者当前反向结构期间的最低收盘价没有向下超过之前结构最低价，你可能就会兑现利润出场。这种方法与 TDST 指标的规则一致。但是，如果价格底部随后的收盘价超过了之前买入结构的最高真正最高价，或者价格顶部随后的收盘价超过了之前卖出结构的最低真正最低价，并且这个信号得到确认（见之前讨论的 TDST 指标），那么价格走势通常会持续到计数完成。一旦计数完成，你就可以了结头寸兑现利润，并且偶尔也可以同时建反向头寸来参与新趋势。很显然，也可以采用其他出场技术：特定金额的赢利目标（一旦达到事先确定的利润目标就出场）、移动止损、一系列连续的上升收盘价（或者下降收盘价）、一系列连续大于开盘价的收盘价（或小于开盘价）、第一个赢利的开盘价、第一个价格波幅至少达到入场交易日或者前一个交易日价格波幅2倍的交易日、第一个最低价大于入场交易日最高价的交易日（或者最高价小于入场日最低价），也可以引入本书中介绍的其他指标，比如德马克移动平均Ⅰ（TDMA Ⅰ）、德马克区间扩张突破、德马克开盘、德马克陷阱和德马克线。

止损：这个止损技术是在20多年以前研发出来的，它曾用于很多指标。但是即便到了今天，它仍然可以有效地避免交易者过早出场，并且对市场状况的变化足够敏感。事实上，也有一些采用德马克组合指标的交易者会在止损被触及的那一刻出场，同时建立反向头寸并获得成功，因为当基于德马克组合信号的交易不再有效时，正如保罗·都铎·琼斯（Paul Tudor Jones）观察和描述的那样，"它真的不再有效了"。由于这个止损技术的表现如此出色，随后我又研发了一个称为德马克止损反转（TD Stop Reverse™）的指标，它采用类似的方法建立头寸，但是又与其他任何入场技术都不相同。当德马克组合"9-13"发出的低风险或高风险信号失败时，它就是真的失败了，价格会在突破的方向上加速波动。在信号失败的那一刻，供给和需求的力量已经迅速发生了急剧变化，要快速调整以适应新的价格结构。止损位计算方法如下：在价格底部，先寻找出整个结构和计数期间的最低价日。然后计算这一天的真正最高价（这一天的最高价与前一个交易日的收盘价中的较高者）与这一天最低价的差值。之后，用这一天的最低价减去这个真正价格波幅。如果价格收盘于这个计算出的数值之下，就触发止损。反之，在价格顶部的止损位计算如下：先找出整个结构和计数期间的最高价日，然后计算这一天最高价与同一天的真正最低价（这一天的最低价与前一天的收盘价中的较低者）的差值。最后将这个差值加到这一天的最高价上。如果价格收盘于这个计算出的价格之上，就会触发止损。较为大胆的方法是要求两个收盘价低于或高于计算出的这个止损位才出场。较为保守的方法（并不推荐）是只要盘中价格低于或高于这个止损价位，就可以触及止损。另一种计算多头头寸止损位的方法是找到整个结构和计数期间的最低价日，然后计算这一天的最低价与收盘价的差值，最后用这天的最低价减去这个差值。如果连续两个收盘价都低于这个计算出的数值，多头头寸的止损就被触及。反之，空头头寸止损位的计算方法是，计算整个结构和计数期间的最高价与同一天收盘价的差值，然后用这天的最高价加上这个差值。如果连续两个收盘价都高于这个计算出的数值，空头头寸的止损就被触及。还有一种计算止损位的方法是在入场位基础上加上固定金额，也就是固定止损幅度的止损位。不管是盘中价格还是收盘价，只要这个固定止损幅度的止损位被超过，就止损出场。

作为对这个止损方法的补充，还建议在价格接近这个止损位时增加头寸，因为新建头寸的风险相对降低了。换句话说，在接近止损位的价位建新的头寸，可以降低整个多头头寸的平均入场价，或者提高整个空头头寸的平均入场价。很显然，这种做法是非常大胆的，但是如果止损有效，并且你也能承受这个风险，这也是一种值得考虑的方式。

曾经有个比较机警的交易者问我，如果在计数完成之后入场，但这个入场价落在止损区域之外，该怎么办。这是一个很好的问题，下面我举个例子来说明，如果交易者准备在计数第13天之后某个交易日的收盘价大于当天开盘价时，入场建多头头寸，但是在计数第13日之后并且在入场之前，某个交易日的收盘价已经跌破了事先确定的止损位，那么这个交易者应该怎样处理呢？经验表明在这种情况下，价格通常都会再循环。但是只有在交易者试图精确入场价时才会发生这种情况，而这也是我建议交易者采用的方法。

虽然有必要为德马克组合建立一系列准则和参数设置并且遵循它们，以免你陷入过度优化模型的误区，但是我发现很多市场存在异常的价格行为。这个问题比较突出，应该得到解决。例如，虽然我总是采用连续9个收盘价与各自4个交易日前收盘价的结构关系，但是在外汇现货市场上，连续8个收盘价的结构关系似乎也非常有效，你应该进行类似的调整和评估并运用于你交易的现货市场。不过，你应该保持方法的一致性。另外，在现货市场上，计数第13天采用开盘价和收盘价的组合价（见之前关于德马克组合终结计数的讨论），可能会获得更好的结果。并且只要在每个价格时期同时采用开盘价和收盘价并保持一定程度的一致性，德马克组合可以继续有效。

德马克组合强化指标

这些年来，我发现了一个被证明非常可靠的德马克组合衍生形态，可以产生非常好的交易绩效。这个形态被称为德马克组合强化指标（TD Combo Reinforcement™），之所以取这个名字，不仅是因为它会发出典型的"9-13"低风险买入或卖出信号，而且在发生价格翻转之后，它还会走出另一个结构，可以强化或确认之前的"9-13"信号。这个出现在德马克组合低风险买入或卖出结构之后的强化结构，可以发生在之前买入计数的最低价上方，或之前卖出计数的最高价下方，也可以发生在买入计数最低价日最低价下方，或卖出计数最高价日的最高价上方。

下面提供了大量走势图来说明德马克组合的结构和计数过程。正如你已经看到的，德马克组合适用于很多不相关的市场，并且都能获得成功。所有的走势图都展示的是德马克组合 II 指标，因为它的条件相对德马克组合 I 的条件较为宽松。图 3.1 和图 3.2 展示了德马克组合在 1992 年 9 月第一周发出的高风险买入（低风险卖出）信号，这刚好是日线图和周线图上英镑发生崩盘之前。这两个时间框架的走势图同时发出市场即将下跌的警示，这两个信号相互进行了确认，无疑表明了市场即将下跌的意图。另外，再看看周线图上德马克组合如何精确地在 1990 年的最高点和 1991 年中的最低点发出入场信号。正如图 3.1 和图 3.2 展示的，只采用基本的德马克组合设置，不采用"忽略"的再循环设置，就可以成功地识别出外汇现货的潜在价格顶部和底部。图 3.3（日元现货）展示了德马克组合在空头市场和多头市场上的通用性和灵敏性。图 3.4 和图 3.5 提供了德马克组合的另外两个例子，展示了德马克组合在确定低风险入场区域方面的惊人能力。图 3.5 上还识别出了两个 TDST 关键价位——一个被向下突破，另一个作为价格上涨的阻力。图 3.6 的日元—瑞士法郎走势图也同时展示了德马克组合指标和 TDST 关键价位。图 3.7 展示了德马克组合指标从低风险买入区域转入低风险卖出区域的速度。图 3.8 展示了"欧元"（ECU，1999 年前的欧元）走势图上的德马克组合指标和 TDST 关键价位。图 3.9 再一次说明德马克组合适用于周线图，这幅图上也标示了 TDST 关键价位。图 3.10 说明了 TDST 的重要性，以及德马克组合识别低风险入场区域的能力。德马克组合也适用于比较独特的市场，比如爱尔兰镑（见图 3.11）。图 3.12 和图 3.13 的计数第 13 日发生在计数第 10 日和第 11 日的 1 到 2 个月之后。这对德马克组合来说并不罕见，因为每个计数日的收盘价必须连续升高进入潜在的价格顶部，或者连续降低进入潜在的价格底部。不像德马克序列，德马克组合更难完成。

图 3.1　注意，在 1992 年 9 月，德马克组合在英镑发生历史性暴跌前成功识别出了英镑的低风险卖出区域。这与英镑周线图上同一时间发出的入场信号完全吻合（见图 3.2 中字母 a'）。TDST 确认了趋势的反转

英镑周线图

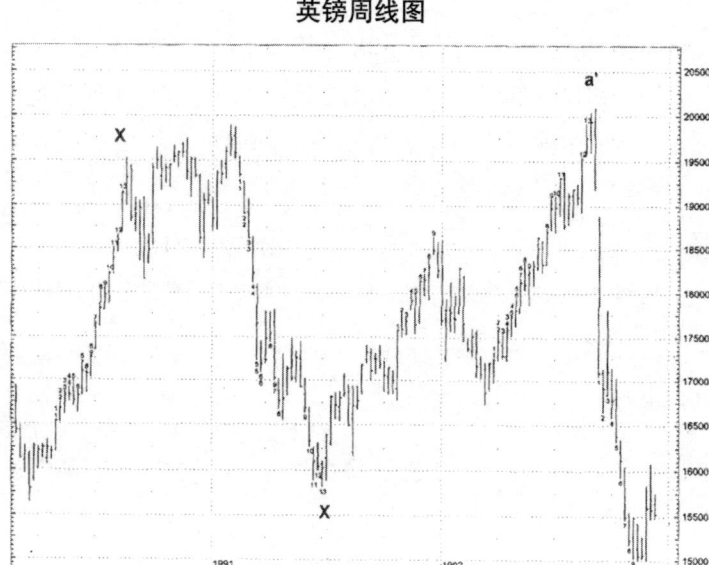

图 3.2　德马克组合成功识别出了 1992 年 8 月末的低风险卖出区域，也识别出了 1991 年夏天的最高点和 1992 年 7 月的最低点（见图中的 X）。图中字母 a' 标示的是图 3.1 中德马克组合发出的低风险卖出信号在这幅周线图上的位置

日元指数日线图

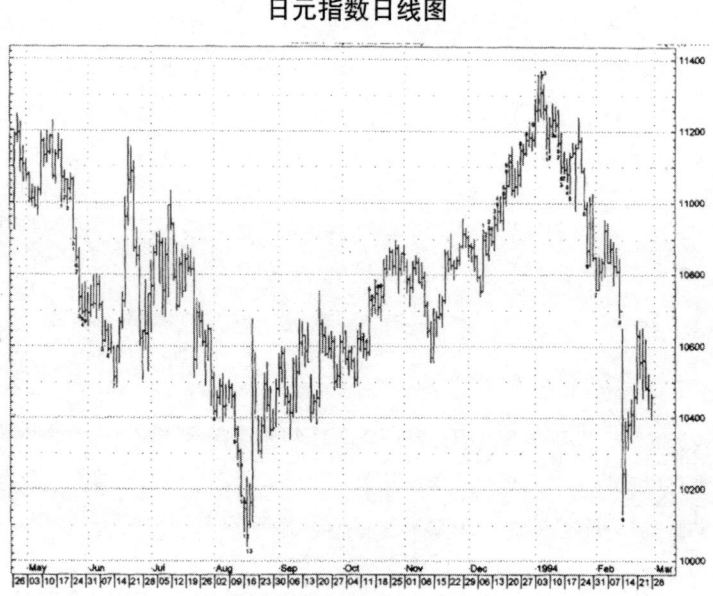

图 3.3　日元在 1993 年 8 月的最低点和在 1994 年 1 月的最高点都被德马克组合识别出来

第3章 德马克组合

图3.4 这幅图展示了德马克组合用于另一个货币的情况,但是这次是用于德国马克的周线图。图中也标示了 TDST 关键价位

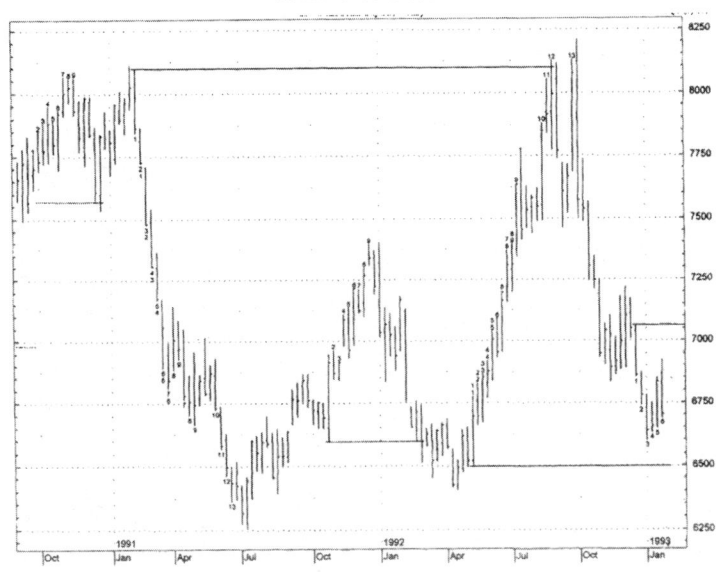

图3.5 这幅周线图也展示了德马克组合识别低风险入场区域的能力。另外,价格在1991年第一季度跌破 TDST 关键价位之后,继续极速下跌。在1992年,计数第13日的收盘价无法向上穿越 TDST 关键价位,预示着随后将下跌

日元—瑞郎日线图

图 3.6 之前的走势图中，德马克组合只运用于单一的货币，包括现货和期货。这幅走势图是将德马克组合运用于一个货币对。图中也标出了 TDST 关键价位

加拿大元日线图

图 3.7 这幅加拿大元现货日线图展示了德马克组合识别出的低风险入场区域

"欧元"—美元日线图

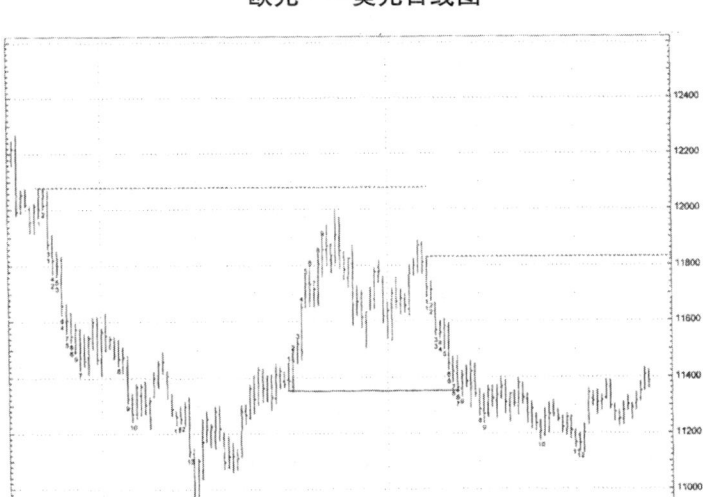

图 3.8　德马克组合再次识别出了"欧元"（XEU，1999 年以前的欧元）的低风险入场区域。第一个收盘价大于开盘价并且最高价大于前一天的收盘价的交易日，正好是图中的最低价日。TDST 定义了向上突破的关键价位

黄金周线图

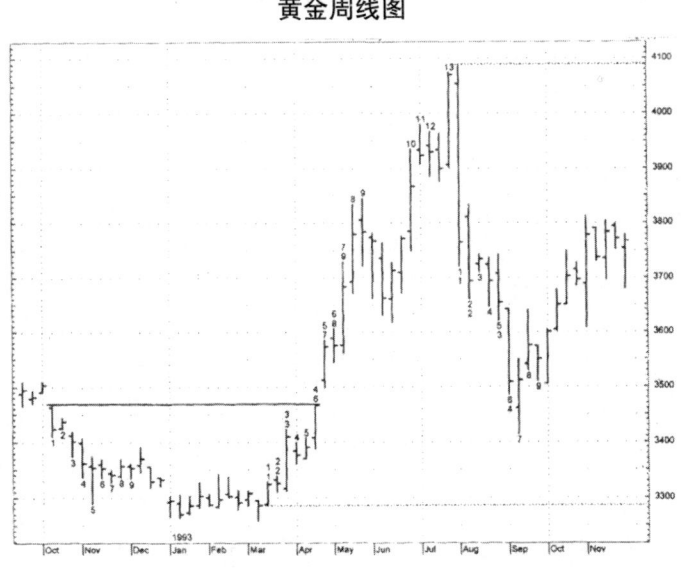

图 3.9　黄金在德马克组合发出低风险卖出信号后，确实下跌，但是这次下跌形成的买入结构没有成功收盘于之前卖出结构确定的 TDST 关键价位（图中的水平实线）之下

图 3.10 注意，计数第 13 日发出买入信号后的这波涨势刚好止步于 TDST 关键价位（水平虚线），之后，价格急剧下跌并跌破之前买入结构确定的 TDST 关键价位（水平实线），并且这天的最高价刚好触及 TDST 关键价位。但是，第二天的开盘价跳空高于这个 TDST 关键价位——这是一个德马克关键确认指标发挥作用的好例子

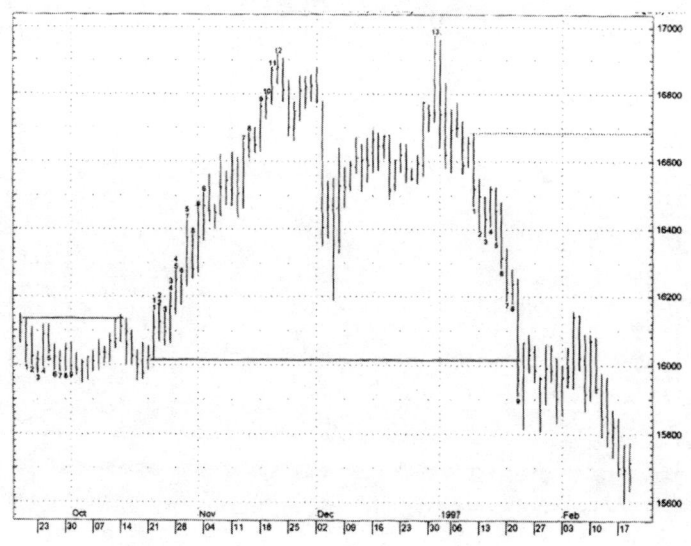

图 3.11 在 1996 年 10 月底，爱尔兰镑向上突破了 TDST 关键价位，随后，德马克组合计数第 13 日正好是最高价日。注意，计数第 12 日和计数第 13 日间隔时间近 1 个月

铅 90 天远期合约日线图

图 3.12　德马克组合正确识别出了铅合约出现于 1996 年 5 月的最高点

丹麦克朗指数日线图

图 3.13　就像图 3.11 一样，德马克组合计数第 11 日、第 12 日或第 13 日与其他计数日相隔甚远的情况并不鲜见

这些走势图主要是外汇现货和期货市场的日线图和周线图，此外，也有贵金属。德马克组合在识别指数、外汇、个股、大宗商品和金融期货品种价格动量的耗竭点方面成效显著。例如，图3.14和图3.15就展示了德马克组合在道琼斯公用事业指数和高盛商品指数走势图上的运用。

道琼斯公用事业指数日线图

图3.14 正如你看到的，2月份的最高点和4月份的最低点都被德马克组合识别了出来。为了精确入场点，可以采用各种技术，比如在最低点，要求收盘价大于当天开盘价，并且同一天的最高价大于前一个交易日的收盘价，或者在最高点，要求收盘价小于当天开盘价，并且最低价小于前一个交易日的收盘价

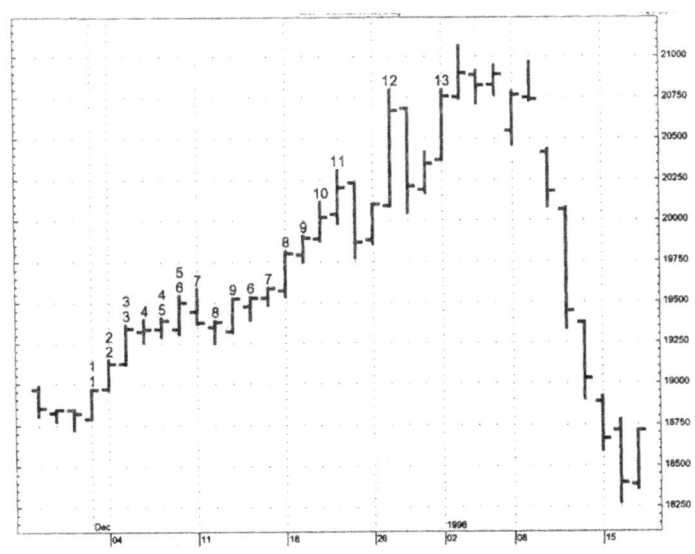

图 3.15 你可以看到，高盛商品指数的最高点与德马克组合计数第 13 日相吻合

图 3.16 和图 3.17 分别展示了生物技术和医疗保健类指数的走势。

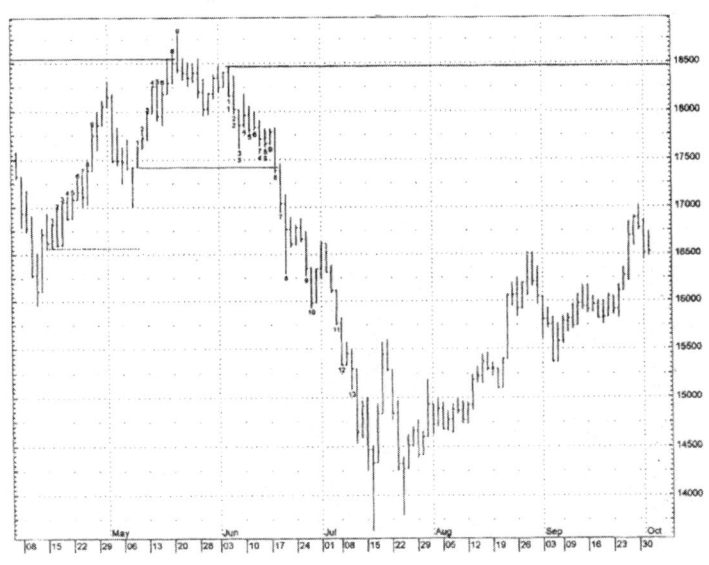

图 3.16 在 5 月，TDST 关键价位充当了价格上涨的阻力位。在 6 月，价格向下跌破另一个 TDST 关键价位，预示着价格会继续下跌完成德马克组合计数，并指出了一个低风险入场区域。可以运用各种技术来精确入场时机

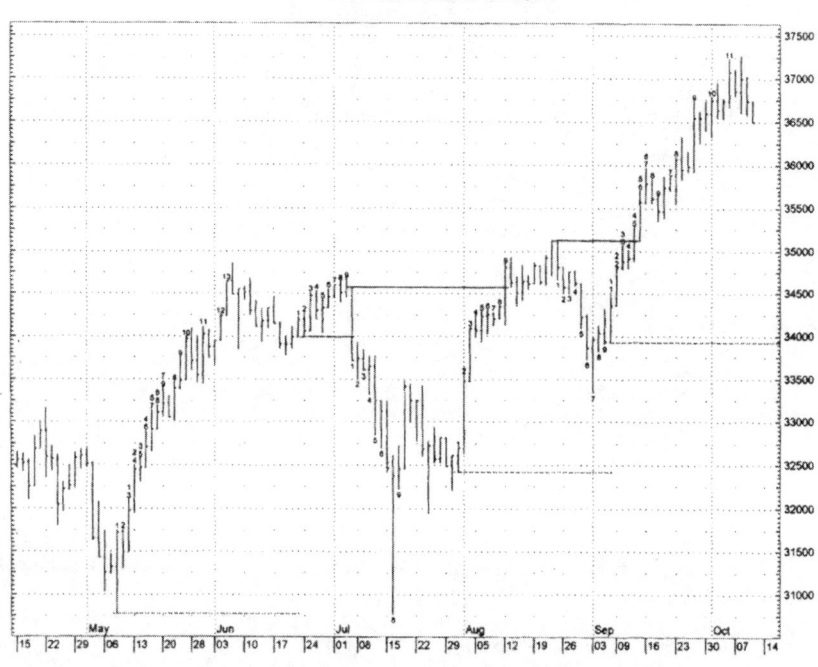

S&P 医疗保健指数日线图

图 3.17 在这幅走势图上形成了一个 "9-13-9" 德马克组合。德马克组合强化指标信号是在 7 月最高点后形成的买入结构的第 1 日向下突破 TDST 关键价位时发出的。随后，结构第 8 日的下跌使价格接近了另一个 TDST 关键价位，但是没有收盘于这个价位之下，意味着即将出现价格反转，上涨趋势将恢复。之后，在 8 月和 9 月，价格分别向上突破了 TDST 关键价位，意味着价格走势会持续到计数完成

图 3.17 中加上了德马克序列中提到的一个指标，在这里我将其称为德马克组合强化指标，因为德马克组合低风险计数 13 日出现在 6 月，随后另一波上涨尝试发生在 1 个月以后，并且在发生大跌前形成了另一个结构，最终这波涨势止步于之前 5 月卖出结构的最低点确定的 TDST 关键价位。

图 3.18 的道琼斯工业平均指数走势图也在 10 月发出了德马克组合强化信号，这是在 9 月中旬计数第 13 日识别的最高点之后。

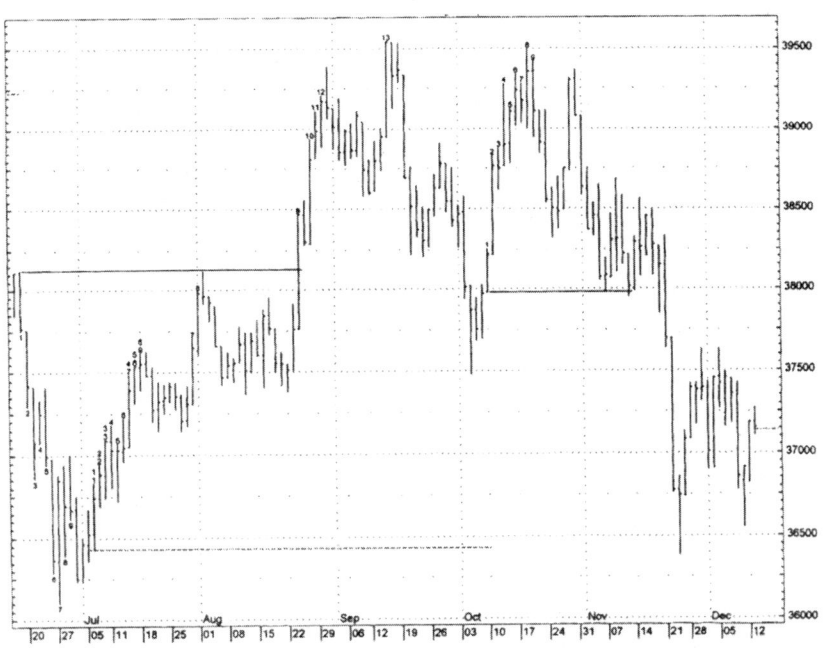

图3.18 就像图3.17一样，这幅走势图上也获得了德马克组合强化指标信号。在价格下跌前，最后一丝买入的冲动必须被耗竭，只有在这样的情况下，才会出现这种信号。另外，TDST关键价位在8月初和11月都起到了短期的阻力和支撑作用

图3.19到图3.21展示了市场的多样性，比如5年期国债、美元指数和活牛市场。在这几个市场，德马克组合都识别出了低风险入场区域，并且都发生了TDST关键价位突破。随后几幅走势图展示了德马克组合运用于股票市场的情况。注意，在价格底部，要等待一个收盘价高于当天开盘价，并且最高价高于前一个交易日的收盘价。反之，在价格顶部，要等待收盘价低于当天开盘价，并且最低价低于前一个交易日的收盘价。这样，才可以确定入场区域。

5年期美国国债日线图

图3.19　德马克组合正确识别出了债券收益增长的起点（计数第13日），随后的TDST关键价位突破确认了这波上涨趋势

美元指数日线图

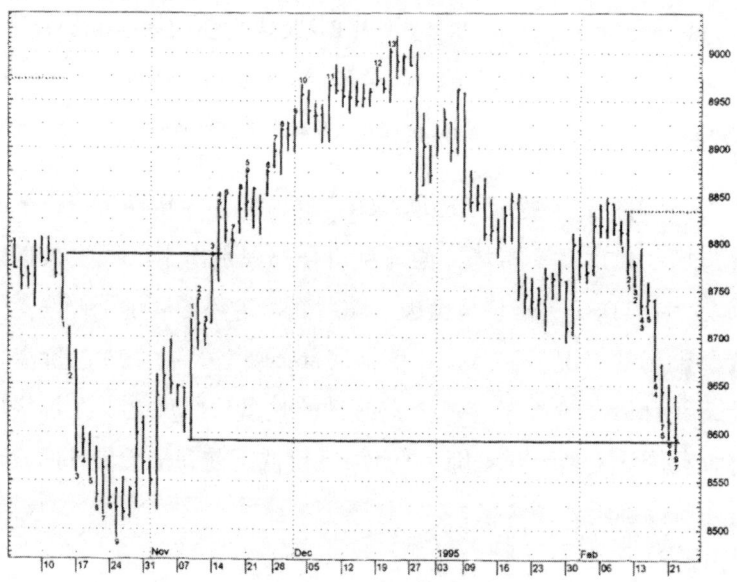

图3.20　美元指数在进入卖出计数第13日的过程中向上突破TDST关键价位，计数第13日对应着美元指数的市场最高点。这个最高点，正是德马克组合识别出的低风险卖出区域

活牛 1996 年 2 月合约日线图

图 3.21　活牛期货合约在 1995 年 11 月的最高点是价格上涨动量的耗竭点，被德马克组合成功识别出来。TDST 关键价位被向下突破预示了价格将进一步下跌

图 3.22 中德马克组合识别出牛津医疗保险公司（Oxford Health）股票走势的一个高点。德马克组合推迟了入场，直到某个交易日的收盘价小于开盘价，并且最低价小于前一天的收盘价，这时才确定了最高价日。图 3.23 的 IBM 股票走势图展示了类似的情况。图 3.24 提供了一个案例——在 1995 年 10 月 Intuit 公司股票价格没有成功向下突破一个 TDST 关键价位，随后在 7 个交易日内，价格又向上突破另一个 TDST 关键价位，这表明德马克组合会持续到计数完成，事实上也的确如此。

牛津医疗保险公司股票日线图

图3.22 德马克组合计数第13日发生在最高点的3天前,但是计数第13日之后第一个收盘价低于开盘价,并且最低价低于前一天收盘价的交易日,正好就是这个最高价日

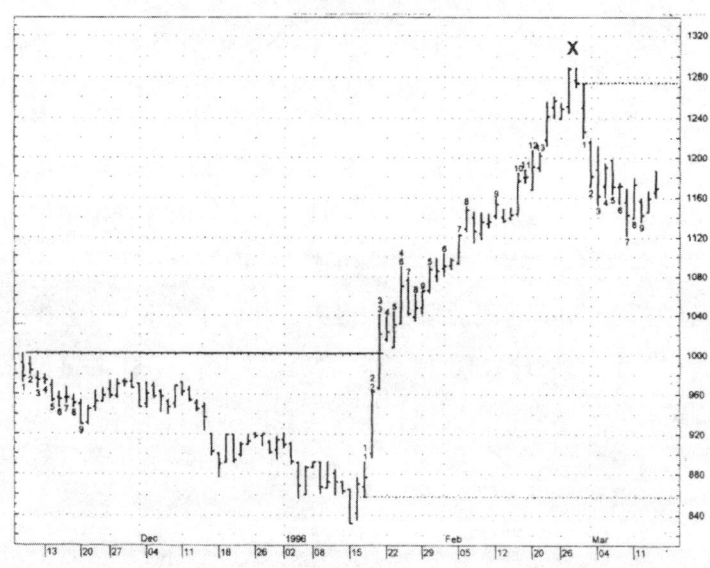

IBM股票日线图

图3.23 就像图3.22,通过等待收盘价小于开盘价,并且最低价小于前一天的收盘价,德马克组合识别的低风险入场区域正好是股票的最高价日(图中X)。另外,在最高点的2个交易日前,德马克序列产生了低风险"9-13"入场信号,但是这个信号被收盘价小于开盘价,并且最低价小于前一天收盘价的要求延后到了最高价日。注意1996年1月份的TDST突破,预示着这波上涨会持续到德马克组合计数完成

图 3.24 1995 年 10 月，价格向下突破 TDST 关键价位失败，随后快速向上突破另一个 TDST 关键价位，预示着价格涨势会持续到德马克组合计数完成

图 3.25 是美国商业百货公司（Mercantile Stores）的股票走势图，展示了德马克组合形成价格顶峰花费的时间有多长，以及随后出现德马克组合价格谷底是多么快速。换句话说，德马克组合可以用于两种市场环境，这再一次证明了德马克组合的灵活性。另外，最高点上方的止损没有被触及，随着价格在 6 月初接近止损，这是一个加仓的好时机，因为在这个价位建仓的风险大幅降低。图 3.26 和图 3.27 显示如果在德马克组合低风险指示之后，TDST 关键价位没有被突破，那么原有的趋势很可能恢复，并且一旦 TDST 突破失败变得明显（通常发生在结构完成时），就是一个低风险的入场机会。这个方法类似于价格接近止损时加仓的方法。图 3.27 提供了一个极其夸张的例子，德马克组合计数第 11 日与计数第 13 日间隔了 3 个月。

随后的买入结构没有成功收盘于 TDST 关键价位之下，随后价格继续上涨并创出新的高点。

美国商业百货公司股票日线图

图 3.25　德马克组合发出的低风险卖出指示过早，但是止损并没有被触及。在德马克组合指示的最低点，通过等待收盘价大于开盘价并且最高价高于前一天的收盘价，就可以识别出一个理想的入场区域

洛克希德·马丁公司股票日线图

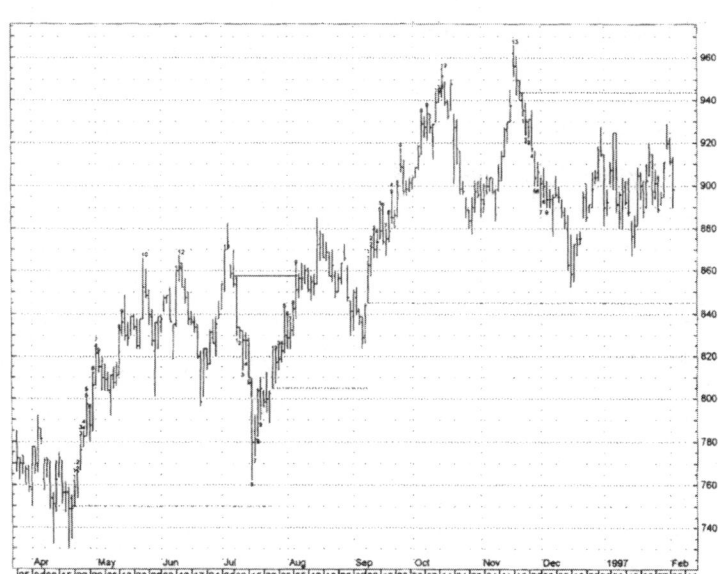

图 3.26　图中的两个德马克组合计数第 13 日都花了一段时间才形成,但是都很精准地对应最高价日。两个计数第 13 日之后的结构都没有向下突破 TDST 关键价位,之后价格都上涨到新高

美国劳氏公司股票日线图

图 3.27　德马克组合计数第 13 日正好对应价格峰顶,随后价格大跌,但没有成功收盘于 TDST 关键价位之下,意味着价格之后将去挑战最高点

就像德马克序列一样，如果也采用忽略再循环的设置，也就是如果当前结构的真正价格波幅小于之前结构的真正价格波幅，或者当前结构的真正价格波幅超过之前结构真正价格波幅的2倍，就不将当前结构视为再循环，那么德马克组合计数完成的概率将高于采用保守的"之前、同时或之后"再循环条件。图3.28的铜周线图展示了采用再循环乘数设置的情况。注意，图3.29确认了图3.30中的信号，这是一个采用"忽略较小真正价格波幅"以及2倍乘数再循环设置的好例子。通过评估周线图（图3.29）上的德马克组合信号，这个市场峰顶（图3.30）信号就得到了确认。图3.31提供了另一个德马克组合计数发展到结构再循环的例子。这个技术特别适用于交投活跃的市场，因为结构再循环经常出现在市场的转折点，在这种情况下采用"忽略"的再循环设置并参与这些走势是明智的选择。

铜周线图

图3.28 通过采用"忽略较小真正价格波幅"以及至少2倍乘数的再循环设置，德马克组合计数第13日就出现在1996年6月周线图上的最低价日，这确认了日线图上的德马克序列最低价

图 3.29 采用开盘价作为德马克组合第 13 日的"终止计数"比较对象,德马克计数第 13 日就识别出了周线图上的历史最高价

图 3.30 图 3.29 是尼曼·马库斯公司股票的周线图,而这幅图是日线图,通过引入"忽略较小真正价格波幅"以及至少 2 倍的乘数再循环设置,德马克组合识别出了价格最高点

美国网景公司股票日线图

图 3.31 通过采用"忽略较小真正价格波幅"的再循环设置，一个低风险的德马克组合买入信号在 3 月份发出，一个低风险的德马克组合卖出信号在 5 月末发出。请记住，通过设置各种价格比较方法来精确入场价位，交易这种波动率较高的股票就会变得比较容易。注意，TDST 关键价位在 4 月阻止了价格上涨，在 6 月也阻止了价格下跌

正如德马克序列讨论中提到的那样，我也喜欢追踪较远期合约的走势来获得德马克组合信号，同样还喜欢将德马克组合运用到交投冷清的市场。

第 3 章 德马克组合 173

图 3.32 就是一个较远期合约走势上产生德马克组合低风险买入信号的例子，图 3.33 和图 3.34 展示的是在美国上市的两只交易相对冷清的外国股票走势。

小麦 1997 年 3 月合约日线图

图 3.32 在 4 月末，德马克组合计数第 13 日发出的卖出信号受到了最近将到期合约走势的确认

图 3.33 这只股票的交投相对较清淡,因此,德马克组合和德马克序列产生的信号是可靠的,这与那些较远期合约的情况类似。注意,在 1996 年 12 月末,德马克组合计数第 13 日之后发出了德马克组合强化指标信号。另外,图上也标出了 TDST 关键价位,最后一个 TDST 关键价位预示着德马克序列计数会持续到第 13 日。这个例子显示德马克组合和德马克序列应该结合使用,因为德马克组合正确识别出了 1996 年 10 月的低风险卖出区域,德马克序列正确识别出了 1997 年 4 月的低风险买入区域

图 3.34　这幅图展示的是一只交投冷清的股票。注意，德马克组合计数第 13 日再一次精确识别出了 1996 年 10 月份的低风险卖出区域。看看 TDST 关键价位如何有效地提供了支撑和阻力

如果再继续展示德马克组合和 TDST 运用于更多市场并提供更多交易机会的例子，就显得有点多余了。这里提供了这么多例子，主要是为了充分展示这个指标及其衍生指标，以及与 TDST 这个趋势追踪和确认指标的相互作用。我本来可以简单一点，只讨论少数几幅图和规则，然后就换到其他主题，但是德马克组合是一个如此有用的工具，它是德马克序列的重要补充，如果不通过大量案例来说明它的普遍适用性，作为作者的我就太失职了。我没有讨论德马克组合在短期时间框架走势图（日内）

上的运用,但是这并不影响它在这些时间框架上的运用和有效性。事实上,我曾经将德马克组合运用于1分钟、5分钟以及1小时走势图上,也同样获得了很好的绩效。我之所以不采用这种短期时间框架,并不是它无效,只不过是因为指标控制之外的一些因素常常会决定交易的胜负,比如订单执行延迟、成交滑移价差、订单流（order flow）、行情显示延迟等。如果你打算将德马克组合和德马克序列以及TDST运用于日内交易,那么在交易前最好要得到较高时间框架走势图信号的确认。换句话说,如果你将德马克组合运用于1分钟图,那么你的德马克组合信号不仅要得到德马克序列信号的确认,还要得到5分钟图、30分钟图或者1小时图上德马克组合信号的确认。

正如你看到的,德马克组合是德马克序列的一个重要补充工具,因为它旨在识别市场的极端高点和极端低点。它要求计数日的收盘价连续降低或升高,从而可以解决德马克序列的一些缺陷。德马克组合的计数有两个版本,两者的区别在于计数最后3天采用的方法。版本Ⅰ相对要保守一点,因为它的所有计数日都采用相同的条件。但是这两个版本的德马克组合都可以产生很好的绩效。在大多数情况下,这个指标能够精确地识别市场的顶部和底部。就像德马克序列一样,德马克组合也普遍适用于各种市场和各种时间框架。当然,德马克组合也有无法识别出价格顶部和底部的时候,但是在这个时候,同一时间框架的德马克序列却可以将其识别出来。这也是我在分析市场时喜欢结合使用两个指标的原因。事实上,经验表明只要两个指标同时发出相同信号,听从这个信号一定没错。

下面图3.35到图3.41提供了更多的例子。

图 3.35a 在德马克序列发出低风险卖出信号时（见图 3.35b），德马克组合也发出了相同的低风险卖出信号。图中也标出了 TDST 关键价位

图 3.35b 德马克序列在价格顶部发出的低风险卖出信号，与前一幅图（图 3.35a）中德马克组合发出的低风险卖出信号相同。图中也标出了 TDST 关键价位

杜邦公司股票日线图

图 3.36a 德马克组合发出的低风险卖出信号是在图中的最高点，与图 3.36b 中德马克序列发出的低风险卖出信号的位置不同。图中标出了 TDST 关键价位

杜邦公司股票日线图

图 3.36b 前一幅图展示的是德马克组合发出的卖出信号，这幅图展示的是德马克序列发出的卖出信号

Vivus 公司股票日线图

图 3.37　德马克组合在价格顶部识别出了低风险卖出机会。TDST 在 1996 年 12 月末被突破预示了这次大规模的上涨，在 1997 年 3 月到 4 月，TDST 又成功起到了支撑位的作用

Lomega 公司股票日线图

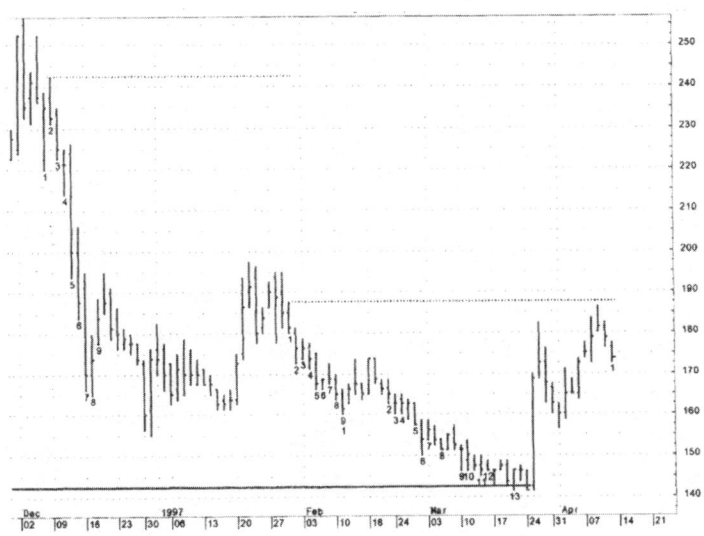

图 3.38　在这幅图中，虽然德马克组合保持沉默，但是德马克序列和 TDST 却发出了明确的信号

图 3.39 德马克组合在价格顶部发出了低风险卖出信号。图中也标示了德马克趋势因子水平

图 3.40 虽然德马克组合没有发出低风险卖出信号,但是德马克序列发出了,而且刚好就在价格顶部发出的。图中标示了 TDST 关键价位

图3.41 德马克组合再一次没有识别出低风险卖出区域，但是德马克序列成功识别出了。图中标示了德马克趋势因子水平

第4章 德马克线

观察结论：在我刚开始研究市场择时技术的时候，我运用并测试了大部分被广泛采用的传统技术方法，包括趋势线、移动平均线、循环指标等等。趋势线是我研究的第一个方法。我将趋势线运用于各种类型的市场、基本面数据和经济统计数据。没有什么资料可以逃离我的研究范围。我对于市场择时技术的热忱，以及创造一个简单方法的执着，使我能够保持极大的耐心和意愿去进行各项试验。一旦我发展出了自己的趋势线方法后，任何数据资料都是我的试验对象。我将德马克线（TD Lines）运用到所有我能想到的数据上。在1974年，发生了一个偶然事件，当时一个经济学家到我工作的投资咨询公司召开研讨会。我当场将德马克线运用到《华尔街日报》提供的一幅利率走势图上，并提出了我对利率走势的预测，这个预测结果与当时与会的其他人的一致观点截然相反。我的预测只是基于我这个分析方法，当然其他人都不知道。后来证明我的预测是非常正确的。这给那位经济学家以及随访的业务人员留下了深刻的印象，因为在那之后不久，我预测的利率水平就实现了，他们都争相与我联系。现在回想起这个小插曲，我仍然对我创建的这个简单技术能得到如此的认可感到非常高兴，因为那位到访的经济学家现在在政治以及整个投资和经济领域都受到极大的尊重，他就是艾伦·格林斯潘——美国联邦储备局的主席。

不管一个市场分析师是基于基本面还是技术面，他总有一刻会绘制一根趋势线来协助预测趋势，并识别潜在的突破点位。趋势线分析经常有助于交易，所以受到了交易者的普遍欢迎。但是，大部分交易者绘制趋势线的过程都是武断和随意的，完全缺乏客观性和前后一致性。我的这个看法在最近得到了确认。在一次对场内交易员的演讲中，我问现场听众当中有多少人利用趋势线来做出交易决定。结果是大部分人都是。接下来，我将相同的几幅走势图分发给坐在第一排的5位交易员，要求他们在这完全相同的走势图上画趋势线。结果竟然是每一条趋势线都不相同。即便是同一个人，在不同的时间给同一幅走势图绘制的趋势线也可能是完全不同的。这种趋势分析方法由于运用和解读都非常简单，得到了大部分交易者的认可。但是，这种传统的趋势分析方法在趋势线的构建、解读和确认方面，却没有明确的规则。

我在找到大部分成功突破的共同特点之前，试验了各种各样的趋势线。一旦绘制趋势线所需的两个点被正确确定并且连接起来，就可以提供很大的收益。因为趋势线仅仅是用图形的方式表现了供给和需求的关系，所以只要供给和需求的关系发生改变，就要重新绘制趋势线，这样才能反映市场的动态变化。

我设计了一系列步骤来构建趋势线，以确认日内突破并计算价格投射位。具体过程如下：

1. 识别关键点，价格动量耗竭点或者价格反转点（德马克供给点和需求点）。

2. 连接两个最近的德马克供给点（TD Supply Points）构成德马克供给线，连接两个最近的德马克需求点（TD Demand Points）构成德马克需求线。

3. 持续寻找德马克关键点（TD Points™），并连接最近的两个德马克关键点（选择最靠近右边的两个德马克关键点）。换句话说，我们不是像传统的方法那样从走势图左边的某个关键点向右边投射来绘制趋势线，德马克线是连接最右边（最近）的两个德马克关键点，并由最近的那个德马克关键点向右延伸形成。

4. 判断价格突破是否符合入场的先决条件，如果不符合，看是否存在反向交易"假"突破的可能。

5. 根据下行德马克供给线下方的价格波动幅度来计算向上突破的价格目标，根据上行德马克需求线上方的价格波动幅度来计算向下突破的价格目标。这种方法是源于市场的对称性倾向——价格向下突破后的波动会复制突破前德马克线上方的波动，价格向上突破后波动会复制突破前德马克线下方的波动。

6. 引入额外确认指标来完善突破的识别过程。

7. 评估接下来交易日的价格行为，以决定是否取消之前的突破信号。

8. 如果可以的话，最好顺应整体市场趋势来操作。换句话说，要确定德马克线突破的方向与较高层次的德马克线突破的方向一致，并且前者的价格目标包含在后者的价格目标之内。这是用来判断根本市场趋势的。如果突破没有得到根本趋势的确认，就将注意力放在反向交易"假"突破上。

第1级的德马克关键低点是指某个交易日的最低点，且这个最低点低于其前一天和后一天的最低点。反之，第1级的德马克关键高点是指某个交易日的最高点，且这个最高点高于其前一天和后一天的最高点。注意，前一天和后一天的最高价和最低价应该采用真正最高价和真正最低价（真正最高价是当天的最高价和前一天的收盘价中的较高者，真正最低价是当天的最低价和前一天的收盘价中的较低者）。也就是说，如果这个最低点低于前一天和后一天的最低点，但高于2天前或2天后的收盘价，就不能算是德马克关键低点；如果这个最高点高于前一天和后一天的最高点，但低于2天前或2天后的收盘价，就不能算是德马克关键高点。如果你采用的是普通的最低点和最高点，而不是真正最低点和真正最高点，就会绘制出多条德马克线。但是，研究表明真正最高点和真正最低点有效得多。如果你想要构建高于第1级的德马克线，你只需要识别出那些等级较高的德马克关键点，然后连接最近的两个德马克关键点，并将这条线向右边延伸就可以了。举个例子，第3级的德马克关键低点就低于前后3个交易日内的最低点，第3级的德马克关键高点就高于前后3个交易日内的最高点。图4.1展示了各种德马克关键点以及它们的相关等级。第1级的德马克关键点连接起来就构成第1级的德马克线。我已经标出了那些不合格的德马克线（虚线所示）——突破没有满足德马克线确认指标（TD Line Qualifiers）的条件。

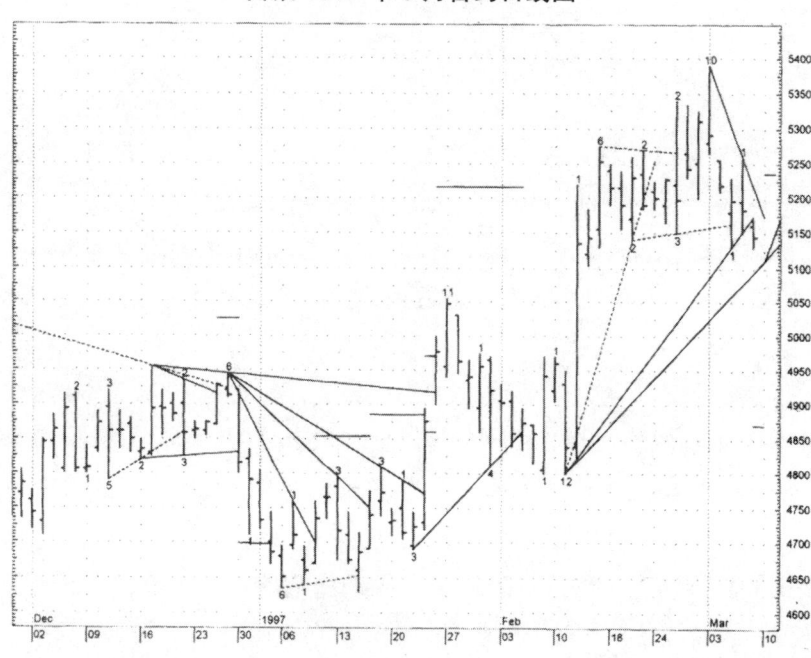

白银 1997 年 3 月合约日线图

图 4.1 走势图展示了德马克关键高点（高于前后 1 根或多根价格线的最高点）和德马克关键低点（低于前后 1 根或多根价格线的最低点）。将这些德马克关键点连接起来就构成了德马克线。在这个例子中，合格的德马克线（实线）和不合格的德马克线（虚线）都标了出来。注意，所有高于第 1 级的德马克关键点都是第 1 级的德马克关键点，所以第 6 级的德马克关键点可以连接第 1 级的德马克关键点。图中水平实线代表的是价格目标

德马克关键点是非常重要的，它们代表了供给或需求力量耗竭的价格反转点。连接两个最近的德马克关键低点或德马克关键高点，这是一个识别潜在支撑位和阻力位的机械性方法。构建这些德马克线的关键是，当新的德马克关键点形成并且没有发生突破时，一定要调整德马克线。德马克关键点的等级可以根据供给或需求的变化程度而调整。交易者不一定要采用标准的第 1 级德马克关键点设置，也可以引入较高等级的德马克关键点来绘制较长期的德马克线（潜在的突破位），并根据突破的方向来计算上方或下方的价格目标。无论如何，如果你采用德马克线，那么不管这条德马克线的等级如何，都要另外监测较高等级的德马克线，以确保整体市场环境符合这个较低等级的德马克线突破——也就是说，较高等级德马克线

下方的价格目标低于较低等级德马克线下方的价格目标，较高等级德马克线上方的价格目标高于较低等级德马克线上方的价格目标。另外，通过定义知道，第2、3、4级以及更高等级的德马克关键点也都是第1级的德马克关键点，因为第2级德马克关键点的要求是低于前后2个交易日的最低点（在价格底部）或者高于前后2个交易日的最高点（在价格顶部）。另一个重要的考量是在较低等级德马克线有效突破之后，并且在实现较低等级德马克线价格目标之前，有出现不合格的较高等级德马克线的可能，因为在这种时候可能必须了结头寸，而不是等待价格继续波动进入价格目标区域。此外，如果在实现价格目标之前发生了反向的德马克线有效突破，就最好了结头寸，并在反向突破中寻找建新仓的机会。即使走势图上发出了反向突破的信号，原来的德马克线价格目标不再有效，我们还是应该在走势图上保留这个价格目标。

我对德马克关键点和德马克线进行广泛深入的研究之后，发现了一个有助于完善德马克线的确认技术。在回顾了大量相对较平坦的德马克线以及无效的德马克线突破之后，我找到一种共同特点。具体而言，当你连接两个渐次降低的德马克关键高点构成德马克供给线，并且这条德马克供给线相对较平坦时，要确认你选择的德马克关键高点，你应该确定最近德马克关键高点日的收盘价低于其前一个德马克关键高点日的收盘价，或者最近德马克关键高点日的最低价低于其前一个德马克关键高点日的最低价。反之，当你连接渐次升高的两个德马克关键低点构建德马克需求线，并且这条德马克需求线相对较平坦时，你应该确定最近德马克关键低点日的收盘价高于其前一个德马克关键低点日的收盘价，或者最近德马克关键低点日的最高价高于其前一个德马克关键低点日的最高价。另一个德马克供给线确认方法是采用渐次降低的最低价或渐次降低的收盘价，而德马克需求线是采用渐次升高的最高价或渐次升高的收盘价。一般来说，德马克线都相对较陡峭，所以这种确认过程或条件也没有存在的必要。但是，如果德马克线相对较平坦，就需要考虑这个确认条件。很多较平坦的趋势线无法产生较理想的价格突破的原因，往往就是缺乏这个关键的确认过程。表面看来，我们还是可以绘制斜向上或斜向下的趋势线，但是由于收盘价/最高价或者收盘价/最低价没有得到确认，我们最好还是忽略这些可疑的趋势线，或者更重要的是寻找那些"未经确认的形态"与"不合格的"趋势线突破同时发生的情形。基于这些理由，很多经过授权的指标软件包都提供这种设置，交易者可以要求构建德马克需求线或德马克供给线的价格线的收盘价或最高价或最低价必须渐次升高或渐次降低，从而确认这条德马克线。图 4.2a、图 4.2b 和图 4.2c 展示了这个确认过程。图 4.2a 只展示了"不合格的"德马克线。这些不合格的德马克线没有满足突破确认指标的任何一个确认条件，因此要避免顺着突破方向交易。但是，交易者可以逆着突破方向交易。事实上，我曾经尝试结合不合格突破和未经确认的德马克线来进行交易，这种交易机会已经在走势图上用 X 标注出来。请记住，不合格的德马克线最终会变合格，因此，基于不合格德马克线建立的"不合格"头寸必须在入场那个交易日结束之前了结。如果不了结，就要进行严密的监视。

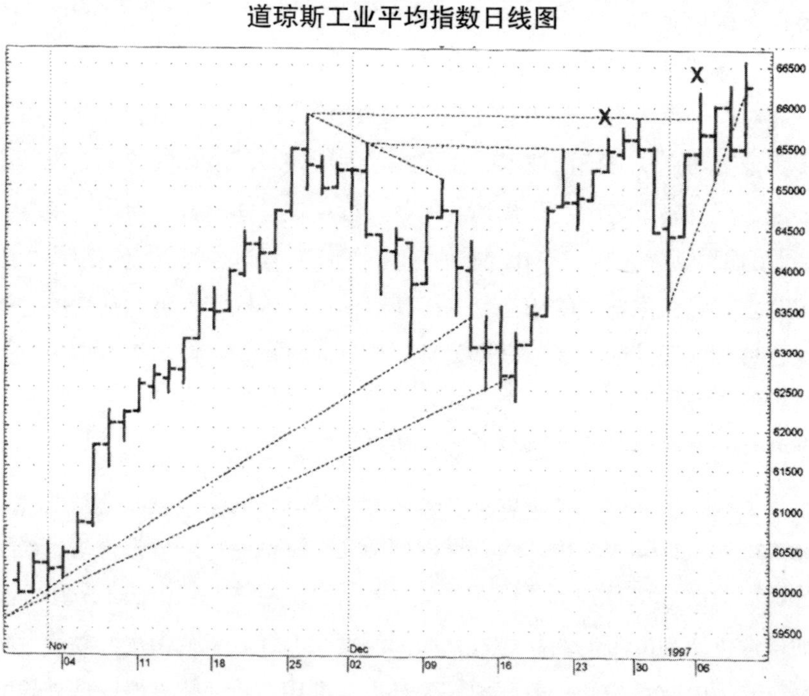

道琼斯工业平均指数日线图

图 4.2a 这幅走势图只展示了第 1 级德马克线的"不合格"突破（见本章正文部分的讨论）。大部分德马克线都是陡峭的，并且得到了收盘价和最高价／最低价关系的确认。图中两条没有得到确认的德马克线都用 X 标注了出来。这种情况导致出现假突破的可能，如果碰巧同时发生了不合格的突破，那么突破失败的概率就会提高。"不合格的"德马克线最终会在某个时刻变为合格的德马克线。因此，你必须密切留意日后的走势发展，并且设置窄幅的止损。

轻质原油 1997 年 4 月份合约日线图

图 4.2b 图中趋势实线都是合格的德马克线。水平线标示的是突破之后的价格目标。这些突破通常都会实现价格目标，但是在 1 月末产生了一个取代之前价格目标的新价格目标。事实上，之前这个价格目标源于一次"未经确认的"德马克线——最近的收盘价高于前一个收盘价（图中用 X 标示）。另外，很多突破之后，都会紧接着发生反向的突破，从而取代了之前的突破以及对应的价格目标。

图 4.2c　图中所有德马克线都是合格的德马克线，因此都标示为实线。图中的价格目标区域也同样用水平线标示。不管随后有没有发生反向突破，这些价格目标都用 x 标示在图上。

图 4.2b 和图 4.2c 都描述了合格的德马克线，但是正如你已经看到的，在每一幅图中都有一个例外，就是都有一条未经确认的德马克线。但是这两条实线与图 4.2a 中用虚线绘制的德马克线不同，图 4.2a 中是不合格的德马克线突破交易。另外，这两幅图也用水平线来表示价格目标区域。很多时候，这些价格目标会被随后的反向德马克线突破产生的新价格目标取代。

德马克突破确认指标

我的第一本著作《技术分析新科学》（*The New Science of Technical Analysis*）的特色之一就是提出了三个具体条件，这三个条件不仅可以用来确认德马克线突破的有效性，还可以用来确认德马克回撤和德马克趋势因子（TD Trend Factors™），以及其他趋势追踪方法。这个确认过程很重要，因为它尝试过滤那些日内出现，但交易者因为惧怕收盘价无法确认这个可疑的日内突破而放弃的交易机会。为了避免错失这么多有效的交易机会，我与读者分享了这些以前从未公开的确认指标，也称为过滤指标。在那之后，我对这些确认指标进行了改进和提升。事实上，交易不合格德马克线突破符合我的交易风格——在市场强劲时卖出，在市场疲软时买入。德马克供给线的日内向上突破的几个确认指标如下：

1. 向上突破前一个交易日的收盘价必须是下降收盘价（比其前一个收盘价低）。这意味着市场上大部分交易者预期市场将下跌，并开始怀疑任何向上的突破。因此，当真的发生日内向上突破时，他们将拒绝入场，直到收盘。到收盘时，他们将承认这个突破是有效突破而反向建仓。事实上，这些交易者最初会因为预期这个可疑的向上突破会失败，而做空市场。这些交易者的错误和最终的"倒戈"会在市场收盘时变得明显，这就会导致价格加速朝突破的方向波动。

2. 向上突破前一个交易日的收盘价是上升收盘价（比其前一个收盘价高），因此不符合确认指标1的条件。尽管出现这种情况，但是如果当天开盘价高于德马克线，那么市场状况很可能自前一天收盘以后发生了急剧变化，变得对多头有利，所以这个突破也可以视为有效。但是，在这个确认指标2中还必须加上两个额外条件，这两个条件没有在第1本书中提及。首先，开盘价不仅要高于德马克供给线，还必须高于前一个交易日的收盘价，因为如果德马克供给线非常陡峭，价格可能开盘于这条线之上但低于前一天的收盘价；第二，价格开盘之后必须高于开盘价1到2个最小价格波动单位（ticks），因为开盘跳空可能是由经纪人或市场做市商在价格真空时期驱动的最后一波需求导致的，这种需求耗竭点位不会提供买入机会，它更可能对应于一个价格顶点。

3. 即使前一个交易日的收盘价是上升收盘价，并且当天的开盘价低于德马克供给线或者在开盘后没有继续上涨，但如果当天的最高价在一定程度上超过了前一天的"需求值"，并且随后超过了德马克供给线，那么这次需求的表现足以证实日内向上突破的有效性，对于传统技术分析者来说，就是得到收盘价高于德马克供给线的确认。要计算前一天"需求值"或买入力量，可以用前一天的收盘价减去同一天的真正最低价（这一天的最低价与前一天收盘价中的较低者）。然后将这个数值加上前一天的收盘价，就可以获得当前交易日可以复制的买入力量的水平，也就是"需求值"。如果这个"需求值"低于德马克供给线，并且之后价格穿越这个"需求值"并接着突破德马克供给线，就意味着市场有足够的买入力量，因此就可以在向上突破时入场。但是，如果德马克供给线向上突破先于"需求值"突破，也就是说"需求值"高于德马克供给线，将不满足确认指标3的条件。

4. 我目前正在研究一个新的确认指标，它涉及突破前一天的真正价格波幅。具体而言，在向上突破中，就在前一个交易日的收盘价上加上2倍的真正价格波幅（在向下突破中，就从前一个交易日的收盘价中减去），如果得到的数值超过突破水平，那么这个突破就视为无效。否则，就视为有效。不过，这还只是初步的设想。

在德马克需求线向下突破中，要确认日内入场机会的有效性，可以将之前的确认规则反转。具体而言，确认指标1规定向下突破前一天的收盘价是个上升收盘价，因此，交易者就会怀疑随后第二天发生的德马克需求线向下突破。确认指标2要求当天的开盘价低于德马克供给线和前一天的收盘价，并且价格低于开盘价1到2个最小价格波动单位（ticks）。确认指标3规定当天的卖出力量必须超过前一天的卖出力量（"供给值"）。要计算前一天的"供给值"，就从前一天的收盘价中减去同一天的真正最高价（这一天的最高价与前一天收盘价中的较高者）与收盘价的差值。之后，当天的最低价必须跌破德马克需求线。这个德马克需求线的向下突破必须发生在前一天的"供给值"被跌破之后。就像之前讨论的日内向上突破德马克供给线一样，只要满足这几个条件中任何一个（不要求全部满足），德马克需求线的向下突破就可以视为有效。

在我向一个人或一群人介绍我构建趋势线的方法时，我会描述并讨论这些突破确认指标，并问他们一些德马克线日内突破的情况是否可以视为有效。比如，如果某个即将发生的突破没有满足确认指标 1、2 或 3 的要求，是否还存在交易的机会？他们一致的回答是最好不要进行任何交易，因为没有满足任何一个确认指标的条件。然后，我向他们证明还有一个极棒的交易机会，就是反向交易这个突破。换句话说，如果一个确认指标条件都没有满足，那么就不要在向上突破时买入，而要反向操作，做空这个可疑的假突破。如果发生的是向下的突破，并且也没有满足任何一个确认指标条件，那么就做多这个可疑的假突破。当然，与主要趋势对抗，在可疑的价格动量耗竭点买入，对交易者来说确实是一个挑战，但是这其中也存在极好的机会，有可能就抓住了价格反转点。唯一的要求就是要在入场当天收盘时平仓，或者将德马克线向右延伸，以提防随后发生合格的突破。出于这个原因，交易者应该设置一个窄幅的止损和赢利目标，以防价格反转并突破随后变为合格的德马克线或入场当天的价格区间。因此，如果你决定保留不合格德马克线突破交易，而德马克线选择的程序设置为"结束于第一次突破"（"end at first"），你就应该改变这个设置，将这个程序改为"结束于合格突破"（"end at qualified"），因为不合格的德马克线突破最终也会满足有效性的要求。这些不合格的交易应该在当天收盘时结束，或者设置窄幅止损。

图 4.3 和图 4.4 展示了一系列不合格的第 1 级德马克线突破。图 4.5 展示了其他一些合格的德马克线突破案例以及对应的价格目标。图 4.6 同时展示了合格的（实线）和不合格的（虚线）第 1 级德马克线。

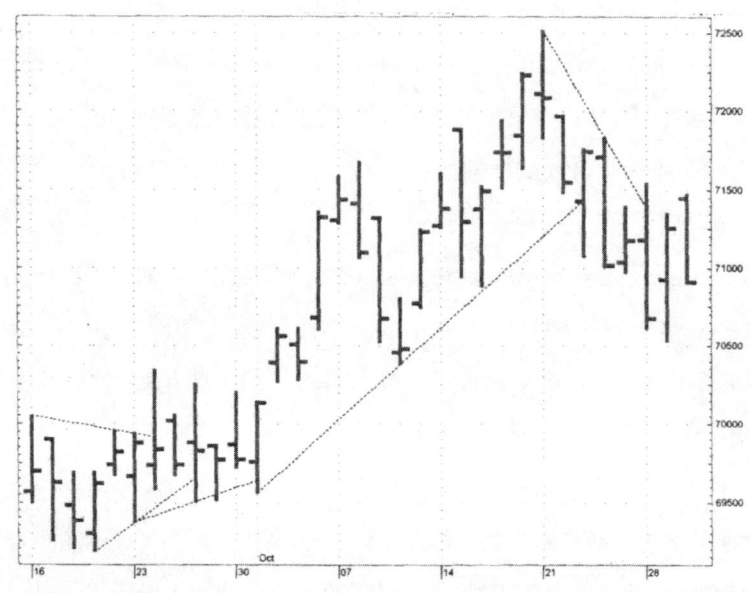

图 4.3 这幅走势图上只展示了不合格的德马克线。注意每一个德马克线突破都没有满足任何一个确认指标的条件，因此价格至少在突破当天就发生了反转。肯定大多数交易者都认为短期走势将会继续，并且由于他们已经在突破时建立了头寸，形象地说就是最后一个短期多头或空头都已经入场，所以短期趋势动量就已经耗竭了。另外，建议在入场当天收盘时出场，或者设置窄幅止损，以防随后发生合格的德马克线突破

第 4 章 德马克线

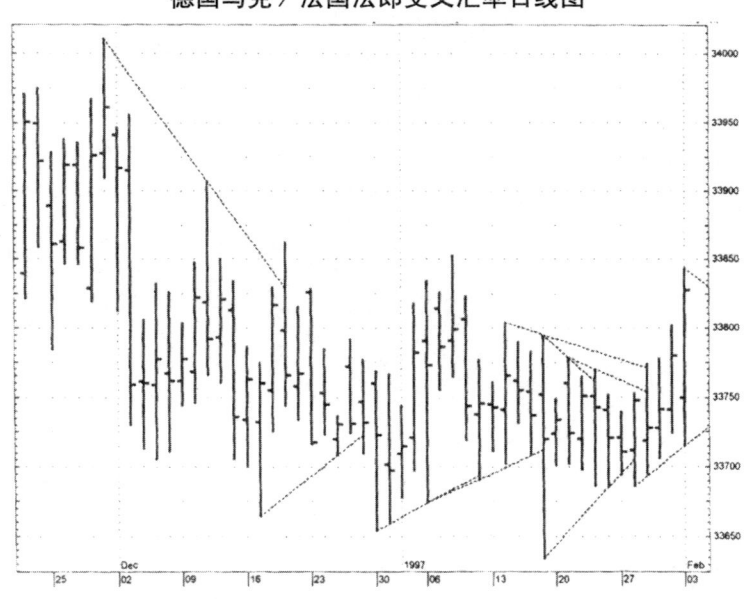

图 4.4 这幅走势图展示了不合格的第 1 级德马克线运用于德国马克／法国法郎交叉汇率走势图的情况。图中所有的突破，不管是向上突破还是向下突破，随后都发生反转，提供了极好的反向交易机会，这很好地证明了这个技术的有效性。请记住，这些不合格的突破终将会变为合格的突破，因此，交易者应该在当天收盘时出场，或者设置窄幅的止损

图 4.5 走势图上标示了多个合格的第 1 级德马克线突破，同时也标出了对应的价格目标区域。注意 1996 年 12 月末的价格目标被精确地触及

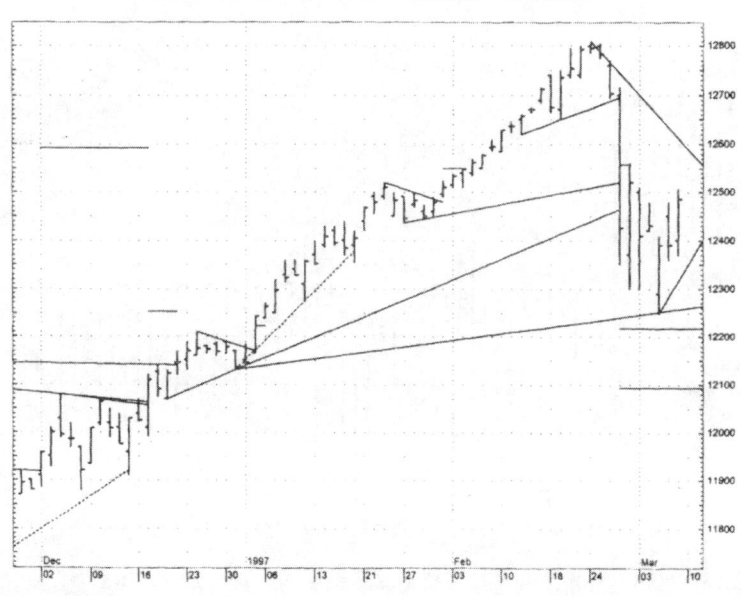

墨西哥比索 1997 年 3 月份合约日线图

图 4.6　这幅图上同时展示了合格的和不合格的第 1 级德马克线。由于这个市场的交易相对冷清，所以采用突破 3 个点的确认规则。正如你看到的，在 1996 年 12 月 13 日和次年 1 月 17 日，不合格德马克线（虚线）精确识别出价格走势的最低点。图中合格的德马克线（实线）识别出了趋势中的突破

德马克线上方和下方的价格走势通常是对称的。当价格向上穿越合格的德马克供给线后，价格的上涨幅度往往等于德马克线下方最低点到其正上方德马克线的距离。当价格向下穿越合格的德马克需求线后，价格的下跌幅度往往等于德马克线上方最高点到其正下方德马克线的距离。这个价格目标会一直有效，直到被价格触及，或者发生反方向的合格德马克线突破，或者不合格德马克线突破，后者将提供反向交易机会。这种价格目标的三种投射方法将在后面的执行设置部分进行讨论。前面的走势图中标示了合格德马克线突破的价格目标。当然，不合格的德马克线突破就没有标示相应的价格目标，因为这个突破是不合格的，也就不存在价格目标。

设置

本书并不想为你提供德马克线或其他任何指标的固定参数设置。我希望你能自行试验并改进某些参数，以适应你自己的交易风格、需求和预期。下面列出的这些参数设置都被证明是有效的，但是这并不意味着它们就是最好的。

1. 要构建一条德马克线，首先应该选择第 1 级的德马克关键点，然后连接最近两个第 1 级德马克关键点。为了识别出整体市场环境是处于上升趋势、下跌趋势还是横盘走势，也可以构建一些较高等级的德马克线（比如第 5 级、第 8 级或第 13 级），但是这并不必要，也非关键，因为有时它会限制德马克线机会的数量。假如较高等级德马克线向上突破的价格目标大于第 1 级德马克线向上突破的价格目标，你应该顺着上升趋势方向交易。反之，要确定你正在下跌趋势中做空，较高等级德马克线向下突破的价格目标必须低于第 1 级德马克线向下突破的价格目标［德马克线等级的设置是在"等级"（Level）中］。一个不错的选择是采用第 1 级的德马克关键点，偶尔采用 5 或 8 这种较高等级的德马克关键点，以确定较高等级德马克线的价格目标超过第 1 级德马克线的价格目标。

2. 为了正确定义德马克关键点，只采用真正最低价和真正最高价，而不是走势图上价格线的最低价和最高价。这样，所有当天最高价低于前一天收盘价或当天最低价高于前一天收盘价而产生的价格缺口，都会被填补上［这两个设置的选项位于"德马克关键点"（TDP），分别是"真正"（True）和"走势图"（Chart）］。推荐选择"真正"选项。

3. 要想了解市场的整体趋势，可以选择在走势图上同时显示德马克需求线（斜向上的德马克线）和德马克供给线（斜向下的德马克线）。也可以选择单独显示其中一条［这个选项位于"显示"（Display）栏］，但是推荐选择同时显示。

4. 要确定德马克供给线和德马克需求线连接的德马克关键点，可以选择多种价格。一个不错的选择是德马克供给线选择最高价，德马克需求线选择最低价［两个选项都位于"供给"（Supply）和"需求"（Demand）中］。

5. 要确定一个德马克关键点可以被用来构建德马克线的次数，必须进行这方面的设置。你可以设置 8 次到 10 次，虽然同一个德马克关键点被采用这么多次的概率非常低［一个德马克关键点被采用的最高次数可以在"连接"（Connect）中进行设置］。

6. 连接两个间隔超过 200 个交易日的德马克关键点构成的德马克线，其效力要低于那些连接两个间隔时间较短的德马克关键点构成的德马克线，因为市场的记忆会随着时间流逝而减退［绘制德马克线的两个德马克关键点间隔的天数，可以在德马克线"趋势"（Trend）的"回溯"（Lookback）中进行设定］。因此，第 1 级德马克线通常采用较短的 25 天到 50 天的最大时间间隔。不过，较高等级的德马克线的间隔时间可以相应增加。

7. 要确认日内突破的有效性，可以引入确认指标。如果突破符合任何一个确认指标的条件（不必全部符合），就可以顺着突破方向交易。如果一个确认指标的条件都没有满足，就不能顺着突破方向交易。如果是"不合格"突破，那么在这种情况下建立逆势头寸或许是不错的选择——换句话说，如果满足了任何一个德马克线确认指标条件，就逆着日内突破方向交易（俗称败位交易）。确认指标 a、b 和 c 的设置是在"确认指标"（Qualifier）中。

a. 确认指标 a 规定，如果德马克供给线向上突破前一个交易日的收盘价低于 2 个交易日前的收盘价，或者德马克需求线向下突破前一个交易日的收盘价高于 2 个交易日前的收盘价，就可以交易这个日内突破。确认指标 a 预测日内突破是否有效的逻辑是，如果向上突破前一天的收盘价高于再前一天的收盘价，或者向下突破前一天的收盘价低于再前一天的收盘价，就很可能发生假突破，因为预期到将发生突破的大部分交易者都已经入场建立了头寸。因此，如果交易者在突破的预期下已经建立头寸，他们的活动就已经完成了，突破之后将缺乏跟进动作。但是，如果德马克供给线向上突破前一天的收盘价低于再前一天的收盘价，或者德马克需求线向下突破前一天的收盘价高于再前一天的收盘价，那么不仅市场普遍预期价格将顺着前一天的收盘方向继续下跌或上涨，而且如果价格确实发生突破，那么突破初期会伴随着一定的疑虑，这反过来会有助于驱动价格进一步发展。

b. 确认指标 b 规定，不仅开盘价要向上突破德马克供给线或向下突破德马克需求线，而且开盘价还要高于前一天的收盘价（德马克供给线）或低于前一天的收盘价（德马克需求线），并且开盘后还要在突破的方向上成交几次。

c. 确认指标 c 规定，德马克供给线必须高于前一天的"需求值"，也就是前一天的收盘价与同一天的真正最低价（这一天的最低价与其前一天的收盘价中的较低者）的差值，再加到前一天的收盘价上得到的数值。德马克需求线必须低于前一天的"供给值"，也就是前一天的收盘价与同一天的真正最高价（这一天的最高价与其前一天的收盘价中的较高者）的差值，然后从前一天的收盘价中减去这个差值得到的数值。如果德马克供给线或德马克需求线随后被向上或向下突破，就意味着需求或供给不仅超过前一天的需求或供给的程度（超过"需求值"或"供给值"），而且市场足够强劲，一旦进一步突破德马克线，将会在突破的方向上继续发展。

总之，经验表明，这 3 个确认指标在任何时候都会只有一个成立。一般说来，市场确实会发生意外，可能（1）突破前一天的价格朝另一个方向收盘，（2）开盘跳空突破德马克线和前一天的收盘价，并且开盘后在突破的方向上发生了一些跟进走势，或者（3）价格穿越前一天的"需求值"或"供给值"，随后再向上突破德马克供给线或向下突破德马克需求线。

8. 为了进一步确认日内突破的有效性，你可以在确认指标 b 和 c 上增加几次成交次数的要求——这个设置是在"Qpen"（Qualified price penetration，有效价格穿越）。建议每个确认指标要求价格突破至少 2 个最小价格波动单位（ticks），以减少计算过程中四舍五入的影响，并提高确认指标的保守程度。

9. 要取消或了结一个在合格德马克线突破后建立的头寸，必须在接下来的交易日发生以下三种情形中的一种：

a. 向上突破德马克供给线的第二天的开盘价低于这条德马克供给线，或者向下突破德马克需求线的第二天的开盘价高于这条德马克需求线。这项设置是在"Qcan"（Cancellation，取消）的第 1 格。

b. 向上突破德马克供给线的第二天的开盘价低于前一天的收盘价，并且价格收盘于这条德马克供给线之下，或者向下突破德马克需求线的第二天的开盘价高于前一天的收盘价，并且价格收盘于这条德马克需求线之上。

这项设置位于"Qcan"（Cancellation，取消）的第2格。

c. 向上突破第二天的最高价没有超过突破日的最高价，或者向下突破第二天的最低价没有超过突破日的最低价。这项设置位于"Qcan"（Cancellation，取消）的第3格。

建议同时采用这3个取消条件，但是在某些情况下，也可以不选择第c项条件。

10. 要结束一个不合格德马克线突破后建立的头寸，选项9中的条件必须反过来，因为你要执行相同的功能，但是方向相反。也就是说，如果所有3个条件都没有满足，就不必了结这个在不合格德马克线突破后建立的头寸。这3项设置分别位于"Dcan"（Cancellation，取消）的第1、2和3格。你可能会倾向于不选择这3个条件，因为不合格突破通常只在德马克线被突破的当天有效。如果决定继续持有头寸，你必须设置止损并进行密切监视，因为不合格突破终将变为合格突破，并且只要满足一个确认指标条件，就必须结束交易。

11. 如果想在第一次突破（不管突破合格与否）后中止这条德马克线，必须选择"结束于第一次突破"（End at First）或"结束于合格突破"（End at qualified）。不合格德马克线最好选择"结束于第一次突破"，在大多数时候，合格德马克线也最好做此选择，原因是不合格德马克线一旦满足了某个确认指标的要求，就会变为合格德马克线。这项设置位于"参数"（Parameter）。

12. 要指定采用3种方法中哪一种来计算突破价格目标，可以在"等级"（Level）中选择"类型"（Type）1、2或3。类型1是标准的，也是最常用的设置。它的方法是计算德马克供给线下方最低价与其正上方德马克供给线数值的差值，然后将这个差值加到突破价位上，就可以获得向上突破的价格目标，或者计算德马克需求线上方最高价与其正下方德马克需求线数值的差值，然后从突破价位中减去这个差值，就可以获得向下突破的价格目标。类型2计算的是德马克供给线下方最低收盘价日的最低价与其正上方德马克供给线数值的差值，然后将这个差值加到突破价位上，或者计算德马克需求线上方最高收盘价日的最高价与其正下方德马克需求线数值的差值，并从突破价位中减去这个差值。类型3的计算方法与类型2相反，它计算的是德马克线上方最高价日的收盘价，或德马克线下方最低价日的收盘价与德马克线的差值,然后从突破价位中减去或增加这个差值。推荐选择类型1,我个人很少采用类型2和类型3,因为后两者相对较保守。

13. 最好选择同时显示合格的(实线)和不合格的(虚线)德马克线[这项设置位于"显示"(Display)栏]。不过,有时你也可能只想显示其中一种德马克线,因为不是所有的打印机都能区分实线和虚线。

14. 根据第12项的类型1方法计算出的德马克线突破价格目标,还可以增加各种百分比。你可以在"参数"(Parameter)中设置这个百分比。不错的选择是100%,但是偶尔你也可能将其设置为100%的几倍,因为市场有时也会呈现爆炸式增长或下跌。

15. 要想指定特定的突破点数(ticks,最小价格波动单位)以提高德马克供给线或降低德马克需求线,以更保守地对待突破,可以在"突破"(Breakout)栏中进行设置。一般设置为"1"或"2"个最小价格波动单位。

16. 要规定突破德马克线必须达到一定的点数(ticks),可以将"突破"(Breakout)栏中的"0"改为其他数字,通常选择"1"或"2"个最小价格波动单位。

17. 你也可以自己研发和定义确认指标。目前没有必要增加额外的确认指标。

我的第一本书《技术分析新科学》的一些读者已经对书中的一些指标展开了他们自己的研究。有些读者试验了各种德马克关键点、德马克线和德马克缺口(TD Gaps)。令人惊讶的是,他们独立发展出了我多年前研发的一个技术。虽然他们的研究并没有涉及突破确认指标和价格投射技术,但是他们的创造力仍然让我感到振奋。他们展现的极富感染力的热忱、研究的兴趣以及对完美的追求,我希望是源于我这本书的启发和激励。具体来讲,用一条直线连接一个德马克关键点和随后的第一个价格缺口(最高价低于前一天的最低价,或者最低价高于前一天的最高价)或价格"半缺口"(lap,最高价低于前一天的收盘价,或者最低价高于前一天的收盘价),就可以构建一条变形的德马克线,称为德马克线缺口(TD Line Gap^{TM})。研究表明德马克线缺口的构建和解读方式与一般的德马克线相同。图4.7展示了德国国债1997年3月份合约日线图上的德马克线缺口结构。绘制德马克线缺口的方法是连接德马克关键点与随后第一个价格缺口或"半缺口"。它的突破价格目标的计算方法和确认指标条件与标准的德马克线相同。走势图中有一个突破，不仅标示了通常的价格目标，另外还标示了一个大于这个价格目标的投射价位。这个更大的价格投射目标，是标准价格投射目标的2倍。要构建德马克线缺口，我建议连接德马克关键低点和随后向上跳空缺口日的最低点，连接德马克关键高点和随后向下跳空缺口日的最高点。

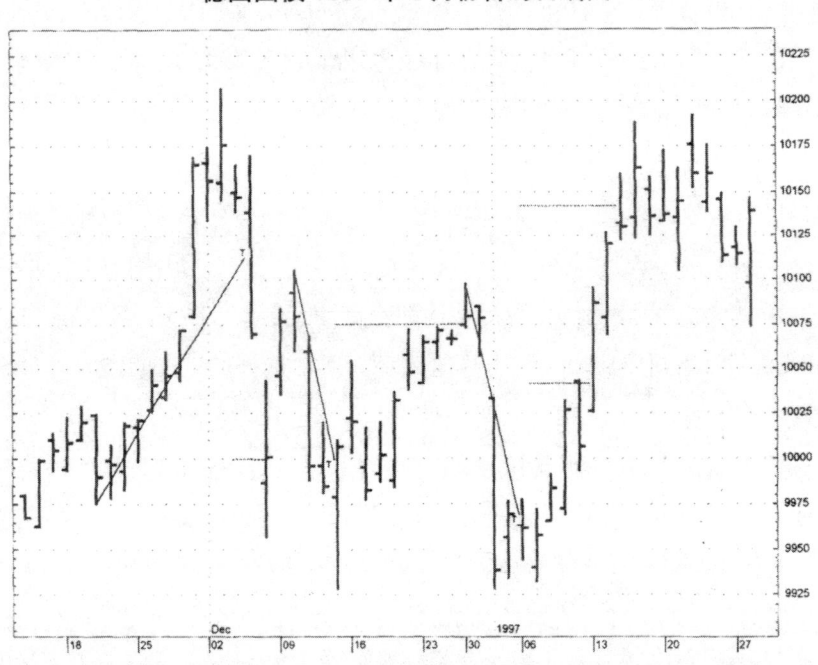

德国国债1997年3月份合约日线图

图4.7　走势图上标出了德马克线缺口突破以及对应的价格目标。要构建一条德马克线缺口，要求连接一个德马克关键点和随后最近一个价格缺口或"半缺口"。计算价格投射目标的方法以及确认指标的条件，与一般的德马克线相同。图中已经标出了各个价格投射目标

正如这里讨论的，像趋势线这样简单的分析技术可以被制定和描述为客观机械的方法，以识别趋势的反转、确立和区分合格或不合格的价格突破水平，并计算价格目标。很显然，大部分传统的趋势线方法都是被动、

缺乏精确性和随性的,并且很多地方还有显著的缺陷。而德马克线就非常精确地进行了定义,不仅为传统市场趋势追踪者提供了识别价格突破的实用方法,还有助于那些倾向于买弱卖强的逆势交易者成功识别不合格的突破。这种不合格的突破是打击那些情绪化进行趋势跟踪的交易者的好机会。在德马克序列和德马克组合的结构和计数运用过程中,很多交易者会利用合格和不合格的德马克线来进一步筛选低风险的入场机会。例如,一旦德马克序列或德马克组合的结构或计数已经完成,合格的德马克线突破将确认低风险入场机会。另外,结构或计数完成之前的德马克线不合格突破,可以识别逆势交易的入场区域。最后,正如你看到的,各种指标结合德马克线使用,将可以显著提高交易的成功概率。

S&P500 指数 1997 年 3 月份合约日线图

图 4.8 在 1996 年 9 月 12 日,价格向上跳空突破了第 12 级的德马克供给线。图中标示的上方那个价格目标是标准价格目标的 2 倍,并且在 1997 年 2 月 18 日被价格触及。所有基于第 1 级供给线,并且介于标准价格目标和增加 100% 的价格目标之间的所有价格目标,都应该低于走势图上标示的那个价格目标(水平线),因为它们都包含在较高等级(第 12 级)的价格目标之内。

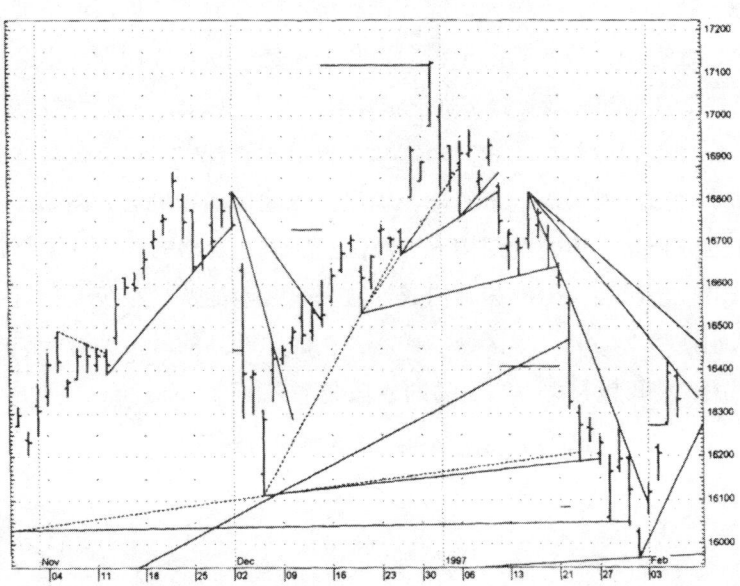

英镑 1997 年 3 月份合约日线图

图 4.9　图中虚线标示的都是不合格的德马克线，突破之后会在突破当天或者德马克线变合格之前出现反向走势。图中实线标示的都是合格的德马克线。虽然在 1996 年 12 月初发生的向下突破是合格突破，但是在随后的交易日发生了合格的向上突破。尽管发生反向突破后，这个价格目标不再有效，但是仍然标示在走势图上。在 1997 年 12 月末向上突破形成的价格目标区域被精确地触及

第5章　德马克回撤

观察结论：多年以前，我研发了一个用于计算回撤投射位的机械性方法。不像很多市场分析者，他们只是识别出一系列基于价格底部或价格顶部的回撤价位——这样不仅提高了他们的预测准确率，而且隐藏了他们自己也搞不清楚该选用哪个价格来计算价格目标的迷惑，但我的方法就可以客观地选择这些关键价格。由于这个过程是完全机械的，所以不管是谁以及在何时运用这个方法，都可以得到前后一致的结果。当把这个回撤技术运用于交易市场之外的统计数据，以计算回撤水平时，我的这种自信和满足感还会显著提高。具体而言，我将这种回撤分析方法运用于一些晦涩难懂的统计数据，比如大雁迁徙到威斯康星州沼泽地的趋势、大都市的人口增长率、经济统计数据以及基金经理管理资产的支撑水平。不必感到太惊讶，这个方法非常有效，即使运用于与市场无关的统计数据，也仍然可以产生准确的结果。

德马克相对回撤

很多交易者会运用回撤来投射潜在的入场位或支撑/阻力水平。让我感到不可思议的是，很多市场分析师会随意地计算一系列回撤水平，并且一旦某个回撤水平被证实之后，就大肆吹捧其准确性并忽略这一系列中其他多个失败的回撤水平。我曾经就在一个市场分析师的预测中发现了这种忽视方法一致性的问题。这个分析师当时在一份分析报告中提出了一系列回撤水平，但是在随后一份分析报告中却只提及预测正确的那个回撤水平，其他预测失败的回撤水平都从走势图中消失不见了。这种做法非常普遍。但是，如果是用一个完全机械的方法来计算这些投射位，就不需要掺杂任何艺术成分。预测错误将没有借口，因为大部分交易者用来计算回撤水平的那种混乱而主观的方法将被一种前后一致并且客观的方法取代。使用这种方法的交易者不会在一个星期选择一个回撤水平，然后在下一星期在同一幅走势图上又选择另一个回撤水平。回撤水平应该被客观地计算。由于价格形态和价格水平之间的关系都不相同，所以应该根据具体的情况选择不同的回撤水平计算方法。最首要也是最常用的回撤技术是德马克相对回撤（TD Relative Retracement）。

我的各种回撤技术的研究可以追溯至1971年。在那个时候，我引入了艾略特波浪分析和斐波那契数字。可能除了艺术家和数学家之外，很少有人了解波浪理论、"黄金分割线"（0.618比率普遍存在于整个自然界），或斐波那契数列。我在公共图书馆的文献中找到艾略特的《自然法则》（*Nature's Law*），以了解他的观点。由于书中的资料非常有限，我做出了一些改进并进行了进一步的研究和试验。由于这些法则都是非常主观地运用于市场和价格行为，所以找不到一个选择回撤比率和计算回撤目标的明确方法。因此，我决定研发几种机械性的选择回撤价格水平和回撤比率的方法。有一个这样的技术就是识别最近价格低点，然后往前回溯寻找最近一个低于这个低点的价格低点，然后选择这两个点之间的最高点作为参照价格水平——这个参照价格被称为德马克关键价格（TD Critical Price™），整个过程是完全客观的。要向上投射回撤位或阻力位，只需要计算德马克关键价格和最近价格低点的差值，然后乘以各种回撤比率。这个过程简单、机械并且适用于所有市场。反过来，要向下投射回撤位或支撑位，只需要将前述过程反过来：寻找最近的价格高点，并且往前回溯寻找最近一个高于这个高点的价格高点，然后选择这两个价格高点之间的最低点作为参照价格（也被称为德马克关键价格）。接下来，计算最近高点与这个最低点的差值，并乘以各种回撤比率，就可以获得支撑位。可以选择斐波那契回撤比率中的0.382、0.618、1.382、1.618、2.236、2.618、3.618，以及我命名的德马克磁性价格（TD Magnet Price™）。大部分最近出版的技术分析研究类书籍都会讨论黄金分割线和斐波那契数列，以及它们在自然界存在的普遍性，比如，埃及金字塔外墙的角度，以及英里与公里的换算因子。我会用一种独一无二并且机械的方法来运用这些比率，以计算回撤水平。

这个回撤过程之所以被称为德马克相对回撤，是因为它利用当前价格低点与之前最近一个更低的价格低点之间的最高点（称为德马克关键价格），来计算向上的回撤水平，或者当前价格高点与之前最近一个更高的价格高点之间的最低点（称为德马克关键价格），来计算向下的回撤水平。

关于价格回撤的普遍观念与实际市场价格行为之间存在着重大矛盾。研究显示，向上和向下的价格投射水平都是用斐波那契比率和前述的回撤方法计算的，但是有一个例外。当价格穿越 50% 或 61.8% 的回撤水平时，市场普遍认为价格最终会在德马克关键价格的最高价或最低价遭遇阻力或支撑，但是实际的价格行为并非如此。具体而言，比起普遍认为的向上和向下 100% 的回撤水平，其实还存在一个更有效的回撤水平，这个回撤水平可以产生更好的交易绩效。通过仔细观察，你会发现价格倾向于回撤到最高价日的收盘价而不是最高价（向上回撤），或者回撤到最低价日的收盘价而不是最低价（向下回撤）。因此，这个关键回撤水平，也就是德马克关键价格日的收盘价，被称为德马克磁性价格。这个看法与采用回撤技术的大部分交易者的观点不同，因为大部分交易者都错误地认为价格会在最高价或最低价处找到支撑或阻力。这里给出了比较全面的回撤比率，包括 0.382、0.618、磁性价格（最高价日或最低价日的收盘价，也可以说是德马克关键价格日的收盘价）、1.382、1.618、2.236、3.618、4.618 等等。用这些比率乘以德马克关键价格与最近低点或最近高点的差值，然后加在最低价上（向上回撤）或从最高价中减去（向下回撤），就获得了向上或向下的回撤目标。发生价格突破之后，要想对价格突破带来的这个可疑的入场机会进行确认，你也可以将德马克线的确认指标用于德马克相对回撤。要了解这些确认指标，可以参照第 4 章和接下来的讨论，以及后面的参数设置讨论。

确认指标

我的第一本书《技术分析新科学》（*The New Science of Technical Analysis*）中提到的 3 个突破确认指标，不仅可以用于德马克线突破，也可以用于德马克回撤和德马克趋势因子，以及其他一些趋势追踪方法。进行类似的确认很重要，因为它尝试过滤那些在盘中出现，但是交易者往往因为惧怕收盘价无法确认这个突破而不愿意利用的交易机会。为了避免丧失这么多交易机会，我与读者分享了这些以前从未公开的确认指标。在那之后，我已经对这些过滤指标进行了提升，并推荐采用其他方法来利用这些指标获利。例如，你或许倾向于交易不合格的德马克回撤突破（逆势交易），因为这符合我推荐的"买弱卖强"的做法。德马克相对回撤水平的日内向上突破的确认指标包括：

1. 突破前一天的收盘价必须是下降收盘价。这意味着市场上大部分交易者都预期价格将下跌，因此，对于向上的突破，最初他们都会充满疑虑并且拒绝入场，直到临近收盘，他们开始相信这个突破是有效的突破。事实上，这些交易者很可能因为预期这个突破将失败而做空这个突破。

2. 突破前一天的收盘价是一个上升收盘价，因此确认指标 1 不适用。尽管如此，但如果当天开盘价向上突破德马克相对回撤水平，那么市场状况很可能自前一天收盘后发生了急剧变化，变得对多头有利，因此这个突破也可以视为有效突破。但是，还必须满足另外一个条件，即价格必须高于开盘价的价位 1 到 2 个最小价格波动单位（ticks）。否则这个开盘跳空可能仅仅是由特种经纪人或市场做市商驱动的最后一波需求导致的，这种需求耗竭点位并不代表一个买入机会，它更可能对应于一个价格顶点。

3. 即使前一个交易日的收盘价是上升收盘价，并且当天的开盘价低于德马克相对回撤水平，但如果当天的最高价在一定程度上超过了前一天的"需求值"，并且随后超过了德马克相对回撤水平，那么这次需求的表现足以证实日内向上突破的有效性。要计算前一天"需求值"或买入力量，可以用前一天的收盘价减去同一天的真正最低价（这一天的最低价与前一天收盘价中的较低者）。然后将这个数值加上前一天的收盘价，就可以获得当前交易日可以复制的买入力量的水平，也就是"需求值"。如果这个"需求值"低于德马克相对回撤水平，并且之后价格穿越这个"需求值"并接着突破德马克供给线，就意味着市场有足够的买入力量，因此就可以在向上突破时入场。但是，如果德马克相对回撤水平向上突破先于"需求值"突破，也就是说"需求值"高于德马克相对回撤水平，将不满足确认指标 3 的条件。

4. 我目前正在研究一个新的确认指标，它涉及突破前一天的真正价格波幅。具体而言，在向上突破中，就在前一个交易日的收盘价上加上 2 倍的真正价格波幅（在向下突破中，就从前一个交易日的收盘价中减去），如果得到的数值超过突破水平，那么这个突破就视为无效。否则，就视为有效。不过，这还只是初步的设想。

要确认德马克相对回撤向下突破带来的交易机会，也可以采用相同的确认条件，只不过方向相反。具体而言，确认指标1规定突破前一天的收盘价是一个上升收盘价，因此，随后德马克相对回撤水平的向下突破就很可能被视为假突破。确认指标2要求开盘价跌破德马克相对回撤水平，并且在低于开盘价的价位成交至少1到2次。确认指标3规定当天的卖出力量必须超过前一天的卖出力量（"供给值"）。要计算前一天的"供给值"，就从前一天的收盘价中减去同一天的真正最高价（这一天的最高价与前一天收盘价中的较高者）与收盘价的差值。之后，当天的最低价必须跌破德马克相对回撤水平。就像之前讨论的德马克相对回撤水平向上突破一样，只要满足这几个条件中任何一个（不要求全部满足），德马克相对回撤水平的向下突破就可以视为有效。

由于这些交易过滤网或者说德马克相对回撤确认指标非常重要，所以有必要再次强调一下。第一个条件涉及日内价格向上或向下超过回撤水平，但是收盘价却没有超过的情况。一般来说，如果这3个突破确认指标都没有满足，那么交易者就可以预期到这个结果。但是，如果满足了3个确认指标中任何一个，就可以确认为有效的交易机会。

1. 德马克相对回撤水平向上突破前一天的收盘价是下降收盘价。
2. 开盘价向上突破回撤水平，并且高于开盘价的价位至少1到2个最小价格波动单位（ticks）。
3. 突破当天的买入力量或"需求值"超过前一天的水平，并且随后当天的最高价超过德马克相对回撤水平。

要计算前一天的"需求值"或者说买入力量，先计算前一天的收盘价与同一天的真正最低价的差值，然后将这个差值加到前一天的收盘价上，这代表了当天可以复制的买入力量。如果这个需求值低于德马克相对回撤水平，并且先后被突破了，就证明市场有足够的买入力量，就可以接受这个低风险的日内入场机会。同样的，要判断价格是否收盘于回撤水平或支撑位之下，要看是否满足下列3个确认指标中任何一个。

1. 德马克相对回撤水平向下突破前一天的收盘价是上升收盘价。

2. 开盘价跌穿回撤水平,并且低于开盘价至少1到2个最小价格波动单位。

3. 突破当天的卖出力量或"供给值"超过前一天的水平,并且随后当天的最低价跌破德马克相对回撤水平。

要计算前一天的"供给值"或卖出力量,先计算前一天的真正最高价与同一天的收盘价的差值,然后从前一天的收盘价中减去这个差值,这代表了当天可以复制的卖出力量。如果这个供给值高于德马克相对回撤水平,并且先后被突破,就证明市场有足够的卖出力量,就可以接受这个低风险的日内入场机会。

图 5.1 到图 5.14 展示了多个德马克相对回撤运用的例子。

S&P500 指数 1997 年 3 月份合约日线图

图 5.1 这幅标普 500 3 月份期货合约的日线图展示了 3 个德马克相对回撤的计算——一个是 1996 年 12 月中旬向上的回撤,另外两个分别是 1996 年 12 月末和次年 2 月初的向下的回撤。在 199 年 12 月最低点的 2 个交易日之后,市场开盘于 38.2% 的回撤水平之上,并且当日的最低价精确地触及这个水平,随后,价格收盘于 61.8%。此后,第 2 天和第 5 天的最高价都精确触及磁性价格,都属于不合格的突破。随后的下跌的价格底部也刚好位于磁性价格,这也是不合格突破的信号,意味着向下的突破失败。另外,在次年 2 月初,价格在一天内穿越了 2 个回撤水平,并且也在磁性价格找到支撑,意味着价格动量耗竭和趋势反转。注意,用于计算回撤水平的参照价格是最近低点或高点与之前最近一个低点或高点之间的最高价或最低价,也就是德马克关键价格

图 5.1a 这幅图展示了德马克相对回撤用于日内价格走势的情况。看看德马克磁性价格是如何有效地阻止了 1 月和 2 月的上涨，并精确识别出盘中的最低点

图 5.1b 看看 1996 年 12 月中旬磁性价格的不合格突破如何有效识别出了短期的价格顶部。同样的，1997 年 1 月 2 日的最低点正对应于磁性价格，并且当日连续突破了两个回撤水平。而 2 月的最高点在 2.618 的回撤水平遭遇阻力。除此之外，这时的德马克序列也发生低风险入场指示

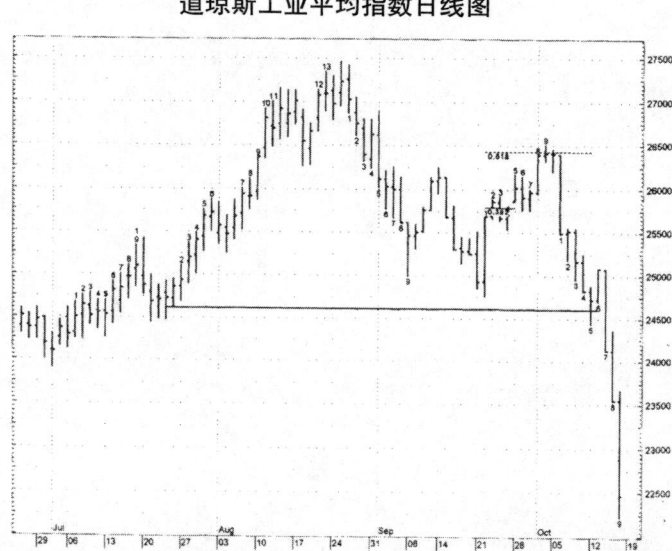

图 5.2 这幅走势图上不仅显示了德马克相对回撤水平，还标示了德马克序列和 TDST。注意，图中 0.618 的德马克相对回撤水平是用虚线标示的，这意味着随后发生的突破是不合格突破，因此，价格会在这个价位反转。另外，德马克序列卖出结构也完成于这个交易日，提高了发生价格反转的预期。之后，TDST 水平在买入结构的第 5 日被向下突破，这个突破成了 1987 年股票市场崩盘的前奏，不过，这次崩盘最初是被在 8 月份完成的德马克序列 "9-13" 识别出来的

无铅汽油 1997 年 4 月份合约日线图

图 5.3　这幅走势图显示了多个不同的指标水平。具体而言，在 1996 年 10 月，这份合约的交投冷清，德马克序列计数第 13 日出现在价格顶峰。随后，出现一个买入结构，但是这个结构不但没有跌破 TDST 水平，而且距离 TDST 水平还很远，意味着这次价格下跌仅仅是上升趋势中的回调。之后，一个卖出结构完成于最高价日。与此同时，其他能源合约也发出了德马克序列卖出信号，从而确认了这个潜在的价格顶部。德马克相对回撤在 0.382 和 0.618 水平区域识别出了潜在的支撑位。注意，0.618 的德马克相对回撤水平被收盘价跌穿了 2 次，但是两次突破第 2 天的开盘价都向上跳空超过这个价位，符合德马克关键确认指标的条件。最后，德马克趋势因子识别出第一个支撑水平是在 0.9444，价格向下跳空跌穿之后，最终在第 3 个德马克趋势因子水平找到支撑。价格没有跌穿这个水平，从而确认了价格将在德马克相对回撤水平止步并上涨

天然气1997年4月份合约日线图

图 5.4 注意德马克组合"9-13"完成于 1996 年 12 月的最高收盘价日。0.382 的德马克相对回撤水平被价格向下跳空跌破,预示着价格将进一步下跌到 0.618 的德马克相对回撤水平。在 1996 年 12 月底,价格精确止步于这个水平。随后,价格上涨并且在次年 1 月的第一个星期连续突破 2 个相对回撤水平,意味着向上动量的耗竭。注意,价格并没有像大部分择时交易者预期的那样到达 100% 的回撤水平。随后,价格在次年 2 月的第 1 天跌破 0.618 的相对回撤水平,并且在 4 个交易日后再一次跌破这个价位;最后,在 2 月中旬 TDST 水平被向下突破,意味着德马克组合会继续直到计数阶段完成

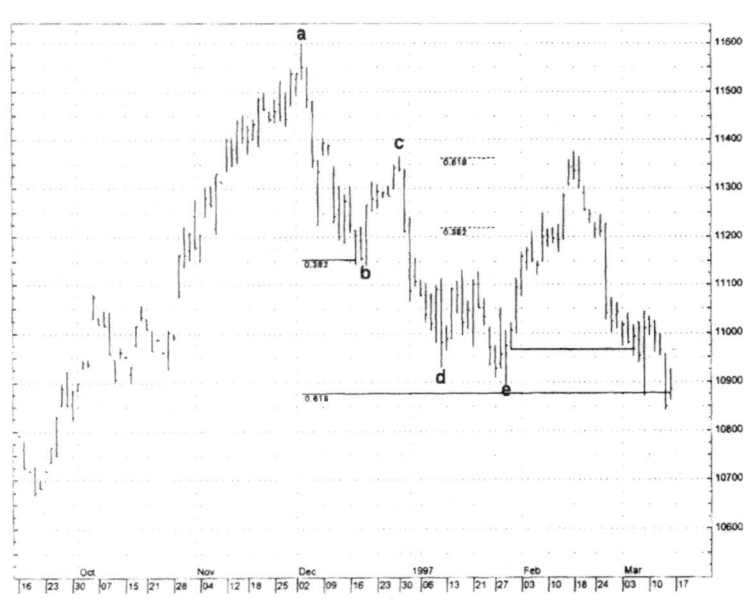

美国国债1997年6月份合约日线图

图5.5 价格从最高点a下跌后首先在0.382的德马克相对回撤水平找到支撑,当时只发生了不合格突破(b)。几个交易日后,价格再次下跌,跌幅(从c到d)与之前的跌幅(从a到b)相等。在这种情况下,市场往往会从第2次下跌的最低点开始发生0.618幅度的回撤,而事实正是这样。此外,绘制直线分别连接a和b,以及c和e,两条线的价格/时间跨度基本相等,意味着e点是最近跌势的终点。在1996年3月份,价格首次跌破0.618回撤水平是不合格的,因此,价格随后反弹。但是价格的第2次突破是合格的。另外,TDST水平正好是1997年2月份的最高收盘价,价格在3月跌破了这个TDST水平

摩托罗拉股票日线图

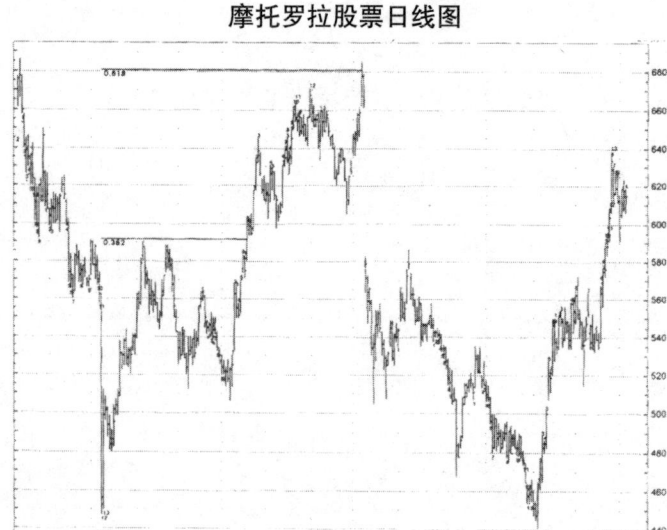

图 5.6　0.382 的德马克相对回撤水平在 1996 年 2 月份被证明是一个阻力位，而 0.618 的相对回撤水平在 7 月份识别出了价格动量的耗竭点。注意，1 月和 11 月的两个低点都是德马克序列"9-13"识别出的价格底部，而 6 月的德马克序列识别出的高点是采用"忽略较小真正价格波幅"的再循环设置

Newbridge Networks 公司股票日线图

图 5.7　德马克相对回撤水平在 1996 年 6 月底、8 月、10 月和次年 1 月都构成了上涨的阻力位，它们代表了价格动量的耗竭水平。在 12 月和次年 1 月的回撤位都构成了支撑位。另外，在 1997 年 1 月的第 1 个星期，德马克序列"9-13"识别出的价格底部刚好位于磁性价格。为了使这些回撤水平的精确性更明显，走势图上没有标示德马克序列的结构阶段，只标示了计数阶段。

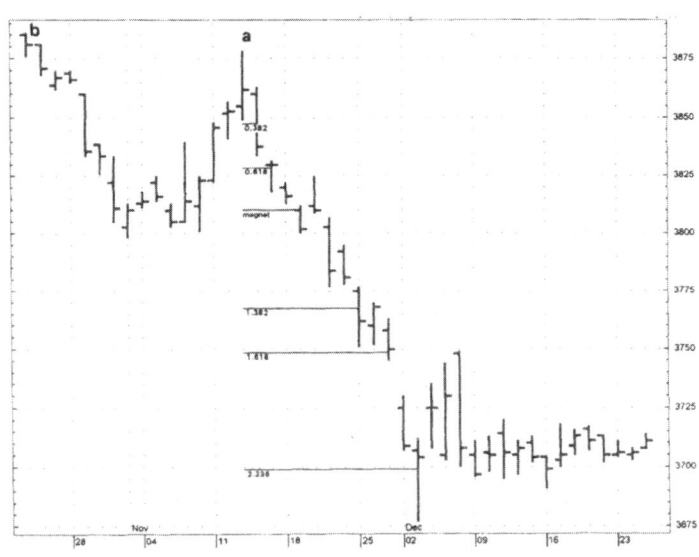

黄金 1997 年 2 月份合约日线图

图 5.8 德马克相对回撤要求衡量最近高点（a）与前一个高点（b）之间最低点到最近高点（a）的距离，以此计算各个相对回撤水平。这幅图上绘制了一系列德马克相对回撤水平。0.382 回撤水平被跌破的前一天是上升收盘价，因此，这次突破是有效突破。0.618 回撤水平的第 1 次突破并不算有效的突破，因为当天价格又收于这个回撤水平之上。但第 2 次突破就是有效突破，并且下一个交易日的开盘价跌破磁性价格，符合确认指标 2 的条件。1.382 和 1.618 回撤水平的突破都符合确认指标 3 的条件，都是有效突破。但是，2.236 回撤水平的突破就不满足任何确认指标的条件，并且价格也维持在这个价位之上。在 4 个交易日之后，价格收盘于这个价位之下，但也不是有效突破，因为第 2 天开盘价格又迅速回到这个回撤水平之上——德马克关键确认指标

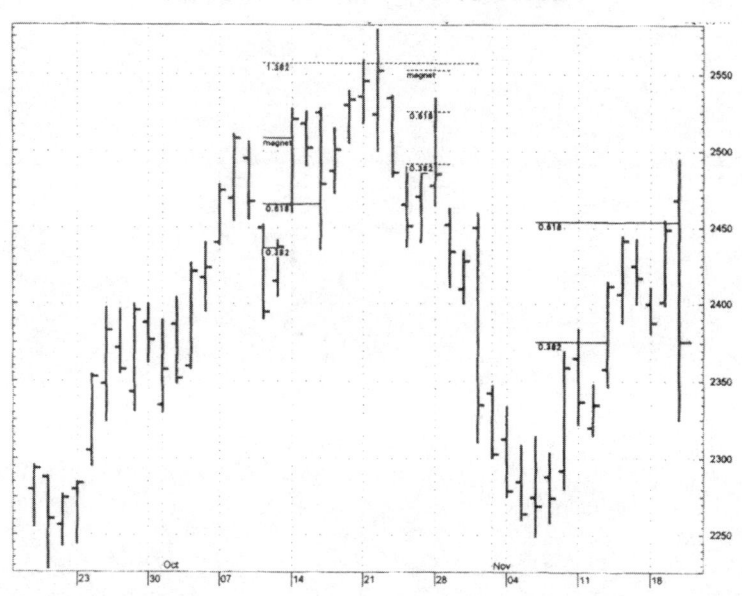

图 5.9 这幅图展示了多个德马克相对回撤水平。10 月 14 日价格连续向上突破了两个相对回撤水平（0.618 和磁性价格），并且这两个回撤水平都是自 10 月 10 日的最低点以来第一次被突破，意味着价格动量已经耗竭。在之后第 6 天和第 7 天发生的向上突破都不是有效突破，预示着突破将失败。在 10 月 28 日，再次发生一个交易日内连续突破两个回撤水平的情况。价格在 11 月 6 日筑底之后开始上涨，并且在突破 0.382 回撤水平时失败。虽然这次突破不是有效突破，但是在 6 个交易日之后，价格精确触及 0.618 回撤水平

图 5.10 10月10日，德马克相对回撤水平连续被突破，预示了10月21日的价格反转，因为这次突破并不是有效突破。10月28日的突破符合确认指标2的条件，但是第2天的开盘不符合德马克关键确认指标的条件，因此取消了这次突破。11月6日的突破不是有效突破，并且前一个交易日内连续突破了两个回撤水平。最终，价格受阻于2.618的回撤水平。始于12月5日最低点的上涨走势在磁性价格发生不合格突破，而12月9日的最低点恰好是0.382的回撤水平。德马克趋势因子从高点投射而来的价格水平正好是12月5日的最低价

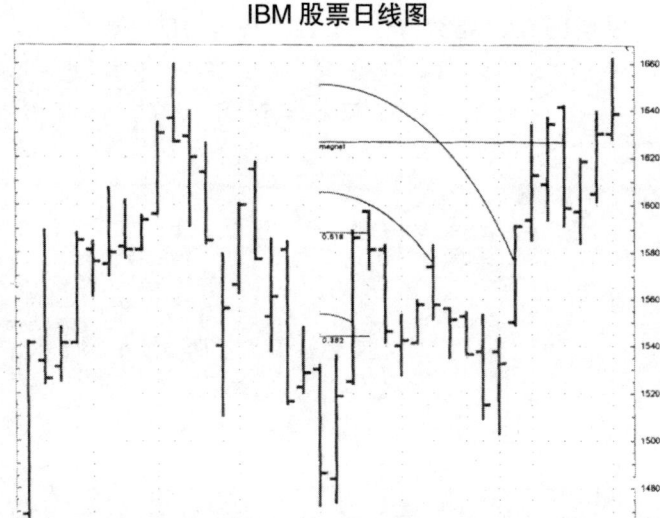

图 5.11 从 1996 年 12 月 3 日的最高点到 12 月 6 日的最低点的价格波幅,等于从 12 月 10 日的最高点到 12 月 16 日的最低点的价格波幅。一般来说,在两次相等幅度的下跌之后,会发生 0.618 水平的回撤。另外,分别连接两个点的两条斜线的价格/时间跨度也基本相等。图中还展示了德马克回撤弧(TD Retracement Arcs),这些回撤弧识别出了 1996 年 12 月 26 日的不合格突破和 1997 年 1 月 5 日的有效突破

德州仪器公司股票日线图

图 5.12　9 月的价格回撤正好在磁性价格找到支撑，而 10 月初的那波下跌走势也精确止步于 0.382 回撤水平，之后价格进一步下跌并且在 0.618 回撤水平找到支撑。12 月的涨势受阻于 1.618 回撤水平。此外，在 10 月末的买入结构阶段，价格没有跌破 TDST 水平，而是在 0.618 回撤水平折返

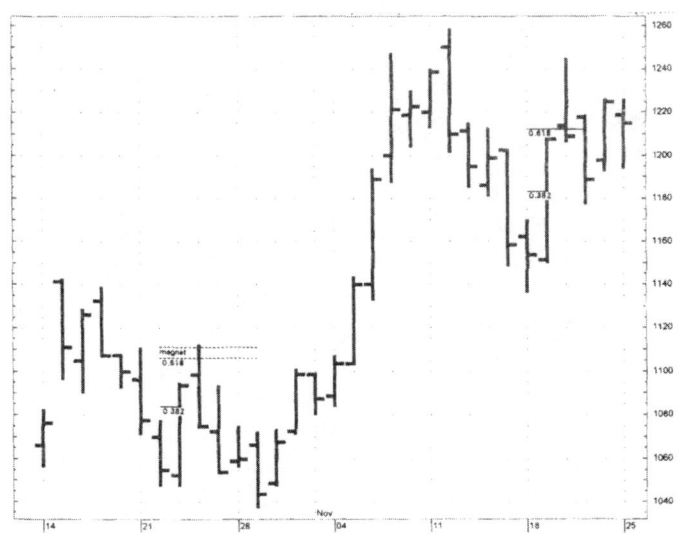

英特尔公司股票日线图

图 5.13a　在一个交易日内连续突破两个德马克相对回撤水平，往往意味着价格将反转或横盘整理。这幅走势图上展示了两个这样的例子

白银1997年5月份合约日线图

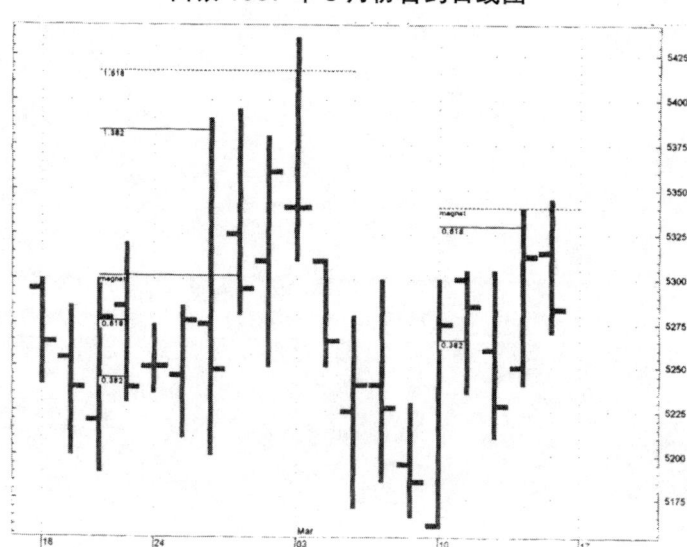

图5.13b 一个交易日内连续突破两个德马克相对回撤水平，通常预示着价格将反转或横盘整理。2月20日和3月13日就是两个这样的例子

五月百货公司股票日线图

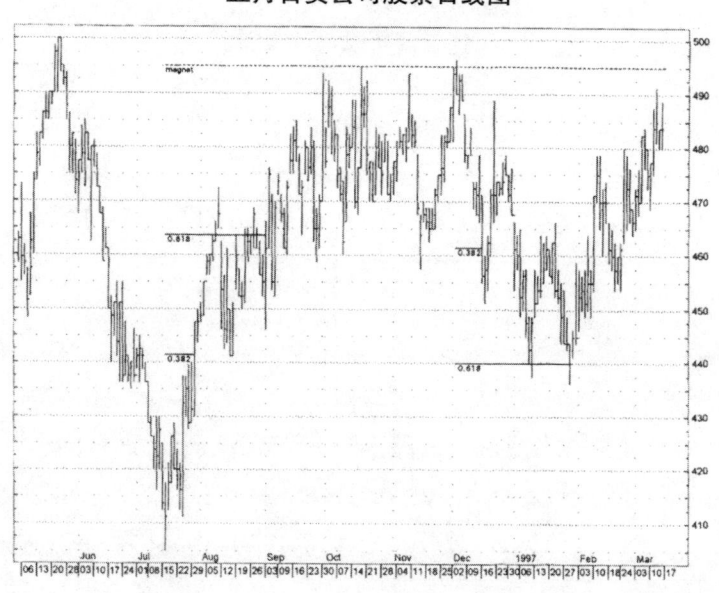

图5.14 图中磁性价格在价格走势上方提供了阻力，0.618回撤位在价格走势下方提供了支撑

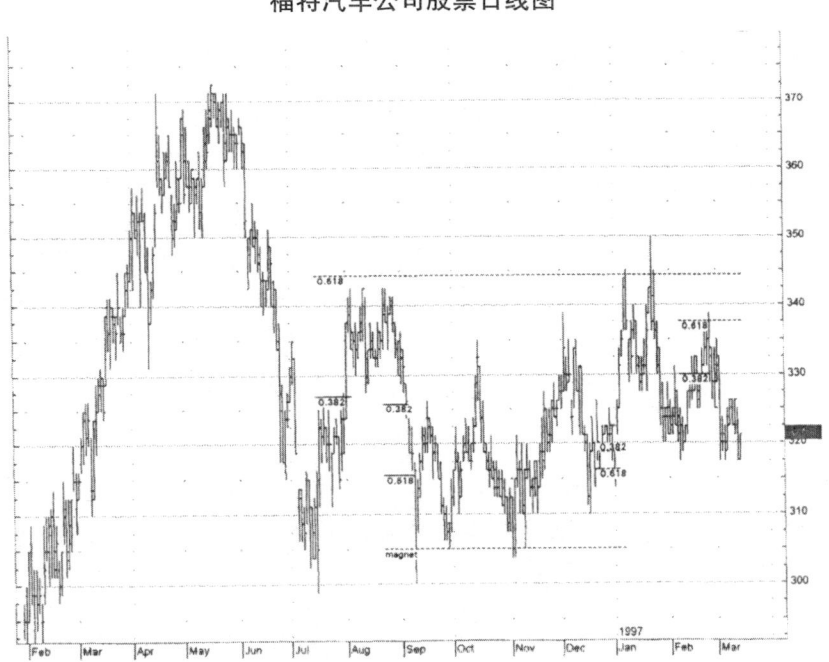

图5.14a 这幅图上展示了多个德马克相对回撤水平。图中的虚线仍然标示的是不合格突破——这意味着交易者不应该顺着预期的突破方向交易，而应该进行反向交易

观察结论：还有其他一些回撤关系可以作为前述相对回撤的补充。假设盘中最高价向上突破了一个回撤水平，并且收盘价高于前一个交易日的收盘价，或者盘中最低价向下突破了一个回撤水平，并且收盘价低于前一个交易日的收盘价，但是收盘价没有成功向上或向下突破这个回撤水平，那么价格通常会继续上涨或继续下跌这个回撤水平与下一个回撤水平之间波幅的一半，也就是上涨或下跌到这两个回撤水平正中间的那个价位。例如，0.382回撤水平与0.618回撤水平正中间的那个价位就是0.50回撤水平，0.618回撤水平与磁性价格正中间的那个价位就要取决于磁性价格的具体价位，而磁性价格的具体价位又要取决于德马克关键价格日的收盘价

我在研究回撤的过程中还有另一个重要发现，涉及回撤水平区域

的特殊价格行为。这个价格行为被称为德马克双重回撤（TD Double Retracement™），因为它运用于那些价格在一根价格线内连续突破（盘中突破或收盘突破）2个甚至3个回撤水平的情况。如果是在日线图上，一天内发生如此剧烈的波动常常意味着短期趋势的终结以及价格动量的耗竭，它并不像大部分交易者预期的那样是价格突破的前奏。但是这有一个条件，就是价格必须是第一次突破这些回撤水平，也就是说从价格开始回撤以来，还没有突破过这些回撤水平，这样就进一步确定可以将这个价格波动归类为极端的价格波动，从而提高价格动量耗竭的概率。因此，如果价格在一个交易日内连续向上或向下突破2个或更多个回撤水平，并且是自回撤以来第一次突破这些回撤水平，那么在随后几天内很可能发生趋势反转或者横盘整理。此外，如果价格在一个交易日内第一次向上或向下突破并成功收盘于这些回撤水平之上或之下，那么很可能出现与之前趋势方向相反的价格缺口，这个缺口将导致价格至少回到刚刚突破的最近的那个回撤水平。图5.13a、图5.13b和图5.14a（9月）就展示了这种现象的几个例子。

大部分交易者认为只要价格突破了一个回撤水平，就很容易继续波动到下一个回撤水平。这种想法是很幼稚的，很容易遭遇亏损。有很多因素可以导致价格突破某个回撤水平失败然后反转，或者驱动价格加速朝下一个回撤水平前进，或者继续之前的趋势但速度放缓。另外，还有一个重要的确认指标，被称为德马克关键确认指标（TD Critical Qualifier），这个指标可以取消之前的回撤水平突破，并且也可以用于本书介绍的大部分指标。作为一个过滤指标，这个德马克关键确认指标是确认突破有效性的重要工具，但是却被大部分市场择时交易者忽视了。这是价格突破的最后一个确认指标，非常重要，它适用于市场上被广泛采用的大部分择时指标，也很可能适用于你目前采用的大部分交易系统。在确定价格突破有效性方面，重要的不只是突破当天的收盘情况，更重要的是突破第二天的开盘情况。理由如下：如果某个德马克相对回撤水平或德马克线突破水平（比如趋势因子）在收盘价的基础上被突破了，大部分市场择时交易者就很可能把这个事件当作一次有效价格突破以及趋势加速发展的前奏。在大多数情况下，这种看法或许是对的，但是随后的事件可能完全打破这种预期，这就是突破第二天的开盘情况。收盘价可以受到人为的影响，因此有可能扭曲真实的市场供给和需求情况。例如，价格行为可以在短期内被夸大，尤其是在成交量清淡并且市场价格波动受消息驱动时，从而扭曲了真实的市场均衡水平。因此，如果收盘价受到过度影响，那么下一根价格线会通过跳空的方式向上或向下突破回撤水平来重新建立价格均衡。标普指数期货的收盘价就常常受到影响，因为期货交易的收盘时间比现货交易的收盘时间晚15分钟，而期货清淡的交易就会导致价格大幅波动。这种现象在每周或每个月的最后一个交易日以及程序交易活跃时段尤为明显，并且常常在期权、股票和股票期货合约到期前加重。第二天的开盘价才是"价格之王"，这个价格才是价格突破的关键确认指标的重要考量对象。当然，收盘价也是重要的考量因素，你也可以通过收盘价与同一天的开盘价来衡量一天的累积/派发情况，但是，要在显著的突破之后评估价格均衡水平，你应该依靠突破第二天的开盘价来进行确认。这个价格可以纠正前一天由一些意外事件或活动导致的异常价格行为。在大多数时候，德马克关键确认指标都是用来对合格突破进行确认，但它有时也可以否定之前的突破，从而避免交易者遭遇亏损。

在市场整体上涨或下跌时期识别并衡量波段，然后运用回撤分析来获得价格投射目标。有些价格波动的幅度（技术分析者所谓的"腿"）会与之前的价格波动幅度相等。要在上涨趋势发生小幅回调的情况下进行这种衡量，你可以计算之前最低价日的收盘价与随后最高价的距离，然后用这个距离乘以至少25%，再将计算的数值加到最近一个低价日收盘价上。同样的，如果是在下跌趋势发生小幅反弹的情况下，可以计算之前最高价日的收盘价到随后的最低价的距离，然后用这个距离乘以至少25%，再从最近一个高价日收盘价上减去计算出的这个数值。价格通常会在这个"25%"价位遭遇阻力或支撑。一旦价格穿越这个价位，那么下一个支撑位将是从最近最高价（而不是这天的收盘价）中减去"50%"获得的价位，而下一个阻力位将是在最低价（而不是这天的收盘价）中加上"50%"获得的价位。此外，市场在走出两个几乎相等的波段（两条均向上或均向下的"腿"）

之后，往往会发生 61.8% 的德马克相对回撤。

一般来说，当市场连续出现 2 个方向相同且幅度相等的波段走势后，交易者可以将其视为运用德马克相对回撤技术的好机会。具体而言，当市场连续出现两条均向下且长度相等的"腿"之后，一旦价格开始上涨，你通常可以计算 61.8% 的回撤水平并预期价格将达到这个投射目标位。反之，当市场连续出现两条均向上且长度相等的"腿"之后，一旦价格开始下跌，你通常也可以计算 61.8% 的回撤水平并以此作为价格下跌的目标。在任何一种情况中，你都可以运用之前讨论的德马克相对回撤原理。

最后，如果是进行短线交易，你可以运用德马克斐波那契日内指标（TD Fibonacci Intraday Indicator^{TM}）。这个指标考虑的是当天开盘价与根据前一个交易日的真正价格波幅（前一个交易日的最高价与再前一个交易日的收盘价中的较高者，减去前一个交易日的最低价与再前一个交易日的收盘价中的较低者的差值）计算而来的回撤水平的关系。将前一个交易日真正价格波幅的 38.2% 加到前一个交易日的真正最低价上，如果当天的开盘价低于这个计算出的价位，并且当天的最高价高于这个价位，那么之后价格将很可能上涨到前一个交易日真正价格波幅的 61.8% 加到前一个交易日的最低价上获得的价位。反之，从前一个交易日的真正最高价中减去前一个交易日的真正价格波幅，如果当天的开盘价高于计算出的这个价位，并且当天的最低价低于这个价位，那么之后价格将很可能下跌到从前一个交易日的最高价中减去前一个交易日真正价格波幅的 61.8% 获得的价位。这种计算价格目标的技术被称为德马克斐波那契日内指标。

德马克相对回撤的各项设置如下：

1. "价格"（Price）中设置回撤的起点是最低价、最高价还是其他任何你想要的价格。

2. "日期"（Date）可以显示回撤起始的日期。

3. "时间"（Time）可以显示回撤的时间。

4. "方向"（Direction）可以显示回撤计算的方向。

5. "突破穿越"（Breakout penetration）涉及突破回撤水平后必须穿越多少点（ticks）才能确认突破的有效性。

6. "突破结束"（Breakout end）可以设置突破确认指标只在首次价格突破时启用，还是在突破无效或不合格之后继续启用。这项设置类似于前面德马克线一章介绍的"结束于第一次突破"（end at first）和"结束于合格突破"（end at qualified）设置。

7. "确认指标"（Qualifier）决定选择哪个确认指标来对日内突破进行确认——类似于德马克线的确认指标。为了进一步确认日内突破，可以引入这些确认指标。如果符合了任何一个确认指标的条件（不必符合全部），这个突破带来的入场机会就被确认了。但是如果没有满足任何一个确认指标的条件，那么就不可以顺势入场建仓，在这种情况下，正确的做法或许是在这个交易日内入场建反向头寸并且在收盘前出场，如果不出场就一定要设置止损。"确认指标"栏中包括确认指标a、b和c。

a. 如果价格向上突破一个回撤水平，那么前一个交易日的收盘价必须低于2个交易日前的收盘价，才能入场建仓；如果价格向下突破一个回撤水平，那么前一个交易日的收盘价必须高于2个交易日前的收盘价，才能入场建仓。这一规则背后的逻辑是如果向上突破前一个交易日的收盘价高于2个交易日前的收盘价，或者向下突破前一个交易日的收盘价低于2个交易日前的收盘价，就很可能发生假突破，因为这种收盘价走势意味着大部分交易者因为预期到发生突破而先行建仓。因此，他们的做多活动已经完成了。但是，如果向上突破前一个交易日的收盘价低于2个交易日前的收盘价，或者向下突破前一个交易日的收盘价高于2个交易日前的收盘价，那么不仅市场仍然普遍预期价格的上涨或下跌还会继续，而且在价格确实发生突破之后，还有一些最初对突破怀有疑虑的交易者会加入这个突破走势中，从而推动价格进一步波动。

b. 确认指标b不仅要求开盘价向上突破德马克相对回撤水平，还要求在高于开盘价的价位继续交易几次（向上突破中）；或者不仅要求开盘价向下突破德马克相对回撤水平，还要求在低于开盘价的价位继续交易几次（向下突破中）。

c. 确认指标c要求在向上突破中，德马克相对回撤水平必须高于前一天的"需求值"（前一天的收盘价与同一天的真正最低价的差值，加上前一天的收盘价），在向下突破中，德马克相对回撤水平必须低于前一天的"供给值"（从前一天的收盘价中减去前一天的收盘价与同一天的真正最高价的差值）。如果德马克相对回撤水平被穿越，这意味着不仅当天的需求力量或供给力量超过了前一天的需求力量或供给力量，而且市场力量强大到一旦价格超过德马克相对回撤水平，就会继续朝着趋势方向前进。总之，经验表明这3个确认指标都应该启用。一般来说，市场会发生意外走势，要么是（1）价格突破的方向与前一天的收盘方向相反，要么是（2）价格向上或向下跳空突破德马克相对回撤水平，并且在突破的方向上有一些跟进走势（在高于突破价的价位成交几次），或者（3）向上突破前一天的"需求值"或向下突破前一天的"供给值"，随后再向上或向下突破德马克相对回撤水平。

8. "Qpen"（Qualified price penetration，合格价格穿越）涉及确认指标b和c中确认突破有效性所需穿越的点数（ticks）。

9. 要取消或了结一个在合格德马克线突破后建立的头寸，必须在接下来的交易日发生以下三种情形中的一种：

a. 向上突破第二天的开盘价又再次向下突破德马克相对回撤水平，或者向下突破第二天的开盘价又再次向上突破德马克相对回撤水平。这项设置是在"取消"（Cancel）栏的第1格。

b. 向上突破第二天的开盘价低于前一天的收盘价，并且价格收盘于这个德马克相对回撤水平之下，或者向下突破第二天的开盘价高于前一天的收盘价，并且价格收盘于这个德马克相对回撤水平之上。这项设置位于"取消"（Cancel）栏的第2格。

c. 向上突破第二天的最高价没有超过突破日的最高价，或者向下突破第二天的最低价没有超过突破日的最低价。这项设置位于"取消"（Cancel）栏的第3格。

建议同时采用这3个取消条件，但是在某些情况下，也可以不选择c条件。

10. "限制"（Limit）可以设置用于计算德马克相对回撤水平的交易天数。

11. "显示"（Display）可以设置德马克相对回撤水平在走势图上的展

示情况。

各项设置的默认设置如下：回撤起点是最低价或最高价——取决于回撤是向上还是向下；日期、时间和方向都取决于选择的这个最低价或最高价；突破穿越点数的设置是 2 个最小价格波动单位（ticks）；突破结束一项设置为结束于有效突破；所有的确认指标都启用；"Qcan"栏将确认指标 b 和 c 的穿越点数设定为 2 个最小价格波动单位（ticks）；"取消"栏的 3 个条件有时启用，有时关闭；"限制"栏的交易天数是 200 天；最后的"显示"栏选择显示所有的回撤水平。

下面有一些观察结论对于筛选交易机会非常重要：

1. 德马克线的确认指标也同样可以用于对相对回撤水平突破的筛选和确认。

2. 在一个交易日内突破两个或更多个关键回撤水平（38.2% 和 61.8% 的回撤水平，或者 61.8% 回撤水平和磁性价格），并且这两个回撤水平都是自回撤以来首次被突破，因为价格最低点或最高点往往对应于价格动量的耗竭点，也就是成为价格趋势的反转点，即便趋势不反转，至少也会成为市场横盘整理的开始。

3. 尽管价格可能已经收盘于某个回撤水平之上或之下，但仍然需要第二天的开盘走势（被称为德马克关键确认指标）来对这个突破的有效性进行确认。

4. 如果盘中价格穿越了一个回撤水平，并且收盘价也高于(向上突破中)或低于(向下突破中)前一天的收盘价，只不过没有成功穿越这个回撤水平，那么价格往往会继续朝突破的方向波动，目标是这个回撤水平与下一个回撤水平的一半。

5. 德马克斐波那契日内指标可以用来计算盘中价格的力量以及支撑／阻力水平。

德马克绝对回撤

　　观察结论：多年以前，我曾利用简单的价格计算来对市场进行预测，结果却精准地预测了 3 次历史性的价格暴跌。两次刚好是在 1987 年美国和英国股市崩盘之前，另外一次是在 1989 年 1 月日本股市开始漫长下跌之前，这时日本股市刚刚创出其历史高点。下面我将介绍整个预测过程，你可以对这个技术的有效性做出自己的判断。就道琼斯工业平均指数而言，将其在 1987 年 8 月 25 日的最高点乘以 0.618 的斐波那契比率，得到的数值正好就是随后 10 月 20 日的价格最低点。日经指数是将 1989 年 12 月到 1990 年 1 月期间创出的历史高点乘以 0.382 的斐波那契比率，得到的数值正是 1992 年 8 月的最低点——大约下跌了 25000 点。此外，将伦敦金融时报指数在 1987 年 7 月创出的历史最高点乘以 0.618 的斐波那契比率，得到的数值也正好是随后 11 月的价格最低点。这几个例子的重点不仅在于预测的精准性，还在于其非常简单的计算过程。在我提出这个预测方法时，当时大多数人是不接受的，他们认为这个方法太过简单机械了。事实上，这个分析方法不仅适用于所有创出历史最高点和历史最低点的市场，还尤其适用于新发行的股票。很多热门的新股在经历最初的热炒之后，下跌的支撑位往往是德马克绝对回撤（TD Absolute Retracement）计算出的价位。

　　如果价格处于历史最高点或历史最低点——至少是很长一段时间内的最高点或最低点——并且近期没有参照高点或低点可以用来计算德马克相对回撤水平，那么就可以采用一个被称为德马克绝对回撤的技术。在我多年前公布这个回撤技术之前，还没有人采用类似的过程来利用斐波那契比率计算价格目标。具体而言，在那些德马克相对回撤技术不适用的情况下，你可以用这个绝对最高点乘以 0.618 或 0.382 来获得下方的价格投射水平（支撑位），或者用绝对最低点乘以 1.382、1.618、2.618、3.618、4.618 等来获得上方的价格投射水平（阻力位）。如果这个最高点或最低点的第二天发生价格跳空，那么采用最高点或最低点当天的收盘价（而不是最高点或最低点）来计算德马克绝对回撤水平，将可以获得更好的结果。你也可以将德马克线和德马克相对回撤的确认指标用于德马克绝对回撤，以对突破带来的入场机会进行确认。

经验表明新上市股票从最高点开始下跌时，通常会在德马克绝对回撤水平找到支撑，比较著名的例子包括 Netscape、雅虎、皮克斯动画公司和 Cox Radio。此外，一些流通数量有限并且价格波动剧烈的热门股也常出现类似价格行为，比如 Pairgain、Presstek、Zitel 和 Iomega 等。

图 5.15 到图 5.26 提供了一些德马克绝对回撤的案例。

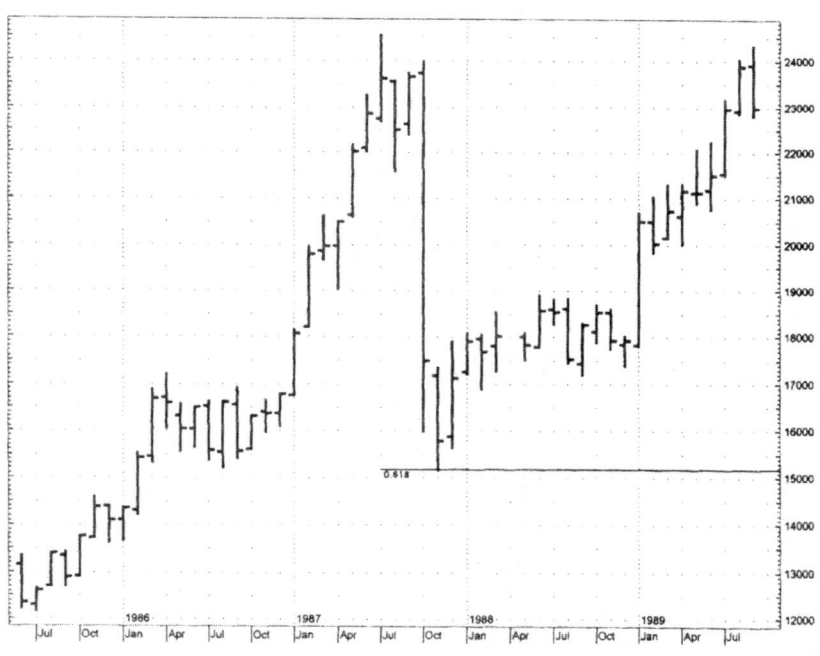

图 5.15 在没有参照价格水平，无法运用德马克相对回撤技术的情况下，要计算下方的价格目标，可以改用德马克绝对回撤技术。将 1987 年金融时报指数的最高点乘以 0.618，就可以获得下方的价格目标（已在走势图上用水平线标示出来）

道琼斯工业平均指数月线图

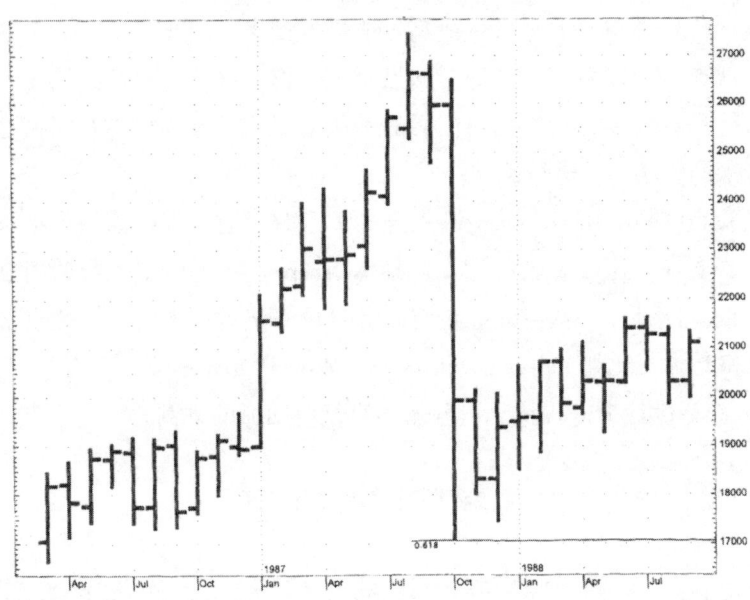

图5.16 这幅走势图与图5.15相对应。图中也标示了1987年道琼斯工业平均指数高点下方的德马克绝对回撤价格目标

日经指数月线图

图5.17 与图5.15和图5.16类似，这幅走势图也标示出了高点下方的德马克绝对回撤价格目标。但是，由于这个价格高点的下一个月出现价格缺口，所以就用这个最高点当天的收盘价来计算价格目标

皮克斯股票日线图

图 5.18 要获得下方的价格目标，只需要运用德马克绝对回撤技术就可以了。方法是用价格峰顶乘以 0.618 和 0.382。注意看价格是如何试图守住这两个价位的。当这两个价位被跌破之后，价格都加速下跌

雅虎股票日线图

图 5.19 很多新上市股票在经历最初的热炒之后都倾向于下跌到德马克绝对回撤水平，或许盘中会跌破这个回撤水平，但收盘价一般都会收于其上。一旦收盘价跌破 0.618 的回撤水平，价格往往会继续下跌到 0.382 的回撤水平。如果将德马克绝对回撤和德马克序列结合使用，并且采用"忽略较小真正价格波幅"的再循环设置，就可以识别出 1996 年 7 月的最低点和 12 月的最低点

Zitel 公司股票日线图

图 5.20　价格曾在 1996 年 12 月底穿越的 0.618 德马克绝对回撤水平，后来成为价格上方的一个强大阻力。注意，1997 年 3 月价格在 0.382 回撤水平获得了强有力的支撑

Pairgain 公司股票日线图

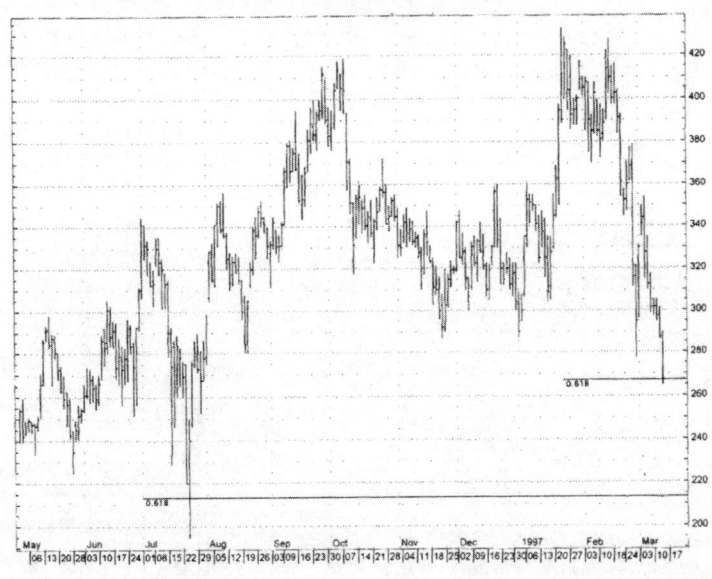

图 5.21　价格在 1996 年 7 月曾跌破德马克绝对回撤水平，但这是一个不合格突破，因为确认指标 2 要求价格不仅开盘于这个回撤水平之下，而且必须有跟进走势，也就是在低于开盘价的价位至少 1 个最小价格波动单位，但事实是价格开盘后直线上涨，开盘价成为这根价格线的最低价，意味着这个突破很可能失败

第 5 章 德马克回撤 235

图 5.22 价格跌破 0.618 德马克绝对回撤水平后，在 0.382 回撤水平获得精确支撑（基于收盘价）。这只股票从 1996 年 7 月的最低点开始反弹，反弹幅度达 50%

图 5.23 当收盘价跌破 0.618 回撤水平之后，这只股票在 2 个交易日内下跌逾 60 点。当收盘价跌破 0.382 回撤水平之后，价格又继续下跌了 35 点。注意在 1996 年 6 月底，价格向着才跌破的 0.382 回撤水平反弹。尽管当时公司发布了利好消息，使得开盘向上跳空 12 点，并且盘中也一度突破 0.382 这个回撤水平，但是却没有成功收于这个回撤水平之上

图 5.24　1994 年 4 月最高点下方的德马克绝对回撤水平已经标示在走势图上，7 月的最低点精确触及首个回撤水平，德马克序列也在这里发出低风险入场指示。0.382 回撤水平是在 1995 年 4 月被触及，几乎在同一时间德马克序列也发出低风险入场信号。

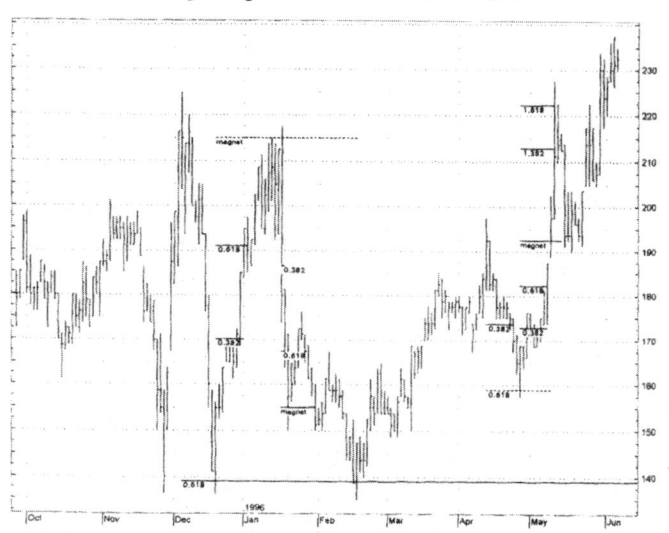

图5.25 12月和次年2月的最低点都位于0.618德马克绝对回撤水平区域。始于1995年12月最低点的这波涨势在次年1月刚好止步于磁性价格（1995年12月最高价日的收盘价）。正如你看到的这样，这两种回撤技术可以结合运用

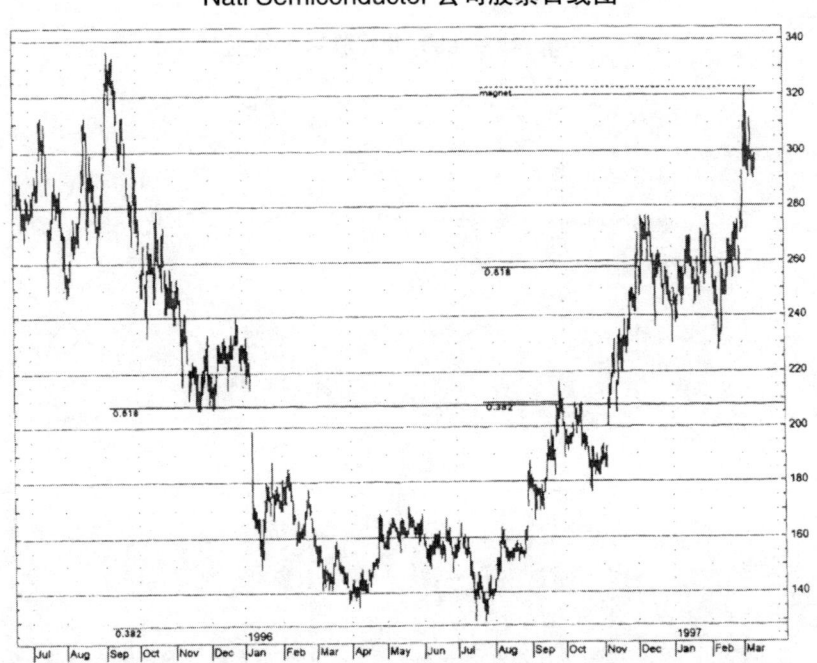

图 5.26　这幅走势图再次证明结合运用德马克绝对回撤和德马克相对回撤可以获得很好的绩效。1996 年 1 月，价格向下跳空穿越 0.618 回撤水平，之后在 7 月于 0.382 回撤水平找到支撑。以此为参照确定的德马克相对回撤水平，定义了价格反弹的几个价格目标

德马克绝对回撤的设置选项如下：

1. "价格"（Price）可以在几个价格水平中选择任何一个价格水平。
2. "日期"（Date）设置选择的价格水平出现的日期。
3. "时间"（Time）设置选择的价格水平出现的时间。
4. "显示"（Display）设置显示在走势图上的各个回撤水平。

德马克绝对回撤的价格设置，推荐采用最高价(向下回撤)或最低价(向上回撤)。如果最高价或最低价的第二天发生开盘跳空，就要改为最高价日或最低价日的收盘价。

德马克回撤弧

大部分回撤都发生在特定时间内（取决于具体的时间框架）。但是，德马克相对回撤和德马克绝对回撤，以及其他大部分广泛采用的回撤技术在计算回撤目标时都只考虑一个维度，那就是价格。然而，研究表明只要价格没有在特定时间内回撤到德马克相对回撤价格目标，那么市场实现这个价格目标的动量和能力都会下降。因此，价格目标应该做出相应的调整。为了解决这一重要的时间因素——这个因素被大部分市场择时交易者都忽略了——我将在回撤分析中加入一个"计时器"（meter）。这个工具的设计思想就是如果价格目标无法在特定时间内实现，这个回撤水平就会做出相应调整以补偿流逝的时间。因此，价格和时间这两大因素都会纳入德马克回撤弧的考虑范围。德马克回撤弧是德马克相对回撤的一个辅助技术。它使交易者在计算回撤水平时能考虑到时间的流逝问题。从理论层面来说，市场的记忆会随着时间流逝而减退，通过价格和时间这两个维度就可以确保回撤水平要么在特定时间内实现，要么就随着时间的流逝而做出相应的调整。

正如你已经看到的，德马克相对回撤和德马克绝对回撤只考虑一个维度——价格。当引入时间因素以后，就能解释市场为什么有时会表现出异常的价格行为。从某种意义上说，市场的价格行为是由时间和价格共同定义的。如果某个投射价格目标没有在特定时间内实现，这个价格目标就必须调整以反映这个时间的变化。这就是德马克回撤弧的设计意图。首先，用一条斜线连接最大波幅日的收盘价和随后的最高点或最低点。之后，将这条斜线移到随后最大波幅日的收盘价上，并预期市场将完成这第二条"腿"。第二条"腿"有可能比第一条"腿"短，这种现象有可能是因为市场复制之前走势的能力随着时间流逝降低了。当引入价格和时间这两个变量之后，这两条斜线倾斜的角度会有所不同，但是只要将时间和价格设定为相同重要性的数值，那么在大多数情况下这两条斜线的长度都是相等的。

要构建德马克回撤弧，你需要采用与德马克相对回撤相同的规则。但是，在计算具体的回撤水平时，德马克回撤弧又稍有不同。具体方法是从最近价格低点或高点开始往回寻找关键价格，然后用一条斜线连接最近价格低点与之前的关键高价，或者连接最近价格高点与之前的关键低价。这个关键价格的选择方式与德马克相对回撤相同，换句话说，也就是从最近低点往回寻找最近一个更低的低点，两个低点之间的最高价就是关键高价；同样的，从最近高点往回寻找最近一个更高的高点，两个高点之间的最低价极为关键低价。绘制好斜线以后，将最近低点或高点作为圆心（具体取决于是向上投射还是向下投射），以斜线长度为基准乘以各个斐波那契比率作为半径，向未来绘制回撤弧。为了确保不管价格刻度如何，这个回撤弧都可以保持不变（也就是可以再度复制），就要从最低点或最高点数相同交易天数到参照日高点或低点（具体取决于是向上回撤还是向下回撤），然后从参照日高点或低点往回数相同交易天数。回撤弧就这样被固定了，以防止回撤弧在不同的价格刻度上具有不同的形态。回撤弧绘制好后，呈现出来的就是一系列弧线，代表了价格回撤的支撑位和阻力位，而市场上涨或下跌到某个回撤水平的尝试就变成了"与时间赛跑"，价格要么在特定时间内到达某个德马克相对回撤价格目标，要么就遵循由德马克回撤弧定义的"价格—时间"轨迹。另外，在很多时候，价格穿越德马克回撤弧往往是价格继续穿越德马克相对回撤水平的征兆。因此，最好同时采用德马克相对回撤和德马克回撤弧，以便相互进行比较。图5.11、图5.27、图5.28和图5.29就提供了德马克回撤弧的例子。

第 5 章 德马克回撤 241

图 5.27 这幅走势图上绘制了一系列始于 1994 年 10 月最低点的德马克相对回撤水平和德马克回撤弧，识别出了 1995 年 12 月的价格最高点

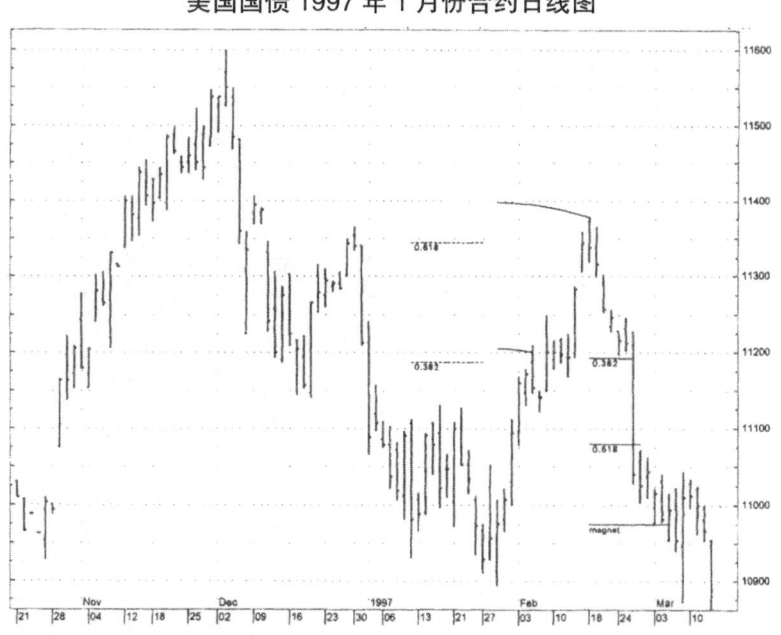

图 5.28 这幅图证明德马克相对回撤和德马克回撤弧结合使用可以有效识别出支撑位和阻力位。当其中一个没有识别出时，另一个就可以

锡现货美元计价日线图

图 5.29a 走势图中有德马克相对回撤水平，德马克序列指出的低风险和高风险入场机会，德马克回撤弧和 TDST 水平

道琼斯工业平均指数月线图

图 5.29b 这幅图展示了德马克回撤弧和德马克相对回撤结合运用的情况。注意这两个技术是如何弥补彼此的不足的，以及各个回撤水平如何有效地起到支撑和阻力的作用

德马克回撤弧的设置选项如下：

1. "价格"（Price）可以在一系列价格水平中选择任何一个。
2. "日期"（Date）可以选择价格出现的日期。
3. "时间"（Time）可以设置价格出现的时间。
4. "方向"（Direction）是由回撤是向上还是向下决定的。
5. "方式"（Mode）设置计算回撤弧的方法，默认设置为斜线。
6. "时间刻度"（Time scale）可以设置德马克回撤弧的几何结构。
7. "显示"（Display）选择哪几个比率或刻度用于走势图。这个"显示"栏中有一个列表可供选择。

德马克回撤弧的价格最好设置为最高价或最低价——取决于交易者是向下还是向上投射回撤水平。日期、时间和方向都取决于价格的设置。显示一项就最好选择显示所有回撤比率。

第6章 价格突破

观察结论：在最早的街机游戏中有一种叫作"Pong"的游戏，规则是两个玩家用球拍互相击球，只要其中一方没有成功将球击回，下一次的来球速度就会加快。我将类似的技术运用到各种市场的价格行为中，方法是设计了一系列交易规则，可以警示即将发生的或者说潜在的价格突破，并且在突破之后很可能发展为趋势并加速向前发展。自20世纪80年代末以来，这种分析技术无疑已经变得非常普遍，特别是在商品交易顾问（CTA）领域。唯一可以区分这些采用同种方法的不同交易者的地方，就是他们采用的参照点、比率、价格水平以及追踪的市场不同。由于大部分市场参与者都采用相似的技术，所以如果哪个机警的交易者能够引入额外的交易过滤网和确认指标，并且进行与交易大众相反的操作，就将获得显著的优势。这种用于识别趋势的程序具有广泛适用性，能够满足大部分交易者的需要。

德马克区间扩张突破

德马克区间扩张突破（TD REBO, TD Range Expansion Breakout）是我多年前研发的一个指标。这是一个基准模板，可以纳入各种可能的方法来表达和计算价格突破水平。那些运用类似突破观念的传统技术都是趋势追踪技术，直到今天还被交易者广泛采用。在我首次尝试这种突破技术时，市场正经历长时间的趋势，而20世纪70年代中期到末期的通货膨胀是造成这一状况的主要原因。但是，当经济从通货膨胀向非通货膨胀转变时，给大部分市场制造了区间交易的环境，这对这个方法来说是一种灾难。虽然在一些世界性的市场上仍有趋势性波动（比如咖啡、糖、可可、能源、铜、锡和木材），但这些都只是特例。最近几年的研究资料显示，整体市场约有 78% 到 82% 的时间处于横盘整理状态，只有 18% 到 22% 的时间处于趋势阶段，其中 12% 到 14% 的时间处于上升趋势，6% 到 8% 的时间处于下跌趋势，也就是说市场处于上升趋势的时间是处于下跌趋势时间的两倍。造成这种现象的原因是：（1）买入通常是一个重复和累积的决策过程，赢利增加、账户规模扩大、新闻事件、利多研究报告和市场心理方面的因素都是激发额外买入行为的关键强化因素；（2）而卖出往往是一次性的决定，如果有任何因素让交易者感到不安，这个理由就可能促使交易者一次性了结整个头寸，而不考虑其他因素。

德马克区间扩张突破指标在设计和构造时纳入了很多考虑因素和计划。它是一个动态指标，无论市场处于震荡时期还是趋势时期，都能够适应不断变化的市场条件和状况。德马克区间扩张突破与大部分基于波动率的突破方法的不同之处在于其包容性。大部分传统技术都只是用前一天的价格区间乘以固定的比率，然后将计算出的数值加到基准价格上（比如前一天的收盘价），来计算突破水平，而德马克区间扩张突破提供了大量设置选项和一系列确认指标。但是交易者不应该将这些选项视为这个分析工具的最佳选择，认为各种市场的价格行为都会符合这个工具的历史数据测试结果。我的目的只是为交易者提供一套"建筑模块"，交易者可以用来构建顺势交易技术和寻找价格动量耗竭点的方法，后者是在震荡市中买弱卖强，因此，与大部分突破交易者的趋势追踪行为相反。在趋势市场中，大部分顺势交易者都试图在差不多的价位执行订单，这种拥堵有可能导致成交滑移价差、价格缺口和限价单无法执行，逆势交易者就避开了这种竞争。德马克区间扩张突破为偏好这种交易方法的交易者提供了一个波动率和区间突破分析的新维度。交易者可以随意构建这个指标，几乎可以采用任何价格关系、设置选项和确认指标，并不断完善这个突破方法。

与其花大量的篇幅来论述德马克区间扩张突破（TD REBO）的演算方法及市场运用，还不如详细介绍其各个组成和设置。有了这些设置选项和结构，无疑就有了创建和引进波动率突破和区间扩张技术的扎实基础。回想起来，TD REBO 的结构和设计相当于研发一种火力强大的散弹枪去打一只苍蝇。它的能力远远超过了任何可以想象得到的交易需求。然而，不管怎样，提供一个全面综合的交易模板，使你能够构建你自己的趋势跟踪方法和寻找价格动量耗竭点的技术，总比留有缺憾来得要好。

各种设置选项如下：

1. "历史"（History）选择是显示之前所有的 REBO 信号还是只显示当天的 REBO 水平。

2. "显示"（Display）允许交易者选择（a）显示过去和当前价格线曾经"触及"（hit）的 REBO 水平，（b）显示"所有的"（all）REBO 水平，不管过去和当前价格线是否触及，或者（c）仅显示被触及的一系列 REBO 水平中"第一个"（first）REBO 水平。

3. "显示"还可以选择是将日线图上的 REBO 水平显示在所有日内"走势图"（chart）上还是仅显示在"日线图"（daily）上。

4. "基准"（Base）设置参照价格。

5. "之前"（Ago）设置在几个交易日前选择基准价格。

6. "价格线数量"（Bars）就是在下一栏的"区间类型"设定之后，选择基准价格所需考虑的价格线数量。

7. "区间类型"（Range type）是用于确定基准价格的价格线类型。

8. "区间最高价"（Range hi）和"区间最低价"（Range lo）是为了确定区间而在基准价格上增加和减去的那个差值所涉及的两个价格。

9. "之前"（Ago）是确定"区间最高价"和"区间最低价"所在的价格线位置。

10. "价格线数量"（# Bars）是计算在基准价格上增加或减去的那个数值时所考虑的价格线数量。

11. "因子"（Factor）栏指定与基准价格上增加或减去的那个数值相乘的比率。

12. "确认指标"（Qualifiers）是纳入 REBO 分析中以过滤交易机会的多个条件。

13. "启动"（On）确定是否启用这些条件。

14. "类型"（Type）指定这个条件是比较一根价格线与另一根价格线，还是一根价格线与一组价格线，或者一组价格线与特定价格线，再或者一组价格线与另一组价格线。

15. "乘数"（Multiplier）栏指定与"价格 1"栏的价格相乘的比率。

16. "价格 1"（Price 1）是指定与"价格 2"栏进行比较的价格。

17. "之前1"（Ago 1）和"之前2"（Ago 2）是指定进行比较的一根价格线或一组价格线的位置。

18. "关系"（Rel）设置比较的关系。

19. "价格2"（Price 2）指定与"价格1"栏进行比较的价格。

20. "之前3"（Ago 3）和"之前4"（Ago 4）指定进行比较的一根价格线或一组价格线的位置。

TD REBO 的另一个特点是可以采用 x 天之前或指定的某一天或某几天的任何价格作为基准价格，例如可以采用收盘价、开盘价、中间价、最高价、最低价、平均价、上升趋势选最高价和下跌趋势选最低价、上升趋势选最低价和下跌趋势选最高价、最高的价格线最高价和最低的价格线最低价、最低的价格线最高价和最高的价格线最低价。另外，还可以在基准价格的基础上计算交易区间，比如前一个交易日的价格区间、几个交易日的一系列价格区间、x 个交易日内的最大日价格区间和最小日价格区间（也就是最大波幅日和最小波幅日的价格区间）、几个交易日的平均价格区间、几个交易日内的最高价与最低价构成的价格区间，以及除了区间最高价和最低价之外的其他价格构成的价格区间。然后将这些价格区间乘以各种比率，并在基准价格上加上／减去计算出的这个数值，就会获得突破界限水平。另外，为了进一步完善这个过程，还可以通过比较个别交易日之间或一组交易日之间的价格关系，来筛选 TD REBO 交易机会。

例如，TD REBO 的一系列设置选项可以如下：计算前一个交易日的真正最高价和真正最低价之间的差值，并且将该数值设为 X。接下来，用这个数值乘以 0.382（或 38.2%），并在当天的开盘价上加上和减去这个乘积，就可以得到两个界限水平。一旦价格向上突破上方的那个界限水平，当天的走势就很可能是向上的，一旦价格向下突破下方的那个界限水平，当天的走势就很可能是向下的。如果不采用当天的开盘价，而是将前一天的收盘价当作参照价格，就可以重新确定入场区域。但是，如果你要在这种情况下评估这个设置的交易绩效，就必须加上一个条件，即当天的价格区间必须与入场区域相交。否则，如果当天价格向上或向下跳空穿越这个入场区域，就没有办法在确定的价格入场了。改变 TD REBO 的比率，就可以相应调整入场区域，再引入确认指标，就可以进一步提升交易的绩效。为了避免在同一个交易日内买入和卖出，交易者可以引入下列确认指标：前一个交易日的收盘价必须低于2个交易日前的收盘价（买入信号），或者前一个交易日的收盘价必须高于2个交易日前的收盘价（卖出信号）。也可以引入其他一些确认指标。另外，除了可以采用前一个交易日的价格区间外，还可以采用其他交易日或一组交易日的价格区间，并且这些交易日的最高价格线最高价和最低价格线最低价也可以采用。这里也可以进行多种价格关系比较，比如开盘价和收盘价的组合、价格区间，或者最高价和最低价。正如你已经看到的，我们可以考虑和执行多种变量。这里的选择仅受到你的兴趣以及你愿意投入的时间和努力程度的限制。

很早以前，我通过观察证实采用当天开盘价作为所有TD REBO计算的关键价格是有效的。这与我对开盘价以及同一天的最高价和最低价的研究结果有关。具体而言，任何一个交易日的开盘价通常都出现在最高价或最低价的10%到20%之内。事实上，很多时候开盘价直接就是一个交易日的最高价或最低价。如果这个交易日的最高价和最低价能提前知晓，并且一旦开盘价脱离20%这个区间，就识别出了低风险的入场区域。不幸的是，没有人能持续并且精准地预测未来。因此，你应该找到一个可以替代当天价格区间的价格区间，一旦当天价格开盘，就用这个价格区间来计算20%的入场界限水平。当天价格区间的合理替代对象是前一个交易日的价格区间或之前几个交易日的价格区间均值或其他组合。此外，除了可以采用最低价到最高价的价格区间外，还有其他一些选择，比如从开盘价到最高价的价格区间（上升走势），或从开盘价到收盘价的价格区间（下跌走势），或者其他价格组合构成的区间。在其他很多想法中，有一个我目前正在进行测试，就是计算德马克区间投射（TD Range Projection，见第12章）的10%到20%，然后在当天的开盘价上加上和减去计算出的数值。另一个正在研究的版本是采用之前交易日的一系列价格水平（比如开盘价、最高价、最低价和收盘价）的均值，然后用这个均值乘以一个百分比，最后在当天的开盘价上加上和减去这个乘积。还有一个由TD REBO衍生出来的指标是德马克弹跳指标（TD Spring），后面将会讨论。正如你已经看到的，有无数的价格关系可以用于TD REBO。这个指标可以成为交易者的好朋友，交易者甚至可以将其当作唯一的交易工具。这个指标的功效如何只取决于你的交易偏好和兴趣大小。

图 6.1 到图 6.5 展示了 TD REBO 的例子。

美国国债 1997 年 3 月份合约日线图

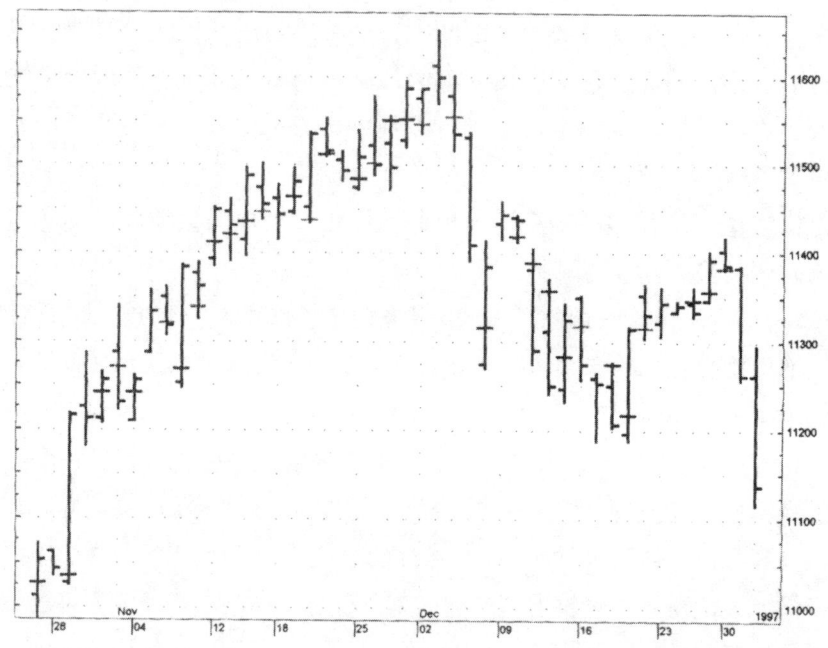

图 6.1　这幅走势图上的 TD REBO 设置是显示所有价格穿越了的 REBO 水平，并且采用 0.28（28%）的因子，用这个因子乘以前一个交易日的真正价格波幅。之所以选择前一个交易日是因为选择的是一根价格线而不是一系列价格线。这里只引入一个低风险入场信号的确认指标，以确保在一个交易日内只发出一个做多或做空的信号。这个确认指标要求上升走势中，前一个交易日的收盘价必须低于 2 个交易日前的收盘价；下跌走势中，前一个交易日的收盘价必须高于 2 个交易日前的收盘价。图中的短横线标记的是低风险的入场机会。要判断它是向上还是向下突破，只需要比较前一个交易日的收盘价与 2 个交易日前收盘价的关系。用前一个交易日的价格波幅乘以因子后，在当天的开盘价上加上或减去这个乘积。图 6.2 的程序相同，但是基准价格不是采用当天的开盘价，而是前一个交易日的收盘价

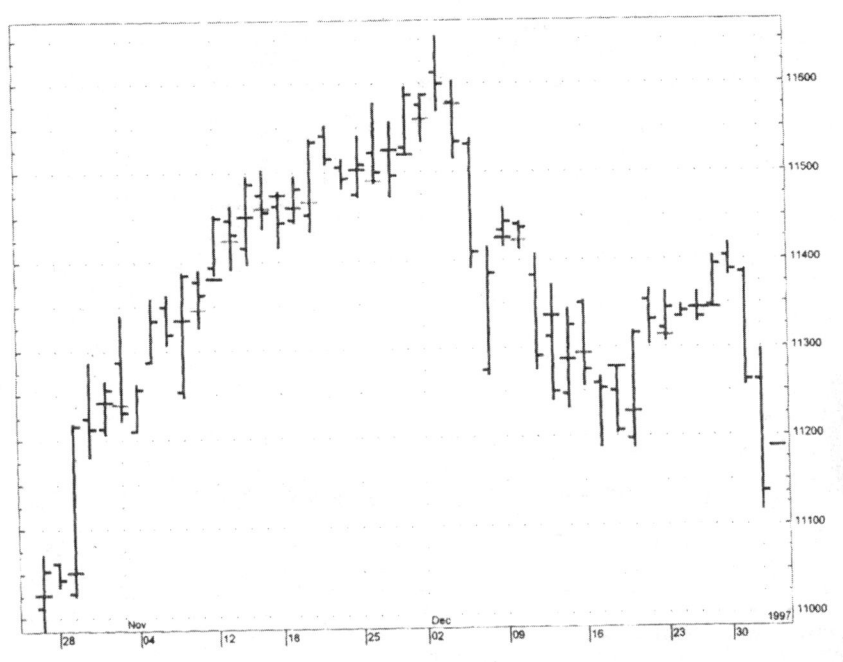

图6.2 图6.1中的低风险入场机会与这幅图不同,只因为这幅图的基准价格是采用前一个交易日的收盘价

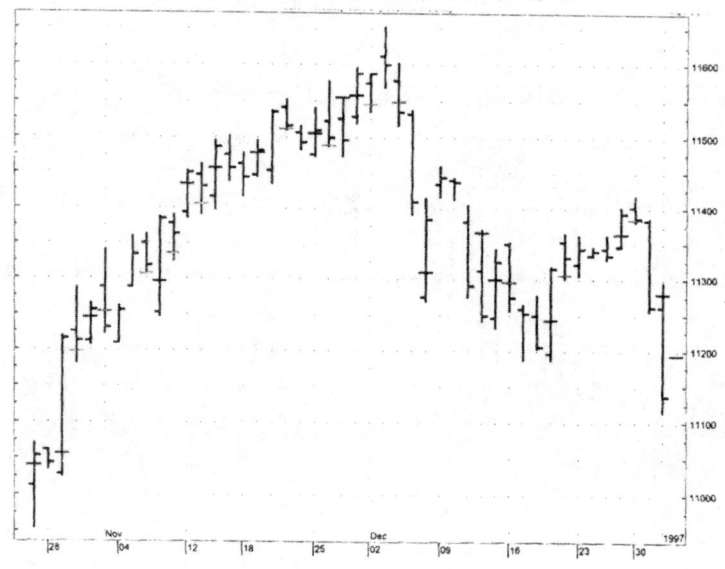

美国国债 1997 年 3 月份合约日线图

图 6.3 这幅图有一个地方与图 6.1 不同。这里不是采用前一个交易日的真正价格波幅，而是采用前 4 个交易日的真正价格波幅中最小的那个，并乘以因子 0.28，然后在当天的开盘价上加上或减去这个乘积。图 6.4 采用相同的计算程序，但是基准价格是前一个交易日的收盘价

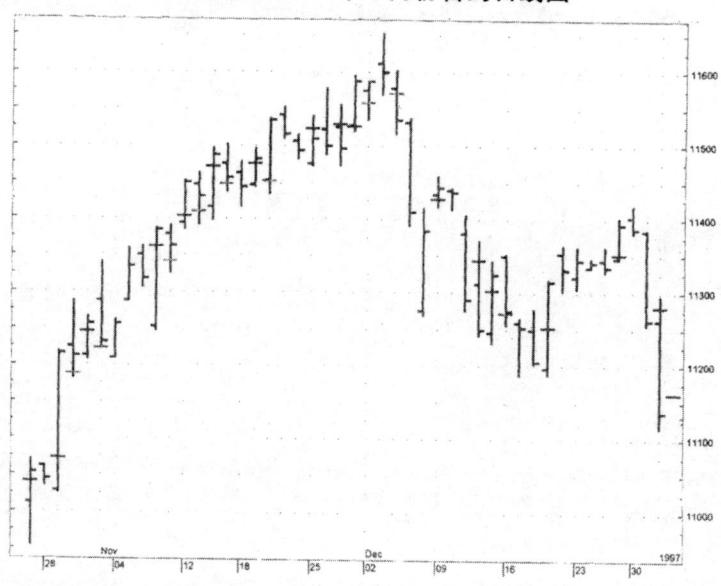

美国国债 1997 年 3 月份合约日线图

图 6.4 这幅图的 TD REBO 设置与图 6.3 相同，但是基准价格采用的是前一个交易日的收盘价，不是当天的开盘价

第6章 价格突破 253

美国国债 1997 年 3 月份合约日线图

图 6.5 这幅图的 TD REBO 采用当天的开盘价作为基准价格，以及 0.28 的因子，但是计算是采用前 3 个交易日的最高真正最高价和最低真正最低价构成的价格区间

很明显，TD REBO 是一个动态指标，具有强大的市场择时能力。这是一个综合的交易工具，可以用来试验和发展各种区间扩张和突破技术。就像本书提供的其他指标一样（比如德马克线和 TDST 等），这个指标具有普遍适用性。它不仅可以作为趋势跟踪的工具，还可以用来识别价格或趋势动量的耗竭点。例如，如果你的突破交易方法遭遇的亏损交易多过赢利交易，那么，TD REBO 就可以用来反向操作，将你的顺势交易观点变为逆势交易观点。换句话说，如果你的交易改为从逆势的角度，你会获得更多的交易机会，因为 TD REBO 也允许交易者采用逆势交易方法。采用 TD REBO 后，交易者对于突破和区间扩张技术的研究将仅受限于交易者的想象力。如果交易者从顺势交易变为逆势交易，潜力还会大大提高。

德马克弹跳指标

虽然德马克弹跳指标（TD Spring）也可以采用 TD REBO 的设置，但是这个指标是一个独特和独立的指标，因为它在预测市场横盘整理时期的突破方面具有极高的价值。在 20 世纪 70 年代末这个指标被研发出来时，很多市场正经历漫长的价格整理时期。举例而言，如果当天交易日（或一组交易日）之前 x 个交易日的真正价格波幅（这几个交易日的最高价和这几个交易日的第 1 日的前一个交易日的收盘价中的较高者，以及这几个交易日的最低价和这几个交易日的第 1 日的前一个交易日的收盘价中的较低者，所构成的价格区间）小于之前 y 个交易日的真正价格波幅的特定百分比，那么市场正处于一个相对狭窄的价格区间，即将发生"弹跳"（spring）。要计算突破水平，就用前一个交易日（或几个交易日）的真正价格波幅乘以特定百分比，上方的突破水平就是这个乘积加上当天的开盘价或前一个交易日的收盘价得到的价格水平，下方的突破水平就是从当天的开盘价或前一个交易日的收盘价中减去这个乘积得到的价格水平。这个指标的关系组成有：（1）价格区间的选择——前一个交易日或前几个交易日，（2）进行比较的价格区间，（3）采用的百分比。德马克弹跳指标的特点就是其成分的多变性。同样的，这个指标也可以引入改进程序和确认指标，以及本书讨论的其他指标，来进一步确认识别出的低风险入场区域。图 6.6 和图 6.7 提供了德马克弹跳的例子。

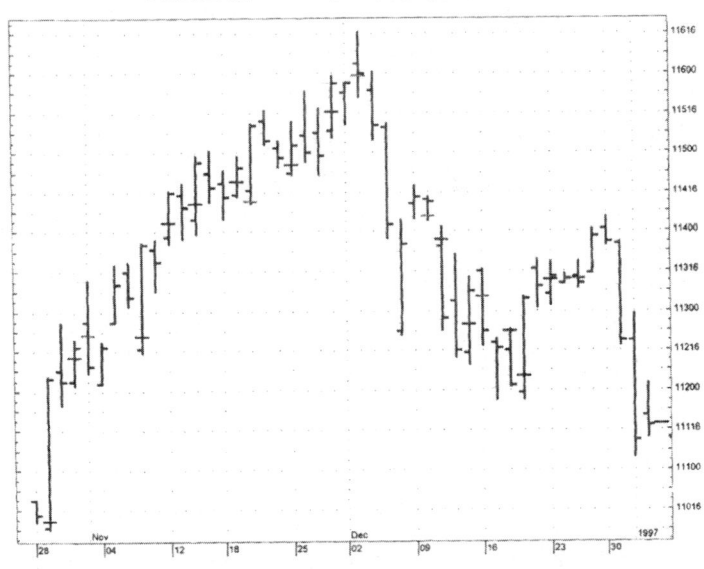

图 6.6 德马克弹跳指标是一种比较特殊的 TD REBO。在本例中，它涉及前一个交易日的价格区间和前 3 个交易日的价格区间。如果前一个交易日的价格区间小于前 3 个交易日中每一个交易日的价格区间，就说明市场被压制而准备向上或向下"弹跳"

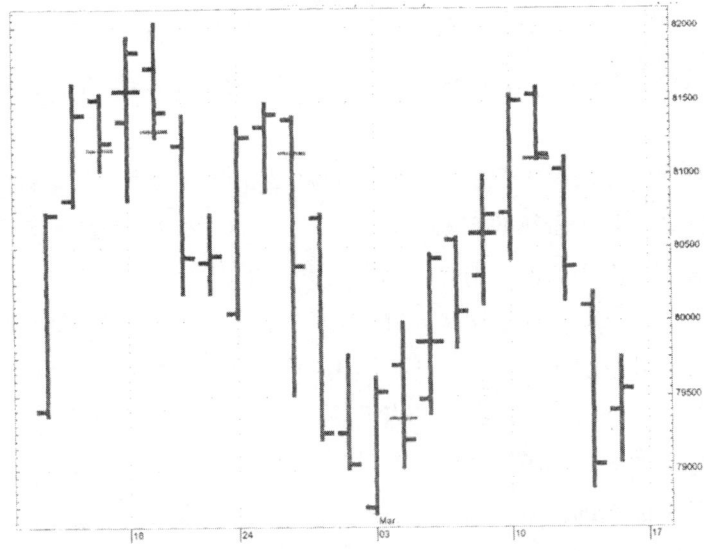

图 6.7 这幅图中的德马克弹跳指标是采用 0.382 的乘数，而非 0.28。并且要求前 3 个交易日的价格区间必须小于之前第 4 天到第 8 天的价格区间

德马克LV指标

通常情况下,指标在被引入我的交易系统之前都要经过观察、测试、评估和确认。寻找潜在市场指标的一个来源就是我的"沃尔多形态"(Waldo Patterns)。沃尔多形态的灵感是源自一个叫"寻找沃尔多"的游戏,这个名叫"沃尔多"的卡通人物隐藏在密密麻麻的其他卡通人物中,游戏者要将"沃尔多"从中找出来。一旦找到以后,整个任务就显得很简单了。但是,关键就是如何先将它找出来。就像观察市场并寻找价格形态一样——一旦成功识别出来,整个过程就显得很简单了。这就是将它们称为"沃尔多形态"的原因。这个市场现象和经验非常重要,可以影响你的交易,但是我对"沃尔多形态"的研究和整理还不够透彻,无法提出整套指标。其实,很多时候,只需要将这些交易现象和形态融入其他发展成熟的指标中,就可以得到一个更有效的指标。德马克LV指标(TD LVTM)就是这样一个指标。

德马克LV指标只是一系列出现在价格突破之前的价格比较关系的代名词。由于最关键的价格比较关系涉及当天收盘价与之前连续7个交易日的最高价或最低价,以及之前连续11个交易日的最高价或最低价,所以我曾打算将这个指标命名为"7-11"指标。但是为了不与有些赌博游戏的名字相混淆,就改为简单的德马克LV指标(TD LV)。在向上和向下的突破中,德马克LV指标都有5个组成成分。确认潜在突破的市场条件如下:

1. 对于潜在的向上突破,前一天的收盘价必须低于5个交易日前的收盘价。反之,对于潜在的向下突破,前一天的收盘价必须高于5个交易日前的收盘价。换句话说,不管是向上的突破还是向下的突破,价格的比较对象都是前一个交易日的收盘价与该交易日的4个交易日前的收盘价。

2. 对于潜在的向上突破,比较当天的收盘价与之前7个交易日的最高价;对于潜在的向下突破,就比较当天的收盘价与之前7个交易日的最低价。

3. 对于潜在的向上突破,比较当天的收盘价与之前11个交易日的最高价;对于潜在的向下突破,就比较当天的收盘价与之前11个交易日的最低价。

4. 为了进一步确认突破信号的有效性，还要比较前一个交易日的收盘价与再前一个交易日收盘价的关系。

5. 在突破信号发出之后，市场在接下来的交易日发生跟进走势的潜力。

德马克LV指标买入结构：要确认当天交易的向上突破信号，首先，前一个交易日的收盘价必须小于其4个交易日前的收盘价——也就是当前交易日的5个交易日前的收盘价。接下来，如果当天的收盘价大于之前7个交易日的所有价格线最高价，但是并不大于倒数回去第11天到第8天的所有价格线最高价，那么价格的上涨将会结束；但是，如果当天的收盘价大于之前7个交易日的最高价，并且同时还大于之前第11天到第8天的所有价格线最高价——也就是说大于之前11个交易日的所有价格线最高价——那么价格的上涨将会继续。另外，你还要留意突破第二天的开盘价与突破水平的关系，因为德马克关键确认指标要求突破第二天的开盘价必须高于这个突破水平，只有满足了这个条件，才能确认德马克LV指标的信号。

德马克LV指标卖出结构：要确认当天交易的向下突破信号，首先，前一个交易日的收盘价必须大于其4个交易日前的收盘价——也就是当前交易日的5个交易日前的收盘价。接下来，如果当天的收盘价小于之前7个交易日的所有价格线最低价，但是并不小于倒数回去第11天到第8天的所有价格线最低价，那么价格的下跌将会结束；但是，如果当天的收盘价小于之前7个交易日的最低价，并且同时还小于之前第11天到第8天的所有价格线最低价——也就是说小于之前11个交易日的所有价格线最低价——那么价格的下跌将会继续。再次强调，你还要留意突破第二天的开盘价与突破水平的关系，因为德马克关键确认指标要求突破第二天的开盘价必须低于这个突破水平，才能确认德马克LV指标的信号。

如果上述德马克LV指标买入／卖出结构和低风险入场信号的前提条件没有得到满足，大部分交易者就很可能认为并不存在交易机会，但是机警的交易者会选择进行反向操作。这种交易策略类似于第4章和第5章讨论的德马克线和德马克回撤的不合格突破。你应该注意到，尽管一个交易指标的条件没有满足,但是并不意味着没有反向交易的机会,也就是说如果你认定这个突破是假突破,就可以逆着突破方向交易。

图 6.8 到图 6.13 展示了德马克 LV 指标的例子。

德州仪器公司股票日线图

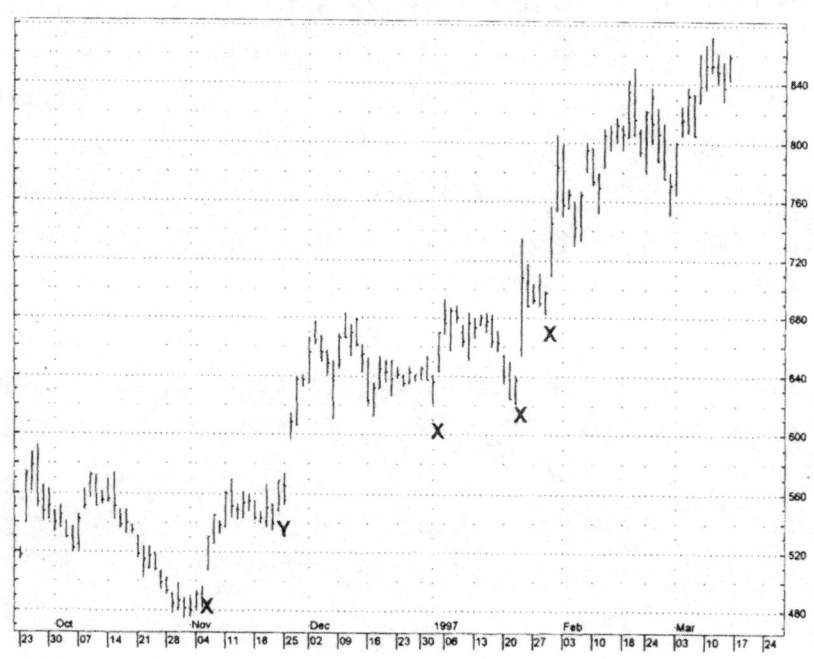

图 6.8 德马克 LV 指标通常对应着价格突破走势。图中的字母 X 标示的价格线都是收盘价大于之前 7 个交易日的全部最高价,以及之前 11 个交易日的全部最高价;或者小于之前 7 个交易日的全部最低价,以及之前 11 个交易日的全部最低价。图中的字母 Y 标示的价格线是收盘价并不完全大于之前 7 个交易日的全部最高价

图 6.9　德马克 LV 识别的低风险入场机会标示为 X，它们通常对应着重大的价格突破。字母 Y 标示的价格线是收盘价小于之前 7 个交易日的全部最低价但并不完全小于之前 11 个交易日的全部最低价。这种向上反转形态发生在 1997 年 1 月份

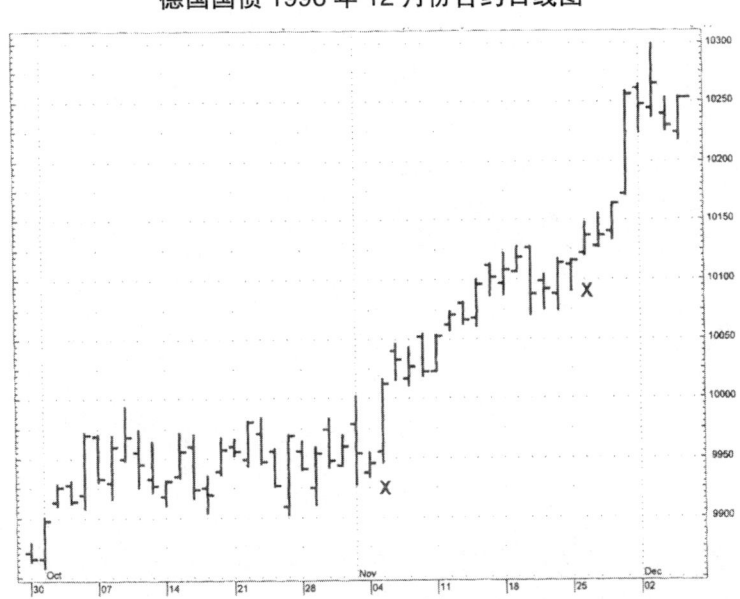

图 6.10　这幅图上只有两个德马克 LV 指标信号，每一个都对应着价格突破。图中 X 标示了发生突破的交易日

NIKE 股票日线图

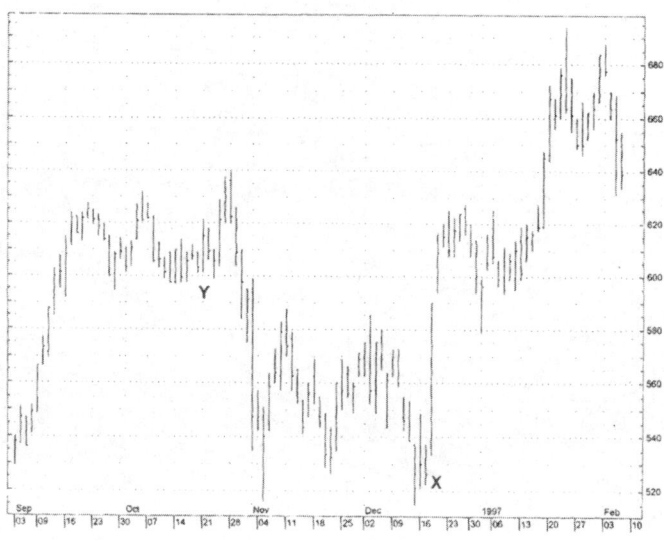

图 6.11 一旦发生突破，都对应一个德马克 LV 指标信号。收盘价高于之前 7 个交易日的全部最高价但并不高于之前 11 个交易日的全部最高价的价格线出现在 1996 年 10 月（标示为 Y）

德国马克日线图

图 6.12 图中的德马克 LV 指标信号都标记为字母 X，失败的信号（满足"7"，不满足"11"）标记为 Y

图 6.13 图中的德马克 LV 指标信号都标记为 X,这幅图上只有 3 个德马克 LV 指标信号

德马克关键点反转

多年以来,我观察了第 1 级德马克关键高点和关键低点当时以及随后的价格行为。假如德马克关键低点之后没有形成或正在形成一个低于前一个交易日最低点的低点,或者德马克关键高点之后没有形成或正在形成一个高于前一个交易日最高点的高点,我们就可以通过一些准则来评估这些关键低点和关键高点的重要性。具体而言,在德马克关键低点或德马克关键高点形成之后,我们可以通过测量价格行为来评估随后发生跟进走势的

潜力。换句话说，要确认一个短期最低点，那么在这个潜在的德马克关键低点当日或者随后 4 个交易日内，必须有一个收盘价高于这个德马克关键低点之前 4 个交易日的所有收盘价。同样的，要确认一个短期最高点，那么在这个潜在的德马克关键高点当日或者随后 4 个交易日内，必须有一个收盘价低于这个德马克关键高点之前 4 个交易日的所有收盘价。再次强调，你应该运用德马克关键确认指标来进行确认。这个确认指标要求第二天的开盘价必须穿越突破水平。图 6.14 和图 6.15 提供了德马克关键点反转（TD Point Reversal）的案例。

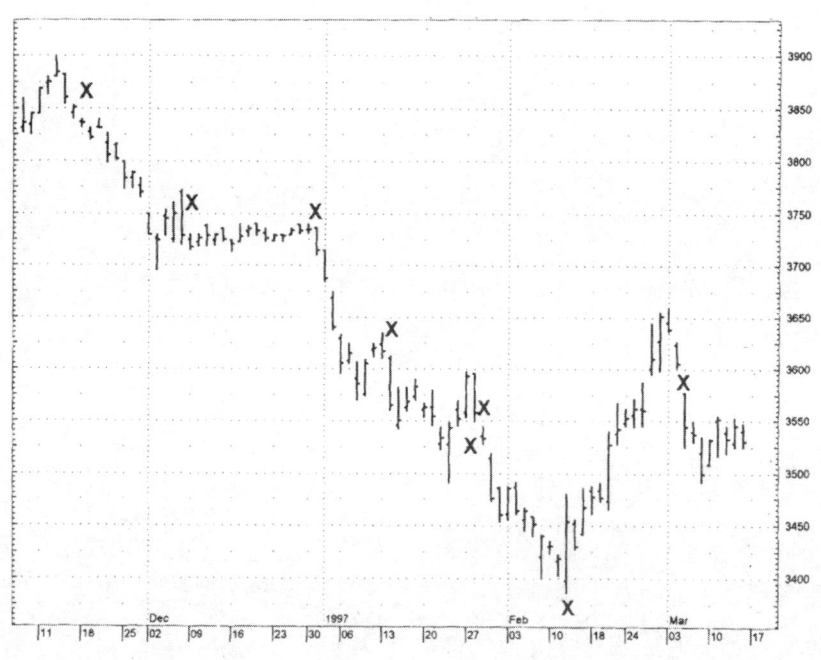

黄金 1997 年 4 月份合约日线图

图 6.14 德马克关键点反转要求德马克关键低点之后 4 个交易日内，必须有一个收盘价大于德马克关键低点之前 4 个交易日的收盘价；德马克关键高点之后 4 个交易日内，必须有一个收盘价低于德马克关键高点之前 4 个交易日的收盘价。图中的 X 标示了满足这一条件的德马克关键高点和德马克关键低点

英国金边债券 1997 年 3 月份合约日线图

图 6.15 德马克关键点反转信号都在走势图上用 X 标示出来。德马克关键点可在德马克关键反转信号发出当天形成,但是还不能确认为一个德马克关键点,它必须得到第二天价格走势的确认。比如 1 月份的最低点就是这种情况

如果在最近德马克关键低点之后发生 2 个或多个向上的跳空缺口,并且较高的那个缺口的收盘价仍然低于德马克关键低点之前 4 个收盘价中最高的那个收盘价,那么德马克关键低点之后 4 个交易日内收盘价向上穿越突破水平(之前 4 个收盘价中最高的那个收盘价)的概率会比较低,即便它意外穿越了,第二天的开盘价也会回到突破水平之下。同样的,如果最近德马克关键高点之后发生 2 个或多个向下的跳空缺口,并且较低的那个缺口的收盘价仍然高于德马克关键高点之前 4 个收盘价中最低的那个收盘价,那么德马克关键高点之后 4 个交易日内收盘价向下穿越突破水平(之

前 4 个收盘价中最低的那个收盘价）的概率会比较低，即便它意外穿越了，第二天的开盘价也会回到突破水平之上。

德马克双重德马克关键点

如果一个第 1 级德马克关键低点确定之后，又在一个更高的价位形成另一个第 1 级德马克关键低点，那么这个对第 1 个德马克关键低点的测试往往可以确认价格趋势是向上的。同样的，如果一个第 1 级德马克关键高点确定之后，又在一个较低的价位形成另一个第 1 级德马克关键高点，那么这个对第 1 个德马克关键高点的测试通常也确认了价格趋势是向下的。注意，从定义上说，所有等级高于第 1 级的德马克关键点也都是第 1 级的德马克关键点，因为如果德马克关键低点两边围绕着两个或多个较高的价格线低点，或者德马克关键高点两边围绕着两个或多个较低的价格线高点，那么从定义上说，也满足了第 1 级的德马克关键点的要求。研究表明，在第 2 个德马克关键低点形成之后，一旦第 2 个德马克关键低点日的最高点被向上突破，那么趋势就是向上的。同样的，在第 2 个德马克关键高点形成之后，一旦第 2 个德马克关键高点日的最低点被向下突破，那么趋势就是向下的。

在我刚开始连接德马克关键点而构成德马克线时，我就观察到了上升的德马克关键低点和下降的德马克关键高点的这种关系。过去，这种关系都用来确认我已经建立的头寸。如果你打算通过德马克双重德马克关键点（TD Double TD Point）来进行交易，而不仅仅用来确认你的其他市场择时方法，那么就要评估构成当前德马克关键点的几根价格线中最近那根价格线，以确保不是在价格动量耗竭区域入场建顺势仓位。在 20 世纪 70 年代末期，大部分市场都呈现出相似的价格行为，一旦德马克双重德马克关键点形成，市场都会给出反应。这个时候，低风险入场区域的选择并不是重要的考量，因为市场通常会从这个点开始进入趋势时期。但是，近几年来，对低风险入场区域进行确认变得越来越重要了。我建议采用构成最近德马克关键点的价格线系列中最近那根价格线的收盘价，因为在第 1 级德马克关键点的第 3 根价格线完成之前，无法确认这个德马克关键点是否合格。图 6.16 和图 6.17 提供了德马克双重德马克关键点的例子。

意大利国债 1997 年 6 月份合约日线图

图 6.16 德马克双重德马克关键点要求在一个德马克关键高点之后形成另一个较低的德马克关键高点，或者在一个德马克关键低点之后形成另一个较高的德马克关键低点。一般情况下，这些德马克关键点都是第 1 级的德马克关键点。但是，你也可以替换为较高等级的德马克关键点。图中 X 标示的是第 1 个德马克关键点，X' 标示的是第 1 个德马克关键点之后那个较低或较高的德马克关键点

大豆 1997 年 3 月份合约日线图

图 6.17 从 11 月德马克组合在最低点发出 "9-13" 的低风险入场信号之后，市场只形成 3 个德马克双重德马克关键高点（标示为 Y）。其他都是德马克双重德马克关键低点（标示为 X）。注意，1996 年 12 月价格没有向下穿越 TDST 水平，但是在次年 1 月成功向上穿越 TDST 水平。德马克双重德马克关键点可以与 TDST 结合运用，以确认入场区域以及潜在的 TDST 突破失败

德马克陷阱

　　虽然本书中的这些指标很容易给你留下复杂的第一印象，因为这些指标的特性、运用和解读方式都与传统大相径庭，但是我已经尽了一切努力来使它们保持简单明了。一旦理解并运用了这些工具，大部分交易者还是会接受的。德马克陷阱（TD Trap）就是这样一个指标，它很容易

理解，构建起来非常简单并且也很容易运用。德马克陷阱可以用来顺势建仓，也可以用来对你当前的头寸进行确认。当与本书中讨论的其他指标结合运用时，比如德马克序列、德马克组合、REI、德马克 DeM 震荡指标、德马克变化率 I 和 II 等，德马克陷阱的效用会更高。当整体市场环境被这些指标确认为将上升或下跌时，德马克陷阱就可以作为有效的交易触发装置。另外，德马克陷阱还可以用于"金字塔加仓"（pyramiding）交易和资金管理，因为它可以在趋势环境下识别出一系列的低风险入场点。交易者会发现德马克陷阱就像其市场择时补充指标德马克开盘（TD Open，见下文）一样，是一个很容易理解和运用的指标。如果有任何复杂之处，都只是因为引入了一系列确认指标或者说过滤网来对这个基本的市场择时方法进行确认。

非常简单，一旦市场开盘，德马克陷阱就开始启动。如果当天的开盘价包含在前一个交易日的价格区间内（比如低于或等于前一个交易日的最高价，高于或等于前一个交易日的最低价），那么只要当天的价格向上突破前一个交易日的最高价或者向下突破前一个交易日的最低价，就算发生了德马克陷阱突破。指标的关键条件如下：(1)开盘价必须包含在或者说"落入"前一个交易日的价格区间内，(2)必须向上或向下突破这个价格区间。现在，为了完善这个德马克陷阱指标，可以引入一系列确认指标。我建议可以采用以下几个确认指标：在上升走势中，前一个交易日的最高价必须低于 2 个交易日前的最高价，在下跌走势中，前一个交易日的最低价必须高于 2 个交易日前的最高价；在上升走势中，前一个交易日收盘价必须低于 2 个交易日前的收盘价，在下跌走势中，前一个交易日的收盘价必须高于 2 个交易日前的收盘价。另外，正如你已经看到的，还可以进行其他价格比较来确认入场机会。这些关键条件或者说确认指标将德马克陷阱与其他大部分短期趋势跟踪方法区分开来。除了方法简单，德马克陷阱还具有多样性和可变性，并且还可以在基本的指标结构中引入各种确认指标和过滤网。图 6.18 到图 6.20 说明了德马克陷阱的运用。

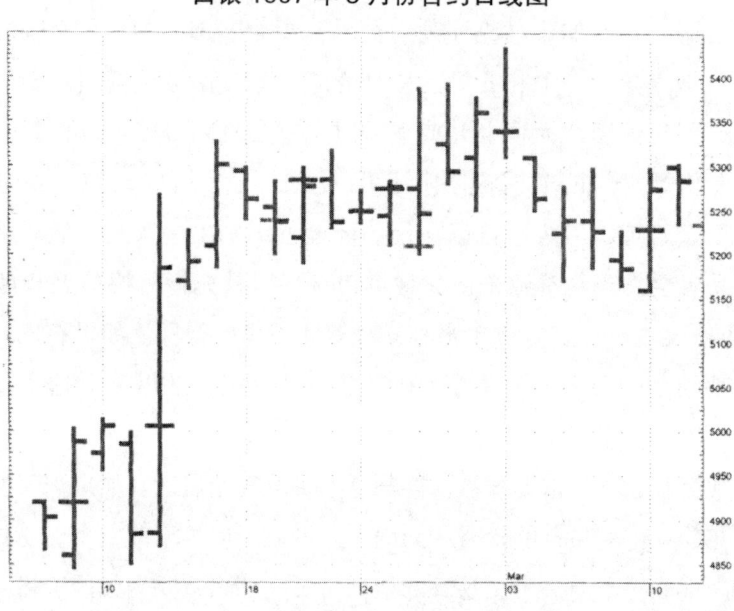

白银 1997 年 5 月份合约日线图

图 6.18　德马克陷阱要求价格在前一个交易日的价格区间内开盘后，向上突破前一个交易日的最高价或向下突破前一个交易日的最低价。和德马克开盘一样，最好是用来对其他指标信号进行确认，如果根据德马克陷阱建立了头寸，最好就在当天收盘时平仓。2 月 7 日和 12 日均出现了交易的好机会。这里采用之前介绍的确认指标，包括在上升／下跌走势中，前一个交易日的最高价／最低价必须低于／高于 2 个交易日前的最高价／最低价，以及前一个交易日的收盘价必须低于／高于 2 个交易日前的收盘价

第6章 价格突破

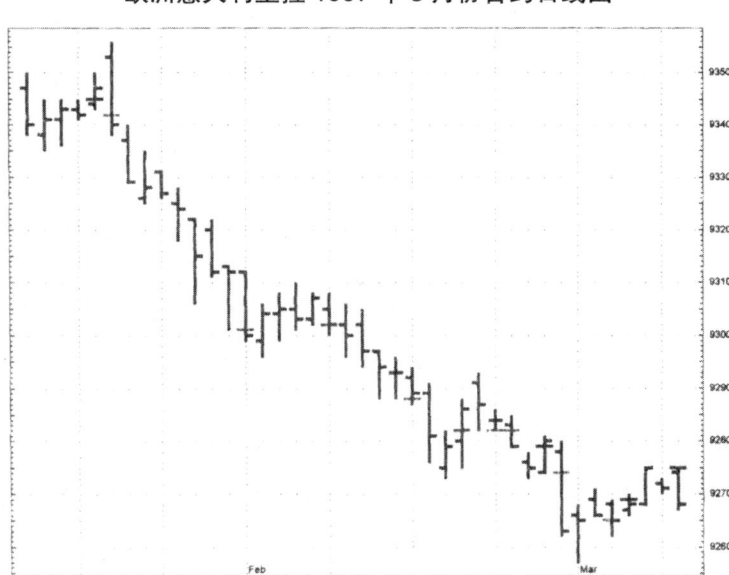

欧洲意大利里拉 1997 年 3 月份合约日线图

图 6.19 德马克陷阱要求开盘价必须低于或等于前一个交易日的最高价,并且高于或等于前一个交易日的最低价。价格突破的方向就是交易者建仓的方向。可以采用一系列确认指标,比如在上升走势中,前一个交易日的收盘价低于 2 个交易日前的收盘价,或者前一个交易日的收盘价低于前一天的开盘价;在下跌走势中,前一个交易日的收盘价高于 2 个交易日前的收盘价,或者前一个交易日的收盘价高于前一个交易日的开盘价。德马克陷阱主要是作为德马克开盘指标的补充,因为后者可能因为当天的开盘价位置而无法提供交易机会

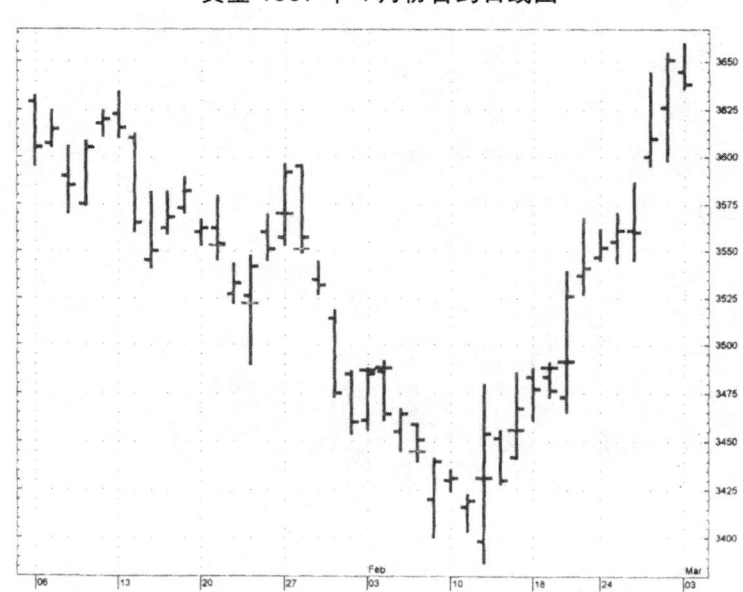

黄金1997年4月份合约日线图

图6.20　图中标出了向上和向下的德马克陷阱突破水平。当天的开盘价必须包含在或者说"落入"前一个交易日的价格区间内。此处采用与图6.19相同的确认指标

德马克陷阱的各项设置如下：

1."显示"（Display）包括"触及"（hit）、"全部"（all）和"第一个"（first）选项，涉及将哪些突破水平显示在走势图上的选择——"触及"是不错的选择，因为它显示德马克陷阱被激活的情况，而"全部"是不管价格是否触及，都将所有潜在德马克陷阱突破水平显示出来，"第一个"则是显示首个被触及的德马克陷阱突破水平，此后多少个德马克陷阱突破水平被触及都不予显示。

2."指定"（Specific）提供了一组变量，价格必须超越这些变量才能激活德马克陷阱，比如最高价/最低价、最低价/最高价、最窄或最宽的价格区间，或其他特殊的并因此不会出现在"价格"栏中的变量，这可以取代"价格"栏的设置。

3."价格"（Price）设置德马克陷阱中开盘和穿越的参考价格水平。

4."之前"（Ago）设置"价格"栏和"类型"栏中的相关日期。

5. "比较"（Compare）设置当天的开盘价与之前价格区间的关系是"等于"（equal to），还是"大于"（greater than）或"小于"（less than）。

6. "其他"（Other）设置可以引入德马克陷阱的确认指标和额外确认指标所涉及的区间。确认指标是标准的选项，区间可以引入额外的确认指标，比如价格必须穿越前一个交易日或几个交易日的价格区间的特定百分比，以进一步精确德马克陷阱入场水平。这个百分比成分与 REBO 类似。

德马克陷阱的推荐设置如下：显示"触及"的突破水平，参考价格和突破水平是前一天的真正最高价（上升走势）/ 真正最低价（下跌走势），"之前"是选择一个交易日前，"比较"是选择"等于"，确认指标是偶尔采用标准确认指标，偶尔额外增加区间穿越条件。图 6.21 到图 6.24 展示了德马克开盘的例子。

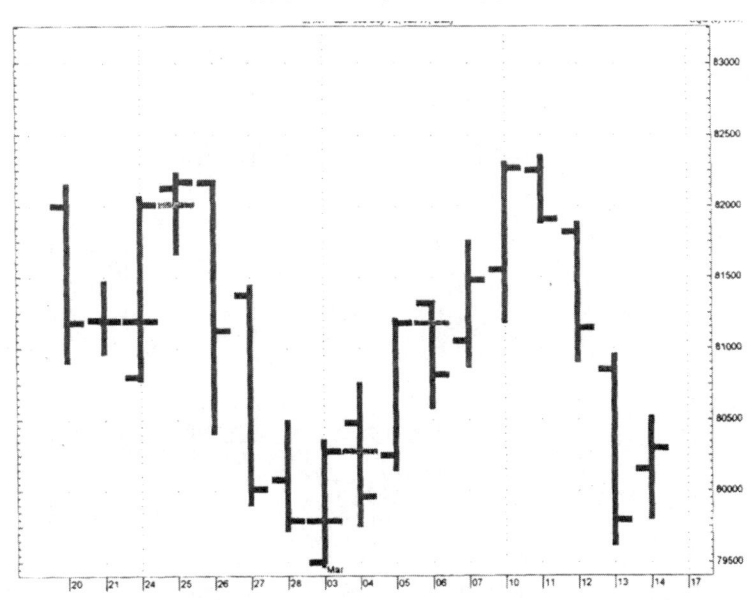

S&P500 指数 1997 年 6 月份合约日线图

图 6.21 德马克开盘要求当天的开盘价必须低于 x 个交易日前的最低价，或者高于 x 个交易日前的最高价。这幅图上标示了突破水平的价格线均是开盘价低于前一个交易日的最低价，或高于前一个交易日的最高价，并且突破水平在当天就被收盘价突破的价格线。除了前一个交易日，德马克开盘也可以拿开盘价与之前其他交易日的最高价或最低价进行比较。德马克开盘是用来捕捉德马克陷阱、德马克收盘—开盘（TD CLOP）或德马克收盘—开盘涵盖指标（TD CLOPWIN）漏掉的交易机会

美国国债 1997 年 3 月份合约日线图

图 6.22　当根据德马克开盘建立的头寸在建仓当日收盘时了结，或者与其他指标结合运用时，德马克开盘可以发挥最大的效用。这里采用了与图 6.21 相同的确认指标

德国国债 1996 年 12 月份合约日线图

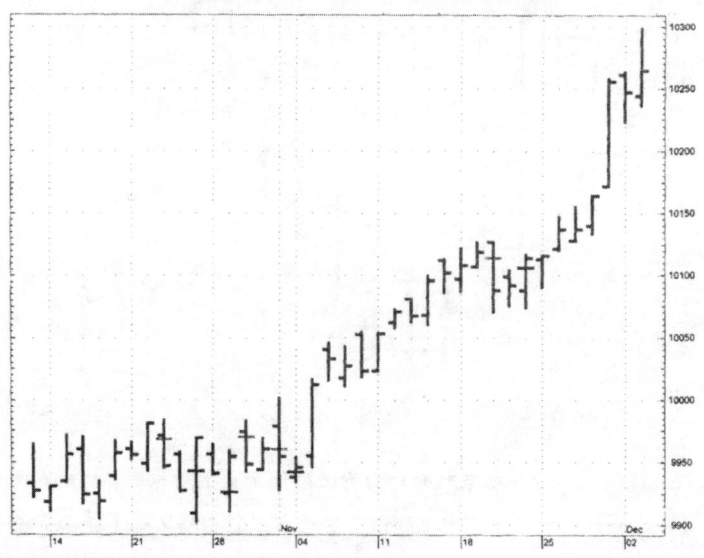

图 6.23　这里的德马克开盘比较的不是当天的开盘价与前一个交易日的最低价或最高价，而是当天的开盘价与 3 个交易日前的最低价或最高价。这个关系也可以延伸到之前其他交易日的最低价或最高价，或者这两个价格的组合价，以确认或发掘额外的交易机会

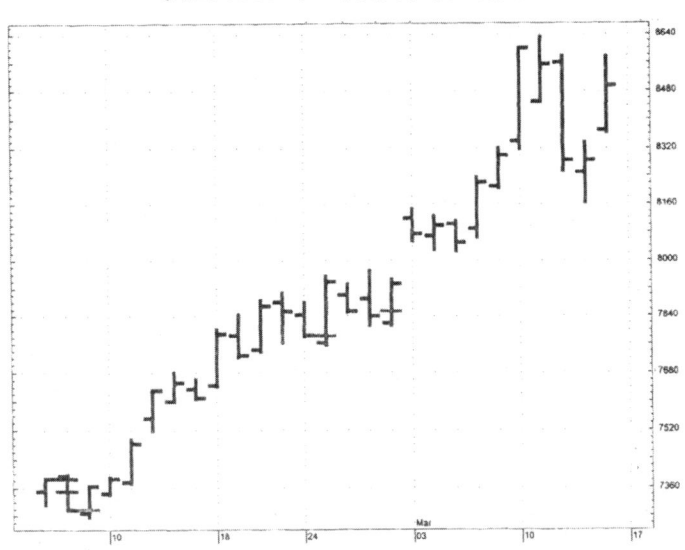

大豆1997年5月份合约日线图

图6.24 在这幅图中,采用了两个版本的德马克开盘指标。当天的开盘价是与1个或2个交易日前的最低价或最高价进行比较。也可以引入其他价格比较关系和确认指标,比如比较收盘价与前一个交易日的收盘价,或者收盘价与前一个交易日的开盘价。

德马克陷阱应该结合本书中的其他指标一起运用。德马克陷阱就是德马克开盘的完美补充,因此,建议这两个指标相互结合运用。但是德马克开盘是在之前的价格底部或顶部提供低风险入场点,德马克陷阱是在之前的价格底部或顶部之后提供低风险入场点,所以前者的风险水平较高。另外,这类短期形态交易技术还应该配合德马克收盘—开盘、德马克收盘—开盘涵盖指标和德马克枢纽(TD Pivot)等指标,以把握完整的交易机会(见下文)。

德马克开盘

大约在写这本书的24年前,我花了大量的时间来研究和比较各种价格水平和它们第二天的价格波动关系。几乎在同一时间,著名的市场择时交易者拉里·威廉姆斯（Larry Williams）也展开了类似的研究。之后不久我们开始经常通电话和见面，因此结下了业务上和个人情感上的深厚友谊，并且一直持续到今天。从那个时候开始，我们常常交换研究意见，我很感谢拉里给予我的灵感，我也经常与业内的分析师和交易者分享我的观点。我和拉里在1972年的白银期货市场上观察到一种价格形态，当时我将它称为"再进场形态"（reentry pattern），这个形态涉及开盘价与前一个交易日的最高价或最低价。只要当天开盘价低于前一个交易日的最低价，并且当天的价格向上突破了这个最低价，就发出了低风险的买入信号。同样的，只要当天开盘价高于前一个交易日的最高价，并且当天的价格向下突破了这个最高价，就发出了低风险的卖出信号。除了拉里的贡献外，我在这个简单的交易技术基础上发展了很多强化条件和确认指标，以过滤那些潜在的失败信号。这个可以适应各种变化的简单市场择时方法被称为德马克开盘指标（TD Open）。

首先，参考价格从原来的前一个交易日的最低价或最高价扩展到2、3、4、5、6、7或更多个交易日前的最低价或最高价。这样，这个指标所能比较的价格关系大大扩展了，它将不仅仅局限于当天的开盘价与前一个交易日的最低价或最高价的基本关系。换句话说，当天的开盘价可能会高于前一个交易日的最低价或低于前一个交易日的最高价，但是这并不能否定存在低风险入场机会的可能，因为德马克开盘仍然可以比较前7个交易日内任何一个交易日的最低价或最高价，甚至更多个交易日前的最低价或最高价，这些价格比较关系都能带来低风险的入场机会。此外，除了最低价和最高价，德马克开盘指标还可以采用其他很多价格，比如开盘价、收盘价、中间价、平均价等等。换句话说，这个指标的要求可以变得更有弹性，除了价格比较的间隔期间可以从1天增加到7天外，还可以在上升走势中将低风险入场水平从最低价调到一个较高的价格水平，在下跌走势中将低风险的入场水平从最高价调到一个较低的价格水平，这样，即使价格高于前一个交易日的最低价开盘或低于前一个交易日的最高价开盘，也能产生低风险的入场信号。另外，除了这个参考价格，我们还可以再引入一个条件来完善这个低风险入场信号的选择。例如，不仅开盘价必须低于 x 个交易日前的最低价或高于 x 个交易日前的最高价，而且当天的最高价必须高于或最低价必须低于一个指定的价格水平，比如前一个交易日的中间价、平均价、收盘价、开盘价等，具体取决于价格走势是向上还是向下。此外，还可以在当天的开盘价或前一个交易日的收盘价上，加上或减去前一个交易日或一组交易日的价格区间的特定百分比，价格必须穿越计算出的价格水平，才能确认这个低风险的入场信号。还可以结合运用 1 分钟、5 分钟或 10 分钟走势图上的德马克序列或德马克组合，以确保这个穿越的界限水平（不管是最低价或最高价或其他价格水平）没有处于结构或计数完成的价位——这表明将发生反向的价格波动——在这种情况下，交易者将不得不延迟入场，直到发生下一次价格穿越并且市场不处于短期超买或超卖水平时。另外，我们还可以指定每一周的特定日子进行研究，以评估德马克开盘在这个特定交易日的交易表现，看每一周不同的日子是否会对德马克开盘的交易绩效产生不同的影响。

我在发展德马克开盘指标时发现了一个极有价值的现象，之后将其当作其他指标的确认指标来运用，我将其称为市场的德马克死亡区域（TD Dead Zone）。具体而言，这是收盘价与同一天的最低价（在价格底部）或收盘价与同一天的最高价（在价格顶部）之间的区域。在日内交易中，如果价格在这个区域开盘，除了德马克收盘—开盘指标（见下文）之外，大部分短线指标都很可能失败。换句话说，在一个潜在的价格底部，如果开盘价格低于前一个交易日的最低价，这就是弱势开盘，如果开盘价格高于前一个交易日的收盘价，这就是强势开盘，但是如果价格在前一个交易日的最低价和收盘价之间的区域开盘，市场信号就比较模糊了。同样的，在一个潜在的价格顶部，如果价格在前一个交易日的最高价和收盘价之间的区域开盘，情况也非常不确定，源于这种开盘的任何市场行为，你都应该保持怀疑。这种观点也可以运用到德马克开盘和其他指标中。

德马克收盘—开盘和德马克收盘—开盘涵盖指标

德马克陷阱和德马克开盘定义了两种在价格开盘后可能发生的突破，它们可以在前一个交易日的最低价处产生一个低风险的买入信号，在前一个交易日的最高价处产生一个低风险的卖出信号。然而，德马克开盘常常伴随着新发展、潜在趋势动量耗竭和价格反转，因为开盘价必须低于前一个交易日的最低价或者高于前一个交易日的最高价，而德马克陷阱的开盘要比德马克开盘弱一些，是价格必须在前一个交易日的价格区间内开盘。德马克收盘—开盘（TD CLOP）和德马克收盘—开盘涵盖指标（TD CLOPWIN）则是德马克开盘和德马克陷阱的辅助工具，它们起到了互为补充的作用。德马克开盘要求价格必须在前一个交易日或任何指定交易日或任何指定的一系列交易日的价格区间之外开盘。而那些在这个价格区间之内开盘的情况，要识别低风险交易机会，则更适宜采用德马克陷阱。之后，我希望发展出这两种主要交易方法的混合方法，以完善和确认德马克开盘和德马克陷阱，并发掘这两个指标遗漏的交易机会。因此，就诞生了德马克收盘—开盘指标和德马克收盘—开盘涵盖指标。

德马克收盘—开盘（TD CLOP）要求当天的开盘价低于前一个交易日的开盘价和收盘价（低风险买入信号），或者当天的开盘价高于前一个交易日的开盘价和收盘价（低风险卖出信号）。德马克收盘—开盘涵盖指标（TD CLOPWIN，其中"WIN"代表"within"，是涵盖和包含的意思）则不管是低风险买入信号还是低风险卖出信号，都要求当天的开盘价和收盘价必须包含在前一个交易日的开盘价和收盘价的价格区间内。每个指标中也可以加上"等于"（or equal to）这一条件。就德马克收盘—开盘而言，如果当天的开盘价低于两个参考价——前一个交易日的开盘价和前一个交易日的收盘价——之后价格向上突破这两个参考价，就发出了低风险买入信号。同样的，如果当天的开盘价大于这两个参考价，之后价格向下突破这两个参考价，就发出了低风险的卖出信号。这里也可以进行改进，引入其他一些价格关系和确认指标。就德马克收盘—开盘涵盖指标而言，当天的收盘价相对于开盘价的位置将决定这是低风险买入信号还是低风险卖出信号。如果收盘价高于开盘价，就预期发出低风险买入信号；如果收盘价低于开盘价，就预期发出低风险卖出信号。但是，这种预期不一定总是有效，最好还要等待第二天的价格波动来确认这个交易信号。此外，第二天的价格行为还有助于确认任何已经建立的头寸，因为第二天出现更高的最高价意味着上涨的跟进走势，第二天出现更低的最低价意味着下跌的跟进走势。另外，德马克关键确认指标可以用来确认突破是否是由短期的价格失衡导致的，因为这种失衡会在第二天得到快速修正。

图 6.25 到图 6.29 提供了德马克收盘—开盘指标和德马克收盘—开盘涵盖指标的例子。

英国金边债券 1997 年 3 月份合约日线图

图 6.25　德马克收盘—开盘要求当天的开盘价低于前一个交易日的开盘价和收盘价，并且当天的最高价高于这两个价格水平；或者当天的开盘价高于前一个交易日的开盘价和收盘价，并且当天的最低价低于这两个价格水平。图中的德马克收盘—开盘买入信号是在价格线的下方用 X 标记，卖出信号则是在价格线的上方用 X 标记

黄金1997年4月份合约日线图

图6.26 图中的德马克收盘—开盘信号均用X标示。德马克收盘—开盘指标的其他辅助指标包括德马克收盘—开盘涵盖指标、德马克开盘和德马克陷阱。这几个指标中任何一个都可以取消德马克收盘—开盘指标建立的头寸

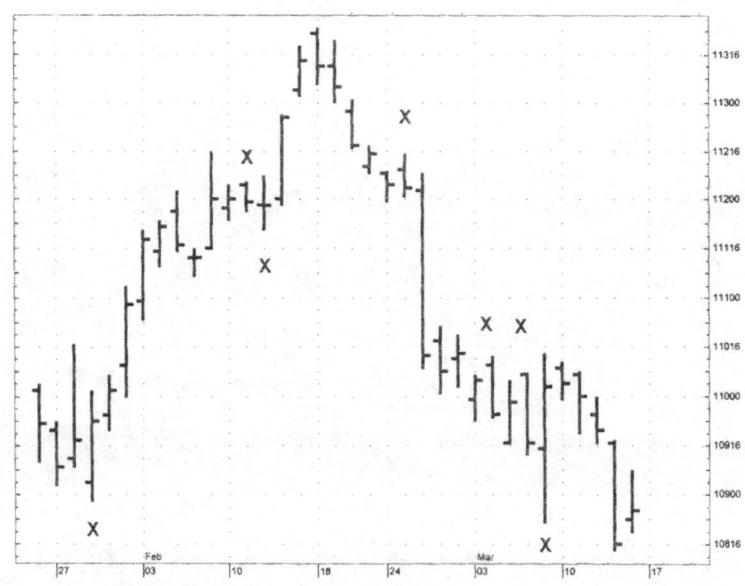

美国国债1997年6月份合约日线图

图6.27 图中的德马克收盘—开盘指标信号均标记为X

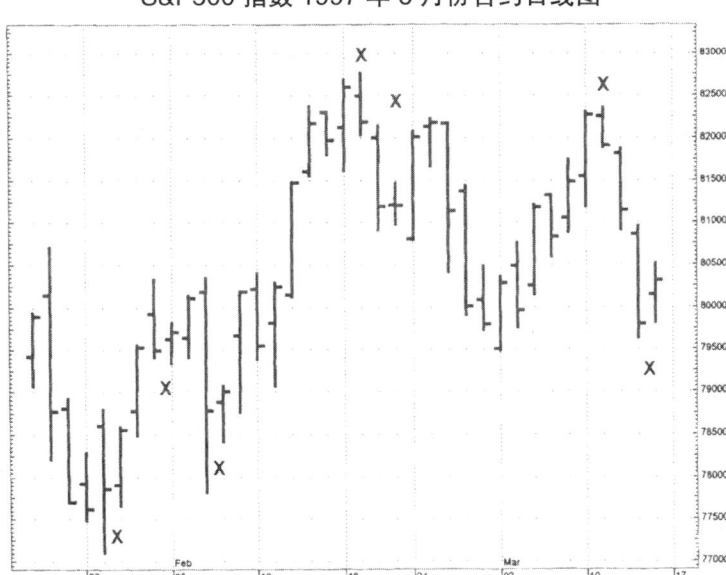

图 6.28 德马克收盘—开盘涵盖指标要求当天的收盘价和开盘价必须涵盖在前一个交易日的收盘价和开盘价区间内。如果当天收盘价高于开盘价，走势就应该是向上；如果当天的收盘价低于开盘价，走势就应该是向下的

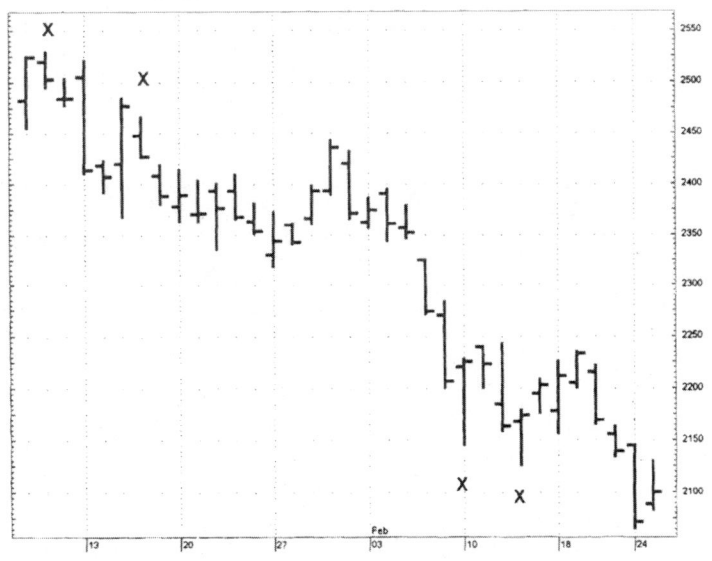

图 6.29 图中的德马克收盘—开盘涵盖指标信号均用 X 标示

第 7 章 德马克移动平均

德马克移动平均 Ⅰ

大部分交易者都曾用过移动平均线来建立头寸或识别趋势。从历史数据分析来看，只要市场处于上升趋势或下跌趋势，移动平均线的表现就相当抢眼，但是同一时期的其他趋势跟踪技术也可以产生类似的绩效。出于同样的原因，任何移动平均线都可以在趋势市中发挥良好的作用，但是在横向走势中，它们的表现就让人相当沮丧。对于大部分趋势跟踪技术以及它们在趋势明确情况下的交易表现，我的态度非常矛盾。大部分交易者在采用这类技术时面临的最大困境就是，如何正确区分趋势市和非趋势市。

在横盘整理市场中，价格向上或向下突破移动平均线时，往往是反向交易的好机会。这个时候，最好不要顺着价格突破的方向建立头寸。之所以这样操作，是由于大部分市场通常都是处于区间内交易，而那些受到卡特尔同业联盟控制的市场可能是例外，比如铜、糖、可可、锡和石油市场。我的研究表明，市场有 80% 的时间处于区间内交易，剩下 20% 的时间才处于趋势市，其中 12% 到 14% 的时间处于上升趋势，6% 到 8% 的时间处于下跌趋势。这种现象主要是心理层面的因素导致的。在最初的买入被证明是正确时，交易者的账户规模会增加，交易者会做出加仓的决定，从而推动价格继续走高，并且随着价格走高而逐步加仓。

但是，卖出往往是一次性的决定，交易者一般不会分批平仓。在 20 世纪 70 年代末到 80 年代初那段时间，通货膨胀的大环境导致市场普遍呈现出显著、持久的趋势走势。在真正的趋势开始之前，大部分交易者已经经历了屡次的失败尝试，以至于在机会真的来临时，不敢再进场。不管是否采用移动平均线，或者采用哪一种方法（包括简单、指数、中心化或移位）来计算移动平均线，都会面临相同的交易窘境。最初，由于移动平均存在这些缺陷以及我对任何移动平均都持怀疑的态度，所以我只将其当作设置止损的参考水平。但是，我偶尔还是会再研究一下这个方法。之后，在 20 世纪 80 年代初，市场开始表现出明显的趋势倾向时，我突然意识到将我的一些识别价格突破的交易技术结合移动平均线运用，可以很好地取代传统的移动均线方法。后来证明这两种方法的结合是有效的。同时观察移动均线的表现和其他指标情况来识别低风险入场机会，是值得交易者接受并运用的。这个研究的成果之一就是德马克移动平均 Ⅰ（TD Moving Average Ⅰ）。

德马克移动平均 Ⅰ 背后的原理很简单，如果市场表现出横盘整理的倾向，那么在这种环境下运用移动均线可能会遭受"双向打击"（whipsawed）。因此，只有当市场从横盘转入趋势时，才适合采用移动均线。德马克移动平均 Ⅰ 的特点是它可以在潜在价格突破之前发出信号，又可以在非趋势时期保持沉默。为了抓住那些潜在的趋势行情，我构建了一个独特的移动平均方法，它只会在突破发生并发展为趋势之前被激活，在一段时间之后，如果市场行为无法确认趋势的继续，意味着市场可能重新进入区间走势时，又会取消信号。我们可以通过一个技术来区分这两种市场状态，首先看是否形成一个高于之前 12 个交易日的全部低价的最低价，如果形成，就连续计算 4 个交易日（包括当天）每个交易日最低价的 5 日移动均价。如果随后的价格线最低价仍然高于之前 12 个交易日的全部价格线最低价，就再次连续计算 4 个交易日每个交易日最低价的 5 日移动均价。一旦在这"4 个交易日"的计算结束之前，还没有出现新的价格线最低价高于之前 12 个交易日的全部最低价，这个计算就中断了。同样的，德马克移动平均 I 的最高价也是采用类似的构建方法。出现一个低于之前 12 个交易日的全部价格线最高价的最高价之后，就连续计算 4 个交易日（包括当天）每个交易日最高价的 5 日移动均价。如果随后交易日的最高价仍然低于之前 12 个交易日的全部最高价，这个计算过程就继续，如果最后一个"合格"（低于之前 12 个交易日的全部最高价）最高价之后 3 个交易日内还没有出现这种"合格"最高价，那么这个计算过程就中断，直到再次出现这种价格形态。也就是说，我设定了一个价格衡量器，只要价格趋势继续，这个计算就会继续。一旦这个渐次升高的最低价系列或渐次降低的最高价系列被中断，市场就有可能进入横盘走势，德马克移动平均 I 就会关闭，从而降低了反复进出遭受"双向打击"的可能。只要这个渐次升高的最低价系列或渐次降低的最高价系列保持下去，德马克移动平均 I 也会保持连贯。一旦之后 3 个交易日内还没有出现这种价格关系，移动平均的计算就会中断。

德马克移动平均 I 可以作为设置止损的参考价位，也可以结合本书讨论的其他指标，对这些指标发出的低风险入场信号进行确认。如果要根据这个指标的信号建仓，就应该以收盘价突破为基准，并且要密切留意第二天的开盘情况（德马克关键确认指标）。也就是说，如果收盘价突破德马克移动平均 I，但是第二天的开盘价没有确认这个突破（反向穿越德马克移动平均 I，回到突破之前的水平），这个交易就是值得怀疑的。

图 7.1 到图 7.3 展示了德马克移动平均 I 的运用。

多伦多 35 指数日线图

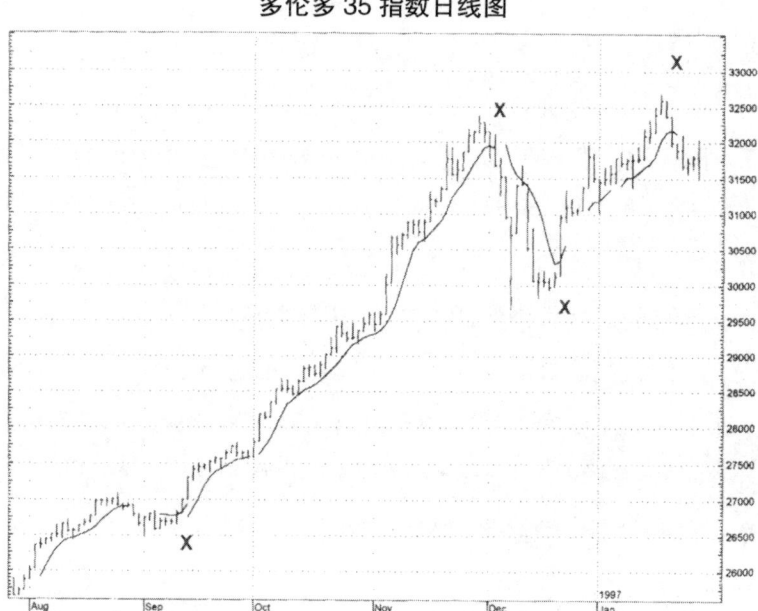

图 7.1 最初，德马克移动平均 I 只是用来设置已建头寸的止损。但是，利用这个指标来寻找低风险入场点，也可以获得非常好的交易绩效，特别是在短期走势图上，比如 1 分钟、5 分钟、1 小时图和日线图。为了保证信号的有效性，必须以收盘价穿越为基准，同时还要得到第二天开盘价的确认。图中的突破信号标记为 X

英镑 1996 年 12 月份合约日线图

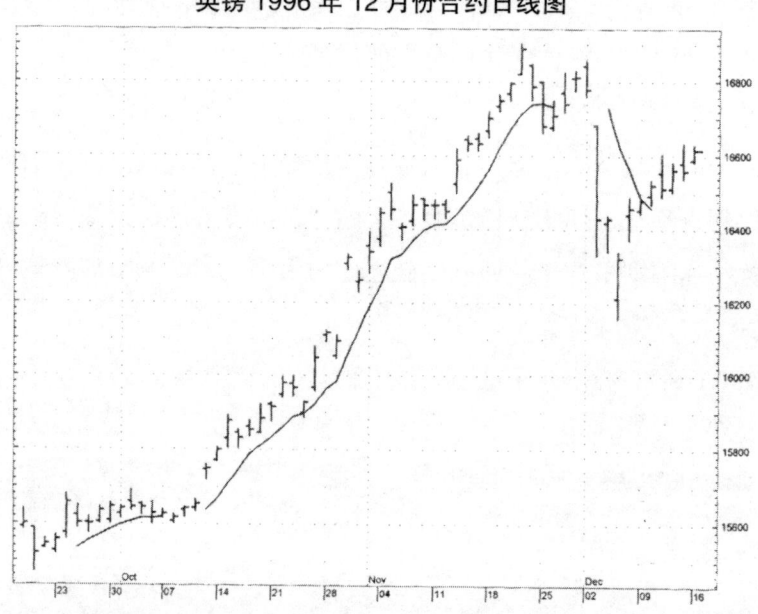

图 7.2 图中价格行为屡屡受阻于德马克移动平均 I，真是非常神奇。收盘价向上或向下突破移动均线后，得到第二天开盘价的确认，往往意味着这次突破是一次有效突破

德国国债 1997 年 3 月份合约日线图

图 7.3 价格有一种紧靠着德马克移动平均 I 发展的倾向，直到收盘价穿越这条移动均线并且得到第二天开盘走势的确认，这才代表往另一个方向的真正突破。这条移动均线不会每天连续不断出现，因为只有价格表现出明显的突破意图时，才会计算移动均值。日内的移动均线突破并不是有效突破，往往只是代表反向交易的机会

德马克移动平均 II

通过定义知道，传统的移动均线只有在市场底部和顶部形成之后，才会发出底部和顶部的信号。如果市场趋势发展减速或已进入区间交易，那么将移动均线向未来移动或投射几个交易日，移动均线的预测或许会有所改善。另外，计算一系列最高价、最低价和收盘价的移动平均，甚至用最高价或最低价乘以一个百分比，然后加到最高价上或从最低价中

减去（类似于构建一个通道，并且可以将这些数值投射到未来），那么市场顶部或底部的转折点识别就会变得更精确，但是除非引入了过滤网，这个指标程序还是会发出很多错误的信号。下面给出的警告来得并不容易，因为它是对移动均线进行了大量观察和研究之后总结出来的——德马克移动平均Ⅰ是评估市场环境以确保在入场前市场存在趋势的潜力，除了德马克移动平均Ⅰ，唯一可靠的移动平均计算方法就是德马克移动平均Ⅱ了。

德马克移动平均Ⅰ是等待交易区间突破之后才引入移动均线，而德马克移动平均Ⅱ则总是显示在走势图上。事实上，两条收盘价的移动均线一直显示在走势图上，一条短期（3日），一条长期（34日）。3日移动均线位于34日移动均线上方时，才可以对市场持有看涨的观点。同理，3日移动均线位于34日移动均线下方时，才可以对市场持有看跌的观点。一旦整体市场被认定具有上涨或下跌的潜力后，就可以评估两条移动均线当前数值与它们特定天数之前数值的关系。比如3日移动均线就是比较当天的数值与2个交易日前的数值，34日移动均线就是比较当天的数值与前一个交易日的数值。也就是说，这里要计算两条移动均线的变化率，而这个变化率的计算考虑了长期和短期。在走势图上，当移动均线的变化率上升时，移动均线就绘制为蓝色，当移动均线的变化率下降时，移动均线就绘制为红色。这样，通过不同的颜色，就可以对短期移动均线与长期移动均线的相对位置一目了然，交易者也可以据此评估市场的趋势并得出自己的判断。很显然，与其他移动均线方法一样，你的入场和出场会被延迟直到价格已经发生反转。但是，通过引入两条移动均线，在入场前确保短期移动均线高于长期移动均线并且两根移动均线的变化率都在上升（在上升走势中），或者短期移动均线低于长期移动均线并且两根移动均线的变化率都在下降（在下跌走势中），就做好了交易的预防措施。另外，你也可以根据你自己的偏好来调整移动均线的期间和变化率计算的期间。图7.4展示了德马克移动平均Ⅱ的例子。

S&P500 指数 1997 年 3 月份合约日线图

图7.4 德马克移动平均Ⅱ是构建和比较两条不同期间长度的移动均线。在本例中，同时显示了 3 日移动均线和 34 日移动均线。在 1996 年 9 月的时候，两条移动均线均处于上升状态，并且短期均线高于长期均线。只有当短期移动均线下跌穿越长期移动均线，并且两条均线的变化率均下降时，才可以认为市场将继续下跌

第8章　市场择时系统与系统发展

观察结论：当我认识都铎投资公司的保罗·都铎·琼斯（Paul Tudor Jones）和彼得·波里什（Peter Borish）时，他们两个人都还很年轻很有闯劲，并且思想开放。他们对市场很着迷，决心研究并尝试所有类型的市场择时技术。我当时的任务是为都铎投资公司测试并发展交易系统。那时候，我创建了4个主要的交易系统。这4个系统的名字并没有描述它们的方法，也不是源于它们背后的原理，而是来自我较大的4个孩子的名字：德马克TJ、德马克Carrie、德马克Meghan和德马克Rocke。

彼得和我负责交易系统的发展。这家公司刚开始致力于发展机械性的市场交易系统。之前，保罗和彼得已经是很成功的自由交易者，他们希望在交易系统领域也能取得如此成就。在这家公司任职之前，我已经研究、创建和运用了一套机械性交易系统，彼得用这个交易系统进行了大约12个月到18个月的实盘交易，获得了极大的成功。这个结果给他们留下了深刻印象，他们不仅认为这个交易系统可以投入更多的资金，而且还希望研发出其他机械性交易系统。在做出这个决定之后，都铎系统（Tudor Systems）的核心目标就形成了。我们在这家公司投入了大量资金和人力来开展这个计划。我担任公司的执行副总裁，利用我多年的市场择时研究和经验去测试并创建新的交易系统。

我为都铎研发的所有交易系统都有一个共同特点，就是构建和运用都十分简单。我没有针对特定市场进行特别的调整。这个过程的目的就是将方法最优化（optimization），但我从来不相信可以做到最优化。虽然每个市场的构成都不同（股票、固定收益债券、小麦、黄金、石油等），但是每个市场的参与者都拥有相同的情绪特征、预期和目标，以及类似的交易习惯和方法。因此，我研发的技术可以普遍适用于所有市场，而不需要进行任何调整。虽然读者没有必要了解这些系统的所有细节和精微之处，但是我会介绍它们的基本构成，以供读者参考和评估，读者或许还可以从这些技术中选取一部分引入自己的交易中。就像本书提供的其他所有市场择时技术一样，交易者需要自行决定交易信号的触发机制。可以说，每个技术都只是在这里"友情客串"一下，我只提供基本的构架，不会进行细节讨论。

每个系统都是由一系列入场、出场、利润兑现、止损和资金管理的规则构成的。最初，这些交易系统的表现都是非常抢眼的，并且直到交易结束之前，一些系统还在产生可观的收益。但是，最初几年可以产生的巨大回报，在随后 4 到 5 年的时间里就开始缩水了。保罗和彼得都很慷慨，允许我参与这些利润的分红。

这些系统以至任何系统（就此而言）获得成功有两大关键要素，一是引入合理的资金管理方法，二是严格执行交易信号。后面第 13 章将会介绍简单合理的资金管理方法。就纪律而言，交易系统最好是交给理性独立的第三方来执行，比如电脑或机器人，因为这两者在遭遇亏损时都不会像交易者那样经历过山车一样的情绪波动。如果由交易员执行交易，就有可能受到交易员个人偏好、行情观点和交易经验的负面影响。为了中和这种潜在的负面影响，彼得最初雇用了一个专业交易员和几个初出校门的大学毕业生来执行交易。这种安排非常有效，因为这降低了交易者自身情绪对执行系统命令产生的不利影响。

在这里，我并不打算详细介绍都铎公司发展并采用的这些交易系统的各个细节，我只会提供这些系统的基本构架，以便你了解它们的简单性和交易功能。对于你自己的交易来说，它们并不是安装即用的择时交易工具。它们只是作为你自行设计并创建自己的交易方法的参考模型，并且你只能在特定范围内接受这些观点。

德马克 TJ 指标

交易者往往在开盘时认输，从而结束一个亏损的头寸。这个交易模型就是旨在识别这种潜在的价格动量耗竭点，以抓住短线交易机会。具体而言，如果交易一开始就决策错误或择时错误，后来的市场走势或发布的消息又对交易不利，种种迹象都在反对交易者继续持有这个亏损头寸，加上亏损还有继续扩大的可能，这时候交易者往往会在情绪上和财务上双双认输（平仓），从而导致开盘价向下穿越前一天的最低价或向上穿越前一天的最高价。这种情况往往意味着情绪性平仓，从而为机警的交易者提供了绝佳的交易机会。德马克TJ（TD TJ™）是旨在抓住那些被情绪驱动的价格反转点，这与第6章讨论的德马克开盘有些类似，但又更具体一些。

德马克TJ要求开盘价必须落在前一个交易日的价格区间之外。也就是说，在上升走势中，开盘价必须低于前一个交易日的最低价，在下跌走势中，开盘价必须高于前一个交易日的最高价。此外，要确认价格将上涨，前一个交易日的最高价必须高于或等于2或3个交易日前的最低价。要确认价格将下跌，前一个交易日的最低价必须低于或等于2或3个交易日前的最高价。最后，要识别低风险买入区域，当天的开盘价必须低于前一个交易日的最低价减去前一个交易日价格波幅的38.2%的价格水平，并且还要高于前一个交易日的最低价减去前一个交易日真正价格波幅的100%的价格水平，此外，当天的最高价必须向上穿越前一天的最低价至少一个最小价格波动单位（tick）。同理，要识别低风险卖出区域，当天的开盘价必须高于前一个交易日的最高价加上前一个交易日价格波幅的38.2%的价格水平，并且还要低于前一个交易日的最高价加上前一个交易日真正价格波幅的100%的价格水平，此外，当天的最低价必须向下穿越前一天的最高价至少一个最小价格波动单位（tick）。如果当天的开盘价低于前一个交易日的最低价，但是并不低于前一个交易日的最低价减去前一个交易日价格波幅的38.2%的价格水平，那么低风险买入区域必须提高到前一个交易日的收盘价上方一个最小价格波动单位的价位。同理，如果当天的开盘价大于前一个交易日的最高价，但并不高于前一个交易日的最高价加上前一个交易日价格波幅的38.2%的价格水平，那么低风险卖出的入场区域应该降低到前一个交易日的收盘价下方一个最小价格波动单位的价位。

德马克TJ还有另一种版本。如果开盘价低于上面描述的那个价位（前一个交易日的最低价减去前一个交易日价格波幅的38.2%），就可以在价格向上突破38.2%的价格水平时，入场建一部分多仓。如果开盘价高于上面描述的那个价位（前一个交易日的最高价加上前一个交易日价格波幅的38.2%），就可以在价格向下突破38.2%的价格水平时，入场建一部分空仓。其余的还是按照之前版本的方法，在前一个交易日的最低价或前一个交易日的最高价处入场建仓。

可以引入额外的确认指标和过滤网来完善这个方法，并且我们也曾引入其他变量来测试并提升这个基础方法。但是，这里只为你提供这个技术的基本构架，以供你参考。想要改进这个方法，你或许可以试一试德马克开盘（第6章），这是一个动态指标模板，它可以套用德马克TJ方法，只不过具有更宽广并且动态的交易外形。这一特点使得交易者可以引入无限的确认指标和过滤网，从而获得一个更有效的市场择时指标。

德马克 Carrie 指标

这个交易模型是旨在识别之前曾作为重要阻力位或支撑位的关键价格水平，从而抓住这些价格水平的突破带来的交易机会。虽然它识别出的主要是短期的市场方向，但它偶尔也能抓住长期市场趋势的起点。德马克 Carrie（TD Carrie™）可以对德马克 TJ 起到辅助作用，因为德马克 Carrie 指标并不是识别由交易者情绪导致的价格动量耗竭点，而是专注于捕捉突破点，所以更多的算是一个趋势跟踪方法。就像德马克 TJ 是从德马克开盘衍生而来一样，德马克 Carrie 跟德马克陷阱也算是同族指标。德马克 Carrie 的低风险入场信号要求，在上升走势中，当天的开盘价必须低于或等于 4 个交易日前的最高价；在下跌走势中，当天的开盘价必须高于或等于 4 个交易日前的最低价。其他的规则如下：

1. 对于向上的突破，前一个交易日的收盘价必须低于 2 个交易日前的收盘价；对于向下的突破，前一个交易日的收盘价必须高于 2 个交易日前的收盘价。

2. 对于向上的突破，4 个交易日前的真正最高价必须高于 2、3 或 5 个交易日前的最高价；对于向下的突破，4个交易日前的真正最低价必须低于2、3或5个交易日前的最低价。

3. 对于向上的突破，当天的最高价必须向上穿越4个交易日前的真正最高价至少一个最小价格波动单位（tick）；对于向下的突破，当天的最低价必须向下穿越4个交易日前的真正最低价至少一个最小价格波动单位（tick）。

很显然，这个指标还可以引入其他确认指标或过滤网，以提高这个方法的绩效，就像将它们运用到其他技术中可以提高其他技术的绩效一样。

德马克 Meghan 指标

这个交易模型属于短线交易类型，旨在利用在大多数市场频繁出现的价格形态和价格关系。这个市场择时技术的主要构成也同样是十分简单的。首先，要确认低风险买入或卖出的交易机会，前一个交易日的真正价格波幅（真正最低价到真正最高价）必须小于3个交易日前的价格波幅。其次，对于上升走势来说，前一个交易日的收盘价必须低于或等于3个交易日前的最低价，或者当天的开盘价必须低于3或4个交易日前的最低价，而且当天的开盘价必须高于或等于前一个交易日的收盘价，或当天的开盘价必须低于或等于前一个交易日的最低价。之所以提出这种要求，是源于多年前观察得到的一个结论，称为德马克死亡区域（TD Dead Zone，见前文）。对于上升走势来说，德马克死亡区域就是指前一个交易日的收盘价和前一个交易日的最低价之间的价格区域。如果开盘价落在这一价格区域，通常意味着市场发生上涨跟进走势的可能性较低。对于下跌走势来说，前一个交易日的收盘价必须高于或等于3个交易日前的最高价，或者当天的开盘价必须高于3或4个交易日前的最高价，而且当天的开盘价必须低于或等于前一个交易日的收盘价，或当天的开盘价必须高于或等于前一个交易日的最高价。这里的德马克死亡区域就是前一个交易日的最高价与前一个交易日的收盘价之间的价格区域。如果是在上升走势中，最高价必须向上穿越前一个交易日的最高价；如果是在下跌走势中，最低价必须向下穿越前一个交易日的最低价。低风险入场水平就是在当天的开盘价上加上前一个交易日的价格区间得到的价格水平（买入），或者从当天的开盘价中减去前一个交易日的价格区间得到的价格水平（卖出）。就像本书中讨论的其他交易技术一样，这里的参考价格也可以替换为其他价格。比如，3个交易日前的最高价和最低价可以替换为2个交易日前的最高价和最低价。此外，还可以通过各种价格关系来确认或过滤这个交易指标的信号，并协助构建一个有效的市场择时方法。其他诸如止损、获利了结和资金管理方面的考量，以及结合本书讨论的其他指标使用，都可以提升这个技术的交易绩效。

德马克 Rocke 指标

这个交易模型是一个短线择时技术，其构建和设计都是基础性的。这个方法的构成很简单，与上面几个技术比较类似。当价格向上突破2个交易日前的最高价时，要入场交易，2个交易日前的最高价必须低于4个交易日前的最高价，或者3个交易日前的最高价必须低于4个交易日前的最高价，并且2个交易日前的最高价必须低于3个交易日前的最高价。此外，对于向上突破来说，前一个交易日的收盘价必须低于前一个交易日的开盘价，并且当天的开盘价必须低于2个交易日前的最高价。反之，当价格向下突破2个交易日前的最低价时，要入场交易，2个交易日前的最低价必须高于4个交易日前的最低价，或者3个交易日前的最低价必须高于4个交易日前的最低价，并且2个交易日前的最低价必须高于3个交易日前的最低价。此外，对于向下突破来说，前一个交易日的收盘价必须高于前一个交易日的开盘价，并且当天的开盘价必须高于2个交易日前的最低价。这里的低风险入场水平就是2个交易日前的最高价和最低价，具体哪个取决于是向上突破还是向下突破。再次强调，交易者可以在这个基础方法上进行改进和提升，可以引入额外确认指标来提高这个模型的表现和识别低风险入场区域的准确度。

现在，你已经了解了这几个市场择时技术的精髓，在都铎公司时，它们在相当长一段时间内都取得了不错的战绩。如果你采用这些技术，或许不会享有类似的成功，因为市场在变化，交易者有时候必须评估当时的价格行为，并引入其他确认指标和提升技术来判断是否接受这些指标的信号。在这个金融投资领域，没有任何事情是可以打包票的，进行这些调整和改变也不一定能保证成功。请记住，一个市场择时系统要获得交易成功，除了系统自身的创建和执行外，还有其他很多考量因素：资金管理技巧、市场纪律、投资组合选择，以及一个常常被忽视但很关键的因素——运气！虽说如此，但如果适当结合运用本书讨论的各种市场择时指标及其他指标，应该可以大大提高你交易获胜的概率。

第 9 章 德马克三角指标和德马克推进指标

观察结论：我的职业生涯开始于投资领域的机构"买方"。我曾在一家大型投资咨询公司工作。在那期间，我发现大部分"卖方"（经纪商）的市场择时交易员或技术分析师都说着千篇一律的话，都采用相同且无新意的市场择时工具。很多时候，他们忙于到处奔走拜访客户，以至没时间将最初的市场择时技术进行改进和提升。事实上，他们也满足于他们学习多年并已熟悉了的交易方法。因此，要不了多久就会发现大部分独创新颖的市场择时技术都是来自期货或大宗商品市场。高倍杠杆、低保证金和高波动率是这些市场的标志。这吸引了那些愿意接受挑战，思想开放并且具有一定分析能力的交易者参与这些市场。与我有 25 年交情的拉里·威廉姆斯也在这个领域跟我有一些合作和思想的碰撞。拉里对市场有一种其他市场分析师所不具备的敏锐洞察力。在很长一段时间里，我跟拉里在价格投射研究方面展开了密切的合作，甚至到了今天我们也还在彼此分享观点和价格投射研究。在这些研究成果中，有两个市场择时模型——德马克三角指标（TD Triangulation™）和德马克推进指标 (TD Propulsion)。在最初发展时，我将它们描述为"推力动态"（Thrust Dynamics）的要素。

德马克三角指标和德马克推进指标都是基于独一无二的市场择时原理发展出来的。举例而言，德马克三角指标的运作前提是，在市场经历一段时间的上涨或下跌之后，价格通常会发生回撤，以释放超买或超卖的压力。在回撤过程中，价格通常会穿越一些关键的价格水平，而导致价格突破这些价格水平的动量通常会推动价格继续朝下一个支撑／阻力位前进，而这些支撑／阻力水平是可以计算出来的。我在多年以前发展的德马克 REBO 是首次提出衡量波动率和突破的公式和结构的市场择时方法，就像德马克 REBO 一样，德马克三角指标也是其他很多分析师的形态识别技术的基础或催化剂，因为它首次尝试将价格和形态关系分类。德马克推进指标也是采用类似的价格动量模型，只不过方向相反，而且重点偏向市场推力，而不是价格形态。具体而言，德马克推进指标的运作前提是，同一个方向上反复的价格波动有一种复制前序波动的倾向。换句话说，如果价格上涨之后开始回调整理，整理之后的下一波上涨将会在前一波上涨走势的特定百分比价位遭遇阻力，一旦这个阻力位被突破，价格往往会朝下一个更高的阻力位前进，而这个阻力位往往也是前一波上涨走势的特定百分比。同理，在下跌走势中，如果价格连续下跌一段时间后反弹，反弹之后价格将倾向于下跌到前一波下跌走势的特定百分比价位，并且只要这个关键价格水平被跌破了，价格通常会朝下一个支撑位前进。

德马克三角指标

　　基本上有 8 种市场择时方法可以用于市场，这些方法包括趋势跟踪方法、循环与季节性分析、形态识别（走势图形态）、逆势交易、震荡指标驱动、测量、波动率分析和动量分析。德马克三角指标属于市场推力或市场动量的范畴，并且非常强调形态的识别。可以打一个简单的比喻来描述这个市场择时的动量观点。假设你以 70 英里 / 小时的速度开一辆车，之后关闭引擎并踩下刹车。尽管你尝试让它停下来，但是这车还是会向前滑动一段距离。同样的概念也可以用于市场中。如果价格加速波动并突破某个关键价格水平，价格的动量会推动价格继续朝下一个目标区域波动。引入一系列特定的百分比，交易者就可以预先计算出这些价格目标区域。但是，虽然交易者能够通过德马克三角指标获得精确的入场价和目标价格，但是并不推荐将其当作一个交易系统来运用。将德马克三角指标当作指标来运用，将可以发挥更好的作用，因为它可以与本书讨论的其他指标结合使用，以确认你对未来价格行为的判断。

　　德马克三角指标是一个特别的市场择时技术，当我在 20 多年前公布这个技术时，它还是首个不仅采用形态识别技术，还采用斐波那契比率的交易技术。尽管德马克三角指标是一种趋势跟踪方法，但是它的精确度远远高于传统的趋势跟踪技术，因为它可以提供明确的入场和出场价格水平。由于其趋势跟踪的特点，所以推荐将其当作一个对已建头寸或将建头寸进行确认的工具。与此同时，如果在关键价位发生不合格突破，你还可以考虑反向交易。

德马克三角指标有 4 个操作步骤：（1）识别出参考最高价和参考最低价，（2）选择操作的价格形态，（3）执行适当的数学计算公式，（4）运用交易规则来判断交易的有效性。

德马克三角指标是用来识别上升趋势中回撤筑底后的低风险入场点，以及下跌趋势中回撤筑顶后的低风险入场点。关键价格水平的选择是一个系统并且客观的过程。事实上，这些关键价格水平的识别与德马克相对回撤的关键价格水平识别比较类似——也就是在价格低点，往走势图左边寻找最近一根高点低于该价格低点的价格线；在价格高点，往走势图左边寻找最近一根低点高于该价格高点的价格线。接下来就是确定当前价格低点与之前最近一个高点低于该价格低点的价格线之间的最高点，或者确定当前价格高点与之前最近一个低点高于该价格高点的价格线之间的最低点，我称其为"三角"。一旦确定了这个关键价格水平，价格选择的过程就算完成了，可以将其作为计算的基准价格，开始计算一系列目标价格水平。研究表明，如果你确定的左边最近一个参考价格的价格线与当前价格线相隔超过 144 根价格线，那么这个"三角"指标的效用就会打折扣。

接下来的任务就是评估当前市场的具体价格形态。市场上存在 7 种不同的买入和卖出价格形态。下面将讨论这些形态。

买入形态

想要区分这些价格形态，你应该查看并研究盘中最高价、最低价和收盘价之间的特定关系。对于上升波动来说，有以下几种价格形态：

形态 1：围绕最低价日的 3 日价格形态中，第 2 日（最低价日）的低价（为了避免混淆，价格线的盘中最低价均简称为低价或低点，后面的高价亦是如此，译者注）最低，第 3 日的低价高于第 1 日的低价，3 个交易日的收盘价逐步升高。简言之，低价是 2 < 1 < 3，收盘价是 1 < 2 < 3。

形态 2: 围绕最低价日的 3 日价格形态中，3 个交易日的收盘价逐步升高，第 2 日的低价最低，第 3 日的低价低于第 1 日的低价。简言之，低价是 2 < 3 < 1，收盘价是 1 < 2 < 3。

形态 3: 围绕最低价日的 3 日价格形态中，第 2 日的低价最低，第 3 日的低价低于第 1 日的低价，3 个交易日的收盘价逐步降低。简言之，低价是 2 < 3 < 1，收盘价是 3 < 2 < 1。

形态 4: 围绕最低价日的 3 日价格形态分为两种子形态，两种子形态第 2 日的低价均为最低价，收盘价均为最高收盘价。其中形态 4a 是第 3 日的收盘价高于第 1 日的收盘价，第 3 日的低价低于第 1 日的低价；形态 4b 是第 3 日的收盘价和低价均高于第 1 日的收盘价和低价。简言之，形态 4a 的低价是 2 < 3 < 1，收盘价是 1 < 3 < 2；形态 4b 的低价是 2 < 1 < 3，收盘价是 1 < 3 < 2。

形态 5：围绕最低价日的 3 日价格形态分为两种子形态，两种子形态第 2 日的低价均为最低价，收盘价均为最高收盘价。其中形态 5a 第 3 日的低价和收盘价均低于第 1 日的低价和收盘价；形态 5b 第 3 日的收盘价低于第 1 日的收盘价，第 3 日的低价高于第 1 日的低价。简言之，形态 5a 的低价是 2 < 3 < 1，收盘价是 3 < 1 < 2；形态 5b 的低价是 2 < 1 < 3，收盘价是 3 < 1 < 2。

形态 6: 这是一个 4 日价格形态，最低收盘价出现在最低价日的第 2 天，也就是形态的第 3 日，而第 4 日的收盘价高于第 3 日的收盘价。

形态 7: 最低收盘价出现在最低价日的前一天。

每个价格形态的关键价格水平如下：

形态 1——第 2 日的收盘价

形态 2——第 3 日的收盘价

形态 3——第 2 日和第 3 日的低价

形态 4——收盘价

形态 5——低价

形态 6——第 4 日的低价

形态 7——第 2 日（最低价日）的低价

下跌走势的价格形态和关键价格与上升走势的价格形态和关键价格相反（见下文）。

卖出形态

要想区分下面几个价格形态，还是建议你仔细研究盘中最高价、最低价和收盘价的特定关系，这些关系与上述的买入形态刚好相反。对于下跌走势来说，有以下几种价格形态：

形态 1: 围绕最高价日的 3 日价格形态中，第 2 日（最高价日）的高价最高，第 3 日的高价低于第 1 日的高价，3 个交易日的收盘价逐步降低。简言之，高价是 3 < 1 < 2，收盘价是 3 < 2 < 1。

形态 2: 围绕最高价日的 3 日价格形态中，3 个交易日的收盘价逐步降低，第 2 日的高价最高，第 3 日的高价高于第 1 日的高价。简言之，高价是 1 < 3 < 2，收盘价是 3 < 2 < 1。

形态 3: 围绕最高价日的 3 日价格形态中，第 2 日的高价最高，第 3 日的高价高于第 1 日的高价，3 个交易日的收盘价逐步升高。简言之，高价是 1 < 3 < 2，收盘价是 1 < 2 < 3。

形态 4: 围绕最高价日的 3 日价格形态分为两种子形态，两种子形态第 2 日的高价均为最高价，收盘价均为最低收盘价。其中形态 4a 是第 3 日的收盘价低于第 1 日的收盘价，第 3 日的高价高于第 1 日的高价；形态 4b 是第 3 日的收盘价和高价均低于第 1 日的收盘价和高价。简言之，形态 4a 的高价是 1 < 3 < 2，收盘价是 2 < 3 < 1；形态 4b 的高价是 3 < 1 < 2，收盘价是 2 < 3 < 1。

形态 5：围绕最高价日的 3 日价格形态分为两种子形态，两种子形态第 2 日的高价均为最高价，收盘价均为最低收盘价。其中形态 5a 第 3 日的高价和收盘价均高于第 1 日的高价和收盘价；形态 5b 第 3 日的收盘价高于第 1 日的收盘价，第 3 日的高价低于第 1 日的高价。简言之，形态 5a 的高价是 1 < 3 < 2，收盘价是 2 < 1 < 3；形态 5b 的高价是 3 < 1 < 2，收盘价是 2 < 1 < 3。

形态 6: 这是一个 4 日价格形态，最高收盘价出现在最高价日的第 2 天，也就是形态的第 3 日，而第 4 日的收盘价低于第 3 日的收盘价。

形态 7：最高收盘价出现在最高价日的前一天。

每个价格形态的关键价格水平如下：

形态 1——第 2 日的收盘价

形态 2——第 3 日的收盘价

形态 3——第 2 日和第 3 日的高价

形态 4——收盘价

形态 5——高价

形态 6——第 4 日的高价

形态 7——第 2 日（最高价日）的高价

要计算德马克三角指标的价格目标，可以遵照以下的计算过程。这个例子可以说明上升走势中的选择过程。首先，假设价格从 100 的高点开始下跌到 50 的低点。走出 50 低点这一天的收盘价为 51。假设此时适用形态 1，三角指标的 3 个成分就已经确定——100 的高点、50 的低点、51 的收盘价。如果收盘价为 53，适用形态 2，那么 3 个价格就是 100、50 和 53。除了形态 3，其他形态都只采用一个数字（价格）。就形态 3 而言，第 3 日的价格用来计算入场价，第 2 日的价格用来计算目标价格。反之，在下跌走势中，过程就是相反的。假设价格从 50 的低点上涨到 100 的高点，走出 100 高点这一天的收盘价为 99。假设此时适用形态 1，三角指标的 3 个成分就已经确定——50 的低点、100 的高点、99 的收盘价。如果收盘价变为 97，适用形态 2，那么 3 个价格就是 50、100 和 97。除了形态 3，其他形态都只采用一个数字（价格）。就形态 3 而言，第 3 日的价格用来计算入场价，第 2 日的价格用来计算目标价格。

德马克三角指标买入入场价的计算公式如下：

$$1.00 - \frac{最近低价}{最近高价} \times 0.236 + 1.00 \times 形态价格 = 低风险入场价（买入）$$

例如，假设高价为 100，低价为 50，收盘价为 51，并且适用形态 1。那么入场价格的计算公式就是这样：

$$1.00 - \frac{50}{100} \times 0.236 + 1.00 \times 51 = 51.018（买入入场价）$$

另外，德马克三角指标买入目标价格的计算公式与入场价的计算公式基本相同，只不过要将 0.236 替换为 0.4472。

注意：入场价应该进行四舍五入，并且要在入场价上增加 1 个最小价格波动单位（tick），以确保价格穿越，而目标价格也应该进行四舍五入，并且要在目标价格上减去 1 个价格最小波动单位。

德马克三角指标卖出入场价的计算公式如下：

$$1.00 - \frac{最近低价}{最近高价} \times 0.236 + 1.00 \times 形态价格 = 低风险入场价（卖出）$$

德马克三角指标卖出目标价格的计算公式与入场价的计算公式基本相同，只不过要将 0.236 替换为 0.4472。

注意：入场价应该进行四舍五入，并且要在入场价上增加 1 个最小价格波动单位（tick），以确保价格穿越，而目标价格也应该进行四舍五入，并且要在目标价格上减去 1 个最小价格波动单位。

德马克三角指标的其他重要法则如下：

1. 如果最低价日或最高价日前一天和后一天的收盘价相等，或者德马克三角指标形态中的连续两个收盘价相等，那么这就是一个不合格的德马克三角指标形态。

2. 如果德马克三角指标形态中连续 2 个或多个交易日的盘中低价或盘中高价相等，那么就将这几个交易日视为一个交易日，并且最后一日的收盘价用于公式的计算。

3. 如果盘中价格穿越入场价，但收盘价没有穿越这个入场价，那么目标价格计算公式中的系数 0.4472 必须调整为 0.3354。

4. 如果在买入进场之后，价格下跌回最低价与最低价日的收盘价之间的价格区域，那么目标价格必须重新计算，0.4472 的计算系数必须调整为 0.3354。如果在卖出进场之后，价格上涨回最高价与最高价日的收盘价之间的价格区域，那么也要进行与买入相同的调整。

5. 如果价格到达入场价，但没有穿越入场价至少 1 个最小价格波动单位，那么不管价格第二天是否穿越这个入场价，这次交易都是无效的（如果第二天的开盘价穿越了这个入场价，也可以接受这个交易机会，只不过价格开盘后必须在穿越的方向继续波动 1 到 2 个最小价格波动单位）。

6. 如果德马克三角指标形态 2 的第 3 日的收盘价没有收盘于 3 日前价格线的区间内，那么这次交易不再有效。

7. 如果买入进场日的收盘价高于入场前 3 个交易日的最高收盘价（或者如果卖出进场日的收盘价低于入场前 3 个交易日的最低收盘价），那么这次交易信号是无效的——原因是市场突然变得太过强劲（太过疲软），空头回补（恐慌性卖出）的力量无法持续。

8. 如果入场信号出现在 3 日形态的第 2 日，那么第 2 日的价格区间必须与 2 天前的价格区间相交，否则这次交易信号无效。如果入场信号出现在 3 日形态的第 3 日，那么第 3 日的价格区间必须与 3 天前的价格区间相交。

9. 如果买入进场日的收盘价没有高于前 3 个交易日中任何一个盘中低价（或没有低于前 3 个交易日中任何一个盘中高价），那么就在入场这天收盘时了结头寸。

另外，德马克三角指标仅适用于出现最大持仓的期货合约。最后，如果入场信号发生在形态 7——所有德马克三角指标形态中最常见的一个形态——的第 2 日，那么价格目标必须在同一天被触及，或者将多头头寸的止损调低到比入场日最低点低 1 个最小价格波动单位的位置，将空头头寸的止损调高到比入场日最高点高 1 个最小价格波动单位的位置。

以上就是我的德马克三角指标的交易规则。如果你不是一个活跃的交易者，或者不愿意接受形态形成期间发出的交易信号，而只专注于不只几个点的大幅价格波动，那么你也可以利用德马克三角指标来捕捉较短期的交易机会。

止损

很显然，不管在任何时候，如果发生反向信号，就应该取消之前的交易信号，结束交易。

我在写这本书的 20 多年前发明了 3 种止损方法。这 3 种止损方法不仅适用于德马克三角指标，也应该适用于你目前采用的交易系统。前 2 种止损方法的关键参考价格都是基于极端低点（多头头寸）和极端高点（空头头寸）。首先，德马克止损 1（TD Stop Loss 1）是，(a) 当做多市场时，寻找德马克三角指标选择的关键高价以来的最低盘中低价，以及最低盘中低价日的收盘价，并计算两者的差值，然后从最低盘中低价中减去这个差值，就为止损水平；(b) 当做空市场时，寻找德马克三角指标选择的关键低价以来的最高盘中高价，以及最高盘中高价日的收盘价，并计算两者的差值，然后在最高盘中高价上加上这个差值，就为止损水平。在多头交易中，要触及止损，必须连续 2 个交易日的收盘价向下穿越这个止损水平。在空头交易中，要触及止损，必须连续 2 个交易日的收盘价向上穿越这个止损水平。德马克止损 2（TD Stop Loss 2）是采用相同的盘中最高价和盘中最低价，但是不再采用同一天的收盘价，而是采用真正最低价和真正最高价。计算出两者的差值后，从盘中最低价中减去这个差值（多头交易），或在盘中最高价上加上这个差值（空头交易）。如果收盘价穿越计算出的这个价格水平，止损就被触及。在这里，我只需要一个收盘价穿越止损水平。德马克止损 3（TD Stop Loss 3）是我的德马克 2 日止损（TD Two Day Stop™），这个止损方法适用于后面将讨论的德马克推进指标（TD Propulsion）以及其他方法。事实上，它几乎算是一个独立的交易技术。这个止损方法要求多头交易中，连续出现 2 个下降收盘价（连续两天的收盘价都分别低于各自前一天的收盘价），空头交易中，连续出现 2 个上升收盘价（连续两天的收盘价都分别高于各自前一天的收盘价）。除此之外，还有一个要求就是这 2 日的收盘价都处于 2 个交易日前的价格区间内。具体而言，如果是做多市场，前一天的收盘价低于 2 天前的收盘价，当天的收盘价低于前一天的收盘价，并且两个收盘价都分别包含在各自 2 天前的真正价格区间内（真正最高价和真正最低价），就在收盘时了结头寸。同样的，如果是做空市场，前一天的收盘价高于 2 天前的收盘价，当天的收盘价高于前一天的收盘价，并且两个收盘价都分别包含在各自 2 天前的真正价格区间内（真正最高价和真正最低价），就在收盘时了结头寸。

德马克2日止损的强化措施

我并不推荐金字塔式的建仓法，或者在现有头寸上加仓。但是，如果你特别偏好这种交易方式，你也可以尝试利用德马克2日止损来为你的加仓择时。这种止损法的关键就是要求收盘价必须包含在2个交易日前的价格区间内。如果交易者是做多市场，那么当连续出现2个下降收盘价（收盘价比前一天的收盘价低），并且均低于各自2个交易日前的最低价时，交易者就可以考虑在已有头寸上加仓。如果交易者是做空市场，那么当连续出现2个上升收盘价（收盘价比前一天的收盘价高），并且均高于各自2个交易日前的最高价时，交易者就可以考虑在原有头寸上加仓。但是，如果在同一天发出了反向的交易信号，这种加仓法就不适用。

德马克推进指标

德马克三角指标识别的是反向价格波动——下跌趋势中的反弹或上升趋势中的回调——中的入场点和价格目标，而德马克推进指标（TD Propulsion）则是在整体市场趋势方向上操作。换句话说，如果市场上涨一段时间后，开始下跌，但是没有跌破之前涨势的起点，之后又恢复上涨，这时候就可以利用德马克推进指标来识别理想的买进入场价格水平，在这个价格水平，市场蓄积了足够的动量促使价格至少上涨到目标价格区域。我在这里运用了一个物理学定律——物体一旦开始运动，在没有外力情况下一定会保持匀速直线运动。唯一的问题就是市场什么时候"开始运动"。两个源于斐波那契神奇数字的比率，是判断市场蓄积足够动量的界限水平的关键。其中一个用于确定低风险入场区域，另一个用于判断趋势动量的潜在耗竭区域，也就是目标价格区域。这两个比率分别是0.236和0.4472。0.236是用两个常见的斐波那契比率0.618和0.382相减或相乘得到的。具体算法是0.618-0.382=0.236，或者0.618×0.382=0.236。在0.236和数学圆

周率 π（取小数位 0.1416）之间还存在一定的联系。用数学圆周率 π（取小数位 0.1416）除以 0.6，得到的数值为 0.236。另外，5 的平方根为 2.236，用 0.618 除以 0.5（乘以 2），得到的数值为 1.236。正如你已经看到的，很多关键数字的运算都可以得到相同的比率 0.236 或者 0.236 的衍生比率。

德马克推进指标有 3 个构成：（1）识别主要的市场波动、波段或动量，（2）运用德马克推进指标的公式并进行计算，（3）设置止损。

要计算上升走势中的入场价，由最近高点日收盘价以来的跌幅，至少必须达到最近高点日收盘价与前一个价格低点（该价格低点之前是一波从前一个价格高点而来的下跌走势）的涨幅的 0.236。同样的，要计算下跌走势中的入场价，由最近低点收盘价以来的涨幅，至少必须达到最近低点日收盘价到前一个价格高点（该价格高点之前是一波由前一个价格低点而来的上升走势）的跌幅的 0.236。价格走势必须达到这个条件，才能开始计算入场价。总之，要在一个价格低点附近确定买进入场价，由最近高点日收盘价以来的跌幅必须达到这个最近高点日收盘价到前一个价格低点的涨幅的 0.236；要在一个价格高点附近确定卖出入场价，由最近低点日收盘价以来的涨幅必须达到这个最近低点日收盘价到前一个价格高点的跌幅的 0.236。

德马克三角指标采用了多种价格形态来计算入场价和目标价格，德马克推进指标只要求识别两个价格形态。在价格低点的反转形态（Inverted Pattern）是一个 3 日价格形态，其中第 2 日的低点是 3 个交易日中的最低点，收盘价高于第 1 日的收盘价，低于第 3 日的收盘价。另外，第 2 日的高点不能高于第 1 日的高点——也就是说，不能出现一个高于前一个交易日高点的"出头日"（outside day）。在价格低点的其他任何形态都是标准形态（Standard Pattern）。反过来，在价格高点的反转形态也是一个 3 日价格形态，其中第 2 日的高点是 3 个交易日中的最高点，收盘价低于第 1 日的收盘价，高于第 3 日的收盘价。另外，第 2 日的低点不能低于第 1 日的低点——也就是说，这里也不能出现一个低于前一个交易日低点的"出头日"（outside day）。在价格高点的其他任何形态都是标准形态。不管是在价格低点还是价格高点，如果形态中连续 2 个交易日的收盘价相等，那么这个形态就无效，不能采用德马克推进指标。此外，如果在3日形态完成之后，价格下跌超过3日形态中任何一个收盘价（在价格低点），或者上涨超过3日形态中任何一个收盘价（在价格高点），那么形态也是无效的，也不能采用德马克推进指标，直到在上升走势中出现一个更低的低点，或者在下跌走势中出现一个更高的高点。

德马克推进指标买进入场价的计算公式如下：

1. 反转形态：当前价格低点日的收盘价 ÷（1.00- 前一个低点 ÷ 前一个高点 × 0.236+1.00）

2. 标准形态：当前价格低点日的收盘价 ×（1.00- 前一个高点 ÷ 前一个低点 × 0.236+1.00）

德马克推进指标买进目标价格的计算公式如下：

1. 反转形态：当前价格低点 ÷（1.00- 前一个低点 ÷ 前一个高点 × 0.4472+1.00）

2. 标准形态：当前价格低点 ×（1.00- 前一个高点 ÷ 前一个低点 × 0.4472+1.00）

德马克推进指标卖出入场价的计算公式如下：

1. 反转形态：当前价格低点日的收盘价 ×（1.00- 前一个高点 ÷ 前一个低点 × 0.236+1.00）

2. 标准形态：当前价格低点日的收盘价 ÷（1.00- 前一个低点 ÷ 前一个高点 × 0.236+1.00）

德马克推进指标卖出目标价格的计算公式如下：

1. 反转形态：当前价格低点 ×（1.00- 前一个高点 ÷ 前一个低点 × 0.4472+1.00）

2. 标准形态：当前价格低点 ÷（1.00- 前一个低点 ÷ 前一个高点 × 0.4472+1.00）

此外，两个入场价都应该进行四舍五入，并且增加或减去1个最小价格波动单位（具体是增加还是减去，取决于是做多还是做空），以确保价格穿越。目标价格也应该进行四舍五入，并且在多头头寸的目标价格上减去1个最小价格波动单位，在空头头寸的目标价格上增加1个最小价格波动单位。

除了上述规则外，另外还有一个入场规则，叫作德马克最终过滤网（TD Final Filter™），它是从之前讨论的德马克确认指标3衍生过来的。德马克确认指标3是对德马克线、德马克相对回撤等指标发出的入场信号进行确认的指标。德马克最终过滤网需要每日进行计算，以判断市场是否存在价格突破的过度预期，从而导致突破的可能性降低。要想理解这句话，可以这样来问——如果预期将发生突破的交易者都已入场建仓，那么还有谁来进一步推动价格突破呢？因此，需要计算买入进场前每一个交易日的前一个交易日的收盘价和同一天的真正最低价的差值，然后将计算出的数值加到前一个交易日的最高价上。如果要利用这个过滤网来建多仓，那么只有当收盘价超过这个计算出的德马克最终过滤网价格水平，才可以入场买入。同理，在卖出进场前，要计算前一个交易日的收盘价与同一天的真正最高价的差值，然后从前一个交易日的最低价中减去这个差值。如果要利用这个过滤网来建空仓，那么只有当收盘价向下超过这个计算出的价格水平，才可以入场卖出。你可以将德马克最终过滤网及其衍生版本运用于你自己的交易，用它来对交易信号进行确认并排除因过热的市场状况导致的过度预期。

止损

这里就不再重复讲述止损的设置，读者请参考前面德马克三角指标中的讨论。

德马克2日止损的强化措施

关于这方面的内容，读者也请参考前面德马克三角指标中的相关讨论。

第10章 系统发展的其他指标和观点

德马克趋势（TDT™）

虽然我不是一个趋势跟踪者（顺势交易者），但是我还是研究和发展了很多市场动量模型。我曾经研发出一个技术，预期能够识别重大的价格突破水平，但是结果却跟我的预期刚好相反。我的这项研究的成果一定会使那些倾向于买强卖弱，也就是趋势跟踪者感到惊讶的。最初，德马克趋势（TDT）是被设计成一个趋势跟踪方法的，但是，很快我就发现这个方法更应该被划分为动量耗竭点识别指标或者说逆势交易指标。我在对德马克趋势的研究和运用过程中发现，市场在到达关键界限水平时，往往会耗竭动量而发生趋势反转。因此，那些被认为价格到达后将加速趋势发展的价格水平，往往是趋势终结并反转的价格水平。进一步研究表明，德马克趋势最好被当作一个趋势预估技术来运用。虽然构建德马克趋势的变量是动态的，并且可以根据交易者的偏好进行调整，但是下面仍将介绍一些德马克趋势的基本变量设置。

要在预期将向下反转的上升走势中运用德马克趋势，并识别出价格趋势的耗竭水平以及短期价格下跌的前兆，交易者必须找出最近连续3根价格线，其中每根价格线的真正最高价渐次降低（一个比一个低），收盘价也渐次降低。同理，要在预期将向上反转的下跌走势中运用德马克趋势，并识别出价格趋势的耗竭水平以及短期价格上涨的前兆，交易者也可以进行相同但方向相反的操作。交易者必须找出最近连续3根价格线，其中每根价格线的真正最低价渐次升高（一个比一个高），收盘价也渐次升高。

在上升走势中,如果在3根价格线完成之后某根价格线的收盘价向下突破这3根价格线的最高收盘价,通常就会发生短期的价格反转。在下跌走势中,如果3根价格线完成之后某根价格线的收盘价向上突破这3根价格线的最低收盘价,通常就会发生短期的价格反转。

德马克趋势的例子见图 10.1 和图 10.2。

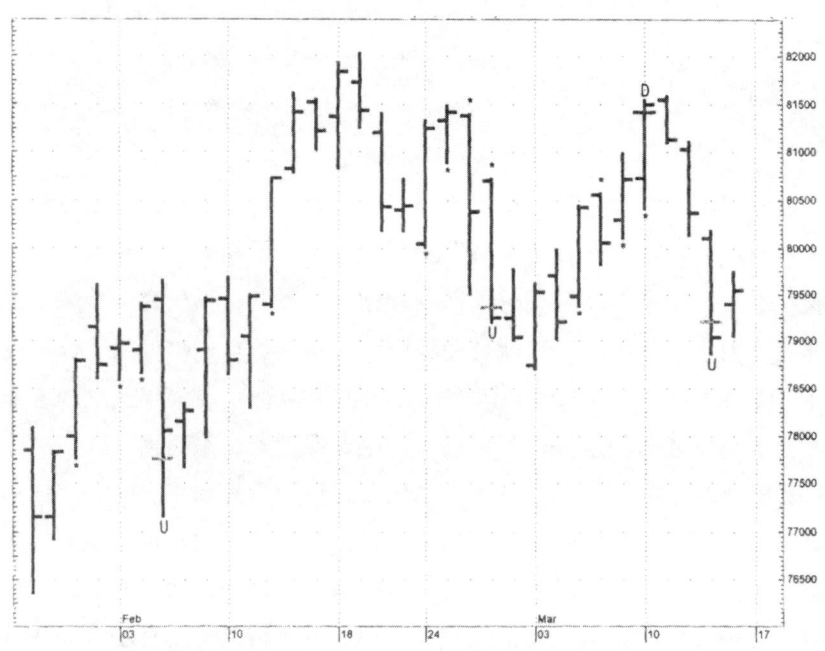

S&P500 指数 1997 年 3 月份合约日线图

图10.1 德马克趋势是用来识别价格动量的潜在耗竭区域和短期趋势反转的指标。在潜在的上升趋势耗竭区域,交易者需要识别出最近连续3根价格线,其中每根价格线的真正最高价(比较当天的最高价与前一天的收盘价,选择其中的较高者)渐次降低,收盘价也渐次降低。在潜在的下跌趋势耗竭区域,交易者也需要识别出最近连续3根价格线,其中每根价格线的真正最低价(比较当天的最低价与前一天的收盘价,选择其中的较低者)渐次升高,收盘价也渐次升高。为了完善这个耗竭区域的识别过程,也可以配合其他指标使用,比如德马克差值、德马克开盘、德马克陷阱等。此外,还可以引入其他确认指标。图中的星号标记的是那些进行比较的交易日

天然气1997年4月份合约日线图

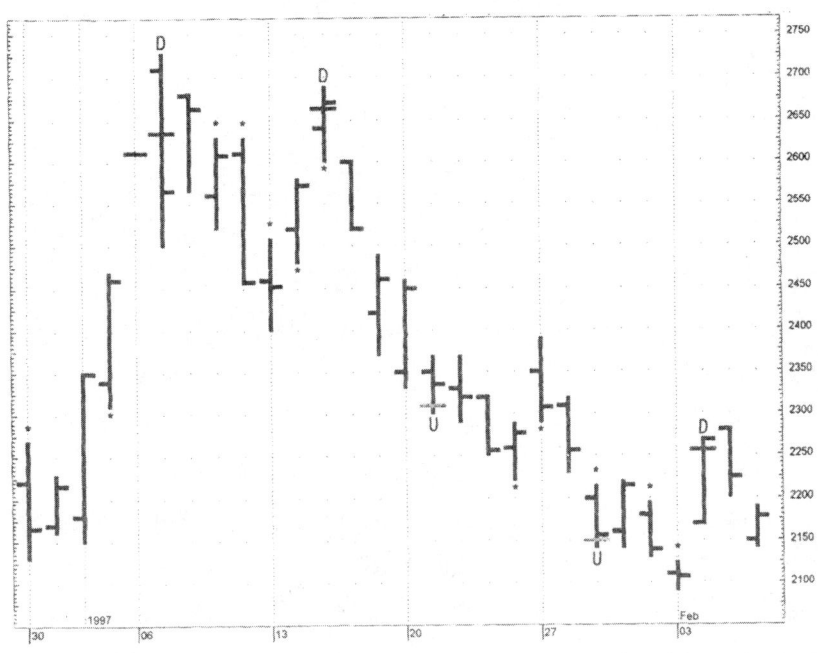

图10.2 在这幅走势图中，德马克趋势有时候可以精确识别出价格短期动量的耗竭水平。但有些时候，德马克趋势又较早发出了信号。因此，交易者最好先在不同的时间框架和价格关系中进行测试。另外，德马克趋势还应该结合其他指标一起使用

前述的时间框架和价格比较关系不一定就是最佳的选择，交易者尝试其他价格比较关系和时间框架，或许也能获得相同甚至更好的绩效。但是，请记住，我发展这个指标的最初目的是识别趋势突破水平，后来却演变为识别趋势反转水平——趋势终结区域或者价格动量耗竭区域。通过这个尝试，你一定可以找到适合自己交易风格的指标版本。随着电脑的问世和相关软件的发展，指标的研发过程相对简单很多，至少比我当年研发指标的条件好多了。那时候，我只能靠肉眼观察并不断尝试。

德马克枢纽

　　从关键参考价格的选择角度来说，德马克开盘相对要死板一些，因为德马克开盘选择的都是 1 个交易日前（前一个交易日）、2 个交易日前、3 个交易日前的价格等。为了克服这种死板和武断，我创建了德马克枢纽指标（TD Pivot）。德马克枢纽将最近形成的德马克关键点作为参考价格，这样就可以适应市场的动态发展。例如，德马克开盘可能采用 1 天、2 天或 3 天前的最低点或最高点作为参考点，而德马克枢纽是只有在这个最低点或最高点同时也是德马克关键低点或德马克关键高点时，才会将其作为参考点。因此，德马克枢纽要求选择之前价格行为中重要的最低点或最高点，而不是像德马克开盘一样，武断地选择一个参考价格水平。

　　事实上，德马克枢纽也有多种关键价格可以选择，包括传统的德马克关键低点或德马克关键高点，以及非传统的德马克关键低点或德马克关键高点。现在，可以通过一个低风险买进入场的例子来进行说明。要在之前 x 个交易日内识别低风险的买进入场水平，首先要找出最近的德马克关键低点。德马克关键低点是一个比前一天的低点和后一天的低点都低的价格线低点。就开盘来说，当天的开盘价可以低于也可以高于或等于最近的德马克关键低点。如果选择"低于最近的德马克关键低点"或者也可以表述为"低于最近一个价格谷底"的设置，那么如果当天开盘价没有低于（或者也可以加上等于，取决于交易者的选择）这个德马克关键低点，当天就不存在潜在的低风险买入机会。但是，如果交易者选择开盘价"低于最近较高的德马克关键低点"或者说"低于最近一个较高的价格谷底"，那么不管当天的开盘价是否低于最近的德马克关键低点，都存在潜在的低风险买入机会。假设当天开盘价低于德马克关键低点——"最近一个价格谷底"或"最近一个较高的价格谷底"——那么低风险的买进入场价就可以设定为这个德马克关键低点或同一天高于这个德马克关键低点的其他价格水平。另外，德马克关键低点可以是第 1 级、第 2 级、第 3 级或其他等级的德马克关键低点。此外，低风险买入入场点也可以调整为德马克关键低点之前或之后任何一天的低点，只要当天的开盘价低于（或等于）这个交易日的低点，并且当天的高点高于这个低风险买入水平。最后，除了要求当天开盘价低于德马克关键低点，交易者还有非传统的选择，比如开盘价"低于最近德马克关键高点"或德马克关键高点 x 天之前或之后的高点，并且当天的高点高于最近的德马克关键高点或德马克关键高点 x 天之前或之后的高点。换句话说，本例中最近的德马克关键高点也可以称为"最近一个价格峰顶"或者"最近一个较高的价格峰顶"，并且当天的开盘价必须低于（也可以加上等于的关系，取决于交易者自己的选择）这个参考价格或参考价格 x 天之前或之后的价格。正如你已经看到的，参考价格的选择存在多种多样的可能。

同理，要在之前 x 个交易日内识别低风险的德马克枢纽卖出入场水平，要将前述的条件反转。首先要寻找最近的德马克关键高点，准确地说是寻找第 1 级的德马克关键高点。第 1 级德马克关键高点是一个比前一天的高点和后一天的高点都高的价格线高点。当天的开盘价可以高于，也可以低于或等于最近的德马克关键高点。如果选择"高于最近的德马克关键高点"或者说"高于最近一个价格峰顶"的设置，那么如果当天开盘价没有高于（或者也可以加上等于，取决于交易者的选择）这个德马克关键高点，当天就不存在潜在的低风险卖出机会。但是，如果交易者选择开盘价"高于最近较低的德马克关键高点"或者说"高于最近一个较低的价格峰顶"，那么不管当天的开盘价是否高于最近的德马克关键高点，都存在潜在的低风险卖出机会。假设当天开盘价高于德马克关键高点——"最近一个价格峰顶"或"最近一个较低的价格峰顶"——那么低风险的卖出入场价就可以设定为这个德马克关键高点或同一天低于这个德马克关键高点的其他价格水平。另外，德马克关键高点可以是第 1 级、第 2 级、第 3 级或其他等级的德马克关键高点。此外，低风险卖出入场点也可以调整为德马克关键高点之前或之后任何一天的高点，只要当天的开盘价高于（或等于）这个交易日的高点，并且当天的低点低于这个低风险卖出水平。最后，除了要求当天开盘价高于德马克关键高点，交易者还有非传统的选择，比如开盘价"高于最近德马克关键低点"或德马克关键低点 x 天之前或之后的低点，并且当天的低点低于最近的德马克关键低点或德马克关键低点 x 天之前或之后的低点。换句话说，本例中最近的德马克关键低点也可以称为"最近一个价格谷底"或者"最近一个较低的价格谷底"，并且当天的开盘价必须高于（也可以加上等于的关系，取决于交易者自己的选择）这个参考价格或参考价格 x 天之前或之后的价格。

图 10.3 和图 10.4 展示了德马克枢纽指标的运用。

德国国债 1997 年 3 月份合约日线图

图 10.3 德马克枢纽涉及当天的开盘价与最近德马克关键高点或关键低点的关系。如果当天开盘价高于这个德马克关键高点或低于这个德马克关键低点，并且盘中价格穿越了这些价格水平，那么就形成了最基本形式的德马克枢纽。德马克枢纽是德马克开盘的替换指标。德马克开盘完全是静态的，因为它指定特定交易日的价格为参考价格，而不管这天是否存在转折点（德马克关键点）。图中作为参考的德马克关键点均用 x 标示。

第 10 章 系统发展的其他指标和观点 317

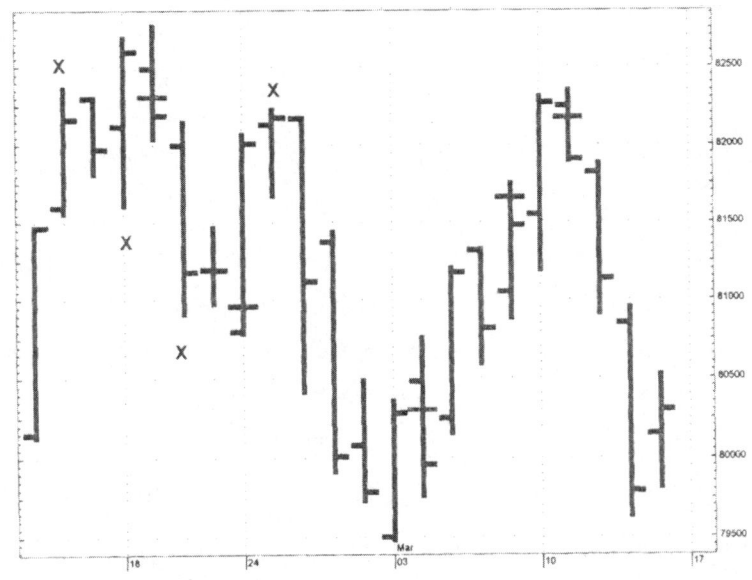

S&P500 指数 1997 年 6 月份合约日线图

图 10.4 本例中的德马克枢纽比较的是当天的开盘价与最近较低的德马克关键高点和最近较高的德马克关键低点。低风险的入场信号向右边移动了一个交易日。图中作为参考的德马克关键高点和德马克关键低点都用 x 标示出来，但是入场价位于右边那根价格线上

正如你已经看到的，德马克枢纽有各种各样的设置选择。这意味着交易者可以测试并且选择适合自己交易风格的变量组合。如果在价格穿越之前的德马克关键低点时，你不愿意仅根据这个入场信号入场，你就可以引入额外的过滤网，比如高价必须穿越德马克枢纽日的收盘价，才能确认价格的强势。另外，也可以采用较高等级的德马克关键点，并且关键参考日可以调整为德马克关键低点 x 交易日之前或之后的交易日。总之，这种变量组合和过滤网存在无限的可能性。但是，我要再强调一次，如果交易受到太多过滤网和规则的限制，就存在"过度优化程序"或者"过度拟合历史价格"（historical price fitting）的问题，因此，指标的预测能力和效用都会降低。

德马克差值

我对价格形态研究的执着程度,可以通过一个叫作德马克差值(TD Differential)的指标体现出来。可以说,重要的不只是德马克差值这个指标发出了什么信号,同样重要的是这个指标没有发出什么信号。根据定义,市场底部的最低收盘价必须是个下降收盘价,并且随后的收盘价也不能低于这个最低收盘价,否则它就不再是最低收盘价了。如果随后某个收盘价跌破了这个最低收盘价,那这个收盘价就会成为新的最低收盘价,直到被随后其他收盘价跌破。同理,市场顶部的最高收盘价必须是一个上升收盘价,并且随后的收盘价也不能高于这个最高收盘价,否则它就不再是最高收盘价。如果随后某个收盘价向上突破了这个最高收盘价,那这个收盘价就会成为新的最高收盘价,直到它被随后其他收盘价突破。要识别潜在的短期价格底部,德马克差值要评估某特定交易日的最低价和收盘价的关系,并拿来与前一个交易日的最低价和收盘价的关系做比较。要识别潜在的短期价格顶部,德马克差值要评估某特定交易日的最高价和收盘价的关系,并且拿来与前一个交易日的最高价和收盘价的关系做比较。德马克差值涉及的收盘价关系可以表述如下:(1)在潜在的价格底部,当天的收盘价低于前一个交易日的收盘价(比如今天的收盘价低于昨天的收盘价),并且前一个交易日的收盘价也低于再前一个交易日的收盘价(比如昨天的收盘价低于前天的收盘价);(2)在潜在的价格顶部,当天的收盘价高于前一个交易日的收盘价(比如今天的收盘价高于昨天的收盘价),并且前一个交易日的收盘价也高于再前一个交易日的收盘价(比如昨天的收盘价高于前天的收盘价)。换句话说,德马克差值要寻找连续2个下降收盘价(收盘价均低于各自前一天的收盘价)或2个上升收盘价(收盘价均高于各自前一天的收盘价)。一旦找到这种2日价格线,就可以计算每个交易日的收盘价与最低价的差值(连续2个下降收盘价),或计算每个交易日的最高价与收盘价的差值(连续2个上升收盘价)。然后,将2日价格线的两个差值进行比较。如果下降收盘价组合中,当天的差值大于前一天的差值,那么当天的最低价很可能不会在第二天被跌破。如果上升收盘价组合中,当天的差值大于前一天的差值,那么当天的最高价很可能不会在第二天被突破。我的动量耗竭研究表明,在出现了连续2个下降收盘价或连续2个上升收盘价的情况下,德马克差值可以发挥重要的作用。重申一遍,如果当天的差值大于前一天的差值,那么当天极有可能就是一个价格底部或顶部。反之,如果当天的差值小于前一天的差值,那么趋势极有可能在短期内恢复。总之,如果当天的收盘价低于前一天的收盘价,前一天的收盘价高于再前一天的收盘价,就有可能形成一个短期的价格底部。同理,如果当天的收盘价高于前一天的收盘价,前一天的收盘价低于再前一天的收盘价,就有可能形成一个短期的价格顶部。但是,如果连续2个收盘价下降或上升,那么德马克差值可以用来判断趋势继续或者中断的可能性。如果德马克差值指示趋势将恢复,那么研究结果表明这会发生在接下来3个交易日内,更可能发生在第二个交易日。

虽然德马克差值不是一个绝对可靠的指标,可以准确预测接下来交易日的市场方向,但是不能否定它仍然是一个预测第二天价格行为的有效指标。多年以前,我观察到每当市场形成这种形态,就等于宣布了它的价格方向。那时,我称德马克差值为"安睡指标"(sleep indicator)。这个名字取得非常恰当,因为当我交易特定市场并且持仓过夜让我不安时——我担心第二天的价格行为对我造成毁灭性打击,德马克差值可以给我必要的信心让我安心入睡。事实上,当我和我的好朋友查理·迪弗朗西斯卡(Charlie DiFrancesca)——20世纪80年代末芝加哥交易所的最大场内交易者——分享这个技术时,他被这个敢于持仓过夜的技术取得的绩效惊呆了,要是他自己,他一定会因为短期市场的不确定性而了结这些头寸。他的兄弟约翰(John)将德马克差值引入了他自己的交易方法中。直到今天,他还在将这个技术用于他自己的场内交易中,并且往往在各种市场中只根据德马克差值的信号来选择平仓或持仓过夜。

广泛深入的研究将有助于区分伴随趋势反转和趋势持续的各种价格形态和关系。有一种罕见的市场底部或顶部形态,是在上升趋势或下跌趋势结束时出现的连续2个或多个相等的收盘价构成的价格形态。如果不考虑这种形成于价格底部或价格顶部的价格形态——相等的收盘价，那么除了德马克差值，还有另外一种价格形态和价格关系可以考虑，这种价格形态也具有一定程度的预测性。根据定义，当市场从价格底部向上反转或者从价格顶部向下反转时，会出现最低收盘价或最高收盘价。如果下跌趋势中的最低收盘价日的前一天是一个上升收盘价，或者上升趋势中的最高收盘价日的前一天是一个下跌收盘价，那么这波价格趋势极有可能已经耗竭动量，即将出现价格反转。只要在潜在的价格底部或顶部出现这种价格形态，你就应该警惕市场会有这样的发展。也就是说，比较当天的收盘价与前一个交易日的收盘价，以及前一个交易日的收盘价与再前一个交易日的收盘价。如果今天的收盘价低于昨天的收盘价，昨天的收盘价高于前天的收盘价，那么就存在一个潜在的短期价格底部。同样的，如果今天的收盘价高于昨天的收盘价，昨天的收盘价低于前天的收盘价，就存在一个潜在的短期价格顶部。在我发展德马克三角指标时（见第9章），拉里·威廉姆斯正在研究一个他称之为"手提箱"（valise）的价格形态。简单地说，"手提箱"是由连续4个收盘价构成的价格关系——在潜在的价格底部，当天收盘价低于前一个交易日的收盘价，前一个交易日的收盘价是一个上升收盘价（昨天的收盘价高于前天的收盘价），并且这个上升收盘价日的前2个交易日都是下降收盘价（前天和大前天的收盘价分别低于各自前一天的收盘价）。同理，在价格顶部，整个形态就反过来。当天收盘价高于前一个交易日的收盘价，前一个交易日的收盘价是一个下降收盘价（昨天的收盘价低于前天的收盘价），并且这个下降收盘价日的前2个交易日都是上升收盘价（前天和大前天的收盘价分别高于各自前一天的收盘价）。我对这两个形态都进行了强化。因为不管是德马克差值、"手提箱"（最后两个交易日）还是"相等"的收盘价形态，都只是3种可能出现在价格底部或顶部的价格形态，所以，我研究了能想到的价格形态的所有可能性。这几个形态的区别是比较明显的，但是应该像德马克差值需要进行客观的差值计算一样，也通过某种方法来区分这两种价格形态的各种版本。由于在重大的价格顶部和底部很少出现收盘价相等的情况，所以只有另外两种价格形态值得做进一步的研究和分析。

德马克差值的案例见图 10.5 和图 10.6。

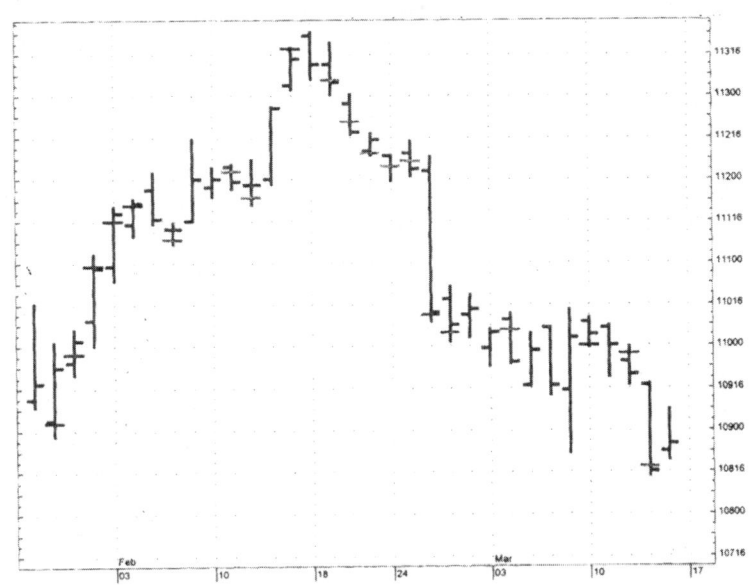

美国国债 1997 年 6 月份合约日线图

图 10.5　如果连续两个交易日的收盘价都是下降收盘价，德马克差值就计算这两个交易日中每个交易日收盘价与最低价的差值，然后将两个差值进行比较。如果连续两个交易日的收盘价都是上升收盘价，德马克差值就计算这两个交易日中每个交易日最高价与收盘价的差值，然后将两个差值进行比较。如果当前交易日的差值小于前一个交易日的差值，第二天的价格就很可能穿越当天的低价或高价。如果走势图上出现了连续两个上升收盘价，那么前一个交易日的差值水平将用短横线标示在当天的价格线上，并且如果当天收盘价高于这条短横线，第二天的盘中价格就将进一步上涨。同样的，如果出现了连续两个下降收盘价，那么前一个交易日的差值水平将用短横线标示在当天的价格线上，并且如果当天的收盘价低于这条短横线，第二天的盘中价格就将进一步下跌

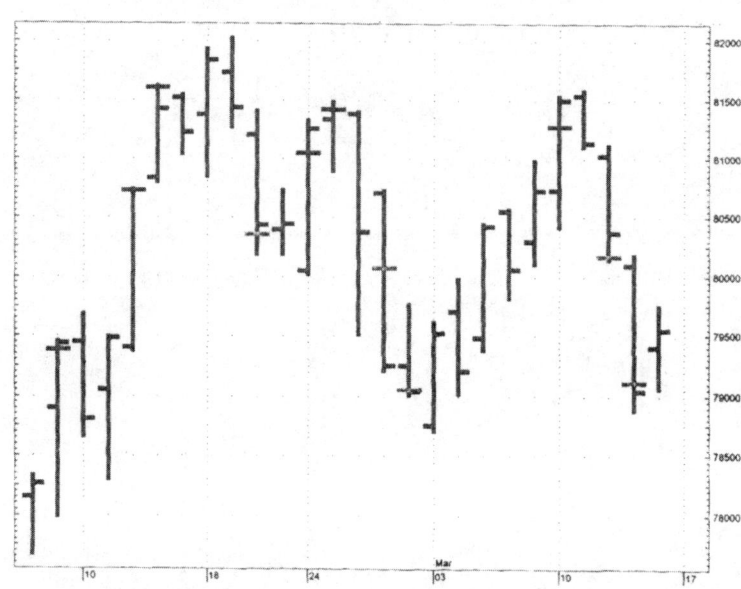

图 10.6 在这幅走势图中，德马克差值指示了信号之后发生跟进走势的可能性

德马克压力

研究各个市场之间以及之内的各种关系，不管是具体的价格、价格区域、价格形态、时期或其他任何可能的价格和时间相关组合，都会让人特别陶醉。整本书都在反复强调开盘价的重要性，它是我的很多指标和公式以及相关确认指标的关键组成。诚然，其他价格水平也重要，比如大部分媒体都在关注以及大部分交易者都在追踪的最高价、最低价和收盘价。但是，开盘价和收盘价是最重要的两个价格水平。因此，我通常以开盘价作为参考点，用收盘价来进行确认，或者采用收盘价作为参考点，用第二天的开盘价来进行确认。事实上，多年以来，我一直不满各种数据网络和报纸报道每日价格变化的方式。举例而言，如果你打电话给你经纪人询问价格，当前的价格总是相对前一天的收盘价而言的。如果在前一天收盘之后

以及当天开盘之前发生了重大新闻或者上市公司发布重大公告，那么前一天的收盘价并不能反映真实的市场状况。如果前一天收盘价之后发生重大利好消息，并且当天的收盘价高于前一天的收盘价，那么这一天给人的印象是在"累积"（accumulation）或者说买入占据主导。但是，如果当天的收盘价虽高于前一天的收盘价，但低于当天的开盘价，那么市场在开盘之后的行为可以说是在"派发"（distribution），而并不像你认为的是在"累积"。换句话说，无论是交投活跃还是交投清淡的市场，新闻事件或突然激进的买入卖出活动都会扭曲开盘价，尽管当天的收盘价高于（或低于）前一天的收盘价，但是如果当天的收盘价没有同时高于（或低于）当天的开盘价，这就有了明显的矛盾。例如，我将这种收盘价与前一天收盘价的关系以及收盘价与同一天开盘价的关系嵌入德马克多元指标（TD Plurality，见第1章中关于德马克多元指标的讨论）中来进行评估。如果开盘价显著高于或低于前一天的收盘价，就要引入调整因子，对需求或供给的突然爆发做出相应调整，才能适应这种不寻常的市场状况，而且如果必要的话，累积／派发模型也要进行相关的考虑。总之，这里要强调的是开盘价是一个重要的市场变量，在分析当天的价格波动时，开盘价的参考价值要高过前一天的收盘价。

大部分交易者似乎都会过度受到市场惯例的影响，因为他们普遍都接受媒体和报价服务系统惯用的报道方式。行业惯例或者行业标准要求报道所有价格波动时，都以前一个交易日的收盘价为基准。然而，更为合理的方式应该是以当日的开盘价为基准。新闻事件往往会影响或扭曲开盘价水平，但是市场会很快调整并填补开盘价到前一日收盘价之间的价格缺口。如果价格高于前一天的收盘价但低于当天的开盘价，或者低于前一天的收盘价但高于当天的开盘价，那么仅根据当天的收盘价与前一天收盘价的关系来评估市场中的累积或派发情况，将得到错误和不具代表性的结论。我的评估方法比较全面，可以说既简单又复杂，取决于交易者想要分析的层次。一个较为复杂的模型叫作德马克压力指标（TD Pressure™），这个指标有着众多的组成成分。德马克压力指标不仅在开盘价与收盘价的相对变化分析上能发挥作用，还可以将成交量和变化率

（成交量变化、价格变化、成交量和价格变化的组合）纳入其方程式中。因此，我发展了一系列方法来辅助评估市场的累积／派发水平：（1）价格变化，（2）成交量，（3）成交量和价格变化的组合，（4）价格变化与成交量和价格变化组合的比较，（5）变量间的关系，（6）累积和派发的变化率。

我在20世纪70年代初发展的这个累积／派发模型，将开盘价当作所有公式的关键价格。最初，我将这些公式用于股票市场，后来经过一些修正和调整之后，又将这个方法运用于期货市场。这个方法的发展过程如下：

1. 总成交量分析（On-balance-volume analysis）：累积指数的构建方法是，如果当天的收盘价高于前一个交易日的收盘价，就加上当天的成交量，如果当天的收盘价低于前一个交易日的收盘价，就减去当天的成交量。

2. 将前面总成交量分析公式中前一个交易日的收盘价替换为当天的开盘价。

3. 用价格波动的某个百分比来代表买入或卖出的力量（比如"当天的收盘价减去当天的开盘价"，再除以"当天的最高价与当天最低价的差值"）。

4. 用第3项中计算出的比率乘以同一天的成交量。

5. 加总由第4项计算出的数值，构成累积指数。

6. 将第4项中计算出的所有正数值加总。在特定数量的交易日之后，比如55或89个交易日之后，将加总的数值作为分子，除以所有正数值与负数值（绝对值）的总和，就可以获得一个买入力量相对整个买入和卖出力量总和的比率，从而可以将不同的市场进行比较。

7. 计算第6项比率的变化率，以衡量买入力量的强度——55天期计算13天变化率，89天期计算21天变化率。

8. 设定第7项变化率的超买／超卖界限水平，以确定低风险的交易机会。

如果当天开盘价跳空高于或低于前一个交易日收盘价的8%，就建议将计算公式进行调整，以适应这种供给或需求的重大变化。这里不再采用开盘价公式，我引入了下列两个数值的"差值"，用它们来分别代表买入和卖出力量。

1. 当天的最高价减去前一个交易日收盘价，加上当天的收盘价与同一天最低价的差值。

2. 当天的最高价减去同一天收盘价，加上前一个交易日的收盘价与当天最低价的差值。这几个计算中，所有的负数都取绝对值。这个比较类似于德马克 DeM 指标 II（见第 1 章）。

以上讨论的德马克压力指标的各种衍生版本，可供读者参考和评估。这些衍生版本中每一个都值得单独拎出来研究。你应该在市场中试验并运用每一个版本，然后根据你自己的偏好，将其中一个或全部融入你自己的交易工具中。如果是运用到期货市场上，建议进行 3 方面的调整。首先，由于期货市场上的实际成交量数据通常要晚一天才会获得，所以就要采用估计的成交量数据。另外，只要价格到达每天的涨停位或跌停位，交易就会暂停，这就会导致当天的成交量无法反映真实的市场供求情况。在这种情况下，可以采用前一个月的最高日成交量，也可以将当天与第二天的价格区间和成交量合并起来，取两日的总成交量。最后，由于期货市场有未平仓合约量的数据，而股票市场没有，就要用成交量除以未平仓合约量，然后将计算出的比率再乘以成交量，就可以清晰地呈现出买入和卖出的力量水平。德马克压力指标的案例见图 10.7 到图 10.9。

图 10.7 这里的德马克压力指标不考虑成交量，只计算 55 天期价格的 13 天变化率。交易者可以通过价格与指标的背离来进行分析，还有一种方法是设定超买／超卖界限水平

图 10.8 这幅图与图 10.7 相同，只不过这里的指标同时考虑了价格和成交量

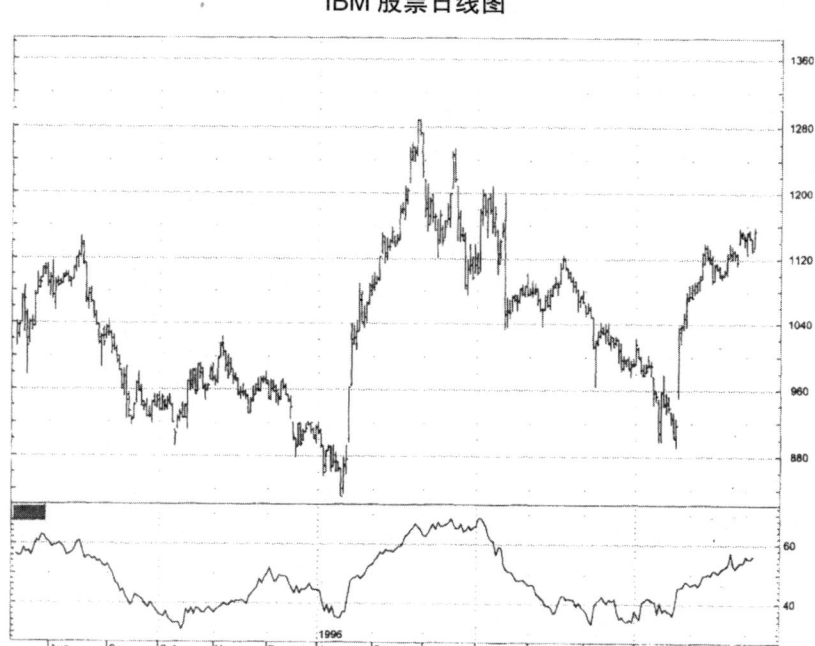

图 10.9 这幅图与前两幅图是一样的,但是这里没有计算变化率,指标是价格变化与成交量的累积指数

第11章 目标价格的计算方法

德马克趋势因子

观察结论：在我第一本著作《技术分析新科学》（*The New Science of Technical Analysis*）出版之后，先后有两个获得博士学位的读者打电话给我，询问有关德马克趋势因子（TD Trend Factors）的问题。巧合的是，这两个读者都住在英国。第一个读者问我是否拥有结构工程学位。他指出德马克趋势因子采用的比率类似于桥梁构建中采用的比率。我无论如何都没有工程学方面的知识背景，所以，听到存在这样的联系，我感到非常惊讶。第二个读者也提出了关于我教育背景的问题。不过这一次，他问的是我是否学过分子生物学。我被这个问题逗乐了，但我还是告诉他我没有涉猎过这个领域的知识。这两个小插曲表明我的市场择时研究不只是一个发现这些比率的"尝试和犯错"过程，它们的适用范围远超过市场活动和价格行为。我当初完全没有想到这些比率竟然还适用于科学和数学领域。但是，这不是我的研究起因。虽然这些年来，我运用这个工具来投射价格目标获得了极高的准确率，但是德马克趋势因子的推演过程却非常简单，远没有一些受过高等教育的人认为的那样高深和复杂。他们的赞美虽令我欣喜，但我确实有点愧不敢当。

通过计算器来对最高价和最低价进行比较，我发现了一系列用于确定价格阻力位和支撑位的比率。不管分析的是哪个市场，这些比率都是有效的。在20世纪70年代末，我将这些比率称为"魔法数字"，之后不久正式更名为"趋势因子"。我是通过斐波那契比率和不断试验找到这组数字的。

具体过程如下：两个常见的斐波那契比率是 61.8% 和 38.2%。将两个比率相减，可以得到比率 23.6%。之后，用这个比率除以 4，因为价格总是以波段的方式波动的，并且波段的起点往往位于前一个波段的约 25% 处（见第 9 章的德马克推进指标）。用 23.6% 除以 4，会得到 5.9%。将这个比率运用于各种市场并经过长期的测试，我发现 5.56% 是一个更为有效的比率。这个比率的多种衍生比率已经在之前的德马克推进指标中讨论过了。经过进一步的研究，我发现通过 5.56%（0.9444 是 1.00 减去 0.0556 获得的）的倍数还可以识别出其他支撑/阻力位。通过更多的测试，我发现了可以作为基准价格以计算价格目标的具体价格水平。就像德马克变化率 I 和德马克变化率 II 一样，当把趋势因子用于波动率较低的市场或者报价中含小数位的市场时，就要在 0.056 中增加一位小数（乘以 0.1），变为 0.0056，相关的比率 0.9444 就要变为 0.99444。向上投射价格目标所采用的趋势因子都是基本的 0.0556（或者更小的 0.00556），但是如果向下投射价格目标，就要采用不同的程序，因为下一个价格目标都是以前一个价格目标为基础计算出来的（下一个价格目标都是用前一个价格目标乘以 0.9444 或 0.99444 得到的）。因此，向上的价格目标都是乘以 5.556%，向下的价格目标都是乘以 94.44%（也可以采用 0.5556% 和 99.44%）。

要判断一个价格低点是否是一个合格的趋势因子基准价格，要先确定价格从最近的价格高点下跌到随后的这个价格低点，是否已经下跌了至少 5.556%。同理，要判断一个价格高点是否是一个合格的趋势因子基准价格，也要先确定价格从最近的价格低点上涨到随后的这个价格高点，是否已经上涨了至少 5.556%（如果是报价含有小数位的市场，就要调整为另一个较小的百分比）。最近的价格波动是向上还是向下波动了至少 5.556%，决定了是向上还是向下计算德马克趋势因子的价格目标。这个技术的关键在于确定价格目标时选择适当的价格水平。首先，在反转低点（当天的最低价低于前一个交易日的最低价，并且收盘价高于前一个交易日的收盘价），德马克趋势因子的第一个向上的价格投射目标是用当天的收盘价乘以 1.0556，随后的价格投射目标则是采用当天的最低价计算得来。在反转高点（当天的最高价高于前一个交易日的最高价，并且收盘价低于前一个交易日的收盘价），整个投射过程只需要反过来——德马克趋势因子的第一个向下的价格投射目标是用当天的收盘价计算得来，其他的价格投射目标则是采用当天的最高价计算而来。即便价格反转没有发生在价格低点或价格高点，在计算向上或向下的价格投射目标时也要采取价格低点或价格高点作为基准价格。但是，现在出现了其他很多不同的价格形态，所以我正在试验其他的价格组合，并且在计算向下的价格投射目标时同时采用最高价和收盘价，在计算向上的价格投射目标时同时采用最低价和收盘价。此外，德马克趋势因子还可以除以2，以获得其他次要的支撑和阻力水平。

图11.1到图11.10展示了德马克趋势因子的运用。

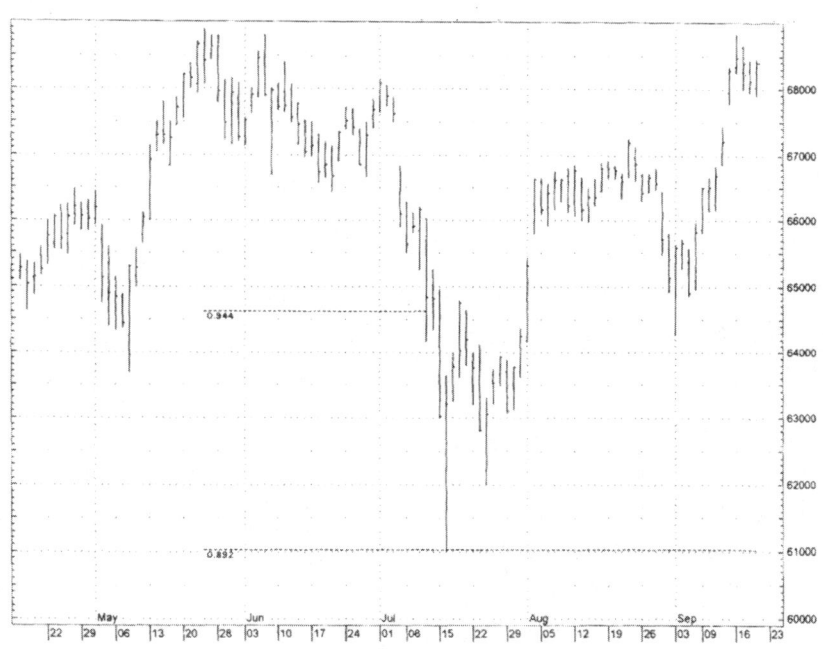

S&P500指数1996年9月份合约日线图

图11.1　采用德马克趋势因子技术，从图中最高价日的收盘价向下投射出两个价格目标（见图中所示）。较低的价格目标位于610.25，这个价位刚好对应于市场的最低点。当价格触及这个价格目标时，市场锁在跌停板。向下的突破不是合格突破，因此发出了低风险的入场指示，价格很可能在这个目标价位反转

美国国债1995年3月份合约日线图

图11.2 德马克趋势因子选择的价格低点对应于德马克序列或德马克组合确定的低风险买入或卖出水平,因此可以通过德马克趋势因子来获得价格投射目标。从1994年11月13日的价格低点投射而来的两个价格目标分别位于100和106。类似的情况并不少见。后面图11.3到图11.7展示了5个德马克趋势因子运用于美国国债期货的例子,每个例子中德马克趋势因子都精确地确定了价格目标。

美国国债 1995 年 9 月份合约日线图

图 11.3　要获得本图中所示的几个价格目标，你必须将之前 3 月份到期的合约更换为 9 月份到期的合约，并且仍然采用 1994 年 11 月的价格低点作为基准价格。将德马克趋势因子用于较晚到期合约（9 月份合约）获得的价格目标（1994 年 12 月那个），没有之前用于较早到期合约（3 月份合约）获得的价格目标精确。不过，次年 3 月和 5 月，价格都精确触及了第 2 个和第 3 个价格目标。此外，它还识别出了 6 月份价格上涨动量的耗竭水平。随后 8 月的下跌走势情况展示在图 11.4 中

美国国债 1995 年 9 月份合约日线图

图 11.4 这幅图是放大图,重点展示从 7 月到 8 月的这波下跌走势。德马克趋势因子的价格目标被精确触及。这个价格目标是采用最高价日的收盘价计算而来的。要判断某个价格高点或价格低点是否可以作为德马克趋势因子计算的基准价格,必须查看形成这个价格高点或价格低点的这波涨势或跌势是否至少达到之前一波跌势或涨势的 5.56%。

第 11 章　目标价格的计算方法　335

图 11.5　注意德马克趋势因子的第 2 个价格目标如何在 1995 年 12 月被精确地触及。这个价格目标是通过最低价日的收盘价计算而来的

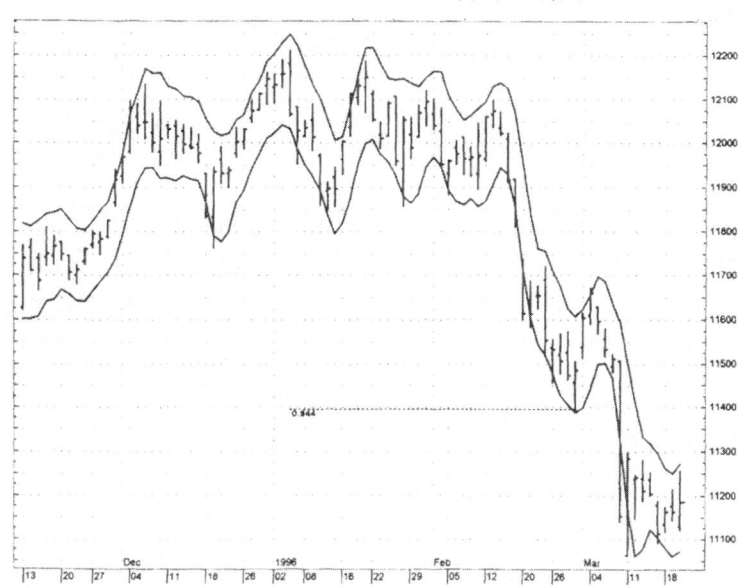

图 11.6　用 1996 年 1 月份最高价日的收盘价来计算德马克趋势因子向下的价格投射目标，结果被精确触及。这个潜在的向下突破并不合格，并且价格随后立即向上反弹。德马克通道 II 也在相同的价位识别出短期价格低点

图 11.7　这幅图标出了德马克序列在 5 月份发出的低风险买入信号，以及分别在 8 月和 9 月实现的两个德马克趋势因子价格目标。上方的德马克趋势因子价格目标是采用 6 月最低价日的收盘价计算而来的，下方的德马克趋势因子价格目标是采用 8 月的最高价计算而来的

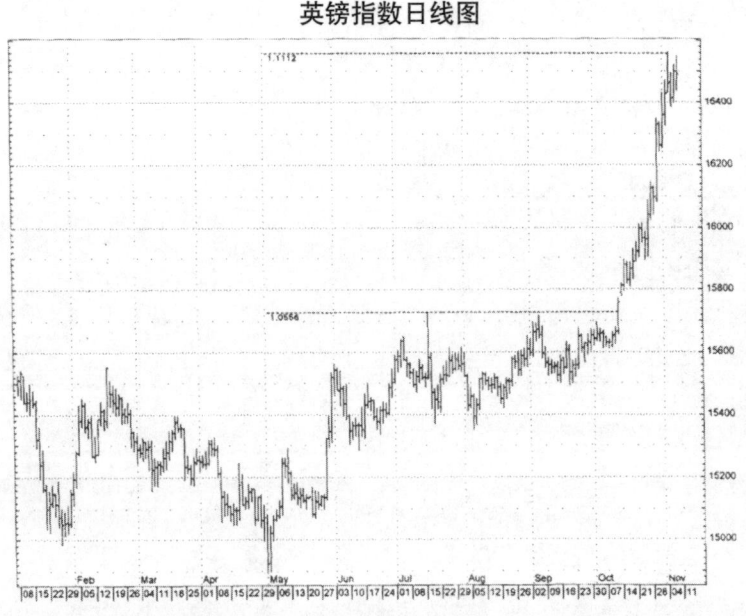

图 11.8　这幅图中展示的两个德马克趋势因子价格目标，与英镑期货合约走势中计算的德马克趋势因子价格目标相吻合

黄金1997年4月份合约日线图

图11.9 图中所有的德马克趋势因子价格目标都提供了很好的支撑作用，价格在触及这几个价格目标之后都发生一定反弹

多伦多35指数日线图

图11.10a 德马克组合"9-13"在2月份发出高风险买入（低风险卖出）信号。用2月的最高点计算而来的向下的德马克趋势因子价格目标，在3月份被精确触及

图 11.10b 德马克序列在 1994 年 10 月发出了低风险卖出信号，在 12 月发出了低风险买入信号。这里采用"忽略较小真正价格波幅"的再循环设置。德马克趋势因子的第 1 个价格目标在 12 月被实现，最上面的那个价格目标是第 2 个价格目标，这个目标在 4 月被实现。德马克趋势因子价格目标位于两个德马克趋势因子价格目标的中间

德马克通道 Ⅰ

大部分利用通道来确定价格支撑位和阻力位的技术都值得怀疑，因为它们依靠当天的价格行为来计算和识别这些价格水平。因此，根据定义，如果一个市场择时技术采用一系列价格高点来计算通道的上轨，采用一系列价格

低点来计算通道的下轨，那么当价格持续创出新的盘中高价或盘中低价时，这个通道也会持续被修正。因此，通道并不能反映真实的市场状况。当交易者在某个通道水平执行交易时，这个通道水平可能已经被向上或向下修正了。

为了克服这一系列缺点，我研发了德马克通道 I (TD Channel I™)。它的结构似乎与传统的通道结构不符，因为通道的上轨是用一系列价格低点乘以一个比率得到的，而通道的下轨是用一系列价格高点乘以另一个比率得到的。换句话说，用一个较大的比率乘以一系列价格低点的均值，用一个较小的比率乘以一系列价格高点的均值。事实上，这个过程没有充分体现指标的表现，因为当价格创出新的盘中高价或新的盘中低价时，这个通道会向上或向下修正。不过在任何情况下，运用德马克通道 I 都可以获得极高的精确性。德马克通道 I 是用比率 103% 乘以最近 3 个交易日的价格低点的均值，用比率 97% 乘以最近 3 个交易日的价格高点的均值。当把这个指标用于活跃的高价市场（比如 S&P 和美国国债），可以获得极高的准确率。由于大部分股票的价格和波动率都低于期货，所以当把这个指标用于股票市场时，最好将通道下轨的参数从 103% 调高到 111%，将通道上轨的参数从 97% 调低到 89%，然后用 111% 乘以价格低点的移动均值，用 89% 乘以价格高点的移动均值。图 11.11 展示了德马克通道 I 的运用。

图 11.11 价格很少向上或向下穿越德马克通道 I，但是只要发生穿越，往往就是入场或出场的好时机。图中 x 标示的是价格穿越通道的情况

德马克通道 II

表面看来，德马克通道 II（TD Channel II™）也具有德马克通道 I 中讨论的大部分通道技术所包含的缺点。但是，实践证明我选择的比率和时期的准确率比大部分传统的通道技术要高，因为价格行为常常与德马克通道 II 识别的价格水平吻合，尤其是当把这个指标用于活跃的高价市场时（比如 S&P 和美国国债）。这里是用比率 100.5% 乘以价格高点的 3 日移动均值（当天的价格高点和前 2 个交易日的价格高点），用比率 99.5% 乘以价格低点的 3 日移动均值（当天的价格低点和前 2 个交易日的价格低点）。如果是用于股票市场，就要调整通道的参数设置，这里推荐采用 105% 和 95%。图 11.12 到图 11.14 展示了德马克通道 II 的运用。

英国富时指数日线图

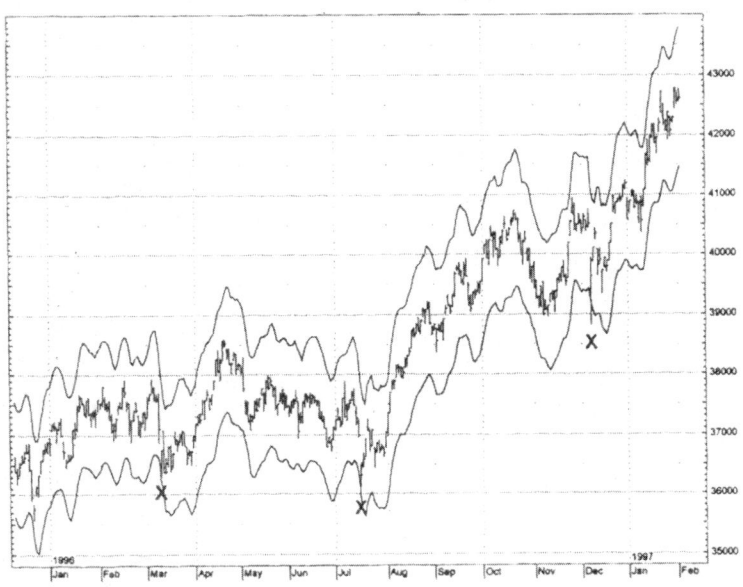

图11.12 图中德马克通道Ⅱ发出的交易信号都用X标记出来。价格很少穿越通道，但是一旦穿越，往往对应于一个重大的价格转折点

美国国债1997年3月份合约日线图

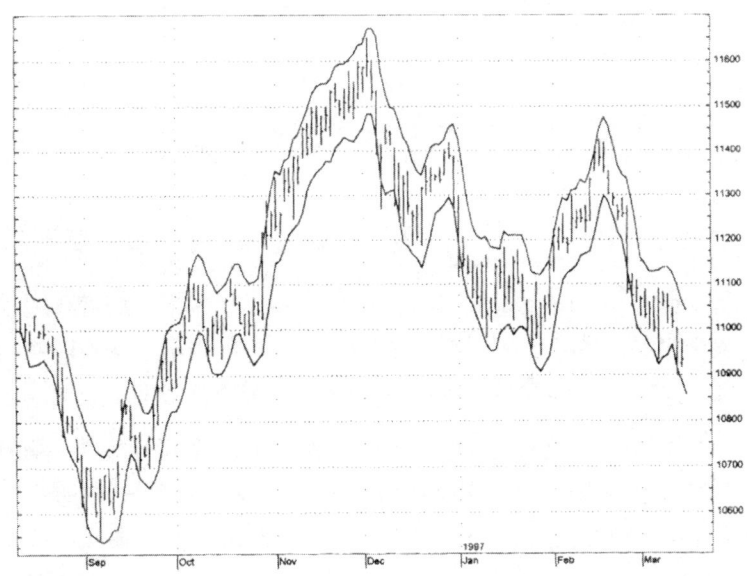

图11.13 德马克通道Ⅱ通常可以定义一个交易日的价格波动界限。虽然它采用的是价格高点和价格低点的3日移动均值，但是价格高点和价格低点往往与通道的轨迹吻合。如果收盘价穿越了通道，价格往往会在第2个交易日回到通道内

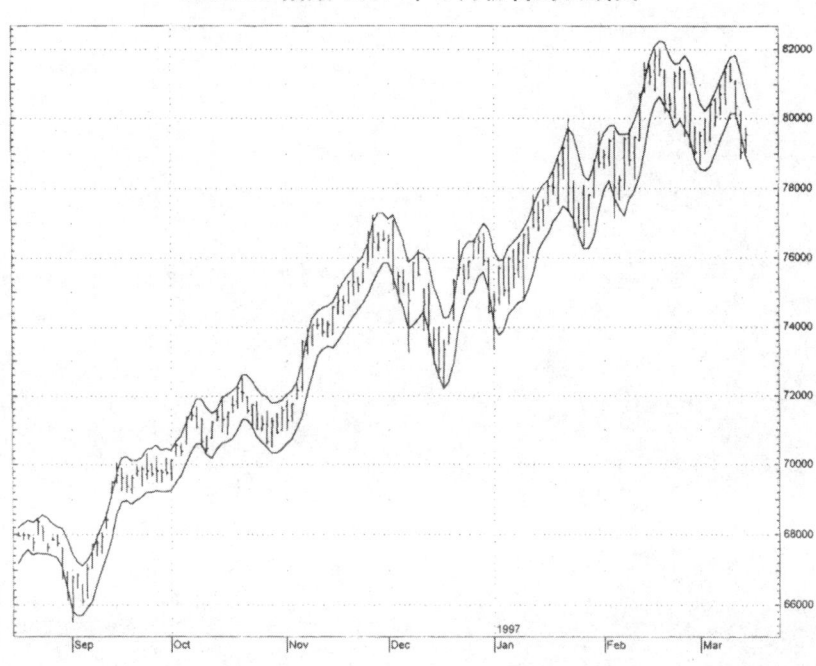

图 11.14 这幅图清楚地展示了德马克通道 II 在定义价格顶部和底部方面的灵敏性和能力

德马克通道 III

利用特定交易期间的价格区间行为有中心化的倾向，用特定交易期间的价格高点的中位数和价格低点的中位数乘以特定比率，就可以构建一个交易通道。这里不是用一些很复杂的数学公式来计算特定交易期间的移动均值，只是分别寻找这一段时期价格高点和价格低点的中位数，然后用价格高点中位数乘以 101.5%，用价格低点中位数乘以 98.5%，就可以构建德马克通道 III（TD Channel III™）。通常情况下，你的交易期间可能会选择奇数个交易日，比如 5 个交易日，那么用于计算的价格高点和价格低点将分别是 5 个交易日的价格高点和价格低点中的第 3 高价和第 3 低价。要确定价格高点中位数和价格低点中位数，这里建议采用 3 日的交易期间。图 11.15 展示了德马克通道Ⅲ的运用。

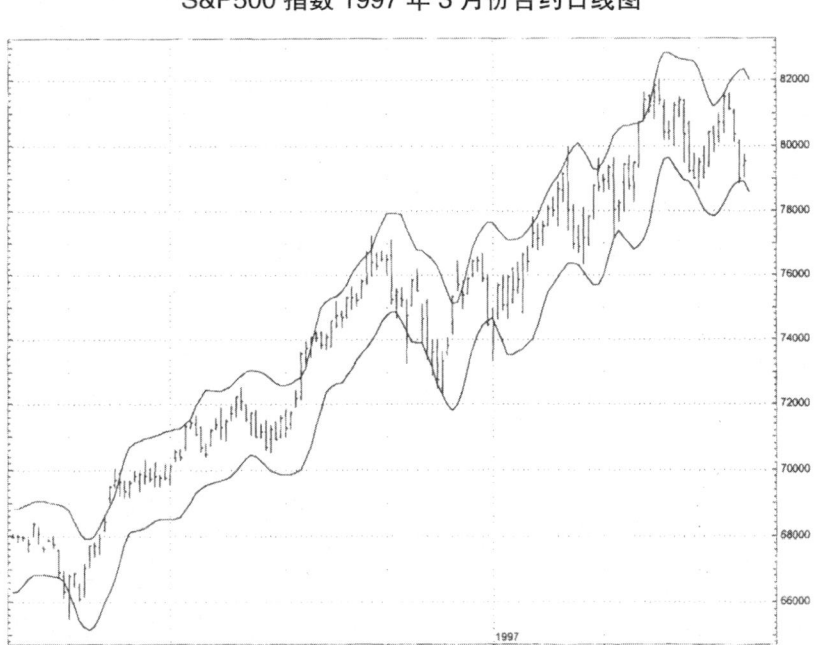

S&P500 指数 1997 年 3 月份合约日线图

图 11.15　德马克通道Ⅲ构建的通道要比德马克通道Ⅱ构建的通道宽。价格只要波动到通道之外，就提供了潜在的交易机会

第12章　市场的盲点与误区

点数图

每隔几年，交易市场就会出现一种新流行。最近流行的一种做法是把点数图（point and figure）用于期货市场的长线交易中。大约在1947年，一个叫亚伯·科恩（Abe Cohen）的人首先引进了点数图，随后我就订阅了他的《走势图技巧》（*Chart Craft*）刊物，还有摩根、罗杰斯和罗伯茨公司（Morgan、Rogers and Roberts）提供的走势图服务以及Jim Dines' Paflibe的出版物。虽然点数图在股票市场中确实能发挥一些长处，但是当运用于期货市场时其效用就值得怀疑，理由如下。首先，期货市场的财务杠杆较高，并且供给几乎是无限的。从日成交量角度来说，不难看到整个持仓在两三个交易日内就换手一次。因此，审慎的交易者很可能会采用窄幅的移动止损来了结头寸。这个市场的高倍杠杆导致了市场的高波动率，这表明大部分交易者不能忍受大额亏损，但是只要价格大幅波动，很多交易者就会遭遇大额亏损。另外，股票市场的保证金要求较高，空头股份总额一定，并且波动率较低导致支撑位和阻力位比较有效，但我的研究表明期货市场的情况是不同的。

震荡指标的困惑

在赛跑中，选手可以预测枪响时间而抢跑，但抢跑最多只是导致比赛重来，但是在市场上，就不允许如此的"抢跑"行为。在20世纪70年代末，当利用康全电讯（Comtrend）的设备首次引入实时市场报价系统时，我想回头重新测试我的交易。我仅根据一个震荡指标穿越超买/超卖界限水平时发出的信号来进行买卖。就历史数据来说，这次测试的结果是理想的，但当运用于实际交易中时，就会发现一个重大的问题——在交易时段结束之前预测指标的波动是一种危险的交易行为。初看起来，你可能不同意我的说法，认为盘中指标穿越超买或超卖界限水平并不是预测，而是实实在在的交易表现。那么，我现在就用盘中的交易情况来为你进行说明。通过对历史数据的测试，我确信一旦震荡指标（可以是 Ralph Dystant 的随机震荡指标）从超卖区域波动到中性区域或者从超买区域波动到中性区域，都代表极好的交易机会。所以，当震荡指标从超卖区域波动到中性区域时，我就打电话给我的经纪人要求下单。不过让人意外的是，指标就在我的注视下再度回到超卖区域。因此，我又打电话给我的经纪人要求平仓。可是短短几分钟内，这个震荡指标又再度波动回中性区域。为了解决这个困扰，我甚至还打电话给实时报价系统软件的供应商。不过很快我就发现了问题所在，我是在日线图上进行的测试分析，但是我的交易却是基于日内走势。这两种程序和时间框架显然不能相容。在一个交易日内常常连续出现一系列"错误入场点"，所以只有在接近收盘的最后一刻才能根据指标信号入场，因为指标是以日数据为单位进行计算的。如果所有的交易策略和预测都根据日内走势来实施，那么不仅浪费时间，往往还会付出高昂的代价。如果你的震荡指标计算是基于日数据，就不应该利用日内的指标读数来推测这个交易日结束时的指标情况。如果你尝试这样操作，就等于是在破坏你的数据和程序。如果你要以这样的方式利用震荡指标来判断入场水平，我强烈建议你以收盘价为基础进行历史数据测试，不要理会盘中的高价和低价水平，因为它们与大部分震荡指标的构建无关。入场水平的唯一决定因素是收盘价。盘中预测震荡指标在收盘时的读数，是无意义的行为，因为指标在收盘时的读数有可能跟盘中的读数千差万别。基于这个原因，可以引入确认指标来完善低风险入场区域（例如第1章讨论的 TDPOQ）。

短线、中线和长线的定义

市场价格每天都在变化，趋势可以分为季节性、周期性和长期性（secular）三种。季节性趋势是各种市场在每年特定时期都会上涨或下跌的历史倾向。这种季节性分析主要集中在各个大宗商品市场，但是金融市场和个别股票市场也存在类似的倾向。那些认为季节性分析不适用于这些市场的分析师，显然是错了。

当提到市场上的短线、中线和长线交易时，如果交易者是以时间长短，而不是以回报百分比大小来进行界定，就可能错过很多交易机会。例如，股票市场近几年表现出的波动率还没有在历史上出现过。在过去，20%及以上的波动至少需要6到12个月才能完成，10%到20%的波动需要3到6个月，而5%到10%的波动需要3个月。但是现在要完成这些波动，也就是几个交易日的事情。如果交易者只通过时间长短来定义短线、中线和长线交易，那么交易者持有一个头寸的时间就可能大大超过应该持有的时间。

新高和新低

在刚进入金融投资领域时，我主要是买入创出新低的股票，卖出创出新高的股票。现在回想起来，真为自己的愚蠢感到悔恨。这种做法就相当于在赛马中押注冷门赛马（"long shots"）。那些价格创出年度新低的股票一定拥有很多不愉快的投资者，这些投资者当然会急切地想要解套出场，所以一旦股价回升（如果可能的话），他们就会抛售。同理，那些价格创出年度新高的股票一定拥有很多愉快的投资者，所以股价上方的供给有限。当这种现象越来越明显之后，我开始把交易转为买入创新高股票，卖出创新低股票。特别是当某只股票创出新高而整体市场却创出新低时，一旦整体市场趋势向上反转,这只股票就很可能成为上涨的领头羊。反过来,当某个股票创出新低而整体市场却创出新高时,一旦整体市场趋势向下反转,这只股票也很可能成为下跌的领头羊。就后面这个观点,我曾经进行过研究,我想观察那些整体市场处于高位但自身股价创出新低的股票在整体市场转为下跌后的表现。意外的是我竟然找不到其中很多只股票的数据资料,后来才知道这些股票已经下市了。很多公司申请破产,当然也就找不到它们的数据资料了。我从中得出一个结论,当整体市场从低点回升时,上涨的龙头股往往是那些在整体市场创新低时创新高的股票,而那些在整体市场创新高时仍然创新低的股票,往往是领头下跌甚至有可能面临上市公司破产的股票。

价格反转

很多交易者都推崇价格反转或"关键"价格反转的效益,认为这种价格反转往往意味着重大的市场转折点。《技术分析新科学》(The New Science of Technical Analysis)一书中有一章介绍了一系列具有预测功能的价格形态,被统称为"沃尔多形态"(Waldo Patterns),因为这些价格形态就像卡通人物沃尔多隐藏在其他众多卡通人物中一样融入整个走势图背景中。大部分价格反转都具有短期的特点,或者是由场内交易者利用短期超买/超卖机会获利的交易活动导致。市场普遍认为在一个价格低点,如果价格发生反转(低点低于前一个交易日的低点,但是收盘价高于前一个交易日的收盘价)或者"关键"反转(低点低于前一个交易日的低点,但是收盘价高于前一个交易日的高点),价格就会进一步走高。但我的研究结果表明情况恰好相反。通常情况下,在一个价格低点,不仅低点低于前一个交易日的低点,而且收盘价也低于前一个交易日的收盘价。只有唯一的例外情况就是当反转日的收盘价高于之前4个交易日的所有收盘价,并且下一个交易日的高点高于反转日的高点时,才意味着价格发生向上反转。而在一个价格高点,形态就要反过来,也就是反转日的收盘价低于之前4个交易日的所有收盘价,并且下一个交易日的低点低于反转日的低点。

在类似的情况下，你也可以比较当前的市场收盘价与最近德马克关键低点或德马克关键高点之前 4 根价格线的收盘价。有些读者可能会混淆最近德马克关键点的概念，而去比较当前的市场收盘价与近期某个德马克关键低点或德马克关键高点之前 4 根价格线的收盘价。通常情况下，比较的结果是相同的，但是市场也有可能在创出一个德马克关键低点后又创出一个较高的德马克关键低点，或者是在创出一个德马克关键高点后又创出一个较低的德马克关键高点，类似于德马克双重德马克关键点（TD Double TD Point）。在这种情况下，就应该将最近德马克关键低点或德马克关键高点作为参考，将这个德马克关键低点或德马克关键高点之前 4 个交易日的收盘价作为比较对象，因为参考价格水平已经变了。事实上，也有可能当前价格线的低点或高点就是新的德马克关键低点或德马克关键高点，但是只有在下一根价格线的低点或高点形成之后，才能做出这个结论。当新的德马克关键低点或德马克关键高点确定之后，就有了新的参考基准（见第 6 章的德马克双重德马克关键点）。

价格缺口和价格半缺口

价格缺口（Price gaps）是指某个交易日的最低价高于前一个交易日的最高价，或者某个交易日的最高价低于前一个交易日的最低价的情况。价格半缺口（Price laps）是指某个交易日的最低价低于前一个交易日的最高价，但高于前一个交易日的收盘价，或者某个交易日的最高价高于前一个交易日的最低价，但低于前一个交易日的收盘价的情况。我的研究表明价格缺口（gap）与半缺口（lap）之间的唯一区别不过是它们的首字母不同，它们在交易处理上是完全相同的。

经常听到很多市场择时交易者说所有的价格缺口都会被回补。我不同意这种说法。如果把这个观点讲给 1932 年做空克莱斯勒的交易者，或者讲给 1975 年 1 月道琼斯低点刚过后的空头们听，看看他们是什么反应。我的德马克缺口（TD Gap™）指标会识别那些出现在星期一的价格缺口。星期一与一周中其他交易日都不同，因为周末给了交易者冷静评估其交易决定的机会。另外，如果价格缺口没有在 11 个交易日内被回补，并且在第 8、9、10 或 11 个交易日创出了一个高于之前 7 个交易日所有高点的最高价（在上升走势中），或者创出一个低于之前 7 个交易日所有低点的最低价（在下跌走势中），那么这个价格缺口不会被回补，要直到趋势反转才有可能。

德马克一次触及法则

很多交易者认为当市场多次触及某个价位时，就可以认为在这个价位或在价格抵达这个价位之前是买入的好机会，因为这个价位已被证明是支撑位，或者认为在这个价位或在价格抵达这个价位之前是卖出的好机会，因为这个价位已被证明是阻力位。这明显是对价格行为的错误理解，德马克一次触及法则（TD One Tick One Time Rule）就可以防止这方面的误解。

利用交易所提供的交易数据，我识别出了一种可以用来确认潜在短期价格顶部和底部的现象。在查看了所有价格在重大转折点创出相等低点或高点的情况后，我发现了一种显著的价格形态。在对多次触及的价格水平进行研究后，我发现这种形态很少对应于显著市场波动的起点。由此可以推导如果这种情况很少发生，那么价格一旦触及这种价格水平，很可能会直接穿越，从而为警觉的交易者提供其他交易者没有察觉的交易机会。也就是说，大部分价格高点和价格低点通常只被触及一次。在研究了无数交易数据和报告之后，我发现重大的价格高点或低点都是价格在单一方向上波动时创出的，并且一旦创出这个价格高点或低点，价格就会反转。我与两个美国国债的重量级场内交易者分享了这个发现。他们认同我的观点，说这是一个极具价值的发现，可惜不太适用于场内交易，因为他们在交易时无法判断这种情况何时出现。事实上，当大量买单和卖单涌向他们时，他们无法知道当时的价格。当然了，他们也可以抬头看看交易所墙上的报价，但这会让他们分心。不过，你可以肯定的是他们一旦离开交易大厅，他们的交易一定会利用这种交易现象。我意识到这对"楼上"的交易者来说是个好机会，他们相对于场内交易者们具有明显的优势，因为他们可以利用这个技术而场内交易者不能。更多的研究结果表明，如果某个价格水平只被触及一次，并且随后价格直接从这个价格水平上涨（下跌），没有再在这个价格水平交易，那么一个潜在的低点（高点）就形成了。反之，如果价格触及某个价格水平之后，从这个价格水平反转上涨（下跌），之后再度下跌（上涨）到这个价格水平，那么价格很有可能直接跌破（向上突破）这个价格水平。如果你是一个场内交易者，可能很难利用德马克一次触及法则，但是如果你能获得价格走势图（至少有即时交易数据），就相对容易很多。通常情况下，要在下跌趋势或上涨趋势的终结价格水平交易。虽然像1分钟走势图这样的短线走势图证明了这种规律很明显，但是即便是日线图上，也不太可能找到极端价格是由两个或多个相等的低点或高点构成的情况，原因在于价格最终会穿越那些至少两次被触及的价位。换句话说，价格转折点通常是那些只交易过一次的价位，因为它们常对应于价格动量耗竭点。因此，在进场交易之前或之时，你应该确保交易符合德马克一次触及法则，并且价格从这个价位反转后不会再回到这个价位，以确定这个价位就是显著的动量耗竭价位。这个方法也适用于日线图，在日线图上也能同样有效地确认价格高点或低点。

强劲的市场与疲软的市场

如果当天的最高价（最低价）到前一天收盘价的距离等于或大于前一天价格波幅的2倍，这说明市场表现强劲（疲软）。这个结论是正确的，只不过要进行修改。研究表明在价格上涨一段时间后，如果当天的最高价到前一天收盘价的距离超过了前一天真正价格波幅的2倍，那么这个最高价就很可能代表了一个短期的价格高点。同理，在价格下跌一段时间后，如果当天的最低价到前一天收盘价的距离的绝对值超过了前一天真正价格波幅的2倍，那么这个最低价也很可能代表了一个短期的价格低点。当把这个形态用于德马克差值（见第10章）时，将对交易非常有帮助。我将这个方法称为德马克双倍价格波幅（TD Double Price Range™）。

经纪人或市场评论员预测的收购案

尽管政府严格禁止交易者利用上市公司收购的内幕消息交易，但是交易大众也绝不会放弃出现在眼前的所谓的"内幕"交易机会。利用非法的交易机会获利令我感到不安，所以我总是避免参与这种基于市场传言的交易。首先，交易者不应该参与内幕交易。从心理角度来说，这种做法使交易不再具有挑战性（我过去打篮球的时候，会放弃容易的带球上篮机会，而选在较远的距离投篮，因为这样比较有难度）。我们可以打赌，市场上最终能够实现的收购传言不会超过1%。利用德马克压力指标（见第10章），我预测到了20世纪70年代末到80年代初的大部分收购案。那个时候，我还会联系这些上市公司的管理部门，通知他们我的研究预测到了这个收购行动。这是一个有趣的游戏，也为我在投资圈子赢得了"死神"（grim reaper）的称号。交易者不要理会市场传言，不过当你持有的股票传出这类流言时，就要把股票卖掉。为了劝说交易者和朋友们不要参与这种投机，这里有一个简单的技巧可以用来辨别收购传言的真假。过程如下，假设你第一个听到这个可疑的收购消息。首先，查看这家公司发行了多少股票，用发行的股票总数乘以25%。然后从你听到传言的这天开始将每日成交量加起来，直到累积总量超过25%，由于证监会规定任何人如持有一家上市公司股票数超过5%就必须公告其购买意图，所以如果到这个时候还没有人发布公告，那么这家公司不太可能被收购。因为如果到这个时候都还没有人累积到5%的股份，那么这次收购传言也不太可能实现。因此，如果一个收购传言仅仅是没有这种数据支持的传言，那么此时就是卖出的机会而不是买入的机会。

第 12 章 市场的盲点与误区

艾略特波浪分析可以准确识别市场顶部和底部

如果这句话用于过去的波浪解读并且不加限制，或许是成立的，但是如果用于正在进行的价格行为，就不行了。这是一种徒劳的行为，这种行为就好像尝试抓住烟雾一样——你可以看见它，但绝对抓不住它。由于传统的波浪分析都与斐波那契数字相关，由此我研究出一种波浪分析方法，我称其为德马克 D- 波浪（TD D-Wave™）。简言之，首先识别出 21 日低点（这个低点低于前 20 个交易日的全部低点）。一旦识别出这个低点后，就等待第一个高于前 7 个交易日全部高点的高点（8 日高点），以识别 D- 波浪 1（第 1 浪）。一旦一个低于前 4 个交易日全部低点的低点（5 日低点）形成后，之前 8 日高点前的这波涨势就是 D- 波浪 1。之后，一旦一个 13 日高点出现（这个高点高于之前 12 个交易日的全部高点），5 日低点前的这波跌势就是 D- 波浪 2（第 2 浪）。一旦出现一个 8 日低点（低于之前 7 个交易日的全部低点），就可以确定 13 日高点前的这波涨势为 D- 波浪 3（第 3 浪）。只要随后形成一个 21 日高点（高于之前 20 个交易日的全部高点），D- 波浪 4（第 4 浪）就完成。一旦随后出现一个 13 日低点，D- 波浪 5（第 5 浪）就完成了。另外还要求上升浪（第 1、3、5 浪）的顶部渐次升高，并且第 4 浪的低点高于第 2 浪的高点。在 D- 波浪 5 的高点形成之后，会相继出现 3 个波浪（a 浪、b 浪、c 浪）——13 日低点前的跌势为 a 浪，8 日高点前的涨势为 b 浪，21 日低点前的跌势为 c 浪。这个方法的价值在于可以根据各个波浪的长度来计算价格投射目标（见图 12.1 和图 12.2）。

美国国债 1996 年 3 月份合约日线图

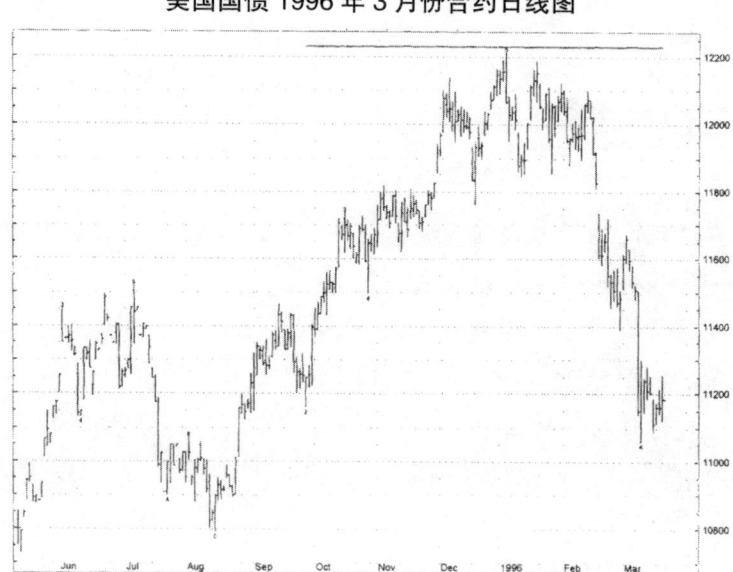

图 12.1　从 1995 年 8 月低点开始的第 1 浪完成于 9 月，用这个涨幅乘以 1.618，然后将这个涨幅加到第 2 浪的低点上，就可以获得第 5 浪可以达到的价格投射目标

IBM 股票日线图

图 12.2a　这里也采用与图 12.1 相同的测量和计算方法。这里有两个价格目标分别是第 3 浪和第 5 浪的价格目标，它们分别是由 7 月和 10 月的低点投射而来。如果引入德马克序列或德马克组合的结构和计数，将可以提高德马克波浪的投射准确率

图 12.2b 在 1995 年 8 月的向下修正之后，价格回升并完成了第 1 浪到第 5 浪的走势，正好对应于投射的价格目标

不可能投射每日的价格目标

德马克日区间投射（TD Daily Range Projection™）的公式为交易者提供了一个机械、一致的方法来投射第二天的价格区间（最高价和最低价）。第二天的最高价和最低价的投射公式如下：当天的最高价加上当天的最低价加上当天的收盘价。之后，根据当天的收盘价是高于、低于还是等于当天的开盘价，而再加上最高价、最低价或收盘价。也就是说，如果收盘价高于开盘价，就在之前计算的基础上再加上最高价，如果收盘价低于开盘价，就再加上最低价，如果收盘价等于开盘价，就再加上收盘价。要投射最高价，就用

之前4个价格的总和除以2，再减去当天的最低价。要投射最低价，就用之前4个价格的总和除以2，再减去当天的最高价。如果第二天的开盘价高于投射的最高价，或低于投射的最低价，那么这一天的价格就很可能朝开盘跳空的方向继续发展。如果价格是向上突破，那么最初投射的最高价将变为新的投射最低价，如果价格是向下突破，那么最初投射的最低价将变为新的投射最高价。另一方面，如果开盘价包含在投射的最高价和最低价的区间内，那么投射的最高价往往就是这个交易日的阻力位，而投射最低价往往就是这个交易日的支撑位，而收盘价也通常落在投射的区间内。有时候，你也可以将这个日区间投射方法用于德马克区间扩张突破（TD REBO）指标，以识别低风险的入场机会（第6章）。在20世纪80年代初期到中期，我每天都会在财经新闻网（Financial News Network）上预测当日美国国债和S&P指数期货的价格区间，采用的方法就是我说的这个德马克日区间投射，见图12.3。

美国国债1997年6月份合约日线图

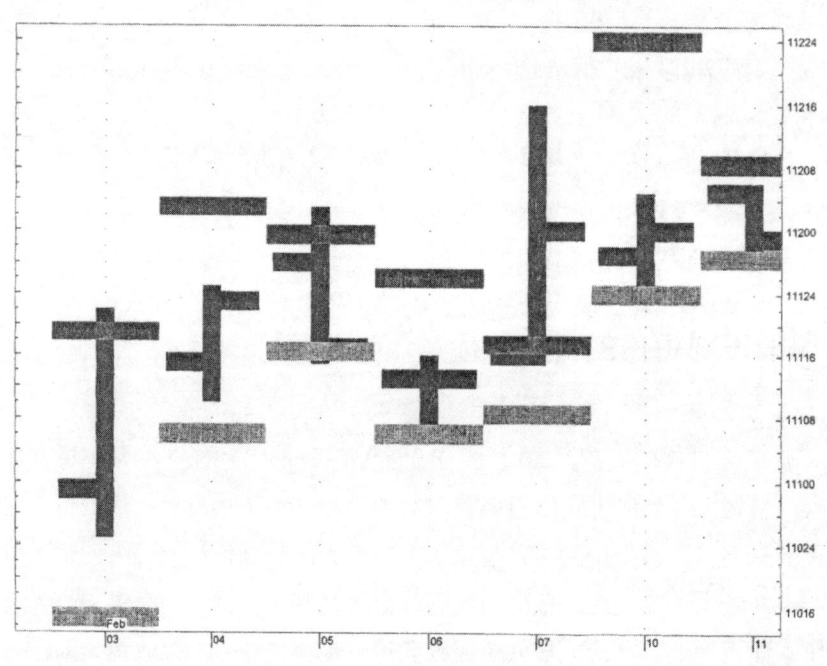

图12.3 德马克日区间投射界定了市场每日的价格区间。这个计算公式虽然简单，但是结果通常是精准的。从统计上来说，很难预测每日的最高价或最低价，但是这幅走势图显示这个方法有能力做到这一点

价格形态不会重复出现

如果真是这样,那么我的整个研究工作都是白费力气。在中断了10年之后,德马克类比(TD Analog™)又再度成为我的一个研究对象。这里我不打算花大量篇幅来详细讨论德马克类比,我只想大致介绍一下它的结构和功能。有一种说法,说历史具有一种自我重复的倾向。虽然角色和背景可能不同,但是事件与结果会在历史过程中重复出现。就像在市场上一样,各种价格形态似乎会重复出现,并且它们的运用也大致相同。我是在20世纪80年代凭肉眼观察得到的这个结论,那个时候的科技水平还无法自动筛选出这些重复出现的价格形态。但是现在的新电脑科技使我能够研究并发展一系列关系来比较各种市场和价格形态,从而预测价格的行为。这种努力的成果就是德马克类比。

德马克类比是将当前价格行为的结构,与过去的价格行为进行比较,以寻找可以匹配的价格形态。比如,你可以将当前市场的开盘价、最高价、最低价或收盘价与前一个交易日的对应价格进行比较,也可以比较2、3、5、8、13、21、34、55个交易日前的对应价格。另外,你也可以观察每一天的收盘价与开盘价的相对关系,然后与之前某个交易日的这种相对关系进行比较。然后,通过最近形成的买入结构或卖出结构(德马克序列或德马克组合)判断趋势是向上还是向下。接着,利用德马克移动平均Ⅰ来评估并确认价格是否处于短期的上升或下跌趋势。最后,决定你愿意的各种价格关系存在多少百分比的吻合程度,然后进行比较,以预测未来的价格行为。

期权交易中只有卖方可以赚钱

为了发展期权交易技术,我付出了沉重的代价。在20世纪70年代初芝加哥期权交易所(Chicago Board of Options Exchange)开市后,我就开始交学费。最开始,交易所只推出了股票看涨期权(call),之后才开始推出看跌期权(put)。为了控制我的情绪,我制定了一个交易清单并试图严格遵守。具体而言,要买入看涨期权,当时的大盘指数必须低于前一天的收盘指数,标的股票所属的行业板块必须下跌,而且标的股票本身也必须低于前一天的收盘价。一旦这些条件都满足,就可以买入这只股票的看涨期权。当然,在购买看跌期权时,也是采用相同但方向相反的选择过程。

在看跌期权推出后,我引入了一些比较关系来完善这个方法。我结合最近到期的看涨期权和看跌期权的成交量和履约价格情况,并与它们的未平仓量进行比较。换句话说,我寻找履约价格最接近的几个期权合约,并选择最近到期的期权合约——通常也是当时市场上最活跃的看涨期权和看跌期权。然后用它们的价格乘以成交量,以计算看涨期权和看跌期权的美元加权值(货币加权值),之后再分别除以各自未平仓合约量的美元加权值。最后,将两个数值相除,就可以用来衡量市场的预期或情绪。这个比率或数值就是德马克美元加权看跌/看涨比率(TD Dollar-Weighted Put/Call Ratio),它已被证明是一个有效的短期市场方向判别工具。

价格收盘才能入场交易可疑的价格突破

若非如此,将会遭遇很多假突破和亏损。虽然整本书中已经讨论了各种指标的德马克确认指标(TD Qualifiers),但是它们也值得在这里再次被提起。德马克确认指标都来自我自己的交易经验和对市场行为的观察。如果你也积极地参与市场交易,就一定会遇到相似的经历。我经常在预期市场有某种走势的情况下,在一些盘中突破后进场,但结果只看到价格收盘时又回到突破前的价格水平。所以,意识到这个问题后,我(当然还有其他很多交易者)开始以收盘价突破为准。结果当然不出所料。但是如果等待收盘价突破以确保突破有效,就会损失掉突破水平到收盘价之间这段走势。如果在盘中突破时进场,又会冒收盘价没有确认这个突破的风险。这显然陷入了两难的境地。当我预测价格会突破某个关键价格水平时,一定是因为前一天的价格行为使我确信市场将有这样的跟进走势。当我预测某个价格水平突破会失败时,一定是因为前一天的价格行为使我相信市场这种价格行为无法持续。换句话说,如果投资者普遍预期市场将有某种价格行为,那么他们自然也根据这个预期建立了相应头寸。他们的交易活动是与预期一致的。也就是说,他们的资金是跟着他们的市场情绪走的。所以,可以根据盘中价格突破前一天的价格行为或突破当天的开盘行为来评估市场预期程度,借以判断是否可以在盘中突破入场。具体而言,前一天的价格波动程度,前一天的收盘价与再前一天的收盘价的相对关系,以及当天的开盘价相对突破水平和前一天收盘价的关系,都是评估价格突破以及随后跟进走势的潜力的关键。若想进一步了解这方面的内容,可以参考第 4 章和第 5 章(德马克线和德马克回撤)关于确认指标的讨论。

不可能预测趋势的变化

这句话违背了本书中大部分指标的设计宗旨和预期。只要简要介绍几个指标,就可以很好地说明这个问题。德马克序列和德马克组合可以识别与价格动量耗竭点对应的入场时机和入场区域。德马克趋势因子、德马克 D-波浪和德马克回撤可以提供价格投射目标。德马克线不合格突破、德马克结构趋势指标(TDST)、德马克 LV 指标、德马克趋势、德马克差值和反向的德马克区间扩张突破(TD REBO)都可以作为逆势交易指标。德马克价格震荡确认指标(TDPOQ)和德马克关键确认指标(TD Critical Qualifier)可以结合各种震荡指标使用,以识别短期动量耗竭区域。各种德马克通道和德马克区间投射提供了另一种维度的价格峰顶和谷底识别方法。此外,德马克开盘、德马克收盘—开盘、德马克收盘—开盘涵盖指标和德马克陷阱也让交易者可以抓住价格动量耗竭带来的入场机会。

交易价格突破是参与市场趋势的简单方式

请记住"趋势是你的朋友,除非它即将结束。"识别短期价格动量耗竭区域的一个有效技术,就是识别第 10 级的德马克关键低点或关键高点。如果连续 2 个交易日的价格向上穿越第 10 级或更高等级的德马克关键高点,并且这 2 日的收盘价连续收高并都高于德马克关键高点日的收盘价,那么随后出现第一个低于前一个交易日低点的低点时,往往是价格向下反转或者整理形态开始的信号。同理,如果连续 2 个交易日的价格向下穿越第 10 级的德马克关键低点,并且这 2 日的收盘价连续收低并都低于德马克关键低点日的收盘价,那么随后出现第一个高于前一个交易日高点的高点时,往往是价格向上反转或者整理形态开始的信号。反过来说,如果这些形态表明趋势将反转,那么其他等级低于第 10 级的德马克关键高点和低点突破,或者等级高于第 10 级的德马克关键高点和低点突破,但不满足前述连续 2 个收盘价相关条件的,则可能意味着相反的情况,也就是价格趋势继续。我得出这个结论是基于一个事实——在德马克关键高点或低点突破当天可能被触及止损,但是一旦收盘价收于突破的方向上,长线投资者会在第二天入场。一旦他们在第二天入场,并且如果他们足够激进,那么价格动量通常会立刻耗竭,随之而来的便是趋势反转或一段时间的横盘整理。其他比如德马克差值和德马克序列结构等指标也是重要的考虑因素。总而言之,一定要留意这些价格形态,一旦出现就要抓住机会。

一旦一个入场技术经过测试和完善,成功就是早晚的事

错!出场和止损才更关键。研究表明要为一个交易系统制定机械入场技术,是相对简单的。交易成功的困难之处在于止损、获利水平和出场技术。这里有很多有效的止损技术,比如(1)标准的金额止损,(2)前一

个交易日或几个交易日的价格区间的某个百分比,(3)计算价格波动率,从最近的价格低点减去这个波动率数值得到多头头寸的止损水平,最近的价格高点加上这个波动率数值得到空头头寸的止损水平,或者以当前的开盘价为计算基准,(4)第2、3、9章中讨论的一系列止损技术。

除了前面章节讨论的各种出场技术外,还可以采用的出场技术包括(1)连续3个上升或下降收盘价(包括入场当天的收盘价),(2)入场后第一个获利的开盘价,(3)特定金额的"止赢单",(4)高点(向上)或低点(向下)至少达到前一个交易日价格区间的2倍(在前一个交易日的收盘价上增加或减去同一天价格区间的2倍距离)。另外,也可以通过德马克区间扩张突破(TD REBO)、德马克重叠(TD Overlap)、德马克开盘和德马克移动平均Ⅰ,以及本书中讨论的其他很多指标来确定止损和出场水平。

在价格下跌过程中,如果出现连续3个下降收盘价(各自低于其前一天的收盘价),并且第二天的开盘价高于其前一天的收盘价,第二天的最低价低于其前一天的收盘价,那么价格很可能短期耗竭其下跌动量。类似的,在价格上涨过程中,如果出现连续3个上升收盘价(各自高于其前一天的收盘价),并且第二天的开盘价低于其前一天的收盘价,第二天的最高价高于其前一天的收盘价,那么价格很可能短期耗竭其上涨动量。这种形态往往能识别出极佳的出场点。这种形态被称为德马克出场1(TD Exit 1)。

第13章　资金管理

几乎所有的交易或者说大部分市场择时交易类的书籍和文章都忽略了一个交易成功的关键要素。资金管理如此重要，但是很少有作者会花时间来讨论它的方法和原则，这太令人惊讶了。这一章将提供一个普遍适用的资金管理方法，如果你愿意的话，也可以配合其他方法一起使用。我的目的是提供一种分配资金并管理投资组合的简单有效方法，供你参考。

本书并不打算以资金管理为主要内容，但是它是交易者在市场上的"存亡"关键，并且常被交易者忽略，所以这里要做一番讨论。如果交易指标和交易系统总是可以精确地识别市场顶部和底部，那么谨慎的资金管理技术也没有存在的必要。不幸的是，情况并不是这样。即便一个交易系统能够达到99%的准确率，但那1%的失败率也足以导致一个没有采用适当资金管理技术的交易者彻底爆仓。下面介绍的这个审慎可行的资金管理技术初看起来可能太过简单，但是复杂的方法会模糊良好资金管理的焦点。这个资金管理方法融会了我发展多年的各种有效技术。

在你进行任何一笔交易之前，你都应该确信这笔交易是有利可图的，否则，为什么要交易呢？很显然，生活中没有任何决定可以保证正确，交易市场上也一样。不过，在市场上，你不能撤销一个错误的决定然后要回交易的亏损。我很早就上了这一堂课！随意的交易决定或交易预测偶尔也会获得成功，但是你如何把这些决策过程复制到未来的交易中呢？因此，以下的建议不仅可以帮助你发展一系列机械客观的制定交易决策和资金管理的方法，而且不管什么时间框架和追踪多少个市场，你都可以复制你的交易决策制定过程。主要的考虑因素就是一致性、客观性和可移植性。另外，你还要注意市场择时技术和交易市场的多样性。采用多种不相关的方法，就可以将投资组合多样化，从而降低风险水平。换句话说，结合运用多种市场择时技术，其中每一种技术都基于不同的交易理念，这样就好像聘请了多个交易顾问来管理你的资金。当然，这些技术在引入你的实盘交易之前，必须先经过模拟交易测试。这些技术在经过充分测试并可以保证交易绩效后，还必须引入资金管理规则。本书其他章节已经讨论了各种交易方法，所以这里将只讨论基本的交易与资金管理方法。

首先，你需要根据采用的机械市场择时方法的数量平均分配你的资金。也就是说，如果你决定采用3种不相关的机械方法，就要将资金分为3等份。当然，你也可以改变一下，比如，如果一个系统的有效性是另一个系统的2倍，那么第1个系统分配的头寸规模（或者说资金）就应该是第2个系统的2倍。或者如果一个方法的交易频率是另一个方法的2倍，你就可以将第1种方法的资金降低50%。但是，为了方便讨论，这里假设所有交易系统的有效性都是相等的，并且假设总资金为100%，你一次交易分配到这些交易系统上的资金总和不想超过总资金的30%。另外，还是为了便于讨论，假设每个交易系统一次会交易10个市场（交易品种）。因此，如果每个交易系统都同时投资了10个市场，那么每个市场分配的资金为1%，而你的风险敞口最多不会超过你起始资金的30%（10个市场×3个交易系统×1%的资金＝30%的资金）。

如果是期货合约，又如何决定你的投资规模呢？你不需要依靠那些涉及复杂统计公式的投资组合管理方法，只需要让市场来决定你的风险敞口水平。具体而言，每个期货交易所都会规定交易的保证金数额。通常情况下，随着市场波动率升高，保证金的数额也会提高。到那个时候，你就应该降低你的交易规模，因为你已经设定这个市场择时方法中每个市场只占用总资金的1%。反过来，当市场陷入死寂，波动率降低时，你应该提高你的交易规模，以等待随后波动率提高而发生突破。因此，保证金要求可以作为交易规模的分配标准。市场本身就是最好的交易规模指导老师。只需要通过简单的计算，就可以做出决定。各个期货交易所都会持续评估各个市场的波动率和成交量。如果出于什么原因，交易所认为市场波动率有大幅提高的可能，而交易者的保证金又无法承担交易风险时，他们往往就会提高保证金要求。因此，只要保证金要求提高时，交易的合约数量就要做出相应调整。举例来说，假设你的总资金为 100 万美元，采用了 3 个交易系统，每个系统最多同时交易 10 个市场。所以，最大的风险敞口不能超过 30 万美元，因为 100 万美元的 30% 就是 30 万美元。当然，假设任何时候这 3 个系统都同时持有 10 个市场的头寸是不现实的。但不管怎么说，每个系统分配的资金都是 10 万美元。而这也就意味着每个系统中每一个市场能占有的资金为 1 万美元。现在假设其中一个市场的保证金要求为 1000 美元，那么任何时候都可以交易 10 手该市场合约。如果该市场波动率提高，交易所决定将保证金要求从 1000 美元提高到 2000 美元，于是，你就要将你的头寸规模降低为 5 手（2000 美元 × 5 = 10000 美元，1000 美元 × 10=10000 美元）。也就是说，由于保证金要求提高 100%，交易的规模就要降低为原来的 50%。如果波动率显著提高，迫使交易所提高保证金要求，而你仍然在市场上没有被止损出场，那么市场很可能在朝有利于你的方向波动。在这种情况下，资金管理原则和方法就会要求了结一部分获利头寸，而审慎的交易也会要求兑现一部分利润。最初的交易规模是由保证金要求决定的，随后要根据市场的波动率和保证金要求提高暗含的潜在风险而调整头寸规模。

一旦入场后，就必须设置止损。通常情况下，你可以采用标准的止损方法，在每一笔交易中，不拿超过 1% 的资金来冒险。如果你想提高止损幅度，就应该相应降低该市场的头寸规模。例如，你应该永远保持 1% 的风险水平，但是如果你想将原来的止损幅度提高到 2 倍，那么你就要将你的头寸规模降低 50%。止损的其他调整也应该配合头寸规模的调整。

当某个方法在某个市场的头寸赢利而导致资金规模增加之后，你应该调整你的止损和赢利水平，以确保这个头寸的资金不会在整个投资组合中占比太大。事实上，随着头寸赢利增加，你应该降低头寸规模，以保持最大的风险敞口比例不变。理想情况是，只用利润来交易。

这里介绍的这个方法虽然简单但是有效。你也可以引入高精尖的数学模型和复杂的统计方法，但是我的经验表明其对这个方法不会有什么提升。虽然这里讨论的资金管理方法是基于高保证金的期货市场，但是同样的原则也适用于股票市场。

总之，交易者应该设计并执行一个能够进行历史绩效测试的方法。一旦确认其绩效以及执行的可行性后，交易者应该拿到模拟交易中进行试验，之后才拿到真实市场上进行小规模头寸交易。随着经验的积累并生出对这个方法的信心后，就可以增加头寸的规模。纪律是成功的先决条件。如果你遵循本章讨论的资金管理法则，并逐步提高和完善资金管理方法，那么交易成功的最大障碍之一就被跨过了。

第14章 结语

没有一个系统或指标是或者将会是完美的。市场的反应和行为都是由交易者的买入或卖出活动驱动的。在你认为你已经解开了市场之谜，相信自己已经成为"市场的主宰"，进而开始准备大规模实施你那伟大的指标或交易系统时，可能正是市场要教训羞辱你的时候。市场是公平的，它不会特别青睐谁也不会特别伤害谁。尽管你对交易怀有成功的信心和决心，但是除非你做好了接受市场裁决——有时会判决你错误——的准备，否则不会成功。我们生活在一个不完美的世界，而各种市场不过是这些动态的、不完美活动的缩影。这里没有确定性可言，唯一可以用以评估未来价格行为的依据就是过去的价格行为。虽然交易者可以通过评估买入和买入的力量来把握市场的节奏，但是仍然要采取措施防范意外的情况出现。本书详细介绍的指标证明交易者可以掌握市场的动态变化，并建立一个客观死板的方法来运用市场择时指标——这个过程耗尽了我毕生的心血！但愿我这些劳动成果能对你的研究和交易有所帮助。

你已经了解了我最喜欢的一组市场择时工具。这些讨论绝对谈不上完整，我甚至还可以再用一本书来进一步阐述和说明这些指标。不过，或许这本书可以引导你进一步开展你自己的研究和分析。本书展示的这些指标就好像一辆跑车，马力超过了实际的需要，并且速度表也能显示更高的速度，但是这并不表示驾驶人必须开到那样的速度。同样的，你也不可能完全熟悉本书讨论的全部指标。然而，或许我分享的这些观点足以激发你的研究兴趣，并激励你发展你自己的交易技术。

不幸的是，交易新手常常认为要获得成功，只需要采用一个被证明有效的指标或系统即可。这种看法简直是大错特错了。交易者必须认识到除了要不断测试和完善自己的指标和系统外，还必须遵循良好的资金管理原则和严格的纪律。因此，各种事件重复的统计概率必须纳入交易者的交易工具中，并且保持一个中立的态度。很少有人能够同时具备这3种要素，并把它们转化为交易的成功。我认识很多精明的资产组合经理，他们能够为他们的客户制定带有明确目标的投资策略。但是，他们必须依靠他们的研究部门来选择具体的投资工具，同时还要依靠他们的研究部门执行交易，才能实现这个目标。有些人可能具备卓越的分析能力，但却是糟糕的交易执行者和资产组合管理者。有些人认为自己是系统或指标的创建者，就拥有随意干涉或引入未经测试和证明的其他变量的权力。有些人则选择拒绝或干扰交易的执行。交易者没有必要成为本书讨论的某个领域的专家，但是，如果每个领域都能掌握到一定程度，一定能享受到成功的喜悦。

交易者可以分类为随意性交易者和系统性交易者。在现实中，大部分交易者介于两种交易者之间。我提出了一系列市场择时指标供你参考，目的是帮助你了解交易过程的其中一方面。这些指标并不是"完整的系统"。它们就只是指标而已。在使用时还必须考虑和关注其他一些因素，比如指标的成分和权重等，才能将指标提升为完整的系统。而这个"工作"就是由你来完成。引入你自己的一些变量，就可以相对容易地让这些指标和系统适应你的交易需求。因此，你可以随意选择并运用本书提供的这些指标，引入你自己的参数设置和选择条件，包括入场和止损水平的设定，就可以发展成一个机械的交易程序。最后，还必须整合资金管理和机械交易原则，这个交易程序才算完成。

本书讨论的指标覆盖范围很广。我尝试以客观合理的方式探讨市场择时分析的方方面面，以达到机械化的目的，从而简化整个指标程序。回想起来，要制定一个指标列表并要求其中列出的每个因素都在入场前被考虑到，几乎是不可能的。我的时间和精力都不允许我完成这个事实上也有点不切实际的任务。因此，你应该专注并逐渐精通分析的某个领域。理想情况是，你逐渐熟知其中特定几个指标，并深谙它们在构造和运用方面的微妙之处。这就好像医生只是某个医学领域的专家一样，你也应该专注于交易的某个领域。在此基础上，如果还熟悉并理解其他指标，那么在必要的时候就能运用你精通的领域之外的其他指标。即使在我自己的分析中，我也会在依靠特定指标识别入场和出场水平前,先通过其他各种指标来对整体市场状况进行评估。随着你精通并熟练运用这些指标,你会逐渐偏爱其中某些指标和方法,就像我也有我自己的最爱一样。

交易跟其他任何努力一样,要想获得成功,必须理解领域内的方方面面,并且怀着巨大的热忱。我贪婪地汲取知识,对价格形态和市场行为的研究有着强烈的欲望。研究市场俨然成了我的主业和副业,几乎占据了我全部的时间。交易者应该掌握比分析师更多的技能,但是其市场择时技术没必要达到本书描述的那样复杂的程度。如果掌握了适当的资金管理原则并遵循严格的纪律,就可以相应降低对完美交易系统的依赖。就像运动员一样,即便是专攻3分投篮的篮球运动员或者棒球中的指定击球手,对整个团队的贡献也有限。同理,专业分析师的作用也是有限的。如果一个篮球运动员既是优秀的控球手,又能抢篮板和盖帽,一个棒球运动员既是优秀的守备员,又是出色的跑垒员,这种运动员就被称为全能选手,他们对整个团队的价值将大大提升。同理,同时成为一个高于平均水平的分析者、交易者和资金管理者,而不是仅擅长于投资领域的某一方面,将更容易获得交易的成功。

总之,交易者不要寻求市场在任一时刻产生某种行为的解释,那是新闻报道者的工作。归根结底,除了它们对市场动态变化的贡献,任何理由和解释都是无意义的。对于同一个新闻,市场会在不同的情况下产生不同的反应。本书提供了很多解读市场价格行为所需的工具。你应该研究并运用这些交易技术。不过,本书提供的那些参数不一定就是最佳的选择,或许还存在可以产生更好交易绩效的其他参数和指标变量。不管怎样,要成为一名成功的交易者,需有正确的态度和适当的应变能力,并且做好接受交易亏损的准备。没有任何方法是十全十美的。花些时间来预防可能出现的各种陷阱,你将会成为出色的研究者和交易者。同时,我也会继续追寻理想的交易指标……因为我作为研究者的工作永远不会结束。

附录　德马克指标设置

以下所做的通用性描述和各种默认设置，适用于 Windows 和 MS-DOS 系统下的第一代德马克指标（TD Indicators™）。或许还有其他更适合的参数设置，你应该自行尝试并寻找适合你自己的参数值。

德马克区间扩张指数（TD REI）

REI 的计算期间	5
持续期分析的价格线数量	6
震荡指标中性区域上界线	45.00
震荡指标中性区域下界线	45.00

高级德马克区间扩张指数

比较最高价时选择的价格	最高价	开盘价	最低价
		收盘价	中间价
	（最高价 + 最低价 + 收盘价）/ 3		
比较最低价时选择的价格	最低价	开盘价	最高价
		收盘价	中间价
	（最高价 + 最低价 + 收盘价）/ 3		
比较最高价时往前回溯的价格线数量	2		
比较最低价时往前回溯的价格线数量	2		

比较时是否采用"相同"	是的，	不，
关系	采用相同关系	只采用大于或小于
比较之前，价格采用的	无	简单
移动平均类型		指数
		中心化
计算移动平均线采用的期数	0	
将移动平均线平滑化采用的期数	0	
如果计算期间少于8期，		
是否进行调整	不调整	调整

德马克变化率 I

变化率的计算期间	12
持续期分析的价格线数量	16
震荡指标中性区域上界线	102.50
震荡指标中性区域下界线	97.50

高级德马克变化率 I

与之前价格线进行比较的价格	收盘价	开盘价	最高价
		最低价	中间价
		（最高价+最低价+收盘价）/3	
比较之前采用的移动平均类型	无	简单	
		指数	
		中心化	
计算移动平均采用的期数	0		
将移动平均线平滑化采用的期数	0		

德马克变化率 II

| 变化率的计算期间 | 12 |
| 持续期分析的价格线数量 | 16 |

震荡指标中性区域上界线	102.50		
震荡指标中性区域下界线	97.50		

高级德马克变化率 II

与之前价格线进行比较的价格	收盘价	开盘价	最高价
		最低价	中间价
	（最高价＋最低价＋收盘价）/3		
比较之前采用的移动平均类型	无	简单	
		指数	
		中心化	
移动平均的计算期数	0		
将移动平均线平滑化采用的期数	0		
替换比较价格对象的德马克 变化率 I			
上界限	100		
下界限	100		
上界限被超越后的替换价格对象	最高价	开盘价	最高价
		最低价	中间价
	（最高价＋最低价＋收盘价）/3		
下界限被超越后的替换价格对象	最低价	开盘价	最高价
		最低价	中间价
	（最高价＋最低价＋收盘价）/3		

德马克 DeM 指标

DeM 指标的计算期间	8
持续期分析的价格线数量	16
震荡指标中性区域上界线	60.00
震荡指标中性区域下界线	40.00

高级德马克 DeM 指标

与之前最高价进行比较的价格	最高价	开盘价	最低价
	收盘价	中间价	
	（最高价+最低价+收盘价）/3		

与之前最低价进行比较的价格	最低价	开盘价	最高价
	收盘价	中间价	
	（最高价+最低价+收盘价）/3		

与之前最高价比较时往前回溯的价格线数量	1
与之前最低价比较时往前回溯的价格线数量	1

比较之前采用的移动平均类型	无	简单
		指数
		中心化

移动平均的计算期数	0
将移动平均线平滑化采用的期数	0

德马克多元指标

价格比较的期间	5
震荡指标中性区域上界限	2.50
震荡指标中性区域下界线	−2.50

第一价格			第二价格		条件为真所设定的数值
价格	回溯价格线	条件	价格	回溯价格线	
收盘价	0	<	收盘价	1	−1
收盘价	0	<	开盘价	0	−1
收盘价	0	<	收盘价	3	−1
最低价	0	<	最低价	2	−1

收盘价	0	>	收盘价	1	+1
收盘价	0	>	开盘价	0	+1
收盘价	0	>	收盘价	3	+1
最高价	0	>	最高价	2	+1

与之前价格比较的第一价格	收盘价	开盘价	最高价
	最低价	中间价	
	（最高价＋最低价＋收盘价）/3		
"第一价格"比较采用的关系	大于	等于或大于	
	小于		
	等于或小于		
挑选"第一价格"往前回溯的价格线数量	0		
与"第一价格"比较的先前价格	收盘价	开盘价	最高价
	最低价	中间价	
	（最高价＋最低价＋收盘价）/3		
与"第一价格"比较的先前价格 往前回溯的价格线数量	1		
条件为真时设定的数值	+1		

德马克绝对回撤

投射时采用的价格	收盘价	开盘价	最高价
	最低价	中间价	
	（最高价＋最低价＋收盘价）/3		
投射时显示 1.382 水平	显示 1.382 水平	不显示 1.382 水平	
投射时显示 1.618 水平	显示 1.618 水平	不显示 1.618 水平	
投射时显示 0.618 水平	显示 0.618 水平	不显示 0.618 水平	
投射时显示 0.382 水平	显示 0.382 水平	不显示 0.382 水平	

德马克相对回撤

投射时采用的价格	收盘价	开盘价	最高价
	最低价	中间价	
	（最高价+最低价+收盘价）/3		

突破所需的点数（ticks）	1	
投射时显示 0.382 水平	显示 0.382 水平	不显示 0.382 水平
投射时显示 0.618 水平	显示 0.618 水平	不显示 0.618 水平
投射时显示磁性价格	显示磁性价格	不显示磁性价格
投射时显示 1.382 水平	显示 1.382 水平	不显示 1.382 水平
投射时显示 1.618 水平	显示 1.618 水平	不显示 1.618 水平
投射时显示 2.236 水平	显示 2.236 水平	不显示 2.236 水平

（指标的确认指标和取消条件参见下文）

德马克相对回撤确认指标和取消条件

（下列条件仅适用于向上投射，可根据这个逻辑推导向下投射的条件）

突破前的下降收盘价将确认突破	采用这个指标	不采用这个指标
开盘高于突破水平将确认突破	采用这个指标	不采用这个指标
前一根价格线的收盘价到最低价的距离加到收盘价上仍低于突破水平，将确认突破	采用这个指标	不采用这个指标
突破的次一个开盘价低于突破水平，将取消突破	采用这个条件	不采用这个条件
突破次一根价格线的最高价低于突破价格线的收盘价，且随后收盘价低于突破水平，将取消突破	采用这个条件	不采用这个条件

突破次一根价格线的最高价低于突
破价格线的最高价，将取消突破　　采用这个条件　　不采用这个条件

德马克趋势因子

投射时采用的价格	收盘价	开盘价	最高价
		最低价	中间价
		（最高价+最低价+收盘价）/3	

投射时显示 1.0556 水平　　　　显示 1.0556 水平　　　不显示 1.0556 水平
投射时显示 1.1112 水平　　　　显示 1.1112 水平　　　不显示 1.1112 水平
投射时显示 1.1390 水平　　　　显示 1.1390 水平　　　不显示 1.1390 水平
投射时显示 1.1668 水平　　　　显示 1.1668 水平　　　不显示 1.1668 水平
投射时显示 1.2224 水平　　　　显示 1.2224 水平　　　不显示 1.2224 水平
投射时显示 1.2780 水平　　　　显示 1.2780 水平　　　不显示 1.2780 水平

德马克序列

结构

结构采用的连续价格线数量　　　9
比较价格往前回溯的价格线数量　　4
与之前收盘价比较采用的价格　　收盘价　　开盘价　　中间价
　　　　　　　　　　　　　　　　　　　　买入最高价　卖出最低价
　　　　　　　　　　　　　　　　　　　　买入最低价　卖出最高价
　　　　　　　　　　　　　　　　　　（最高价+最低价+收盘价）/3

比较是否采用"等于"关系　　不采用等于关系　　采用等于关系
交集规则　　　　　　　　　不需要交集　　只在结构之时需要交集
　　　　　　　　　　　　　　　　　　　在结构之时或之后需要交集
交集的起始价格线　　　　　　　8

再循环规则	结构完成之前、之时或之后	结构完成之前
		只在结构完成之后
		只在结构完成之前
		较小或较大的价格波幅
		较小或较大的真正价格波幅
		忽略—不考虑再循环
决定"较大"结构采用的因子		2.00
取消结构的规则		任何收盘价高于当前结构的真正最高价
（此处仅适用于"买入"结构，"卖出"结构的规则相反）		任何盘中最高价高于当前结构的最高收盘价
		任何盘中最高价高于当前结构的最高价
		任何收盘价高于当前结构的最高收盘价
		任何收盘价高于当前结构的最高价

计数

计数采用的连续价格线数量	13		
比较价格往前回溯的价格线数量	2		
与之前最高价和最低价比较采用的价格	收盘价	开盘价	中间价
	最高价	最低价	
	（最高价＋最低价＋收盘价）／3		
比较是否采用"等于"关系	采用等于关系	不采用等于关系	

附录　德马克指标设置

高级德马克序列

德马克序列其他确认指标和取消条件

（此处仅适用于"买入"结构，"卖出"结构的逻辑相同，规则相反）

是否启动	第一价格				第二价格			和/或
	价格	价格线数量	阶段	条件	价格	价格线数量	阶段	
启动	收盘价	13	计数	>或=	收盘价	8	计数	和
	开盘价	13	计数	>	收盘价	8	计数	
启动	收盘价	8	计数	>	收盘价	5	计数	

德马克移动平均 I

计算移动均线采用的期数	5	
采用的移动平均类型	简单	指数
		中心化
将移动均线平滑化采用的价格线数量	0	
较高均线采用的价格	最低价	开盘价　最低价
		收盘价　中间价
		（最高价+最低价+收盘价）/3
较低均线采用的价格	最高价	开盘价　最高价
		收盘价　中间价
		（最高价+最低价+收盘价）/3
较高均线采用的因子	100.00	
较低均线采用的因子	100.00	
新高或新低往前回溯的价格线数量	12	
绘制均线往前回溯的价格线数量	4	

德马克移动平均 II

计算第一均线采用的期数	13
计算第二均线采用的期数	55
采用的移动平均类型	简单　　　指数
	中心化
将移动均线平滑化采用的价格线数量	0
移动均线采用的价格	收盘价　开盘价　最低价
	收盘价　中间价
	（最高价+最低价+收盘价）/3
第一均线采用的因子	100.00
第二均线采用的因子	100.00
第一均线比较采用的价格线数量	3
第二均线比较采用的价格线数量	1

德马克通道 I

计算移动均线采用的期数	3
采用的移动平均类型	简单　　　指数
	中心化
将移动均线平滑化采用的价格线数量	0
较高均线采用的价格	最低价　开盘价　最低价
	收盘价　中间价
	（最高价+最低价+收盘价）/3

较低均线采用的价格	最高价　开盘价　最高价
	收盘价　中间价
	（最高价 + 最低价 + 收盘价）/ 3
较高均线采用的因子	103.00
较低均线采用的因子	97.00

德马克通道 II

计算移动均线采用的期数	3
采用的移动平均类型	简单　　　指数
	中心化
将移动均线平滑化采用的价格线数量	0
较高均线采用的价格	最高价　开盘价　最低价
	收盘价　中间价
	（最高价 + 最低价 + 收盘价）/ 3
较低均线采用的价格	最低价　开盘价　最高价
	收盘价　中间价
	（最高价 + 最低价 + 收盘价）/ 3
较高均线采用的因子	100.50
较低均线采用的因子	99.50

德马克通道 III

计算移动均线采用的期数	3
采用的移动平均类型	简单　　　指数
	中心化
将移动均线平滑化采用的价格线数量	0

较高均线采用的价格	最高价	开盘价	最低价
	收盘价	中间价	
	(最高价+最低价+收盘价)/3		
较低均线采用的价格	最低价	开盘价	最高价
	收盘价	中间价	
	(最高价+最低价+收盘价)/3		
较高均线采用的因子	101.50		
较低均线采用的因子	98.50		

德马克开盘

"向上走势"参考价格往前回溯的价格线数量	1		
"向上走势"的参考价格	收盘价	开盘价	最高价
	最低价	中间价	
	(最高价+最低价+收盘价)/3		
"向下走势"参考价格往前回溯的价格线数量	1		
"向下走势"的参考价格	收盘价	开盘价	最高价
	最低价	中间价	
	(最高价+最低价+收盘价)/3		
比价是否采用"等于"关系	比较不采用等于关系	比较采用等于关系	

德马克陷阱

"向上走势"参考价格往前回溯的价格线数量	1		
"向上走势"的参考价格	收盘价	开盘价	最高价
	最低价	中间价	
	(最高价+最低价+收盘价)/3		

"向下走势"参考价格往前回溯的价格线数量	1		
"向下走势"的参考价格	收盘价	开盘价	最高价
	最低价	中间价	
	（最高价+最低价+收盘价）/3		
比价是否采用"等于"关系	比较不采用等于关系	比较采用等于关系	

德马克缺口

缺口发生后开始确认的第1根价格线	8		
缺口发生后结束确认的最后1根价格线	11		
寻找价格半缺口采用的价格	收盘价	开盘价	最高价
	最低价	中间价	
	（最高价+最低价+收盘价）/3		
用"+"符号标示的每周特定交易日	星期一	星期二	星期三
	星期四	星期五	

德马克压力

计算德马克压力采用的期间	55
德马克压力变化率采用的期间	13
计算采用的公式	（收盘价−开盘价）/（最高价−最低价）
	收盘价−前一个收盘价
	收盘价−开盘价
	（收盘价−前一个收盘价）/（最高价−最低价）
	（收盘价−前一个收盘价）/真正价格波幅
	（收盘价−开盘价）/真正价格波幅

计算采用的数据	只采用价格	价格乘以成交量
	只采用成交量	
调整极端开盘缺口采用的百分比		8.00
是否显示德马克压力指数	显示	不显示
是否显示德马克压力变化率比率	显示	不显示
是否显示德马克压力变化率	显示	不显示

目前提供德马克指标的网站有：

ADP（伦敦）：	011-44-171-971-2500
Aspen Research:	800-359-1121 或 970-945-2921
Bloomberg:	800-448-5678 或 212-318-2000
Bridge:	800-325-3282
CQG:	800-525-7082
Dow Jones TradeStation:	800-556-2022
FutureSource:	800-621-2628
TradeStation/SuperCharts c/o Futures Learning Center	800-601-8907 或 319-277-6341
Coming Soon:Reuters	

延伸阅读

1.《技术分析新科学》
作者：托马斯·迪马克（德马克）
译者：魏强斌 文子

德马克在《技术分析新科学》中明确而清楚地解释了他创立和运用的分析方法和新的市场指标。他认为流行的趋势分析技术过于主观，只能成功回顾历史走势，不能产生充分的买进和卖出信号。他建立的系统是纯粹分析性的和机械的，可普遍适用于任何性质的周期性事件。

这部技术分析专著规模宏大，严谨扎实，信息量惊人，价值巨大。不仅能带给中国投资者极大的启发，也将刺激中国投资者更严谨科学地开发他们的技术，希望今后我们能看到中国投资人做出一批经得起考验的扎实的技术创新，少一些哗众取宠的艺术化的"独创"。

《技术分析新科学》仅限于研究技术分析和择时工具，而任何关于资金管理技术和市场心理学的论述，都附带在市场择时工具和方法的介绍中。这并不意味着交易者使用单一的市场择时工具就不能获得成功，之所以这样说，主要是为了强调此书中未提及的其他工具或指标也在区分平庸和卓越的交易者方面扮演了重要角色。

延伸阅读

2.《低风险高收益动态交易指标：价值图和价格波动概率分布图交易技术》
作者：马克·W.黑尔韦格　戴维·C.司汤达
译者：康民

在当今跌宕起伏的金融市场，仅仅依靠传统的价格蜡烛图或许不能做出高效的交易决策。黑尔韦格和司汤达两位金融专家看到了这个问题，并创造了两个全新的市场分析工具——价值图和价格波动概率分布图，它们将会帮助你在交易股票、债券、外汇和期货时保持镇定自若。

本书全面介绍了这两个非常强势而又令人振奋的技术指标，你可以据此制定交易策略和开发交易系统。

通过简单明了的语言和真实的交易案例，本书将教会你如何具体地联合使用价值图与价格波动概率分布图确定市场的低估程度（超卖度）或高估程度（超买度），从而精准把握市场波动节奏获取利润。

不是所有的蜡烛图技术都适合各种水平的交易者，但是本书讲解的价值图和价格波动概率分布图却适合包括初学者在内的各种交易者。你可以凭借本书，尽情地学习这两种革命性的交易指标，它已经为你打开了通往交易成功的大门。